2022

GUARDA MUNICIPAL DE SÃO LUÍS MARANHÃO

Proteção de direitos

Todos os direitos autorais desta obra são reservados e protegidos pela Lei nº 9.610/98. É proibida a reprodução de qualquer parte deste material didático, sem autorização prévia expressa por escrito do autor e da editora, por quaisquer meios empregados, sejam eletrônicos, mecânicos, videográficos, fonográficos, reprográficos, microfílmicos, fotográficos, gráficos ou quaisquer outros que possam vir a ser criados. Essas proibições também se aplicam à editoração da obra, bem como às suas características gráficas.

Diretor Geral: Evandro Guedes
Diretor de TI: Jadson Siqueira
Diretor Editorial: Javert Falco
Gerente Editorial: Mariana Passos
Editor Responsável: Mateus Ruhmke Vazzoller
Revisão de Texto: Paula Craveiro
Coordenação de Editoração: Alexandre Rossa
Diagramação: Emilly Lazarotto

Língua Portuguesa
Pablo Jamilk

Matemática
Daniel Lustosa

Noções de Informática
João Paulo

História e Geografia do Maranhão
Alberes Rodrigues

Dados Internacionais de Catalogação na Publicação (CIP)
Jéssica de Oliveira Molinari CRB-8/9852

G947
    Guarda municipal da prefeitura de São Luís - Maranhão - MA / Equipe de professores Alfacon. -- Cascavel, PR : AlfaCon, 2022.
    200 p.

    Bibliografia
    ISBN 978-65-5918-322-7

    1. Serviço público - Concursos – Brasil 2. Guarda Municipal – São Luiz do Maranhão - Prefeitura - Concursos 3. Língua portuguesa 4. Matemática 5. Informática 6. São Luiz do Maranhão – MA – História - Geografia

22-1443   CDD 351.81076

Impressão: Renovagraf

Índices para catálogo sistemático:
1. Serviço público - Brasil - Concursos

Dúvidas?
Acesse: www.alfaconcursos.com.br/atendimento
Núcleo Editorial:
    Rua: Paraná, nº 3193, Centro - Cascavel/PR
    CEP: 85.810-010
Núcleo Comercial/Centro de Distribuição:
    Rua: Dias Leme, nº 489, Mooca - São Paulo/SP
    CEP: 03118-040

SAC: (45) 3037-8888

Data de fechamento 1ª impressão: 15/03/2022

EDITORA
AlfaCon
Concursos Públicos

www.alfaconcursos.com.br/apostilas

Atualizações e erratas
Esta obra é vendida como se apresenta. Atualizações - definidas a critério exclusivo da Editora AlfaCon, mediante análise pedagógica – e erratas serão disponibilizadas no site www.alfaconcursos.com.br/codigo, por meio do código disponível no final do material didático Ressaltamos que há a preocupação de oferecer ao leitor uma obra com a melhor qualidade possível, sem a incidência de erros técnicos e/ou de conteúdo. Caso ocorra alguma incorreção, solicitamos que o leitor, atenciosamente, colabore com sugestões, por meio do setor de atendimento do AlfaCon Concursos Públicos.

APRESENTAÇÃO

Fazer parte do serviço público é o objetivo de muitas pessoas. Por esse motivo, os processos seletivos relacionados a essa área de atuação costumam ser muito concorridos.

Nesse sentido, para a elaboração da obra **Guarda Municipal de São Luiz - Maranhão**, a Editora AlfaCon teve o cuidado de trazer as indicações mais importantes dos tópicos que fazem parte do conteúdo programático das disciplinas abordadas. Além disso, durante a explicação dos conteúdos, o estudante encontrará dicas essenciais à sua compreensão, e alguns capítulos constam exercícios gabaritados, provenientes de concursos anteriores. Toda essa disposição de assuntos foi pensada para auxiliar o concurseiro na melhor compreensão e fixação do conteúdo.

O material também se destaca por agregar ao seu estudo a tecnologia educacional AlfaCon Notes, ferramenta cuja funcionalidade consiste em registrar suas anotações por meio do QR Code. O objetivo é justamente o de deixar tudo organizado e acessível na área do aluno AlfaCon e em seu smartphone. Por isso, você tem em mãos um material que é um grande facilitador para seus estudos, pois a finalidade maior é auxiliá-lo a compreender os conteúdos de forma didática e eficaz.

Trata-se, então, de uma obra de excelência, resultado da experiência e da competência da Editora e dos Autores, que são especializados em suas respectivas disciplinas. Ressaltamos a importância e a necessidade de haver uma preparação direcionada e organizada, pois somente assim o candidato pode ter o desempenho que almeja nas provas. Tenha a certeza de que esta obra será o diferencial para a conquista de sua aprovação.

Bons estudos e rumo à sua aprovação!

COMO ESTUDAR PARA UM CONCURSO PÚBLICO!

Para se preparar para um concurso público, não basta somente estudar o conteúdo. É preciso adotar metodologias e ferramentas, como plano de estudo, que ajudem o concurseiro em sua organização.

As informações disponibilizadas são resultado de anos de experiência nesta área e apontam que estudar de forma direcionada traz ótimos resultados ao aluno.

CURSO ON-LINE GRATUITO

- Como montar caderno
- Como estudar
- Como e quando fazer simulados
- O que fazer antes, durante e depois de uma prova!

Ou pelo link: alfaconcursos.com.br/cursos/material-didatico-como-estudar

ORGANIZAÇÃO

Organização é o primeiro passo para quem deseja se preparar para um concurso público.

Conhecer o conteúdo programático é fundamental para um estudo eficiente, pois os concursos seguem uma tendência e as matérias são previsíveis. Usar o edital anterior - que apresenta pouca variação de um para outro - como base é uma boa opção.

Quem estuda a partir desse núcleo comum precisa somente ajustar os estudos quando os editais são publicados.

PLANO DE ESTUDO

Depois de verificar as disciplinas apresentadas no edital, as regras determinadas para o concurso e as características da banca examinadora, é hora de construir uma tabela com seus horários de estudo, na qual todas as matérias e atividades desenvolvidas na fase preparatória estejam dispostas.

PASSO A PASSO

VEJA AS ETAPAS FUNDAMENTAIS PARA ORGANIZAR SEUS ESTUDOS

PASSO 1	PASSO 2	PASSO 3	PASSO 4	PASSO 5
Selecionar as disciplinas que serão estudadas.	Organizar sua rotina diária: marcar pontualmente tudo o que é feito durante 24 horas, inclusive o tempo que é destinado para dormir, por exemplo.	Organizar a tabela semanal: dividir o horário para que você estude 2 matérias por dia e também destine um tempo para a resolução de exercícios e/ou revisão de conteúdos.	Seguir rigorosamente o que está na tabela, ou seja, destinar o mesmo tempo de estudo para cada matéria. Por exemplo: 2h/dia para cada disciplina.	Reservar um dia por semana para fazer exercícios e também simulados.

Esta tabela é uma sugestão de como você pode organizar seu plano de estudo. Para cada dia, você deve reservar um tempo para duas disciplinas e também para a resolução de exercícios e/ou revisão de conteúdos. Fique atento ao fato de que o horário precisa ser determinado por você, ou seja, a duração e o momento do dia em que será feito o estudo é você quem escolhe.

TABELA SEMANAL

SEMANA	SEGUNDA	TERÇA	QUARTA	QUINTA	SEXTA	SÁBADO	DOMINGO
1							
2							
3							
4							

SUMÁRIO

LÍNGUA PORTUGUESA 13

    1. Níveis de análise da língua 14

    2. Morfologia classes de palavras 14
        2.1 Substantivos 14
        2.2 Artigo 14
        2.3 Pronome 15
        2.4 Pronomes de tratamento 15
        2.5 Adjetivo 18
        2.6 Advérbio 22
        2.7 Conjunção 22
        2.8 Interjeição 23
        2.9 Numeral 23
        2.10 Preposição 24

    3. Pronomes 28
        3.1 Pessoais 28
        3.2 De tratamento 29
        3.3 Demonstrativos 30
        3.4 Relativos 31
        3.5 Indefinidos 31
        3.6 Interrogativos 31
        3.7 Possessivos 31

    4. Substantivo 32
        4.1 Número dos substantivos 32

    5. Verbo 33
        5.1 Estrutura e conjugação dos verbos 33
        5.2 Flexão verbal 34
        5.3 Formas nominais do verbo 34
        5.4 Tempos verbais 34
        5.5 Tempos compostos da voz ativa 34
        5.6 Vozes verbais 35
        5.7 Tipos de voz passiva 35
        5.8 Verbos com a conjugação irregular 35

    6. Sintaxe básica da oração e do período 41
        6.1 Período simples (oração) 41
        6.2 Período composto 43

    7. Concordância verbal e nominal 48
        7.1 Concordância verbal 48
        7.2 Concordância nominal 49

Sumário

8. Acentuação gráfica 53
   8.1 Regras gerais 53

9. Colocação pronominal 56
   9.1 Regras de próclise 56
   9.2 Regras de mesóclise 56
   9.3 Regras de ênclise 56
   9.4 Casos facultativos 56

10. Regência verbal e nominal 58
    10.1 Regência verbal 58
    10.2 Regência nominal 59

11. Crase 62
    11.1 Crase proibitiva 62
    11.2 Crase obrigatória 62
    11.3 Crase facultativa 62

12. Pontuação 66
    12.1 Principais sinais e usos 66

13. Tipologia textual 69
    13.1 Narração 69
    13.2 Dissertação 70
    13.3 Descrição 70

14. Compreensão e interpretação de textos 71

15. Paráfrase um recurso precioso 74

16. Ortografia 77

17. Acordo ortográfico da língua portuguesa 84
    17.1 Trema 84
    17.2 Regras de acentuação 84
    17.3 Hífen com compostos 85
    17.4 Uso do hífen com palavras formadas por prefixos 85
    17.5 Síntese das principais regras do hífen 87
    17.6 Quadro resumo do emprego do hífen com prefixos 87

18. Interpretação de textos 90
    18.1 Ideias preliminares sobre o assunto 90
    18.2 Semântica ou pragmática? 90
    18.3 Questão de interpretação? 90
    18.4 Tipos de texto - o texto e suas partes 90
    18.5 O texto dissertativo 90

19. Demais tipologias textuais 94
    19.1 O texto narrativo 94
    19.2 O texto descritivo 94
    19.3 Conotação x denotação 94
    19.4 Figuras de linguagem 94
    19.5 Funções da linguagem 95

20. Interpretação de texto poético 99
    20.1 Tradução de sentido 99
    20.2 Organização de texto (texto embaralhado) 100
    20.3 Significação das palavras 100
    20.4 Inferência 100

21. Estrutura e formação de palavras 105
    21.1 Estrutura das palavras 105
    21.2 Radicais gregos e latinos 105
    21.3 Origem das palavras de língua portuguesa 106
    21.4 Processos de formação de palavras 106

22. Figuras de linguagem 109
    22.1 Conotação x denotação 109
    22.2 Vícios de linguagem 110

MATEMÁTICA 113

1. Conjuntos numéricos 114
    1.1 Números naturais 114
    1.2 Números inteiros 114
    1.3 Números racionais 114
    1.4 Números irracionais 116
    1.5 Números reais 116
    1.6 Intervalos 116
    1.7 Múltiplos e divisores 117
    1.8 Números primos 117
    1.9 Mmc e mdc 117
    1.10 Divisibilidade 117
    1.11 Expressões numéricas 117

2. Sistema legal de medidas 120
    2.1 Medidas de tempo 120
    2.2 Sistema métrico decimal 120

Sumário

3. Razões e proporções 122
   3.1 Grandeza 122
   3.2 Razão 122
   3.3 Proporção 122
   3.4 Divisão em partes proporcionais 122
   3.5 Regra das torneiras 123
   3.6 Regra de três 123

4. Porcentagem e juros 125
   4.1 Porcentagem 125
   4.2 Lucro e prejuízo 125
   4.3 Juros simples 125
   4.4 Juros compostos 125
   4.5 Capitalização 125

5. Sequências numéricas 127
   5.1 Conceitos 127
   5.2 Lei de formação de uma sequência 127
   5.3 Progressão aritmética (P.A.) 127
   5.4 Progressão geométrica (P.G.) 128

6. Trigonometria 131
   6.1 Triângulos 131
   6.2 Trigonometria no triângulo retângulo 131
   6.3 Trigonometria num triângulo qualquer 131
   6.4 Medidas dos ângulos 131
   6.5 Ciclo trigonométrico 132
   6.6 Funções trigonométricas 133
   6.7 Identidades e operações trigonométricas 134
   6.8 Bissecção de arcos ou arco metade 134

7. Geometria plana 136
   7.1 Semelhanças de figuras 136
   7.2 Relações métricas nos triângulos 136
   7.3 Quadriláteros 137
   7.4 Polígonos regulares 138
   7.5 Círculos e circunferências 139
   7.6 Polígonos regulares inscritos e circunscritos 140
   7.7 Perímetros e áreas dos polígonos e círculos 141

NOÇÕES DE INFORMÁTICA 144

1. Redes de computadores 145
   1.1 Paradigma de comunicação 145
   1.2 Dispositivos de rede 145
   1.3 Topologia de rede 145
   1.4 Firewall 146

1.5 Tipos de redes..........146
1.6 Padrões de infraestrutura..........147
1.7 Correio eletrônico..........147
1.8 Url (*uniform resource locator*)..........148
1.9 Navegadores..........148
1.10 Conceitos relacionados à internet..........148

2. Word 2016..........151
   2.1 Tela de abertura..........151
   2.2 Janela do programa..........151
   2.3 Menu arquivo..........152
   2.4 Aba página inicial..........154
   2.5 Aba inserir..........159
   2.6 Aba design..........161
   2.7 Aba layout..........161
   2.8 Aba referências..........162
   2.9 Aba correspondências..........163
   2.10 Aba revisão..........163
   2.11 Aba exibir..........164

3. Excel 2016..........168
   3.1 Janela inicial..........168
   3.2 Formatos de arquivos..........168
   3.3 Novidades..........168
   3.4 Operadores..........169
   3.5 Operadores de referência..........170
   3.6 Funções..........171
   3.7 Seleção de células..........173
   3.8 Alça de preenchimento..........173
   3.9 Endereçamento de células..........174

4. Powerpoint 2016..........177
   4.1 Tela de abertura..........177
   4.2 Tela de edição..........177
   4.3 Formato de arquivo..........177
   4.4 Aba página inicial..........177
   4.5 Aba inserir..........180
   4.6 Aba design..........181
   4.7 Aba transações..........181
   4.8 Aba animações..........181
   4.9 Aba apresentação de slides..........182
   4.10 Aba revisão..........182
   4.11 Aba exibir..........182
   4.12 Slide mestre..........183

Sumário

HISTÓRIA E GEOGRAFIA DO MARANHÃO **185**

   1. História do Maranhão 186
      1.1 Principais marcos de São Luís 186
      1.2 Sobre a história 187
      1.3 São Luís, a atenas brasileira 189
      1.4 Pontos turísticos do Maranhão 189
      1.5 São Luís – centro histórico 192

   2. Divisão política do Maranhão 193
      2.1 Mesorregiões: 193
      2.2 Clima e vegetação 194
      2.3 Hidrografia 195
      2.4 Dados gerais do maranhão 197
      2.5 Alcântara e sua relevância no contexto internacional 198
      2.6 A ilha de São Luís 199

LÍNGUA PORTUGUESA

NÍVEIS DE ANÁLISE DA LÍNGUA

1. NÍVEIS DE ANÁLISE DA LÍNGUA

Vamos começar o nosso estudo fazendo uma distinção entre quatro níveis de análise da Língua Portuguesa, afinal, você não pode confundir-se na hora de estudar. Fique ligado nessa diferença:

→ **Nível Fonético / Fonológico:** estuda a produção e articulação dos sons da língua.
→ **Nível Morfológico:** estuda a estrutura e a classificação das palavras.
→ **Nível Sintático:** estuda a função das palavras dentro de uma sentença.
→ **Nível Semântico:** estuda as relações de sentido construídas entre as palavras.

Na Semântica, estudaremos, entre outras coisas, a diferença entre linguagem de sentido denotativo (ou literal, do dicionário) e linguagem de sentido conotativo (ou figurado).

Ex: Rosa é uma flor.

01. Morfologia:
Rosa: substantivo;
Uma: artigo;
É: verbo ser;
Flor: substantivo

02. Sintaxe:
Rosa: sujeito;
É uma flor: predicado;
Uma flor: predicativo do sujeito.

03. Semântica:
Rosa pode ser entendida como uma pessoa ou como uma planta, depende do sentido.

Vamos, a partir de agora, estudar as classes de palavras.

 2. MORFOLOGIA CLASSES DE PALAVRAS

Antes de mergulhar nas conceituações, vamos fazer uma lista para facilitar o nosso estudo: classe e exemplo.

Artigo: o, a, os, as, um, uma, uns, umas.
Adjetivo: Legal, interessante, capaz, brasileiro, francês.
Advérbio: Muito, pouco, bem, mal, ontem, certamente
Conjunção: Que, caso, embora.
Interjeição: Ai! Ui! Ufa! Eita.
Numeral: Sétimo, vigésimo, terço.
Preposição: A, ante, até, após, com, contra, de, desde, em, entre.
Pronome: Cujo, o qual, quem, eu, lhe.
Substantivo: Mesa, bicho, concursando, Pablo, José.
Verbo: Estudar, passar, ganhar, gastar.

2.1 Substantivos

Os substantivos são palavras que nomeiam seres reais ou imaginários, objetos, lugares ou estados de espírito.

Eles podem ser:
→ Comuns: quando designam seres da mesma espécie.
gato, mulher, árvore
→ Próprios: quando se referem a um ser em particular.
Bahia, Clarice Lispector, Japão
→ Concretos: que designam seres reais no mundo ou na mente.
menino, bolo, jacaré, duende
→ Abstratos: que designam sentimentos, qualidades, estados ou ações dos seres.
saudade, tristeza, dor, sono (sensações)
beleza, destreza (qualidades)
vida, morte (estados)
estudo, trabalho, luta (ações)
→ Simples: que são formados por um único radical.
garrafa, porta, camiseta, neve
→ Compostos: que são formados por mais de um radical.
passatempo, guarda-chuva
→ Primitivos: que não derivam de outra palavra da língua portuguesa.
pulso, dente
→ Derivados: que derivam de outra palavra.
pulseira, dentista
→ Coletivos: que nomeiam seres da mesma espécie.
alcateia, arquipélago, biblioteca

Há a possibilidade de que palavras de outras classes gramaticais tenham função de substantivo em uma frase, oração ou período, e quando isso ocorre são chamadas Palavras Substantivadas. Para isso, o artigo precede a palavra.

Ainda não sei o porquê do livro não ter sido devolvido.

2.2 Artigo

O artigo é a palavra variável que tem por função individualizar algo, ou seja, possui como função primordial indicar um elemento, por meio de definição ou indefinição da palavra que, pela anteposição do artigo, passa a ser substantivada. Os artigos se subdividem em:

Artigos definidos: **o, a, os, as** - porque definem o substantivo a que se referem.

Hoje à tarde, falaremos sobre **a** aula da semana passada.

Na última aula, falamos **do** conteúdo programático.

Artigos indefinidos: um, uma, uns, umas - porque indefinem o substantivo a que se referem.

Assim que eu passar no concurso, eu irei comprar **um** carro.

Pela manhã, papai, apareceu **um** homem da loja aqui.

É importante ressaltar que os artigos podem ser contraídos com algumas preposições essenciais, como demonstraremos na tabela a seguir:

Prepo-sições	Artigo							
	Definido				Indefinido			
	o	a	os	as	um	uma	uns	umas
A	ao	à	aos	às	-	-	-	-
De	do	da	dos	das	dum	duma	duns	dumas
Em	no	na	nos	nas	num	numa	nuns	numas
Per	pelo	pela	pelos	pelas	-	-	-	-
Por	polo	pola	polos	polas	-	-	-	-

O artigo é utilizado para substantivar um termo. Ou seja, quer transformar algo em um substantivo? Coloque um artigo em sua frente.

"Cantar alivia a alma." (Verbo)

"O cantar alivia a alma." (Substantivo)

Emprego do artigo com a palavra "todo":

Quando inserimos artigos ao lado do termo "todo", em geral, o sentido da expressão passa a designar totalidade. Como no exemplo abaixo:

Pobreza é um problema que acomete todo país.

(todos os países)

Pobreza é um problema que acomete todo o país.

(o país em sua totalidade).

2.3 Pronome

Os pronomes são palavras que determinam ou substituem substantivos, indicando a pessoa do discurso – que é quem participa ou é objeto do ato comunicativo.

Os pronomes podem ser pessoais, possessivos, demonstrativos, indefinidos, relativos ou interrogativos.

Pronomes substantivos e adjetivos

É chamado pronome substantivo quando um pronome substitui um substantivo.

É chamado pronome adjetivo quando determina o substantivo com o qual se encontra.

Pronomes pessoais

Pronomes pessoais representam as pessoas do discurso, substituindo o substantivo.

Existem três pessoas do discurso – ou gramaticais:

> 1ª pessoa: eu, nós
> 2ª pessoa: tu, vós
> 3ª pessoa: ele, ela, eles, elas

Os pronomes pessoais podem ser:

→ Retos: têm função, em regra, como sujeito da oração.

→ Oblíquos: têm função de objeto ou complemento.

2.4 Pronomes de Tratamento

Estes são os pronomes utilizados para nos referirmos às pessoas. Eles podem ser cerimoniosos ou familiares, dependendo da pessoa com a qual falamos; considera-se a idade, o cargo e o título, dentre outros, para escolher o tratamento adequado.

É importante ressaltar que as abreviaturas devem, de modo geral, ser evitadas.

Exemplos de pronomes de tratamento:

Você: tratamento informal

Senhor, senhora: tratamento de respeito

Vossa Excelência: altas autoridades

Vossa Reverendíssima: para sacerdotes

Vossa Alteza: para príncipes, princesas e duques

Pronomes possessivos

São os pronomes que atribuem posse de algo às pessoas do discurso.

Eles podem estar em:

> 1ª pessoa do singular: meu, minha, meus, minhas
> 2ª pessoa do singular: teu, tua, teus, tuas
> 3ª pessoa do singular: seu, sua, seus, suas
> 1ª pessoa do plural: nosso, nossa, nossos, nossas
> 2ª pessoa do plural: vosso, vossa, vossos, vossas
> 3ª pessoa do plural: seu, sua, seus, suas

Pronomes demonstrativos

São os que indicam lugar, posição ou identidade dos seres, relativamente às pessoas do discurso.

São eles:

este(s), esta(s), esse(s), essa(s), aquele(s), aquela(s), aqueloutro(s), aqueloutra(s), mesmo(s), mesma(s), próprio(s), própria(s), tal, tais, semelhante(s).

Pronomes relativos

São palavras que representam substantivos já citados, com os quais estão relacionadas.

Eles podem ser:

→ Variáveis:
> Masculino: o qual, os quais, cujo, cujos, quanto, quantos.
> Femininos: a qual, as quais, cuja, cujas, quanta, quantas.

→ Invariáveis: quem, que, onde.

Os pronomes relativos podem unir duas orações como em:

Da árvore caíram maçãs, que foram recolhidas.

Pronomes indefinidos

São os pronomes que se referem, de forma imprecisa e vaga, à 3ª pessoa do discurso.

Eles podem ser:

→ Pronomes indefinidos substantivos

Têm função de substantivo: alguém, algo, nada, tudo, ninguém.

→ Pronomes indefinidos adjetivos

Têm função de adjetivo: cada, certo(s), certa (s).

→ Que variam entre pronomes adjetivos e substantivos

Variam de acordo com o contexto: algum, alguma, bastante, demais, mais, qual etc.

Locuções pronominais indefinidas

Cada qual, cada um, seja qual for, tal qual, um ou outro etc.

Pronomes interrogativos

São os pronomes utilizados em frases interrogativas e, assim como os pronomes indefinidos, não imprecisos para com a 3ª pessoa do plural.

Exemplos:

Quem foi?

Quantos professores vieram hoje?

Lutar contra quê?

Verbo

O verbo é uma palavra que exprime um estado, uma ação, um fato ou um fenômeno.

Ele possui diferentes formas, por suas flexões, para indicar a pessoa do discurso, o número, o tempo, o modo e a voz.

Pessoa e número

O verbo pode variar indicando a pessoa e o número:

> 1ª pessoa: eu ando (singular) / nós andamos
> 2ª pessoa: tu anda (singular) / vós andais
> 3ª pessoa: ele anda (singular) / eles andam

Tempos verbais

Os tempos têm a função de situar uma ação ou um acontecimento e podem ser:

→ Presente: Agora eu escrevo.
→ Pretérito (passado):
  > Imperfeito: Depois de ler, ele fechava o livro.
  > Perfeito: Ele fechou o livro.
  > Mais-que-perfeito: Quando vi, ele já fechara o livro.
→ Futuro:
  > Do presente: Indiara ganhará o presente.
  > Do pretérito: Indiara ganharia o presente.

Modos verbais

Existem três modos de um fato se realizar:

→ Indicativo: Exprime um fato certo e positivo.
→ Imperativo: Exprime uma ordem, proibição, pedido, conselho.
→ Subjuntivo: Enuncia um fato hipotético, possível.

Formas nominais

As formas nominais enunciam, de forma imprecisa, vaga e impessoal, um fato.

São elas:

→ Infinitivo: prender, vender.
→ Gerúndio: prendendo, vendendo.
→ Particípio: prendido, vendido.

Além disso, o infinitivo pode ser pessoal ou impessoal, sendo:

→ Pessoal: quando tem sujeito.
→ Impessoal: quando não tem sujeito.

Também pode ser flexionado ou não flexionado

→ Flexionado: comeres tu, comermos nós, comerdes vós, comerem eles.
→ Não flexionado: comer eu, comer ele.

Verbos auxiliares

São os que se unem a uma forma nominal de outro verbo para formar voz passiva, tempos compostos e locuções verbais.

Principais verbos auxiliares: ter, haver, ser, estar.

Voz

Quanto à voz, os verbos podem ser classificados em:

→ Ativos
→ Passivos
→ Reflexivos

Conjugações

Podem-se agrupar os verbos em três conjugações, de acordo com a terminação do infinitivo.

> 1ª conjugação: terminados em -ar: cantar
> 2ª conjugação: terminados em -er: bater
> 3ª conjugação: terminados em -ir: fingir

As conjugações são caracterizadas pelas vogais temáticas A, E e I.

Elementos estruturais do verbo

É necessário identificar o radical, o elemento básico, e a terminação, que varia indicando tempo e modo, e pessoa e número.

Exemplo: dançar | danç- (radical) -ar (terminação)

Na terminação é encontrada ao menos um dos seguintes elementos:
- → Vogal temática: que caracteriza a conjugação.
- → Desinência modo-temporal: indica o modo e o tempo do verbo.
- → Desinência número pessoal: indica se seria a 1ª, 2ª ou 3ª pessoa e se seria do plural ou do singular.

Tempos primitivos e derivados

Os tempos podem ser divididos em primitivos e derivados, que podem ser:
- → Presente do infinitivo:

    Exemplo: reclamar
    - > Pretérito imperfeito do indicativo: reclamava, reclamavas.
    - > Futuro do presente: reclamarei, reclamarás.
    - > Futuro do pretérito: reclamaria, reclamarias.
    - > Infinitivo pessoal: reclamar, reclamares.
    - > Gerúndio: reclamando.
    - > Particípio: reclamado.
- → Presente do indicativo:

    Exemplo: guardo, guardas, guardais
    - > Presente do subjuntivo - guardo: guarda, guardas, guarda, guardamos, guardais, guardam
    - > Imperativo afirmativo - guardas: guarda, guardais
- → Pretérito perfeito do indicativo:

    Exemplo: guardaram
    - > Pretérito mais que perfeito do indicativo: guardara, guardaras
    - > Pretérito imperfeito do subjuntivo: guardasse, guardasses
    - > Futuro do subjuntivo: guardares

Modo imperativo

O imperativo se dá de duas formas:
- → Imperativo afirmativo:
    - > 2ª pessoa do singular e a 2ª pessoa do plural: derivam das pessoas equivalentes do presente do indicativo e suprime-se o s final.
    - > demais pessoas: continuam como no presente do subjuntivo, sem alteração.
- → Imperativo negativo: as pessoas são iguais às equivalentes do presente do subjuntivo.

Tempos compostos

- → Da voz ativa: é formado pelo particípio do verbo principal, precedido pelos verbos auxiliares ter ou haver.
- → Da voz passiva: é formado quando o verbo principal, no particípio, é precedido pelos auxiliares ter (ou haver) e ser, de forma conjunta.
- → Locuções verbais: são formadas por um verbo principal, no gerúndio ou infinitivo, precedido por um verbo auxiliar.

Verbos regulares, irregulares e defectivos

A conjugação dos verbos pode ser dividida em:
- → Regular: são os que seguem um modelo comum de conjugação, mantendo o radical invariável
- → Irregular: são os que são alterados no radical e/ou nas terminações.
- → Defectiva: são os que não são usados em certos modos por não terem a conjugação completa.

Emprego do verbo haver

O verbo haver é utilizado, principalmente, para expressar ter ou existir, mas pode indicar, também, estar presente, decorrer, fazer, recuperar, julgar, acontecer, comportar-se, entender-se e o ato de ter existência. Além disso, ele possui diversas particularidades na conjugação.

O verbo haver é um verbo irregular, que passa por alterações tanto no seu radical, quanto nas suas terminações, quando conjugado.
- → Presente do indicativo:
    - > (eu) hei
    - > (tu) hás
    - > (ele) há
    - > (nós) havemos
    - > (vós) haveis
    - > (eles) hão

No pretérito perfeito do indicativo, no pretérito mais-que-perfeito do indicativo, no pretérito imperfeito do subjuntivo e no futuro do subjuntivo, o radical hav- se transformará em houv-.
- → Pretérito perfeito do indicativo
    - > (eu) houve
    - > (tu) houveste
    - > (ele) houve
    - > (nós) houvemos
    - > (vós) houvestes
    - > (eles) houveram
- → Futuro do subjuntivo
    - > (quando eu) houver
    - > (quando tu) houveres
    - > (quando ele) houver
    - > (quando nós) houvermos
    - > (quando vós) houverdes
    - > (quando eles) houverem

Nos demais tempos verbais, o radical hav- passa a ser haj-, no presente do subjuntivo e no imperativo.

LÍNGUA PORTUGUESA

MORFOLOGIA CLASSES DE PALAVRAS

→ Presente do subjuntivo
> (que eu) haja
> (que tu) hajas
> (que ele) haja
> (que nós) hajamos
> (que vós) hajais
> (que eles) hajam

Quando o verbo haver é utilizado para indicar tempo ou com o sentido de existir, ele será impessoal e sem sujeito, sendo conjugado apenas na 3ª pessoa do singular.

> Presente do indicativo: há
> Pretérito perfeito do indicativo: houve
> Pretérito imperfeito do indicativo: havia
> Pretérito mais-que-perfeito do indicativo: houvera
> Futuro do presente do indicativo: haverá
> Futuro do pretérito do indicativo: haveria
> Presente do subjuntivo: que haja
> Pretérito imperfeito do subjuntivo: se houvesse
> Futuro do subjuntivo: quando houver

Esse verbo pode ser, também, verbo auxiliar na formação de tempos compostos. Para tal, ele substitui o verbo ter, apresentando ainda o mesmo sentido, e pode ser conjugado em todas as pessoas verbais.

→ Pretérito mais-que-perfeito composto do indicativo
> (Eu) havia + particípio do verbo principal
> (Tu) havias + particípio do verbo principal
> (Ele) havia + particípio do verbo principal
> (Nós) havíamos + particípio do verbo principal
> (Vós) havíeis + particípio do verbo principal
> (Eles) haviam + particípio do verbo principal

→ Haver ou a ver

Para referir-se a algo que possui relação para com alguma coisa, a expressão correta é a ver.

2.5 Adjetivo

É a palavra variável que expressa uma qualidade, característica ou origem de algum substantivo ao qual se relaciona.

Meu terno é azul, elegante e italiano.

Analisando, entendemos assim:

Azul: característica.

Elegante: qualidade.

Italiano: origem.

Estrutura e a classificação dos adjetivos. Com relação à sua formação, eles podem ser:

Explicativos: quando a característica é comum ao substantivo referido.

Fogo **quente**, Homem **mortal**. (Todo fogo é quente, todo homem é mortal)

Restritivos: quando a característica não é comum ao substantivo, ou seja, nem todo substantivo é assim caracterizado.

Terno **azul**, Casa **grande**. (Nem todo terno é azul, nem toda casa é grande)

Simples: quando possui apenas uma raiz.

amarelo, brasileiro, competente, sagaz, loquaz, inteligente, grande, forte etc.

Composto: quando possui mais de uma raiz.

amarelo-canário, luso-brasileiro, verde-escuro, vermelho-sangue etc.

Primitivo: quando pode dar origem a outra palavra, não tendo sofrido derivação alguma.

bom, legal, grande, rápido, belo etc.

Derivado: quando resultado de um processo de derivação, ou seja, oriundo de outra palavra.

bondoso (de bom), grandioso (de grande), maléfico (de mal), esplendoroso (de esplendor) etc.

Os adjetivos que designam origem de algum termo são denominados adjetivos pátrios ou gentílicos.

Uma lista de adjetivos pátrios de estado:

Adjetivos Pátrios	
Acre	Acriano
Alagoas	Alagoano
Amapá	Amapaense
Aracaju	Aracajuano ou Aracajuense
Amazonas	Amazonense ou Baré
Belém(PA)	Belenense
Belo Horizonte	Belo-horizontino
Boa Vista	Boa-vistense
Brasília	Brasiliense
Cabo Frio	Cabo-friense
Campinas	Campineiro ou Campinense
Curitiba	Curitibano
Espírito Santo	Espírito-santense ou Capixaba
Fernando de Noronha	Noronhense
Florianópolis	Florianopolitano
Fortaleza	Fortalezense
Goiânia	Goianiense
João Pessoa	Pessoense
Macapá	Macapaense
Maceió	Maceioense
Manaus	Manauense
Maranhão	Maranhense
Marajó	Marajoara
Natal	Natalense ou Papa-jerimum
Porto Alegre	Porto Alegrense

Ribeirão Preto	Ribeiropretense
Rio de Janeiro (Estado)	Fluminense
Rio de Janeiro (Cidade)	Carioca
Rio Branco	Rio-branquense
Rio grande do Norte	Rio-grandense-do-norte, Norte-riograndense ou Potiguar
Rio grande do Sul	Rio-grandense-do-sul, Sul-rio-grandense ou Gaúcho
Rondônia	Rondoniano
Roraima	Roraimense
Salvador	Salvadorense ou Soteropolitano
Santa Catarina	Catarinense. ou Barriga-verde
Santarém	Santarense
São Paulo (Estado)	Paulista
São Paulo (Cidade)	Paulistano
Sergipe	Sergipano
Teresina	Teresinense
Tocantins	Tocantinense

Países	
Croácia	Croata
Costa rica	Costarriquense
Curdistão	Curdo
Estados Unidos	Estadunidense, norte-americano ou ianque
El Salvador	Salvadorenho
Guatemala	Guatemalteco
Índia	Indiano ou hindu (os que professam o hinduísmo)
Israel	Israelense ou israelita
Irã	Iraniano
Moçambique	Moçambicano
Mongólia	Mongol ou mongólico
Panamá	Panamenho
Porto Rico	Porto-riquenho
Somália	Somali

Adjetivos pátrios compostos

Na formação de adjetivos pátrios compostos, o primeiro elemento aparece na forma reduzida e, normalmente, erudita.

Observe alguns exemplos:

Adjetivos Pátrios Compostos	
África	Afro-/Cultura afro-americana
Alemanha	Germano- ou teuto-/Competições teutoinglesas
América	Américo-/Companhia américo-africana
Ásia	Ásio-/Encontros ásio-europeus
Áustria	Austro-/Peças austro-búlgaras
Bélgica	Belgo-/Acampamentos belgo-franceses
China	Sino-/Acordos sino-japoneses
Espanha	Hispano-/Mercado hispano-português
Europa	Euro-/Negociações euro-americanas
França	Franco- ou galo-/Reuniões franco-italianas
Grécia	Greco-/Filmes greco-romanos
Índia	Indo-/Guerras indo-paquistanesas
Inglaterra	Anglo-/Letras anglo-portuguesas
Itália	Ítalo-/Sociedade ítalo-portuguesa
Japão	Nipo-/Associações nipo-brasileiras
Portugal	Luso-/Acordos luso-brasileiros

Locução adjetiva

Expressão que tem valor adjetival, mas que é formada por mais de uma palavra. Geralmente, concorrem para sua formação uma preposição e um substantivo. Veja alguns exemplos.

Locução Adjetiva	Adjetivo
de água	Aquilino
de aluno	Discente
de anjo	Angelical
de ano	Anual
de aranha	Aracnídeo
de asno	Asinino
de baço	Esplênico
de bispo	Episcopal
de bode	Hircino
de boi	Bovino
de bronze	Brônzeo ou êneo
de cabelo	Capilar
de cabra	Caprino
de campo	Campestre ou rural
de cão	Canino
de carneiro	Arietino
de cavalo	Cavalar, equino, equídeo ou hípico
de chumbo	Plúmbeo
de chuva	Pluvial
de cinza	Cinéreo
de coelho	Cunicular
de cobre	Cúprico
de couro	Coriáceo
de criança	Pueril
de dedo	Digital
de diamante	Diamantino ou adamantino
de elefante	Elefantino

MORFOLOGIA CLASSES DE PALAVRAS

de enxofre	Sulfúrico
de estômago	Estomacal ou gástrico
de falcão	Falconídeos
de fera	Ferino
de ferro	Férreo
de fígado	Figadal ou hepático
de fogo	Ígneo
de gafanhoto	Acrídeo
de garganta	Gutural
de gelo	Glacial
de gesso	Gípseo
de guerra	Bélico
de homem	Viril ou humano
de ilha	Insular
de intestino	Celíaco ou entérico
de inverno	Hibernal ou invernal
de lago	Lacustre
de laringe	Laríngeo
de leão	Leonino
de lebre	Leporino
de lobo	Lupino
de lua	Lunar ou selênico
de macaco	Simiesco, símio ou macacal
de madeira	Lígneo
de marfim	Ebúrneo ou ebóreo
de Mestre	Magistral
de monge	Monacal
de neve	Níveo ou nival
de nuca	Occipital
de orelha	Auricular
de ouro	Áureo
de ovelha	Ovino
de paixão	Passional
de pâncreas	Pancreático
de pato	Anserino
de peixe	Písceo ou ictíaco
de pombo	Columbino
de porco	Suíno ou porcino
de prata	Argênteo ou argírico
de quadris	Ciático
de raposa	Vulpino
de rio	Fluvial
de serpente	Viperino
de sonho	Onírico
de terra	Telúrico, terrestre ou terreno

de trigo	Trítício
de urso	Ursino
de vaca	Vacum
de velho	Senil
de vento	Eólico
de verão	Estival
de vidro	Vítreo ou hialino
de virilha	Inguinal
de visão	Óptico ou ótico

Flexão do adjetivo

O adjetivo pode ser flexionado em gênero, número e grau.

Flexão de gênero (Masculino / Feminino)

Com relação ao gênero, os adjetivos podem ser classificados de duas formas:

Biformes: quando possuem uma forma para cada gênero.

Homem **belo** / mulher **bela**

Contexto **complicado** / questão **complicada**

Uniformes: quando possuem apenas uma forma, como se fossem elementos neutros.

Homem **fiel** / mulher **fiel**

Contexto **interessante** / questão **interessante**

Flexão de número (Singular / Plural)

Os adjetivos simples seguem a mesma regra de flexão que os substantivos simples, portanto essas regras serão descriminadas no quadro de número dos substantivos. Serão, por regra, flexionados os adjetivos compostos que, em sua formação, possuírem dois adjetivos. A flexão ocorrerá apenas no segundo elemento da composição.

Guerra greco-**romana** - Guerras greco-**romanas**

Conflito **socioeconômico** - Análises **socioeconômicas**

Por outro lado, se houver um substantivo como elemento da composição, o adjetivo fica invariável.

Blusa **amarelo-canário** - Blusas **amarelo-canário**

Mesa **verde-musgo** - Mesas **verde-musgo**

O caso em questão também pode ocorrer quando um substantivo passa a ser, por derivação imprópria, um adjetivo, ou seja, também serão invariáveis os "substantivos adjetivados".

Terno cinza -Ternos cinza

Vestido rosa -Vestidos rosa

E também:

surdo mudo - surdos mudos

pele vermelha - peles vermelhas

Azul- marinho e azul-celeste são invariáveis.

Flexão de grau (Comparativo e Superlativo)

Há duas maneiras de se estabelecer o grau do adjetivo: por meio do grau comparativo e por meio do grau superlativo.

Vejamos como isso ocorre.

Grau comparativo: estabelece um tipo de comparação de características, sendo estabelecido de três maneiras:

Inferioridade: O açúcar é **menos** doce (do) **que** os teus olhos.

Igualdade: O meu primo é **tão** estudioso **quanto** o meu irmão.

Superioridade: Gramática **é mais legal** (do) **que** Matemática.

Grau superlativo: reforça determinada qualidade em relação a um referente. Pode-se estabelecer o grau superlativo de duas maneiras:

Relativo: em relação a um grupo.

De superioridade: José é o **mais** inteligente dos alunos.

De inferioridade: O presidente foi o **menos** prestigiado da festa.

Absoluto: sem relações, apenas reforçando as características

Analítico (com auxílio de algum termo)

Pedro é muito magro.

Pedro é magro, magro, magro.

Sintético (com o acréscimo de – íssimo ou –érrimo)

Pedro é macérrimo.

Somos todos estudiosíssimos.

Veja, agora, uma tabela de superlativos sintéticos.

Superlativos	
Grau normal	Superlativos
Ágil	Agilíssimo
Agradável	Agradabilíssimo
Agudo	Acutíssimo ou Agudíssimo
Alto	Altíssimo, Sumo ou Supremo
Amargo	Amaríssimo ou Marguíssimo
Amável	Amabilíssimo
Amigo	Amicíssimo
Antigo	Antiquíssimo
Atroz	Atrocíssimo
Baixo	Baixíssimo ou Ínfimo
Bom	Ótimo ou Boníssimo
Capaz	Capacíssimo
Célebre	Celebérrimo
Cheio	Cheíssimo
Comum	Comuníssimo
Cristão	Cristianíssimo
Cruel	Crudelíssimo
Doce	Dolcíssimo ou Docíssimo
Difícil	Dificílimo
Eficaz	Eficacíssimo
Fácil	Facílimo
Feliz	Felicíssimo
Feroz	Ferocíssimo
Fiel	Fidelíssimo
Frágil	Fragílimo
Frio	Frigidíssimo ou Friíssimo
Geral	Generalíssimo
Grande	Grandíssimo ou Máximo
Horrível	Horribilíssimo
Honorífico	Honorificentíssimo
Humilde	Humílimo ou Humildíssimo
Inimigo	Inimicíssimo
Inconstitucional	Inconstitucionalíssimo
Jovem	Juveníssimo
Livre	Libérrimo e Livríssimo
Louvável	Laudabilíssimo
Magnífico	Magnificentíssimo
Magro	Macérrimo ou Magríssimo
Mau	Péssimo ou malíssimo
Miserável	Miserabilíssimo
Mísero	Misérrimo
Miúdo	Minutíssimo
Notável	Notabilíssimo
Pequeno	Mínimo ou Pequeníssimo
Pessoal	Personalíssimo
Pobre	Paupérrimo ou Pobríssimo
Precário	Precaríssimo ou Precariíssimo
Próspero	Prospérrimo
Provável	Probabilíssimo
Sábio	Sapientíssimo
Sério	Seríssimo
Simpático	Simpaticíssimo
Simples	Simplíssimo ou Simplicíssimo
Tenaz	Tenacíssimo
Terrível	Terribilíssimo
Vão	Vaníssimo
Voraz	Voracíssimo
Vulgar	Vulgaríssimo
Vulnerável	Vulnerabilíssimo

Atente à mudança de sentido provocada pela alteração de posição do adjetivo.

Homem **grande** (alto, corpulento)

Grande homem (célebre)

Mas isso nem sempre ocorre. Se você analisar a construção "giz azul" e "azul giz", perceberá que não há diferença semântica.

LÍNGUA PORTUGUESA

MORFOLOGIA CLASSES DE PALAVRAS

2.6 Advérbio

É a palavra invariável que se relaciona ao verbo, ao adjetivo ou a outro advérbio para atribuir-lhes uma circunstância.

Os alunos saíram **apressadamente**.

O caso era muito **interessante**.

Resolvemos **muito bem** o problema.

É importante decorar essa lista de advérbios para que você consiga reconhecê-los na sentença.

→ Classificação do Advérbio:

Afirmação: sim, certamente, efetivamente etc.

Negação: não, nunca, jamais.

Intensidade: muito, pouco, assaz, bastante, mais, menos, tão, tanto, quão etc.

Lugar: aqui, ali, aí, aquém, acima, abaixo, atrás, dentro, junto, defronte, perto, longe, algures, alhures, nenhures etc.

Tempo: agora, já, depois, anteontem, ontem, hoje, jamais, sempre, outrora, breve etc.

Modo: assim, adrede, bem, mal, depressa, devagar, melhor, pior e a maior parte das palavras formadas de um adjetivo, mais a terminação "mente" (leve + mente = levemente; calma + mente = calmamente).

Inclusão: também, inclusive.

Designação: eis.

Interrogação: onde, como, quando, por que.

Também existem as chamadas locuções adverbiais que vêm quase sempre introduzidas por uma preposição: à farta (= fartamente), às pressas (= apressadamente), à toa, às cegas, às escuras, às tontas, às vezes, de quando em quando, de vez em quando etc.

Existem casos em que utilizamos um adjetivo como forma de advérbio. É o que chamamos de adjetivo adverbializado.

Aquele orador fala **belamente**.
advérbio de modo

Aquele orador fala **bonito**.
adjetivo adverbializado que tenta designar modo

2.7 Conjunção

É a palavra invariável que conecta elementos em algum encadeamento frasal. A relação em questão pode ser de natureza lógico-semântica (relação de sentido) ou apenas indicar uma conexão exigida pela sintaxe da frase.

Coordenativas

São as conjunções que conectam elementos que não possuem dependência sintática, ou seja, as sentenças que são conectadas por meio desses elementos já estão com suas estruturas sintáticas (sujeito / predicado / complemento) completas.

Aditivas: e, nem (= e não), também, que, não só... mas também, não só... como, tanto ... como, assim... como etc.

José não foi à aula **nem** fez os exercícios.

Devemos estudar **e** apreender os conteúdos.

Adversativas: mas, porém, contudo, todavia, no entanto, entretanto, senão, não obstante, aliás, ainda assim.

Os países assinaram o acordo, **mas** não o cumpriram.

A menina cantou bem, **contudo** não agradou ao público.

Alternativas: ou... ou, já ... já, seja... seja, quer... quer, ora... ora, agora... agora.

Ora diz sim, **ora** diz não.

Ou está feliz, **ou** está no ludibriando.

Conclusivas: logo, pois (depois do verbo), então, portanto, assim, enfim, por fim, por conseguinte, conseguintemente, consequentemente, donde, por onde, por isso.

O **concursando** estudou muito, **logo**, deverá conseguir seu cargo.

É professor, **por conseguinte** deve saber explicar o conteúdo.

Explicativas: Isto é, por exemplo, a saber, ou seja, verbi gratia, pois (antes do verbo), pois bem, ora, na verdade, depois, além disso, com efeito, que, porque, ademais, outrossim, porquanto etc.

Deve ter chovido, **pois** o chão está molhado.

O homem é um animal racional, **porque** é capaz de raciocinar.

Não converse agora, **que** eu estou explicando.

Subordinativas

São as conjunções que denotam uma relação de subordinação entre orações, ou seja, a conjunção subordinativa evidencia que uma oração possui dependência sintática em relação a outra. O que se pretende dizer com isso é que uma das orações envolvidas nesse conjunto desempenha uma função sintática para com sua oração principal.

Integrantes

Que, se

Sei **que** o dia do pagamento é hoje.

Vejamos **se** você consegue estudar sem interrupções.

Adverbiais

Causais: indicam a causa de algo.

Já que, porque, que, pois que, uma vez que, sendo que, como, visto que, visto como, como etc.

Não teve medo do perigo, **já que** estava protegido.

Passou no concurso, **porque** estudou muito.

Comparativas: estabelecem relação de comparação:

Como, tal como, mais...(do)que, menos...(do)que, tão como, assim como, tanto quanto etc.

Tal como procederes, receberás o castigo.

Alberto é aplicado **como** quem quer passar.

Concessivas (concessão): estabelecem relação de quebra de expectativa com respeito à sentença à qual se relacionam.

Embora, ainda que, dado que, posto que, conquanto, em que, quando mesmo, mesmo que, por menos que, por pouco que, apesar de (que).

Embora tivesse estudado pouco, conseguiu passar.

Conquanto estudasse, não conseguiu aprender.

Condicionais: estabelecem relação de condição.

Se, salvo se, caso, exceto se, contanto que, com tal que, caso, a não ser que, a menos que, sem que etc.

Se tudo der certo, estaremos em Portugal amanhã.

Caso você tenha dúvidas, pergunte a seu professor.

Consecutivas: estabelecem relação de consequência.

Tanto que, de modo que, de sorte que, tão...que, sem que etc.

O aluno estudou **tanto que** morreu.

Timeto Amon era **tão** feio **que** não se olhava no espelho.

Conformativas: estabelecem relação de conformidade.

Conforme, consoante, segundo, da mesma maneira que, assim como, como que etc.

Faça a prova **conforme** teu pai disse.

Todos agem **consoante** se vê na televisão.

Finais: estabelecem relação de finalidade.

Para que, a fim de que, que, porque.

Estudou muito **para que** pudesse ter uma vida confortável.

Trabalhei **a fim de que** o resultado seja satisfatório.

Proporcionais: estabelecem relação de proporção.

À proporção que, à media que, quanto mais... tanto mais, quanto menos... tanto menos, ao passo que etc.

À medida que o momento de realizar a prova chegava, a ansiedade de todos aumentava.

Quanto mais você estudar, **tanto mais** terá a chance de ser bem sucedido.

Temporais: estabelecem relação de tempo.

Quando, enquanto, apenas, mal, desde que, logo que, até que, antes que, depois que, assim que, sempre que, senão quando, ao tempo que, apenas que, antes que, depois que, sempre que etc.

Quando todos disserem para você parar, continue.

Depois que terminar toda a lição, poderá descansar um pouco.

Mal chegou, já quis sair.

2.8 Interjeição

É o termo que exprime, de modo enérgico, um estado súbito de alma. Sem muita importância para a análise a que nos propomos, vale apenas lembrar que elas possuem uma classificação semântica[1]:

Dor: ai! ui!

Alegria: ah! eh! oh!

Desejo: oxalá[2]! tomara!

Admiração: puxa! cáspite! safa! quê!

Animação: eia! sus! coragem!

[1] Segundo Napoleão Mendes de Almeida.
[2] Curiosamente, esses elementos podem ser concebidos, em algumas situações, como advérbios de dúvida.

Aplauso: bravo! apoiado!

Aversão: ih! chi! irra! apre!

Apelo: ó, olá! psit! pitsiu! alô! socorro!

Silêncio: psit! psiu! caluda!

Interrogação, **espanto**: hem!

Há, também, locuções interjeitivas: **Minha nossa! Meu Deus!**

A despeito da classificação acima, o que determina o sentido da interjeição é o seu uso.

2.9 Numeral

É a palavra que indica uma quantidade, multiplicação, fração ou um lugar numa série. Os numerais podem ser divididos em:

Cardinais: quando indicam um número básico: um, dois, três, cem mil...

Ordinais: quando indicam um lugar numa série: primeiro, segundo, terceiro, centésimo, milésimo...

Multiplicativos: quando indicam uma quantidade multiplicativa: dobro, triplo, quádruplo...

Fracionários: quando indicam parte de um inteiro: meio, metade, dois terços...

Algarismo		Cardinais	Ordinais
Romanos	Arábicos		
I	1	um	primeiro
II	2	dois	segundo
III	3	três	terceiro
IV	4	quatro	quarto
V	5	cinco	quinto
VI	6	seis	sexto
VII	7	sete	sétimo
VIII	8	oito	oitavo
IX	9	nove	nono
X	10	dez	décimo
XI	11	onze	undécimo ou décimo primeiro
XII	12	doze	duodécimo ou décimo segundo
XIII	13	treze	décimo terceiro
XIV	14	quatorze ou catorze	décimo quarto
XV	15	quinze	décimo quinto
XVI	16	dezesseis	décimo sexto
XVII	17	dezessete	décimo sétimo
XVIII	18	dezoito	décimo oitavo
XIX	19	dezenove	décimo nono
XX	20	vinte	vigésimo
XXI	21	vinte e um	vigésimo primeiro
XXX	30	trinta	trigésimo

MORFOLOGIA CLASSES DE PALAVRAS

XXXL	40	quarenta	quadragésimo
L	50	cinquenta	quinquagésimo
LX	60	sessenta	sexagésimo
LXX	70	setenta	septuagésimo ou setuagésimo
LXXX	80	oitenta	octogésimo
XC	90	noventa	nonagésimo
C	100	cem	centésimo
CC	200	duzentos	ducentésimo
CCC	300	trezentos	trecentésimo
CD	400	quatrocentos	quadringentésimo
D	500	quinhentos	quingentésimo
DC	600	seiscentos	seiscentésimo ou sexcentésimo
DCC	700	setecentos	septingentésimo
DCCC	800	oitocentos	octingentésimo
CM	900	novecentos	nongentésimo ou noningentésimo
M	1.000	mil	milésimo
X'	10.000	dez mil	dez milésimos
C'	100.000	cem mil	cem milésimos
M'	1.000.000	um milhão	milionésimo
M"	1.000.000.000	um bilhão	bilionésimo

Lista de numerais multiplicativos e fracionários:

Algarismos	Multiplicativos	Fracionários
2	duplo, dobro, dúplice	meio ou metade
3	triplo, tríplice	terço
4	quádruplo	quarto
5	quíntuplo	quinto
6	sêxtuplo	sexto
7	sétuplo	sétimo
8	óctuplo	oitavo
9	nônuplo	nono
10	décuplo	décimo
11	undécuplo	onze avos
12	duodécuplo	doze avos
100	cêntuplo	centésimo

Para realizar a leitura dos cardinais:

É necessário colocar a conjunção "e" entre as centenas e dezenas, assim como entre as dezenas e a unidade. Ex.: 3.068.724 = três milhões sessenta e oito mil setecentos e vinte e quatro. Quanto à leitura do numeral ordinal, há duas possibilidades: Quando é inferior a 2.000, lê-se inteiramente segundo a forma ordinal. 1766º = milésimo septingentésimo sexagésimo sexto. Acima de 2.000, lê-se o primeiro algarismo como cardinal e os demais como ordinais. Hodiernamente, entretanto, tem-se observado a tendência a ler os números redondos segundo a forma ordinal.

2.536º = dois milésimos quingentésimo trigésimo sexto.

8 000º = oitavo milésimo.

Para realizar a leitura do fracionário:

O numerador de um numeral fracionário é sempre lido como cardinal. Quanto ao denominador, há dois casos:

Primeiro: se for inferior ou igual a 10, ou ainda for um número redondo, será lido como ordinal 2/6 = dois sextos; 9/10 = nove décimos; centésimos (se houver).

São exceções: 1/2 = meio; 1/3 = um terço.

Segundo: se for superior a 10 e não constituir número redondo, é lido como cardinal, seguido da palavra "avos".

1/12 = um doze avos; 4/25 = quatro vinte e cinco avos.

Ao se fazer indicação de reis, papas, séculos, partes de uma obra, usam-se os numerais ordinais até décimo. A partir daí, devem-se empregar os cardinais. Século V (século quinto), século XX (vinte), João Paulo II (segundo), Bento XVI (dezesseis).

2.10 Preposição

É a palavra invariável que serve de ligação entre dois termos de uma oração ou, às vezes, entre duas orações. Costuma-se denominar "regente" o termo que exige a preposição e "regido" aquele que recebe a preposição:

Ele comprou um livro **de** poesia.

Ele tinha medo **de** ficar solitário.

Como se vê, a preposição "de", no primeiro caso, liga termos de uma mesma oração; no segundo, liga orações.

Preposições essenciais

São aquelas que têm como função primordial a conexão das palavras: a, ante, até, após, com contra, de, desde, em, entre, para, per, perante, por, sem, sob, sobre, trás. Veja o emprego de algumas preposições:

Os manifestantes lutaram **contra** a polícia.

O aluno chegou **ao** salão rapidamente.

Aguardo sua decisão **desde** ontem.

Entre mim e ti, não há qualquer problema.

Preposições acidentais

São palavras que pertencem a outras classes, empregadas, porém, eventualmente como preposições: conforme, consoante, durante, exceto, fora, agora, mediante, menos, salvante, salvo, segundo, tirante.

O emprego das preposições acidentais é mais comum do que parece:

Todos saíram da sala, **exceto** eu.

Tirante as mulheres, o grupo que estava na sala parou de falar.

Escreveu o livro **conforme** o original.

Locuções prepositivas

Além das preposições simples, existem também as chamadas locuções prepositivas, que terminam sempre por uma preposição simples: abaixo de, acerca de, acima de, a despeito de, adiante de, a fim de, além de, antes de, ao lado de, a par de, apesar de, a respeito de, atrás de, através de, de acordo com, debaixo de, de cima de, defronte de, dentro de, depois de, diante de, embaixo de, em cima de, em frente de(a), em lugar de, em redor de, em torno de, em vez de, graças a, junto a (de), para baixo de, para cima de, para com, perto de, por baixo de, por causa de, por cima de, por detrás de, por diante de, por entre, por trás de.

CONECTIVOS

Os conectivos têm a função de ligar palavras ou orações e eles podem ser coordenativos (ligam orações coordenadas) ou subordinativos (ligam orações subordinadas).

Coordenativos

→ Conjunções coordenativas:

Iniciam orações coordenadas:

Aditivas: e

Adversativas: mas

Alternativas: ou

Conclusivas: logo

Explicativas: pois

Subordinativos

→ Pronomes relativos:

Iniciam orações adjetivas:

que

quem

cujo/cuja

o qual/a qual

→ Conjunções subordinativas:

Iniciam orações adverbiais:

Causais: porque

Comparativas: como

Concessivas: embora

Condicionais: se

Conformativas: conforme

Consecutivas: (tão) que

Finais: para que

Proporcionais: à medida que

Temporais: quando

Iniciam orações substantivas:

Integrantes: que, se

Formas variantes

Algumas palavras possuem mais de uma forma, ou seja, junto à forma padrão existem outras formas variantes.

Em algumas situações, é irrelevante a variação utilizada, mas em outros deve-se escolher a variação mais generalizada.

Exemplos:

Assobiar, assoviar

Coisa, cousa

Louro, loiro

Lacrimejar, lagrimejar

Infarto, enfarte

Diabete, diabetes

Transpassar, traspassar, trespassar

Questões

01. (CESPE)

"A questão maior é saber como colocar em prática essas belezas, num momento em que as lutas sociais sofrem o assédio cada vez mais **agressivo** da globalização e as próprias barreiras ideológicas caem por terra."

(Newton Carlos. Má hora das esquerdas. In: Correio Braziliense, 20/11/2007 (com adaptações).

A partir do texto acima, julgue os itens subsequentes. O adjetivo "agressivo" está empregado com valor de advérbio e corresponde, dessa forma, a **agressivamente**.

Certo ( )   Errado ( )

02. (NCE) A alternativa em que **NÃO** ocorre qualquer forma de superlativo de um adjetivo é:
a) "...é o mais esperto do mundo";
b) "...que mesmo espécies mais longe na escala...";
c) "...teria evoluído a partir de organismos mais simples...";
d) "...para chegar a conclusões bem simples...";
e) "...os animais são, sim, algo inteligentes".

03. (CESPE) Leia o texto:

O **célebre** homem brasileiro cordial é cordial não porque seja polido, o que ele nunca foi, mas porque nada nunca passa pelo cérebro antes de chegar à vida — é só um coração batendo forte no meio da rua, que é o seu lugar.

(Cristovão Tezza. Um erro emocional. Rio de Janeiro: Record, 2010, p. 91 - com adaptações).

Em relação às ideias e a aspectos gramaticais do texto acima, julgue os itens a seguir. Se, em vez do adjetivo "célebre", o autor tivesse optado pela sua forma superlativa, teria de acrescentar-lhe o sufixo **-érrimo**, da seguinte forma: celebérrimo.

Certo ( )   Errado ( )

04. (NCE) "...comuns a quase todos os animais..."; O trecho abaixo em que o emprego do artigo é **EQUIVOCADO** é:
a) Ambos os animais são dotados de alguma inteligência;
b) Todos os quatro animais de estimação sobreviveram;
c) Os biólogos trabalharam todo o dia;
d) Entre os animais há diversos graus de inteligência;
e) Toda a manhã eles chegavam sempre na hora.

LÍNGUA PORTUGUESA

MORFOLOGIA CLASSES DE PALAVRAS

05. (TJ). Assinale a alternativa em que o grupo de vocábulos, a seguir, admite, exclusivamente, o artigo masculino.
a) Conceito, poema, sentinela;
b) Atleta, eclipse, herpes;
c) Quadrilha, assalto, hangar;
d) Fonema, afã, champanha;
e) Epígrafe, introito, omoplata.

06. (TJ) Assinale a alternativa em que a classificação morfológica da palavra está **INCORRETA**.
a) Ele jamais faria tal afirmação tão leviana e vil. Leviana é adjetivo.
b) Nunca se soube verdadeiramente quem era culpado naquela história. Quem é pronome adjetivo interrogativo.
c) Não sei se vocês estão conscientes da situação periclitante em que nos encontramos. Se é conjunção.
d) A essa hora, o delegado já terá feito a ocorrência. Ocorrência é substantivo.
e) Era mister considerar todas as particularidades daquele contrato. Mister é adjetivo.

07. (TJ) Assinale a alternativa em que o termo em negrito NÃO apresenta o valor circunstancial indicado entre parênteses.
a) O hábito, naquele país, era comer **com as mãos**. (instrumento)
b) **Naquele verão**, quantos teriam viajado? (tempo)
c) **Para vencer**, precisávamos de um esforço hercúleo. (fim)
d) Procurava, **desordenadamente**, as fichas no arquivo morto. (modo)
e) Só se retirarão do recinto **com a minha licença**. (companhia)

08. (TJ) Assinale a alternativa em que a palavra composta inclui um elemento que originalmente é um advérbio.
a) Maus-tratos
b) Pré-frontal
c) Bem-humorado
d) Peça-chave
e) Maria-vai-com-as-outras

09. (FGV) Em **Justiça justa**, ocorre um substantivo ao lado de um adjetivo dele cognato. Assinale a alternativa em que substantivo e adjetivo, respectivamente, **NÃO** sejam cognatos.
a) Lentidão – lento
b) Inércia – inercial
c) Arma – inerme
d) Perfil – perfilhado
e) Obcecação – obcecado

10. (TJ) "**Se** fosse ensinar a uma criança a beleza da música, **não** começaria **com** partituras, notas e pautas. Ouviríamos juntos **as** melodias mais gostosas e **lhe** contaria sobre os instrumentos que fazem a música. Aí,encantada com a beleza da música,ela mesma me pediria que lhe ensinasse o mistério daquelas bolinhas pretas escritas sobre cinco linhas. Porque as bolinhas pretas e as cinco linhas são apenas ferramentas para a produção da beleza musical. A experiência da beleza tem de vir antes."

(http://pensador.uol.com.br/alegria de ensinar de rubens alves/)

Assinale a alternativa que apresenta, **correta** e **respectivamente**, as classes gramaticais a que pertencem as palavras em negrito no trecho acima.
a) Conjunção – pronome – artigo – conjunção – pronome;
b) Conjunção – advérbio – preposição – artigo – pronome;
c) Pronome – advérbio– artigo – pronome – conjunção;
d) Pronome – conjunção – preposição – conjunção – pronome;
e) Conjunção – pronome – preposição – pronome – conjunção.

11. (CEPERJ) O sentido estabelecido pelo conectivo está corretamente indicado em:
a) "engolidas ou colocadas no nariz" - oposição
b) "comunicado público sobre o perigo" – causa
c) "tem os produtos em casa" – modo
d) "brinquedo a ser recolhido" – adição
e) "para evitar acidentes" - finalidade

12. (CEPERJ) O fragmento abaixo que apresenta uma estrutura sintática comparativa é:
a) "quem lhe escreve sou eu"
b) "Porque tive de viajar para o distante país do recall."
c) "mas três meses era o mínimo."
d) "O homem não disse nada, mas seu sorriso sinistro falava por si."
e) "ninguém mais fraco do que nós."

13. (CEPERJ) "Sei que você sente muitas saudades, porque eu também sinto saudades de você." O conectivo "porque", no contexto acima, estabelece relação de:
a) Modo
b) Causa
c) Adversidade
d) Conformidade
e) Proporcionalidade

14. (FGV) "É exatamente isso o **que** tem ocorrido, nos últimos tempos, no **que** diz respeito ao direito de maior importância em uma democracia, **que** é o direito de defesa, inexistente nos Estados totalitários."

A respeito das ocorrências da palavra QUE no trecho acima, assinale a alternativa que apresente, respectivamente, sua correta classificação.
a) Conjunção subordinativa – conjunção integrante – conjunção integrante
b) Pronome relativo – pronome relativo – pronome relativo
c) Conjunção integrante – conjunção integrante – conjunção subordinativa
d) Pronome relativo – preposição – pronome relativo
e) Conjunção integrante – preposição – conjunção subordinativa

15. (FUNIVERSA) No futebol americano, há um momento em que o jogador tem de dar um chute naquilo que eles chamam de bola. E, no circuito universitário, havia um rapaz recordista de chute. Ninguém chutava tão forte quanto esse rapaz. O importante, nessa história, era que o pé que ele usava para tal façanha não tinha nenhum dos dedos e, além disso, era menor que o outro. Quando descobriram isso, fizeram entrevistas com ele, e a primeira pergunta era: "Como você, com tal deficiência, consegue fazer uma coisa que ninguém mais conseguiu?" Ele, orgulhosamente, respondia: "Porque cresci ouvindo meu pai dizer: 'Encare suas deficiências e seus problemas como desafios, nunca como desculpas'.". O que mais se encontra no dia a dia? Justamente a postura oposta. [As pessoas encaram tudo como desculpas e justificativas.] Há pessoas que vivem dizendo frases negativas que encerram verdadeiras filosofias desastrosas.

Não são raras [as vezes] em que já se ouviu alguém falando de seus problemas e dificuldades e da incapacidade de superá-los, traduzida nas seguintes frases conformistas: "Eu sou assim mesmo..."; "Sempre fui assim..."; "Não posso evitar isso..."; "Essa é a minha natureza..."; "Não adianta mesmo..."; ["**Deus me fez assim e pronto!**".] [O que tais pessoas talvez nunca percebam é] que desculpas e justificativas só levam ao conformismo e à acomodação. E isso não diz respeito à elevação de padrões e à melhoria da qualidade de vida. Desculpas e justificativas são coisas de perdedor! Enquanto os vencedores comemoram, os perdedores se justificam.

Roberto Shinyashiki. Internet: <http://tecessa.arteblog.com.br>(com adaptações). Acesso em 19/1/2011.

Assinale a alternativa correta a respeito de fatos gramaticais e estilísticos encontrados no texto.

a) As palavras "ninguém", "pé", "você" são acentuadas pela mesma razão.
b) Na frase "'Deus me fez assim e pronto!'", encontra-se uma interjeição característica da linguagem coloquial.
c) Na frase "As pessoas encaram tudo como desculpas e justificativas" (linhas 8 e 19), há exemplo de gíria e de uma figura da linguagem: a anáfora.
d) Na construção "O que tais pessoas talvez nunca percebam", o pronome "tais" está empregado de modo informal, com significado de **brilhantes, grandiosas**.
e) O "as" de "as vezes" deve receber o sinal indicativo de crase para ajustar-se à norma culta padrão.

16. (FGV) A palavra centenário corresponde a cem anos. Assinale a alternativa em que não tenha havido correta associação da noção temporal à palavra indicada.
a) 400 anos – quadringentenário
b) 400 anos – quadricentenário
c) 600 anos – sesquicentenário
d) 150 anos – tricinquentenário
e) 7 anos – septenário

17. (FIP)

Corações a mil
(Gilberto Gil)

Minhas ambições são dez.
Dez corações de uma vez
pra eu poder me apaixonar
dez vezes a cada dia,
setenta a cada semana,
trezentas a cada mês.

(Fonte: www.gilbertogil.com.br/sec_discografia_letra.php?id=182)

Na primeira frase do texto, a palavra "dez", sublinhada, tem duplo sentido. São eles:

a) O sentido de serem dez ambições (no caso, "dez" seria um numeral) e o sentido de os corações serem apaixonados (no caso, "dez" seria um adjetivo).
b) O sentido de serem dez ambições e o sentido de serem dez corações (nos dois casos, "dez" seria um numeral).
c) O sentido de serem dez corações e o sentido de serem dez vezes a cada dia (nos dois casos, "dez" seria um numeral).
d) O sentido de serem dez ambições (no caso, "dez" seria um numeral) e o sentido de as ambições serem de extrema qualidade (no caso, "dez" seria um adjetivo).
e) O sentido de serem dez vontades boas (no caso, "dez" seria um substantivo) e o sentido de totalizarem dez as paixões ambiciosas (no caso, "dez" seria um adjetivo).

18. (CESPE) Considerando o texto, avalie:

O cenário econômico otimista levou os empresários brasileiros a aumentarem a formalização do mercado de trabalho nos últimos cinco anos. As contratações com carteira assinada cresceram 19,5% entre 2003 e 2007, enquanto a geração de emprego seguiu ritmo mais lento e aumentou 11,9%, segundo estudo comparativo divulgado pelo IBGE.

In: Correio Braziliense, 25/1/2008 (com adaptações).

No primeiro período do texto, a partícula "a" ocorre tanto como preposição quanto como artigo: a primeira ocorrência é uma preposição exigida pelo emprego do verbo "levou"; a segunda ocorrência é um artigo que determina "formalização".

Certo ( )   Errado ( )

Gabaritos

01	ERRADO	10	B
02	B	11	E
03	CERTO	12	E
04	E	13	B
05	D	14	B
06	B	15	B
07	E	16	C
08	C	17	D
09	D	18	CERTO

LÍNGUA PORTUGUESA

3. PRONOMES

Em uma definição breve, podemos dizer que pronome é o termo que substitui um substantivo, desempenhando, na sentença em que aparece, uma função coesiva. Podemos dividir os pronomes em sete categorias, são elas: pessoais, tratamento, demonstrativos, relativos, indefinidos, interrogativos, possessivos.

Antes de partir para o estudo pormenorizado dos pronomes, vamos fazer uma classificação funcional deles quando empregados em uma sentença:

Pronomes substantivos: são aqueles que ocupam o lugar do substantivo na sentença.

> **Alguém** apareceu na sala ontem.
>
> **Nós** faremos todo o trabalho.

Pronomes adjetivos: são aqueles que acompanham um substantivo na sentença.

> **Meus** alunos são os mais preparados.
>
> Pessoa **alguma** fará tal serviço por **esse** valor.

3.1 Pessoais

Referem-se às pessoas do discurso:

Quem fala (1ª pessoa);

Com quem se fala (2ª pessoa);

De quem se fala (3ª pessoa).

Classificação dos Pronomes Pessoais (caso **Reto** x caso **Oblíquo**)

Pessoa Gramatical	Retos	Oblíquos	
		Átonos	Tônicos
1ª Singular	eu	me	mim, comigo
2ª Singular	tu	te	ti, contigo
3ª Singular	ele, ela	o, a, lhe, se	si, consigo
1ª Plural	nós	nos	nós, conosco
2ª Plural	vós	vos	vós, convosco
3ª Plural	eles, elas	os, as, lhes, se	si, consigo
Função	Sujeito	Complemento/Adjunto	

Emprego de alguns pronomes (**Certo** X **Errado**)

Eu e tu x mim e ti

1ª regra: depois de preposição essencial, usa-se pronome oblíquo.

> **Entre** mim e ti, não há acordo.
>
> **Sobre** Manoel e ti, nada se pode falar.
>
> Devo **a** ti esta conquista.
>
> O presente é **para** mim.
>
> Não saia **sem** mim.
>
> Comprei um livro **para** ti.
>
> Observe a preposição essencial destacada nas sentenças.

2ª regra: se o pronome utilizado na sentença for sujeito de um verbo, deve-se empregar os do caso RETO.

> Não saia sem **eu** deixar.
>
> Comprei um livro para **tu** leres.
>
> O presente é para **eu** desfrutar.

Observe que o pronome desempenha a função de sujeito do verbo destacado.

Ou seja: "mim" não faz nada!

Não vá se confundir com as sentenças em que a ordem frasal está alterada. Deve-se, nesses casos, tentar pôr a sentença na ordem direta.

> Para mim, fazer exercícios é muito bom. → Fazer exercícios é muito bom para mim.
>
> Não é tarefa para mim realizar esta revisão. → Realizar esta revisão não é tarefa para mim.

Com causativos e sensitivos:

Regra com verbos causativos (mandar, fazer, deixar) ou sensitivos (ver, ouvir, sentir).

Quando os pronomes oblíquos átonos são empregados com verbos causativos ou sensitivos, pode haver a possibilidade de desempenharem a função de sujeito de uma forma verbal próxima. Ex.:

> Fiz **Juliana** chorar. (sentença original)
>
> Fi-**la** chorar. (sentença reescrita com a substituição do termo Juliana pelo pronome oblíquo)

Em ambas as situações, a "Juliana é a chorona". Isso quer dizer que o termo feminino que está na sentença é sujeito do verbo chorar. Pensando dessa maneira, entenderemos a primeira função da forma pronominal "la" que aparece na sentença reescrita.

Outro fator a ser considerado é que o verbo "fazer" necessita de um complemento, portanto, é um verbo transitivo. Bem, ocorre que o complemento do verbo "fazer" não pode ter outro referente senão "Juliana". Então, entendemos que, na reescrita da frase, a forma pronominal "la" funciona como complemento do verbo "fazer" e sujeito do verbo "chorar".

Si e consigo

Estes pronomes somente podem ser empregados se se referirem ao sujeito da oração, pois possuem função reflexiva:

> Alberto só pensa em si.
> ("Si" refere-se a "Alberto": sujeito do verbo "pensar")
>
> O aluno levou as apostilas consigo.
> ("consigo" refere-se ao termo "aluno")

Estão erradas, portanto, frases como estas:

> Creio muito em si, meu amigo.
>
> Quero falar consigo.

Corrigindo:

> Creio muito em **você**, meu amigo.
>
> Quero falar **contigo**.

Conosco e convosco

Se vierem seguidos de uma expressão complementar, geralmente a palavra "todos", desdobram-se em "com nós" e "com vós":

Este trabalho é com nós mesmos.

Ele(s), ela(s) x o(s), a(s)

É muito comum ouvirmos frases como: "Vi **ela** na esquina", "Não queremos **eles** aqui". Então, é errado falar ou escrever assim, pois o pronome em questão está sendo utilizado fora de seu emprego original, ou seja, como um complemento (ao passo que deveria ser apenas sujeito). O certo é: "Vi-**a** na esquina", "Não **os** queremos aqui".

"O" e "a"

São complementos diretos, ou seja, são utilizados juntamente aos verbos transitivos diretos, ou nos bitransitivos, como no exemplo a seguir:

Comprei **um carro** para minha namorada = Comprei-**o** para ela. (Ocorreu a substituição do Objeto Direto)

É importante lembrar que há uma especificidade em relação à colocação dos pronomes "o" e "a" depois de algumas palavras:

> Se a palavra terminar em R, S ou Z: tais letras devem ser suprimidas e o pronome há de ser empregado como **lo**, **la**, **los**, **las**.

Fazer as tarefas = fazê-**las**

Querer o dinheiro = querê-**lo**.

> Se a palavra terminar com **ão**, **õe** ou **m**: tais letras devem ser mantidas e o pronome há de ser empregado como **no**, **na**, **nos**, **nas**.

Compraram a casa = compraram-**na**

Compõe a canção = compõe-**na**.

Lhe

É um complemento indireto, equivalente a "a ele" ou "a ela": ou seja, é empregado juntamente a um verbo transitivo indireto ou a um verbo bitransitivo, como no exemplo:

Comprei um carro **para minha namorada** = comprei-**lhe** um carro. (Ocorreu a substituição do objeto indireto)

Muitas bancas gostam de trocar as formas "o" e "a" por "lhe", o que não pode ser feito sem que a sentença seja totalmente reelaborada.

3.2 De Tratamento

São pronomes de tratamento você, senhor, senhora, senhorita, fulano, sicrano, beltrano e as expressões que integram o quadro seguinte:

Pronome	Abreviatura Singular	Abreviatura Plural
Vossa Excelência(s)	V.Ex.ª	V.Ex.as
Usa-se para:		
Presidente (sem abreviatura), ministro, embaixador, governador, secretário de Estado, prefeito, senador, deputado federal e estadual, juiz, general, almirante, brigadeiro e presidente de câmara de vereadores;		
Vossa(s) Magnificência(s)	V.Mag.ª	V.Mag.as
Usa-se para:		
Reitor de universidade para o qual também se pode usar V. Ex.ª;		
Vossa(s) Senhoria(s)	V.Sª	V.S.as
Usa-se para:		
Qualquer autoridade ou pessoa civil não citada acima;		
Vossa(s) Santidade(s)	V.S	VV.SS.
Usa-se para:		
Papa;		
Vossa(s) Eminência(s)	V.Em.ª	V.Em.as
Usa-se para:		
Cardeal;		
Vossa(s) Excelência(s) Reverendíssima(s)	V.Exª.Rev.ma	V.Ex.as.Rev.mas
Usa-se para:		
Arcebispo e bispo;		
Vossa(s) Reverendíssima(s)	V.Rev.ma	V.Rev.mas
Usa-se para:		
Autoridade religiosa inferior às acima citadas;		
Vossa(s) Reverência(s)	V.Rev.ª	V.Rev.mas
Usa-se para:		
Religioso sem graduação;		
vossa(s) majestade(s)	v.m.	vv.mm.
Usa-se para:		
Rei e imperador;		
Vossa(s) Alteza(s)	V.A.	VV.AA.
Usa-se para:		
Príncipe, arquiduque e duque.		

PRONOMES

Todas essas expressões se apresentam também com SUA para cujas abreviaturas basta substituir o "V" por "S".

Emprego dos pronomes de tratamento

Vossa Excelência etc. x **Sua Excelência** etc.

Os pronomes de tratamento iniciados com "Vossa(s)" empregam-se em uma relação direta, ou seja, indicam o nosso interlocutor, pessoa com quem falamos:

Soube que V. Ex.ª, Senhor Ministro, falou que não estava interessado no assunto da reunião.

Empregaremos o pronome com a forma "Sua" quando a relação não é direta, ou seja, quando falamos SOBRE a pessoa:

A notícia divulgada é de que Sua Excelência, o Presidente da República, foi flagrado em uma boate.

Utilização da 3ª pessoa

Os pronomes de tratamento são de 3ª pessoa; portanto, todos os elementos relacionados a eles devem ser empregados também na 3ª pessoa, para que se mantenha a uniformidade:

É preciso que V. Ex.ª **diga** qual será o **seu** procedimento no caso em questão, a fim de que seus assessores possam agir a tempo.

Uniformidade de Tratamento

No momento da escrita ou da fala, não é possível ficar fazendo "dança das pessoas" com os pronomes. Isso quer dizer que se deve manter a uniformidade de tratamento. Para tanto, se for utilizada 3ª pessoa no início de uma sentença, ela deve permanecer ao longo de todo o texto. Preste atenção para ver como ficou estranha a construção abaixo:

Quando **você** chegar, eu **te** darei o presente.

"Você" é de 3ª pessoa e "te" é de 2ª pessoa. Não há motivo para cometer tal engano. Tome cuidado, portanto. Podemos corrigir a sentença:

Quando tu chegares, eu te darei o presente.

Quando você chegar, eu lhe darei o presente.

3.3 Demonstrativos

São os que localizam ou identificam o substantivo ou uma expressão no espaço, no tempo ou no texto.

1ª Pessoa	
Masculino	Este(s)
Feminino	Esta(s)
Neutro	Isto
No Espaço	Com o falante
No tempo	Presente
No Texto	O que se pretende dizer ou o imediatamente retomado
2ª Pessoa	
Masculino	Esse(s)
Feminino	Essa(s)
Neutro	Isso
No Espaço	Pouco afastado
No tempo	Passado ou futuro próximos
No Texto	O que se disse anteriormente
3ª Pessoa	
Masculino	Aquele(s)
Feminino	Aquela(s)
Neutro	Aquilo
No Espaço	Muito afastado
No tempo	Passado ou futuro distantes
No Texto	O que se disse há muito ou o que se pretende dizer

Quando o pronome retoma algo já mencionado no texto, dizemos que ele possui função **Anafórica**. Quando aponta para algo que será dito, dizemos que possui função **Catafórica**. Essa nomenclatura começou a ser cobrada em algumas questões de concurso público, portanto, é importante ter esses conceitos na ponta da língua.

Exemplos de emprego dos demonstrativos:

Veja este livro que eu trouxe, é muito bom.

Você deve estudar mais! Isso é o que eu queria dizer.

Vê aquele mendigo lá na rua? Terrível futuro o aguarda.

Há outros pronomes demonstrativos:

O, **a**, **os**, **as**, quando antecedem o relativo Que e podem ser permutados por: Aquele (s), Aquela (s), Aquilo:

Não entendi o que disseste. (Não entendi aquilo que disseste.)

Esta rua não é a que te indiquei. (Esta rua não é aquela que te indiquei.)

Tal: quando puder ser permutado por qualquer demonstrativo: Não acredito que você disse **tal** coisa. (aquela coisa)

Semelhante: quando puder ser permutado por qualquer demonstrativo: Jamais me prestarei a **semelhante** canalhice. (esta canalhice)

Mesmo: quando modificar os pronomes eu, tu, nós e vós: Eu **mesmo** investiguei o caso.

De modo análogo, classificamos o termo "**próprio**". (eu próprio, ela própria)

Mesmo pode ainda funcionar como pronome neutro em frases como: "é o mesmo", "vem a ser o mesmo".

Vejamos mais alguns exemplos:

José e **João** são alunos do ensino médio. Este gosta de matemática, **aquele** gosta de português.

Veja que a verdadeira relação estabelecida pelos pronomes demonstrativos focaliza, por meio do "este" o elemento mais próximo, por meio do "aquele" o elemento mais afastado.

Esta sala precisa de bons professores. / Gostaria de que esse órgão pudesse resolver meu problema.

Este(s), **esta(s)**, **isto** indicam o local de onde escrevemos. **Esse(s)**, **essa(s)**, **isso** indicam o local em que se encontra o nosso interlocutor.

3.4 Relativos

São termos que relacionam palavras em um encadeamento. Os relativos da Língua Portuguesa são:

Que: Quando puder ser permutado por "o qual" ou um de seus termos derivados. Utiliza-se o pronome "que" para referências a pessoas ou coisas.

O Qual: Empregado para referência a coisas ou pessoas.

Quem: É equivalente, segundo o mestre Napoleão Mendes de Almeida, a dois pronomes – aquele e que.

Quanto: Será relativo quando seu antecedente for o termo "tudo".

Onde: É utilizado para estabelecer referência a lugares, sendo permutável por "em que" ou "no qual" e seus derivados.

Cujo: Possui um sentido possessivo. Não permite permuta por outro relativo. Também é preciso lembrar que o pronome cujo não admite artigo, pois já é variável (cujo / cuja, jamais cujo o, cuja a).

O peão a **que** me refiro é Jonas.

A casa na **qual** houve o tiroteio foi interditada.

O homem para **quem** se enviou a correspondência é Alberto.

Não gastes tudo **quanto** tens.

O estado para **onde** vou é Minas Gerais.

Cara, o pedreiro em **cujo** serviço podemos confiar é Marcelino.

A preposição que está relacionada ao pronome é, em grande parte dos casos, oriunda do verbo que aparece posteriormente na sentença. As bancas costumam cobrar isso!

3.5 Indefinidos

São os que determinam o substantivo de modo vago, de maneira imprecisa.

Variáveis				Invariáveis
Masculino		Feminino		
Singular	Plural	Singular	Plural	
Algum	Alguns	Alguma	Algumas	Alguém
Certo	Certos	Certa	Certas	Algo
Muito	Muitos	Muita	Muitas	Nada
Nenhum	Nenhuns	Nenhuma	Nenhumas	Ninguém
Outro	Outros	Outra	Outras	Outrem
Qualquer	Quaisquer	Qualquer	Quaisquer	Cada
Quando	Quantos	Quanta	Quantas	
Tanto	Tantos	Tanta	Tantas	
Todo	Todos	Toda	Todas	Tudo
Vário	Vários	Vária	Várias	
Pouco	Poucos	Pouca	Poucas	

Fique bem atento para as alterações de sentido relacionadas às mudanças de posição dos pronomes indefinidos.

Alguma pessoa passou por aqui ontem.
Pessoa alguma passou por aqui ontem.
Alguma pessoa = ao menos uma pessoa.
Pessoa alguma = ninguém.

3.6 Interrogativos

Chamam-se interrogativos os pronomes **que**, **quem**, **qual** e **quanto**, empregados para formular uma pergunta direta ou indireta:

Que conteúdo estão estudando?

Diga-me **que** conteúdo estão estudando.

Quem vai passar no concurso?

Gostaria de saber **quem** vai passar no concurso.

Qual dos livros preferes?

Não sei **qual** dos livros preferes.

Quantos de coragem você tem?

Pergunte **quanto** de coragem você tem.

3.7 Possessivos

Com eles relacionamos a coisa possuída à pessoa gramatical possuidora. No quadro abaixo, estão relacionados aos pronomes pessoais.

Pessoais	Possessivos
eu	meu, minha, meus, minhas
tu	teu, tua, teus, tuas
ele, você, v.ex.ª etc.	seu, sua, seus, suas
nós	nosso, nossa, nossos, nossas
vós	vosso, vossa, vossos, vossas
eles	seu, sua, seus, suas

Emprego

→ **Ambiguidade**: "Seu", "sua", "seus" e "suas" são os reis da ambiguidade (duplicidade de sentido)

O policial prendeu o maconheiro em **sua** casa.
(casa de quem?)
Meu pai levou meu tio para casa em seu carro.
(no carro de quem?)

Corrigindo:

O policial prendeu o maconheiro na casa deste.

Meu pai, em seu carro, levou meu tio para casa.

→ **Emprego especial** - Não se usam os possessivos em relação às partes do corpo ou às faculdades do espírito. Devemos, pois, dizer:

Machuquei a mão. (E não "a minha mão")
Ele bateu a cabeça. (E não "a sua cabeça")
Perdeste a razão? (E não "a tua razão")

LÍNGUA PORTUGUESA

4. SUBSTANTIVO

É a palavra variável que designa qualidades, sentimentos, sensações, ações etc.

Quanto a sua classificação, o substantivo pode ser:

Primitivo (sem afixos): pedra.
Derivado (com afixos): pedreiro/ empedrado.
Simples (1 núcleo): guarda.
Composto (mais de 1 núcleo): guarda-roupas.
Comum (designa ser genérico): copo, colher.
Próprio (designa ser específico): Maria, Portugal.
Concreto (existência própria): cadeira, lápis.
Abstrato (existência dependente): glória, amizade.

Os substantivos concretos

Designam seres de existência própria, como: padre, político, carro e árvore. Os substantivos abstratos nomeiam qualidades ou conceitos de existência dependente, como: beleza, fricção, tristeza e amor.

Os substantivos próprios

São sempre concretos e devem ser grafados com iniciais maiúsculas. Porém, alguns substantivos próprios podem vir a se tornar comuns, pelo processo de derivação imprópria que, geralmente, ocorre pela anteposição de um artigo e a grafia do substantivo com letra minúscula. (um judas = traidor / um panamá = chapéu). As flexões dos substantivos podem se dar em gênero, número e grau.

Gênero dos substantivos

Quanto à distinção entre masculino e feminino, os substantivos podem ser:

Biformes: quando apresentam uma forma para o masculino e outra para o feminino - gato, gata, homem, mulher.

Uniformes: quando apresentam uma única forma para ambos os gêneros. Nesse caso, eles estão divididos em:

Epicenos: usados para animais de ambos os sexos (macho e fêmea) - besouro, jacaré, albatroz;

Comum de dois gêneros: aqueles que designam pessoas. Nesse caso, a distinção é feita por um elemento ladeador (artigo, pronome) - terrícola, estudante, dentista, motorista;

Sobrecomuns: apresentam um só gênero gramatical para designar seres de ambos os sexos - indivíduo, vítima, algoz.

Em algumas situações, a mudança de gênero altera também o sentido do substantivo:

O cabeça (líder) / A cabeça (parte do corpo).

4.1 Número dos Substantivos

Tentemos resumir as principais regras de formação do plural nos substantivos.

Terminação	Variação	Exemplo
vogal ou ditongo	acréscimo do 's'	barco - barcos
m	ns	pudim - pudins
ão (primeiro caso)	ões	ladrão - ladrões
ão (segundo caso)	ães	pão - pães
ão (terceiro caso)	s	cidadão - cidadãos
r	es	mulher - Mulheres
z	es	cartaz - cartazes
n	es	abdômen - Abdômenes
s (oxítonos)	es	inglês - ingleses
al, el, ol, ul	is	tribunal - tribunais
il (oxítonos)	s	barril - barris
il (paroxítonos)	eis	fóssil - fósseis
zinho, zito	s	anelzinho - aneizinhos

Alguns substantivos são grafados apenas no plural: alvíssaras, anais, antolhos, arredores, belas-artes, calendas, cãs, condolências, esponsais, exéquias, fastos, férias, fezes, núpcias, óculos, pêsames.

Grau do substantivo:

Aumentativo / Diminutivo[1]

Analítico: quando se associam os adjetivos ao substantivo: carro grande, pé pequeno;

Sintético: quando se adiciona ao substantivo sufixos indicadores de grau, carrão, pezinho.

Sufixos:

Aumentativos: -ázio, -orra, -ola, -az, -ão, -eirão, -alhão, -arão, -arrão, -zarrão;

Diminutivos: -ito, -ulo-, -culo, -ote, -ola, -im, -elho, -inho, -zinho (o sufixo -zinho é obrigatório quando o substantivo terminar em vogal tônica ou ditongo: cafezinho, paizinho);

O aumentativo pode exprimir tamanho (casarão), desprezo (sabichão, ministraço, poetastro) ou intimidade (amigão); enquanto o diminutivo pode indicar carinho (filhinho) ou ter valor pejorativo (livreco, casebre), além das noções de tamanho (bolinha).

---

[1] Quando não flexionamos o substantivo em algum grau, dizemos que ele está no grau normal.

5. VERBO

É a palavra com que se expressa uma ação (cantar, vender), um estado (ser, estar), mudança de estado (tornar-se) ou fenômeno da natureza (chover).

Quanto à noção que expressam, os verbos podem ser classificados da seguinte maneira:

Verbos Relacionais: exprimem estado ou mudança de estado. São os chamados verbos de ligação.

Verbo de ligação
ser
estar
continuar
andar
parecer
permanecer
ficar
tornar-se

Verbos Nocionais: exprimem ação ou fenômeno da natureza. São os chamados verbos significativos.

Os Verbos Nocionais podem ser classificados da seguinte maneira:

VI (Verbo Intransitivo): diz-se daquele que não necessita de um complemento para que se compreenda a ação verbal. Exemplos: morrer, cantar, sorrir, nascer, viver.

VT (Verbo Transitivo): diz-se daquele que necessita de um complemento para expressar o afetado pela ação verbal. Divide-se em três tipos:

> **Diretos:** não possuem preposição para ligar o complemento verbal ao verbo. São exemplos os verbos querer, comprar, ler, falar etc.
>
> **Indiretos:** possuem preposição para ligar o complemento verbal ao verbo. São exemplos os verbos gostar, necessitar, precisar, acreditar etc.
>
> **Diretos e Indiretos, ou Bitransitivos:** possuem dois complementos, um não-preposicionado, outro com preposição. São exemplos os verbos pagar, perdoar, implicar etc.

Preste atenção na dica que segue:

João **morreu**.
(quem morre, morre. Não é preciso um complemento para entender o verbo).

Eu **quero** um aumento.
(quem quer, quer alguma coisa. É preciso um complemento para entender o sentido do verbo).

Eu **preciso** de um emprego.
(quem precisa, precisa "de" alguma coisa. Deve haver uma preposição para ligar o complemento ao seu verbo).

Mário **pagou** a conta ao padeiro.
(quem paga, paga algo a alguém. Há um complemento com preposição e um complemento sem preposição).

5.1 Estrutura e Conjugação dos Verbos

Os verbos possuem:

Raiz: o que lhes guarda o sentido (**cant**ar, **corr**er, **sorr**ir).

Vogal temática: o que lhes garante a família conjugacional. (**A**R, **E**R, **I**R).

Desinências: o que ajuda a conjugar ou nominalizar o verbo. (canta**ndo**, cantá**vamos**).

Os verbos apresentam três conjugações, quer dizer, três famílias conjugacionais. Em função da vogal temática, podem-se criar três paradigmas[2] verbais. De acordo com a relação dos verbos com esses paradigmas, obtém-se a seguinte classificação:

Regulares: seguem o paradigma verbal de sua conjugação sem alterar suas raízes (amar, vender, partir).

Irregulares: não seguem o paradigma verbal da conjugação a que pertencem. As irregularidades podem aparecer na raiz ou nas desinências (ouvir - ouço/ouve, estar - estou/estão).

Anômalos: apresentam profundas irregularidades. São classificados como anômalos em todas as gramáticas os verbos ser e ir.

Defectivos: não são conjugados em determinadas pessoas, tempo ou modo, portanto, apresentam algum tipo de "defeito" (falir - no presente do indicativo só apresenta a 1ª e a 2ª pessoa do plural). Os defectivos distribuem-se em grupos:

» impessoais;
» unipessoais (vozes ou ruídos de animais, só conjugados nas 3ªs pessoas);
» antieufônicos (a sonoridade permite confusão com outros verbos) - demolir; falir, abolir etc.

Abundantes: apresentam mais de uma forma para uma mesma conjugação.

Existe abundância conjugacional e participial. A primeira ocorre na conjugação de algumas formas verbais, como, por exemplo, o verbo "haver", que admite "nós havemos/hemos", "vós haveis/heis". A segunda ocorre com as formas nominais de particípio. A seguir segue uma lista dos principais abundantes na forma participial.

Verbos	Particípio regular – empregado com os auxiliares TER e HAVER	Particípio irregular – empregado com os auxiliares SER, ESTAR e FICAR
aceitar	aceitado	aceito
acender	acendido	aceso
benzer	benzido	bento
eleger	eegido	eleito
entregar	entregado	entregue
enxugar	enxugado	enxuto
expressar	expressado	expresso

---

2 Paradigma é o modo como se dá a conjugação.

LÍNGUA PORTUGUESA

VERBO

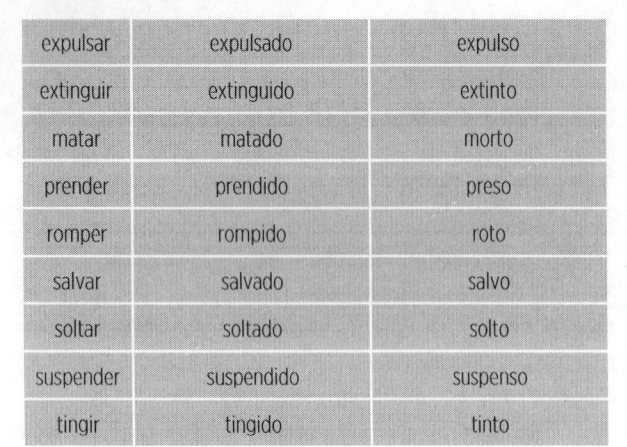

expulsar	expulsado	expulso
extinguir	extinguido	extinto
matar	matado	morto
prender	prendido	preso
romper	rompido	roto
salvar	salvado	salvo
soltar	soltado	solto
suspender	suspendido	suspenso
tingir	tingido	tinto

5.2 Flexão Verbal

Relativamente à flexão verbal, anotamos:

Número: singular ou plural;

Pessoa gramatical: 1ª, 2ª ou 3ª;

Tempo: referência ao momento em que se fala (pretérito, presente ou futuro). O modo imperativo só tem um tempo, o presente;

Voz: ativa, passiva, reflexiva e recíproca (que trabalharemos mais tarde);

Modo: indicativo (certeza de um fato ou estado), subjuntivo (possibilidade ou desejo de realização de um fato ou incerteza do estado) e imperativo (expressa ordem, advertência ou pedido).

5.3 Formas Nominais do Verbo

As três formas nominais do verbo (infinitivo, gerúndio e particípio) não possuem função exclusivamente verbal.

Infinitivo: assemelha-se ao substantivo, indica algo atemporal - o nome do verbo, sua desinência característica é a letra R: ama**r**, realça**r**, ungi**r** etc.

Gerúndio: equipara-se ao adjetivo ou advérbio pelas circunstâncias que exprime de ação em processo. Sua desinência característica é -**NDO**: ama**ndo**, realça**ndo**, ungi**ndo** etc.

Particípio: tem valor e forma de adjetivo - pode também indicar ação concluída, sua desinência característica é -**ADO** ou -**IDO** para as formas regulares: am**ado**, realç**ado**, ung**ido** etc.

5.4 Tempos Verbais

Dentro do **Modo Indicativo**, anotamos os seguintes tempos:

Presente do indicativo: indica um fato real situado no momento ou época em que se fala;

Eu amo, eu vendo, eu parto.

Pretérito perfeito do indicativo: indica um fato real cuja ação foi iniciada e concluída no passado;

Eu amei, eu vendi, eu parti.

Pretérito imperfeito do indicativo: indica um fato real cuja ação foi iniciada no passado, mas não foi concluída ou era uma ação costumeira no passado;

Eu amava, eu vendia, eu partia.

Pretérito mais-que-perfeito do indicativo: indica um fato real cuja ação é anterior a outra ação já passada;

Eu amara, eu vendera, eu partira.

Futuro do presente do indicativo: indica um fato real situado em momento ou época vindoura;

Eu amarei, eu venderei, eu partirei.

Futuro do pretérito do indicativo: indica um fato possível, hipotético, situado num momento futuro, mas ligado a um momento passado.

Eu amaria, eu venderia, eu partiria.

Dentro do **Modo Subjuntivo**, anotamos os seguintes tempos:

Presente do subjuntivo: indica um fato provável, duvidoso ou hipotético, situado no momento ou época em que se fala. Para facilitar a conjugação, utilize a conjunção "que";

Que eu ame, que eu venda, que eu parta.

Pretérito imperfeito do subjuntivo: indica um fato provável, duvidoso ou hipotético, cuja ação foi iniciada, mas não concluída no passado. Para facilitar a conjugação, utilize a conjunção "se";

Se eu amasse, se eu vendesse, se eu partisse.

Futuro do subjuntivo: indica um fato provável, duvidoso, hipotético, situado num momento ou época futura. Para facilitar a conjugação, utilize a conjunção "quando".

Quando eu amar, quando eu vender, quando eu partir.

5.5 Tempos Compostos da Voz Ativa

Constituem-se pelos verbos auxiliares **ter** ou **haver** + particípio do verbo que se quer conjugar, dito principal.

No **modo Indicativo**, os tempos compostos são formados da seguinte maneira:

Pretérito perfeito: presente do indicativo do auxiliar + particípio do verbo principal (Tenho amado);

Pretérito mais-que-perfeito: pretérito imperfeito do indicativo do auxiliar + particípio do verbo principal (Tinha amado);

Futuro do presente: futuro do presente do indicativo do auxiliar + particípio do verbo principal (Terei amado);

Futuro do pretérito: futuro do pretérito indicativo do auxiliar + particípio do verbo principal (Teria amado).

No **modo Subjuntivo** a formação se dá da seguinte maneira:

Pretérito perfeito: presente do subjuntivo do auxiliar + particípio do VP (Tenha amado);

Pretérito mais-que-perfeito: imperfeito do subjuntivo do auxiliar + particípio do VP (Tivesse amado);

Futuro composto: futuro do subjuntivo do auxiliar + particípio do VP (Tiver amado).

Quanto às **formas nominais**, elas são formadas da seguinte maneira:

Infinitivo composto: infinitivo pessoal ou impessoal do auxiliar + particípio do verbo principal (Ter vendido / Teres vendido);

Gerúndio composto: gerúndio do auxiliar + particípio do verbo principal (Tendo partido).

5.6 Vozes Verbais

Cuidado com esse conteúdo, costuma ser muito cobrado em provas de concursos públicos.

Quanto às vozes, os verbos apresentam voz:

Ativa: sujeito é agente da ação verbal;

(**O corretor** vende casas)

Passiva: sujeito é paciente da ação verbal;

(Casas são vendidas **pelo corretor**)

Reflexiva: o sujeito é agente e paciente da ação verbal.

(A garota feriu-**se** ao cair da escada)

Recíproca: há uma ação mútua descrita na sentença.

(Os amigos entreolh**aram-se**)

A voz passiva: sua característica é possuir um sujeito paciente, ou seja, que é afetado pela ação do verbo.

5.7 Tipos de Voz Passiva

Analítica: verbo auxiliar + particípio do verbo principal. Isso significa que há uma locução verbal de voz passiva.

Casas **são vendidas** pelo corretor

Veja mais alguns exemplos:

Ele fez o trabalho - O trabalho **foi feito** por ele (mantido o pretérito perfeito do indicativo)

O vento ia levando as folhas - As folhas iam **sendo levadas** pelo vento (mantido o gerúndio do verbo principal em um dos auxiliares).

Vereadores entregarão um prêmio ao gari - Um prêmio **será entregue** ao gari por vereadores (veja como a flexão do futuro se mantém na locução).

Sintética: verbo apassivado pelo termo "se" (partícula apassivadora) + sujeito paciente.

Roubou-se **o dinheiro do povo**.

Fez-se **o trabalho** com pressa.

É comum observar, em provas de concurso público, questões que mostram uma voz passiva sintética como aquela que é proveniente de uma ativa com sujeito indeterminado.

Alguns verbos da língua portuguesa apresentam **problemas de conjugação**. A seguir, **temos uma lista**, seguida de comentários sobre essas dificuldades de conjugação.

Compraram um carro novo (ativa);

Comprou-se um carro novo (passiva sintética).

5.8 Verbos com a Conjugação Irregular

Abolir: Defectivo - não possui a 1ª pessoa do singular do presente do indicativo, por isso não possui presente do subjuntivo e o imperativo negativo. (= banir, carpir, colorir, delinquir, demolir, descomedir-se, emergir, exaurir, fremir, fulgir, haurir, retorquir, urgir).

Acudir: Alternância vocálica o/u - presente do indicativo - acudo, acodes... e pretérito perfeito do indicativo - com u (= bulir, consumir, cuspir, engolir, fugir).

Adequar: Defectivo - só possui a 1ª e a 2ª pessoa do plural no presente do indicativo.

Aderir: Alternância vocálica e/i - presente do indicativo - adiro, adere... (= advertir, cerzir, despir, diferir, digerir, divergir, ferir, sugerir).

Agir:

Acomodação gráfica g/j - presente do indicativo - ajo, ages... (= afligir, coagir, erigir, espargir, refulgir, restringir, transigir, urgir).

Agredir:

Alternância vocálica e/i - presente do indicativo - agrido, agrides, agride, agredimos, agredis, agridem (= prevenir, progredir, regredir, transgredir).

Aguar:

Regular - presente do indicativo - águo, águas..., - pretérito perfeito do indicativo - aguei, aguaste, aguou, aguamos, aguastes, aguaram (= desaguar, enxaguar, minguar).

Prazer:

Irregular - presente do indicativo - aprazo, aprazes, apraz... / pretérito perfeito do indicativo - aprouve, aprouveste, aprouve, aprouvemos, aprouvestes, aprouveram.

Arguir:

Irregular com alternância vocálica o/u - presente do indicativo - arguo (ú), arguis, argui, arguimos, arguis, arguem - pretérito perfeito - argui, arguiste...

Atrair:

Irregular - presente do indicativo - atraio, atrais... / pretérito perfeito - atraí, atraíste... (= abstrair, cair, distrair, sair, subtrair).

Atribuir:

Irregular - presente do indicativo - atribuo, atribuis, atribui, atribuímos, atribuís, atribuem - pretérito perfeito - atribuí, atribuíste, atribuiu... (= afluir, concluir, destituir, excluir, instruir, possuir, usufruir).

Averiguar:

Alternância vocálica o/u - presente do indicativo - averiguo (ú), averiguas (ú), averigua (ú), averiguamos, averiguais, averiguam (ú) - pretérito perfeito - averiguei, averiguaste... - presente do subjuntivo - averigue, averigues, averigue... (= apaziguar).

Cear:

Irregular - presente do indicativo - ceio, ceias, ceia, ceamos, ceais, ceiam - pretérito perfeito indicativo - ceei, ceaste, ceou, ceamos, ceastes, cearam (= verbos terminados em -ear: falsear, passear... - alguns apresentam pronúncia aberta: estreio, estreia...).

Coar:

Irregular - presente do indicativo - coo, côas, côa, coamos, coais, coam - pretérito perfeito - coei, coaste, coou... (= abençoar, magoar, perdoar).

Comerciar:

Regular - presente do indicativo - comercio, comercias... - pretérito perfeito - comerciei... (= verbos em -iar, exceto os seguintes verbos: mediar, ansiar, remediar, incendiar, odiar).

VERBO

Compelir:
Alternância vocálica e/i - presente do indicativo - compilo, compeles... - pretérito perfeito indicativo - compeli, compeliste...

Compilar:
Regular - presente do indicativo - compilo, compilas, compila... - pretérito perfeito indicativo - compilei, compilaste...

Construir:
Irregular e abundante - presente do indicativo - construo, constróis (ou construis), constrói (ou construi), construímos, construís, constroem (ou construem) - pretérito perfeito indicativo - construí, construíste...

Crer:
Irregular - presente do indicativo - creio, crês, crê, cremos, credes, creem - pretérito perfeito indicativo - cri, creste, creu, cremos, crestes, creram - imperfeito indicativo - cria, crias, cria, críamos, crieis, criam.

Falir:
Defectivo - presente do indicativo - falimos, falis - pretérito perfeito indicativo - fali, faliste... (= aguerrir, combalir, foragir-se, remir, renhir)

Frigir:
Acomodação gráfica g/j e alternância vocálica e/i - presente do indicativo - frijo, freges, frege, frigimos, frigis, fregem - pretérito perfeito indicativo - frigi, frigiste...

Ir:
Irregular - presente do indicativo - vou, vais, vai, vamos, ides, vão - pretérito perfeito indicativo - fui, foste... - presente subjuntivo - vá, vás, vá, vamos, vades, vão.

Jazer:
Irregular - presente do indicativo - jazo, jazes... - pretérito perfeito indicativo - jazi, jazeste, jazeu...

Mobiliar:
Irregular - presente do indicativo - mobílio, mobílias, mobília, mobiliamos, mobiliais, mobíliam - pretérito perfeito indicativo - mobiliei, mobiliaste...

Obstar:
Regular - presente do indicativo - obsto, obstas... - pretérito perfeito indicativo - obstei, obstaste...

Pedir:
Irregular - presente do indicativo - peço, pedes, pede, pedimos, pedis, pedem - pretérito perfeito indicativo - pedi, pediste... (= despedir, expedir, medir).

Polir:
Alternância vocálica e/i - presente do indicativo - pulo, pules, pule, polimos, polis, pulem - pretérito perfeito indicativo - poli, poliste...

Precaver-se:
Defectivo e pronominal - presente do indicativo - precavemo-nos, precaveis-vos - pretérito perfeito indicativo - precavi-me, precaveste-te...

Prover:
Irregular - presente do indicativo - provejo, provês, provê, provemos, provedes, proveem - pretérito perfeito indicativo - provi, proveste, proveu...

Reaver:
Defectivo - presente do indicativo - reavemos, reaveis - pretérito perfeito indicativo - reouve, reouveste, reouve... (verbo derivado do haver, mas só é conjugado nas formas verbais com a letra v).

Remir:
Defectivo - presente do indicativo - remimos, remis - pretérito perfeito indicativo - remi, remiste...

Requerer:
Irregular - presente do indicativo - requeiro, requeres... - pretérito perfeito indicativo - requeri, requereste, requereu... (derivado do querer, diferindo dele na 1ª pessoa do singular do presente do indicativo e no pretérito perfeito do indicativo e derivados, sendo regular)

Rir:
Irregular - presente do indicativo - rio, ris, ri, rimos, rides, riem - pretérito perfeito indicativo - ri, riste... (= sorrir)

Saudar:
Alternância vocálica - presente do indicativo - saúdo, saúdas... - pretérito perfeito indicativo - saudei, saudaste...

Suar:
Regular - presente do indicativo - suo, suas, sua... - pretérito perfeito indicativo - suei, suaste, sou... (= atuar, continuar, habituar, individuar, recuar, situar)

Valer:
Irregular - presente do indicativo - valho, vales, vale... - pretérito perfeito indicativo - vali, valeste, valeu...

Também merecem atenção os seguintes verbos irregulares:

→ **Pronominais:** Apiedar-se, dignar-se, persignar-se, precaver-se

Caber

Presente do indicativo: caibo, cabes, cabe, cabemos, cabeis, cabem;

Presente do subjuntivo: caiba, caibas, caiba, caibamos, caibais, caibam;

Pretérito perfeito do indicativo: coube, coubeste, coube, coubemos, coubestes, couberam;

Pretérito mais-que-perfeito do indicativo: coubera, couberas, coubera, coubéramos, coubéreis, couberam;

Pretérito imperfeito do subjuntivo: coubesse, coubesses, coubesse, coubéssemos, coubésseis, coubessem;

Futuro do subjuntivo: couber, couberes, couber, coubermos, couberdes, couberem.

Dar

Presente do indicativo: dou, dás, dá, damos, dais, dão;

Presente do subjuntivo: dê, dês, dê, demos, deis, deem;

Pretérito perfeito do indicativo: dei, deste, deu, demos, destes, deram;

Pretérito mais-que-perfeito do indicativo: dera, deras, dera, déramos, déreis, deram;

Pretérito imperfeito do subjuntivo: desse, desses, desse, déssemos, désseis, dessem;

Futuro do subjuntivo: der, deres, der, dermos, derdes, derem.

Dizer

Presente do indicativo: digo, dizes, diz, dizemos, dizeis, dizem;

Presente do subjuntivo: diga, digas, diga, digamos, digais, digam;

Pretérito perfeito do indicativo: disse, disseste, disse, dissemos, dissestes, disseram;

Pretérito mais-que-perfeito do indicativo: dissera, disseras, dissera, disséramos, disséreis, disseram;

Futuro do presente: direi, dirás, dirá etc.;

Futuro do pretérito: diria, dirias, diria etc.;

Pretérito imperfeito do subjuntivo: dissesse, dissesses, dissesse, disséssemos, dissésseis, dissessem;

Futuro do subjuntivo: disser, disseres, disser, dissermos, disserdes, disserem;

Estar

Presente do indicativo: estou, estás, está, estamos, estais, estão;

Presente do subjuntivo: esteja, estejas, esteja, estejamos, estejais, estejam;

Pretérito perfeito do indicativo: estive, estiveste, esteve, estivemos, estivestes, estiveram;

Pretérito mais-que-perfeito do indicativo: estivera, estiveras, estivera, estivéramos, estivéreis, estiveram;

Pretérito imperfeito do subjuntivo: estivesse, estivesses, estivesse, estivéssemos, estivésseis, estivessem;

Futuro do subjuntivo: estiver, estiveres, estiver, estivermos, estiverdes, estiverem;

Fazer

Presente do indicativo: faço, fazes, faz, fazemos, fazeis, fazem;

Presente do subjuntivo: faça, faças, faça, façamos, façais, façam;

Pretérito perfeito do indicativo: fiz, fizeste, fez, fizemos, fizestes, fizeram;

Pretérito mais-que-perfeito do indicativo: fizera, fizeras, fizera, fizéramos, fizéreis, fizeram;

Pretérito imperfeito do subjuntivo: fizesse, fizesses, fizesse, fizéssemos, fizésseis, fizessem;

Futuro do subjuntivo: fizer, fizeres, fizer, fizermos, fizerdes, fizerem.

Seguem esse modelo desfazer, liquefazer e satisfazer.

Os particípios desses verbos e seus derivados são irregulares: Feito, desfeito, liquefeito, satisfeito, etc.

Haver

Presente do indicativo: hei, hás, há, havemos, haveis, hão;

Presente do subjuntivo: haja, hajas, haja, hajamos, hajais, hajam;

Pretérito perfeito do indicativo: houve, houveste, houve, houvemos, houvestes, houveram;

Pretérito mais-que-perfeito do indicativo: houvera, houveras, houvera, houvéramos, houvéreis, houveram;

Pretérito imperfeito do subjuntivo: houvesse, houvesses, houvesse, houvéssemos, houvésseis, houvessem;

Futuro do subjuntivo: houver, houveres, houver, houvermos, houverdes, houverem.

Ir

Presente do indicativo: vou, vais, vai, vamos, ides, vão;

Presente do subjuntivo: vá, vás, vá, vamos, vades, vão;

Pretérito imperfeito do indicativo: Ia, ias, ia, íamos, íeis, iam;

Pretérito perfeito do indicativo: fui, foste, foi, fomos, fostes, foram;

Pretérito mais-que-perfeito do indicativo: fora, foras, fora, fôramos, fôreis, foram;

Pretérito imperfeito do subjuntivo: fosse, fosses, fosse, fôssemos, fôsseis, fossem;

Futuro do subjuntivo: for, fores, for, formos, fordes, forem.

Poder

Presente do indicativo: posso, podes, pode, podemos, podeis, podem;

Presente do subjuntivo: possa, possas, possa, possamos, possais, possam;

Pretérito perfeito do indicativo: pude, pudeste, pôde, pudemos, pudestes, puderam;

Pretérito mais-que-perfeito do indicativo: pudera, puderas, pudera, pudéramos, pudéreis, puderam;

Pretérito imperfeito do subjuntivo: pudesse, pudesses, pudesse, pudéssemos, pudésseis, pudessem;

Futuro do subjuntivo: puder, puderes, puder, pudermos, puderdes, puderem.

Pôr

Presente do indicativo: ponho, pões, põe, pomos, pondes, põem;

Presente do subjuntivo: ponha, ponhas, ponha, ponhamos, ponhais, ponham;

Pretérito imperfeito do indicativo: punha, punhas, punha, púnhamos, púnheis, punham;

Pretérito perfeito do indicativo: pus, puseste, pôs, pusemos, pusestes, puseram;

Pretérito mais-que-perfeito do indicativo: pusera, puseras, pusera, puséramos, puséreis, puseram;

LÍNGUA PORTUGUESA

VERBO

Pretérito imperfeito do subjuntivo: pusesse, pusesses, pusesse, puséssemos, pusésseis, pusessem;

Futuro do subjuntivo: puser, puseres, puser, pusermos, puserdes, puserem.

Todos os derivados do verbo pôr seguem exatamente esse modelo: Antepor, compor, contrapor, decompor, depor, descompor, dispor, expor, impor, indispor, interpor, opor, pospor, predispor, pressupor, propor, recompor, repor, sobrepor, supor, transpor são alguns deles.

Querer

Presente do indicativo: quero, queres, quer, queremos, quereis, querem;

Presente do subjuntivo: queira, queiras, queira, queiramos, queirais, queiram;

Pretérito perfeito do indicativo: quis, quiseste, quis, quisemos, quisestes, quiseram;

Pretérito mais-que-perfeito do indicativo: quisera, quiseras, quisera, quiséramos, quiséreis, quiseram;

Pretérito imperfeito do subjuntivo: quisesse, quisesses, quisesse, quiséssemos, quisésseis, quisessem;

Futuro do subjuntivo: Quiser, quiseres, quiser, quisermos, quiserdes, quiserem;

Saber

Presente do indicativo: sei, sabes, sabe, sabemos, sabeis, sabem;

Presente do subjuntivo: saiba, saibas, saiba, saibamos, saibais, saibam;

Pretérito perfeito do indicativo: soube, soubeste, soube, soubemos, soubestes, souberam;

Pretérito mais-que-perfeito do indicativo: Soubera, souberas, soubera, soubéramos, soubéreis, souberam;

Pretérito imperfeito do subjuntivo: Soubesse, soubesses, soubesse, soubéssemos, soubésseis, soubessem;

Futuro do subjuntivo: souber, souberes, souber, soubermos, souberdes, souberem.

Ser

Presente do indicativo: Sou, és, é, somos, sois, são;

Presente do subjuntivo: Seja, sejas, seja, sejamos, sejais, sejam;

Pretérito imperfeito do indicativo: Era, eras, era, éramos, éreis, eram;

Pretérito perfeito do indicativo: Fui, foste, foi, fomos, fostes, foram;

Pretérito mais-que-perfeito do indicativo: Fora, foras, fora, fôramos, fôreis, foram;

Pretérito imperfeito do subjuntivo: Fosse, fosses, fosse, fôssemos, fôsseis, fossem;

Futuro do subjuntivo: For, fores, for, formos, fordes, forem.

As segundas pessoas do imperativo afirmativo são: Sê (tu) e sede (vós).

Ter

Presente do indicativo: Tenho, tens, tem, temos, tendes, têm;

Presente do subjuntivo: Tenha, tenhas, tenha, tenhamos, tenhais, tenham;

Pretérito imperfeito do indicativo: Tinha, tinhas, tinha, tínhamos, tínheis, tinham;

Pretérito perfeito do indicativo: Tive, tiveste, teve, tivemos, tivestes, tiveram;

Pretérito mais-que-perfeito do indicativo: Tivera, tiveras, tivera, tivéramos, tivéreis, tiveram;

Pretérito imperfeito do subjuntivo: Tivesse, tivesses, tivesse, tivéssemos, tivésseis, tivessem;

Futuro do subjuntivo: Tiver, tiveres, tiver, tivermos, tiverdes, tiverem.

Seguem esse modelo os verbos: Ater, conter, deter, entreter, manter, reter.

Trazer

Presente do indicativo: Trago, trazes, traz, trazemos, trazeis, trazem;

Presente do subjuntivo: Traga, tragas, traga, tragamos, tragais, tragam;

Pretérito perfeito do indicativo: Trouxe, trouxeste, trouxe, trouxemos, trouxestes, trouxeram;

Pretérito mais-que-perfeito do indicativo: Trouxera, trouxeras, trouxera, trouxéramos, trouxéreis, trouxeram;

Futuro do presente: Trarei, trarás, trará, etc.;

Futuro do pretérito: Traria, trarias, traria, etc.;

Pretérito imperfeito do subjuntivo: Trouxesse, trouxesses, trouxesse, trouxéssemos, trouxésseis, trouxessem;

Futuro do subjuntivo: Trouxer, trouxeres, trouxer, trouxermos, trouxerdes, trouxerem.

Ver

Presente do indicativo: Vejo, vês, vê, vemos, vedes, veem;

Presente do subjuntivo: Veja, vejas, veja, vejamos, vejais, vejam;

Pretérito perfeito do indicativo: Vi, viste, viu, vimos, vistes, viram;

Pretérito mais-que-perfeito do indicativo: Vira, viras, vira, víramos, víreis, viram;

Pretérito imperfeito do subjuntivo: Visse, visses, visse, víssemos, vísseis, vissem;

Futuro do subjuntivo: Vir, vires, vir, virmos, virdes, virem.

Seguem esse modelo os derivados antever, entrever, prever, rever. Prover segue o modelo acima apenas no presente do indicativo e seus tempos derivados; nos demais tempos, comporta-se como um verbo regular da segunda conjugação.

Vir

Presente do indicativo: Venho, vens, vem, vimos, vindes, vêm;

Presente do subjuntivo: Venha, venhas, venha, venhamos, venhais, venham;

Pretérito imperfeito do indicativo: Vinha, vinhas, vinha, vínhamos, vínheis, vinham;

Pretérito perfeito do indicativo: Vim, vieste, veio, viemos, viestes, vieram;

Pretérito mais-que-perfeito do indicativo: Viera, vieras, viera, viéramos, viéreis, vieram;

Pretérito imperfeito do subjuntivo: Viesse, viesses, viesse, viéssemos, viésseis, viessem;

Futuro do subjuntivo: Vier, vieres, vier, viermos, vierdes, vierem;

Particípio e gerúndio: Vindo.

Emprego do infinitivo

Apesar de não haver regras bem definidas, podemos anotar as seguintes ocorrências:

→ Usa-se o impessoal:

Sem referência a nenhum sujeito: É proibido **estacionar** na calçada;

Nas locuções verbais: Devemos **pensar** sobre a sua situação;

Se o infinitivo exercer a função de complemento de adjetivos: É uma questão fácil de **resolver**;

Se o infinitivo possuir valor de imperativo – O comandante gritou: "**marchar**!"

→ Usa-se o pessoal:

Quando o sujeito do infinitivo é diferente do sujeito da oração principal: Eu não te culpo por seres um imbecil;

Quando, por meio de flexão, se quer realçar ou identificar a pessoa do sujeito: Não foi bom agires dessa forma;

Questões

01. (FCC) Levando-se em conta as alterações necessárias, o termo grifado foi substituído corretamente por um pronome em:
    a) A Inveja habita o fundo de um vale = habitá-lo
    b) jamais se acende o fogo = lhe acende
    c) serviu de modelo a todos = serviu-os
    d) infectar a jovem Aglauros = infectá-la
    e) ao dilacerar os outros = dilacerar-lhes

02. (CESPE) Leia o texto:
    Na era das redes sociais, algumas formas de comunicação arcaicas ainda dão resultado. O canadense Harold Hackett que o diga. Morador da Ilha Príncipe Eduardo, uma das dez províncias do Canadá, ele enviou mais de 4.800 mensagens em uma garrafa e recebeu 3.100 respostas de pessoas de várias partes do mundo. De acordo com a BBC, o canadense envia as mensagens desde 1996. O seu método é simples. Harold utiliza **garrafas** de suco de laranja e se certifica de que as **mensagens** estão com data. Antes de **enviá-las**, checa o sentido dos ventos — que devem rumar de preferência para oeste ou sudoeste. Algumas cartas demoraram 13 anos para voltar para ele.

    A forma pronominal "las", em "enviá-las", pode fazer referência tanto ao termo "garrafas" quanto ao termo "mensagens"
    Certo ( )   Errado ( )

03. (CESGRANRIO) "**A gente se acostuma** a morar em apartamentos de fundos."
    Nós nos acostumamos a morar em apartamentos de fundos.
    A troca de pronomes também respeita as regras de concordância estabelecidas na norma-padrão em:
    a) Tu te acostuma / Você se acostuma.
    b) Tu se acostuma / Você se acostumas.
    c) Tu te acostumas / Você se acostuma.
    d) Tu te acostumas / Você vos acostuma.
    e) Tu te acostumas / Você vos acostumais.

04. (CESPE) Nossa espécie passou os últimos 150 mil anos melhorando o cérebro. Mas uma pesquisa recém-publicada por uma equipe da Universidade de Cambridge reforçou uma tese recorrente na neurociência: a de que nossa inteligência chegou a seu limite. Os estudos ainda devem prosseguir para confirmá-la, mas esse trabalho, **somado aos que vinham sendo realizados nos últimos anos**, não deixa margem para muitas dúvidas.
    No trecho "somado aos que vinham sendo realizados nos últimos anos", o elemento "aos" poderia ser corretamente substituído por àqueles.
    Certo ( )   Errado ( )

05. (FAURGS) As bibliotecas virtuais têm, de certo modo, os predicados _____ o escritor argentino Jorge Luis Borges define a sua fantástica Biblioteca de Babel: são ilimitadas e periódicas. Desse modo, atualizam, no que oferecem e na forma _____ o oferecem, uma espécie de otimismo cético próprio do racionalismo.

    A biblioteca está e vai com você onde você estiver, como uma Babel feita do paradoxo do conhecimento: quanto mais se sabe, mais há para saber, de modo que, o máximo sendo também o mínimo, nunca nos falte nem a pergunta ilimitada, nem a resposta periódica _____ os livros e revistas postos ao alcance de nosso cotidiano podem nos ajudar a formular, ou, ao menos, entrever.

    Assinale a alternativa que preenche, correta e respectivamente, as lacunas das linhas.
    a) que – como – que
    b) com que – que – a que
    c) com que – como – que
    d) que – como – a que
    e) que – que – a que

06. (CESGRANRIO) Os substantivos grafados com ç são derivados de verbos: **produção, redução, desaceleração, projeção**. Quais os verbos a seguir que formam substantivos com a mesma grafia:
    a) admitir, agredir, intuir
    b) discutir, emitir, aferir
    c) inquirir, imprimir, perseguir
    d) obstruir, intervir, conduzir
    e) reduzir, omitir, extinguir

07. (NUCEPE) **Adaptada**. Assinale a opção em que o substantivo apresentado é uma palavra de gênero feminino.
    a) "sinal".
    b) "palco".
    c) "comunidade".

LÍNGUA PORTUGUESA

d) "lugares".

e) "jornais".

08. (CEPERJ) Os verbos considerados impessoais devem se manter invariáveis, no singular, segundo as normas de concordância verbal. Há um caso de verbo impessoal no seguinte exemplo do texto:
   a) "você não vê há três meses"
   b) "Para lá fui enviada."
   c) "um gigantesco caminhão que andava"
   d) "aquilo nos pareceu absurdo"
   e) "E não precisará de recall para isso."

09. (FCC) Ainda que os modernistas de 1922 não se _____ componentes de uma escola, nem _____ ter postulados rigorosos em comum, um grande desejo de expressão livre os unificava.

Na frase acima, a correção será mantida caso a conjugação dos verbos originalmente empregados consideraram e afirmaram for modificada de modo que as formas verbais resultantes sejam, respectivamente:
   a) considerarem e afirmarem.
   b) considerassem e afirmassem.
   c) consideravam e afirmavam.
   d) considerariam e afirmariam.
   e) considerar e afirmar.

10. (FUNCAB) Em "(...) A empregada já HAVIA CHEGADO e estava no portão, olhando o movimento.(...)", o tempo verbal mostra uma ação:
   a) iniciada no passado, continuada no presente.
   b) realizada em futuro próximo.
   c) subordinada a uma ação futura.
   d) repetida, independente da ação passada.
   e) já terminada.

11. (CESPE) Leia o texto:

Eu sei morrer. Morri **desde pequena**. E dói, mas a gente finge que não dói. Estou com tanta saudade de Deus.

E agora vou morrer um pouquinho. Estou tão precisada.

Sim. Aceito, my Lord. Sob protesto.

Mas Brasília é esplendor. Estou assustadíssima.

São Paulo: Círculo do Livro, 1981, p. 106-7.

No que concerne a aspectos gramaticais do texto acima, julgue (C ou E) o item a seguir.

Da combinação inusitada do verbo morrer, flexionado no pretérito perfeito do indicativo, com a expressão adverbial "desde pequena" infere-se uma compreensão da morte diferente da que estaria implícita caso tivesse sido empregada a locução verbal Venho morrendo.

Certo ( )   Errado ( )

12. (FCC) Na Antiguidade, os egípcios tinham nas letras um objeto sagrado, inventado pelos deuses. O verbo flexionado nos mesmos tempo e modo em que se encontra o grifado acima está em:
   a) Por meio da observação do cérebro de crianças e adultos, verificou-se de forma bastante clara ...
   b) ... que o ato de escrever desencadeia ligações entre os neurônios ...
   c) Com a digitação, essa área fica inativa.
   d) .. a caligrafia constava entre as habilidades avaliadas nos exames de admissão do antigo ginásio até a década de 70 ...
   e) ... entre as gerações que chegam aos bancos escolares.

13. (FCC) ... que já **detestava** a jovem... O verbo empregado nos mesmos tempo e modo que o grifado está em:
   a) A Inveja habita o fundo de um vale...
   b) ...todos os que falaram desse sentimento...
   c) ...porque esta a espionara...
   d) ...que interceda junto a Hersé...
   e) Não admitia que a mortal...

14. (Vunesp) No contexto, a correlação expressa pelos verbos destacados na frase - Se o **fizesse** não **teria** coragem de me olhar no espelho. - indica:
   a) hipótese sobre a consequência de mentir.
   b) necessidade de comunicar-se sem enganar.
   c) certeza acerca de ser desnecessária a mentira.
   d) dúvida em relação àquilo que motiva a mentira.
   e) negação de que a mentira seja viável.

Gabaritos

01	D	08	A
02	CERTO	09	B
03	C	10	E
04	CERTO	11	CERTO
05	C	12	D
06	D	13	E
07	C	14	A

6. SINTAXE BÁSICA DA ORAÇÃO E DO PERÍODO

Sintaxe é a parte da Gramática que estuda a função das palavras ou das expressões em uma oração ou em um período.

Definições importantes:

Frase, oração e período (conceitos essenciais)

Frase: qualquer sentença dotada de sentido.

Ex.: Eu adoro estudar Português!

Ex.: Fogo! Socorro!

Oração: frase organizada em torno de uma forma verbal.
Os alunos farão a prova amanhã!

Período: conjunto de orações;

> Período simples: 1 oração.

Estudarei Português.

> Período composto: mais de 1 oração.

Estudarei Português e farei a prova.

6.1 Período simples (oração)

A oração é dividida em termos. Assim, o estudo fica organizado e impossibilita a confusão. São os termos da oração:

- Essenciais;
- Integrantes;
- Acessórios.

Termos essenciais da oração

Sujeito e Predicado: são chamados de essenciais, porque são os elementos que dão vida à oração. Quer dizer, sem um deles (o predicado, ao menos) não se pode formar oração.

O **Brasil** caminha para uma profunda transformação social.
(sujeito)   (predicado)

Sujeito

Sujeito é o termo sintático sobre o qual se declara ou se constata algo. Deve-se observar que há uma profunda relação entre o verbo que comporá o predicado e o sujeito da oração. Usualmente, o sujeito é formado por um substantivo ou por uma expressão substantivada.

Classificação do Sujeito:

Simples;
Composto;
Oculto, elíptico ou desinencial;
Indeterminado;
Inexistente;
Oracional.

Sujeito simples: aquele que possui apenas um núcleo.

O país deverá enfrentar difíceis rivais na competição.

A perda de fôlego de algumas das grandes economias também já foi notada por outras gigantes do setor.

> **Sujeito composto:** é aquele que possui mais de um núcleo.

Rigoberto e Jacinto são amigos inseparáveis.

Eu, meus **amigos** e todo o **resto** dos alunos faremos a prova.

Sujeito oculto, elíptico ou desinencial: aquele que não se encontra expresso na oração, porém é facilmente subentendido pelo verbo apresentado.

Acord**amos** cedo naquele dia. (Quem acordou? Nós)

Ab**ri** o blusão, tirei o 38, e perguntei com tanta raiva que uma gota de meu cuspe bateu na cara dele.(R. Fonseca)

Vanderlei caminhou pela manhã. À tarde pass**eou** pelo lago municipal, onde encont**rou** a Anaconda da cidade.

Perceba que o sujeito não está grafado na sentença, mas é facilmente recuperável por meio da terminação do verbo.

Sujeito indeterminado: ocorre quando o verbo não se refere a um núcleo determinado. São situações de indeterminação do sujeito:

Terceira pessoa do plural sem um referente:

Nunca lhe **deram** nada.

Fizeram comentários maldosos a seu respeito.

Com verbos transitivos indiretos, intransitivo e relacionais (de ligação) acompanhados da partícula "se" que, no caso, será classificada como índice de indeterminação de sujeito.

Vive-se muito bem.

Precisa-se de força e coragem na vida de estudante.

Nem sempre **se está** feliz na riqueza.

Sujeito inexistente ou oração sem sujeito: ocorre em algumas situações específicas.

Com verbos impessoais (principalmente os que denotam fenômeno da natureza).

Em setembro **chove** muito.

Nevava em Palotina.

Com o verbo haver, desde que empregado nos sentidos de existir, acontecer ou ocorrer.

Há poemas perfeitos, não **há** poetas perfeitos.

Deveria haver soluções para tais problemas.

Com os verbos ir, haver e fazer, desde que empregado fazendo alusão a tempo transcorrido.

Faz um ano que não viajo. (verbo "fazer" no sentido de "tempo transcorrido")

Há muito tempo que você não aparece. (verbo "haver" no sentido de "tempo")

Vai para dois meses que não recebo salário. (verbo "ir" no sentido de "tempo")

Com os verbos ser ou estar indicando tempo.

Era noite fechada.

É tarde, eles não vêm!

Com os verbos bastar e chegar indicando cessamento.

Basta de tanta corrupção no Senado!

Chega de ficar calado quando a situação aperta!

LÍNGUA PORTUGUESA

SINTAXE BÁSICA DA ORAÇÃO E DO PERÍODO

Com o verbo ser indicando data ou horas.

São dez horas no relógio da torre.

Amanhã **serão** dez de dezembro.

Sujeito oracional: ocorre nas análises do período composto, quando se verifica que o sujeito de um verbo é uma oração.

É preciso **que você estude Língua Portuguesa**.

Predicado

É o termo que designa aquilo que se declara acerca do sujeito. É mais simples e mais prudente para o aluno buscar identificar o predicado antes do sujeito, pois, se assim o fizer, terá mais concretude na identificação do sujeito.

Classificação do predicado:

> Nominal;
> Verbal;
> Verbo-nominal.

Predicado Nominal: o predicado nominal é formado por um verbo relacional (de ligação) + predicativo.

Lembre os principais verbos de ligação: ser, estar, permanecer, continuar, ficar, parecer, andar e torna-se.

A economia da Ásia parecia derrotada após a crise.

O deputado, de repente, virou patriota.

Português é legal.

Predicado Verbal: o predicado verbal tem como núcleo um verbo nocional.

Empresários **investirão R$ 250 milhões em novo berço para Porto de Paranaguá**.

Predicado Verbo-nominal: ocorre quando há um verbo significativo (nocional) + um predicativo do sujeito.

O trem chegou atrasado. ("atrasado" é uma qualidade do sujeito que aparece após o verbo, portanto, é um predicativo do sujeito).

Pedro Paladino já nasceu rico.

Acompanhei a indignação de meus alunos preocupado.

Predicativo

O predicativo é um termo componente do predicado. Qualifica sujeito ou objeto.

Josefina era **maldosa**, **ruim**, **sem valor**. (pred. do sujeito)

Leila deixou o garoto **louco**. (pred. do objeto)

O diretor nomeou João **chefe da repartição**. (pred. do objeto)

Termos integrantes da oração

Objeto Direto (complemento verbal);

Objeto Indireto (complemento verbal);

Complemento Nominal;

Agente da Passiva.

Objeto Direto: é o complemento de um verbo transitivo direto.

Os bons cidadãos cumprem **as leis**. (quem cumpre, cumpre algo)

Em resumo: ele queria **uma mulher**. (quem quer, quer algo)

Objeto Indireto: é o complemento de um verbo transitivo indireto.

Os bons cidadãos obedecem **às leis**. (quem obedece, obedece a algo)

Necessitamos **de manuais mais práticos** nos dias de hoje. (quem necessita, necessita de algo)

Complemento Nominal: é o complemento, sempre preposicionado, de adjetivos, advérbios e substantivos que, em determinadas circunstâncias, pedem complemento, assim como os verbos transitivos indiretos.

O filme era impróprio para crianças.

Finalizou-se a construção do prédio.

Agiu favoravelmente ao réu.

Agente da Passiva: É o complemento que, na voz passiva, designa o ser praticante da ação sofrida ou recebida pelo sujeito.

Ex. de voz ativa: O zagueiro executou a jogada.

Ex. de voz passiva: A jogada foi executada **pelo zagueiro**. (Agente da passiva)

Conversas foram interceptadas pela **Polícia Federal**. (Agente da passiva)

Termos acessórios da oração

Adjunto Adnominal;

Adjunto Adverbial;

Aposto;

Vocativo.

Adjunto Adnominal: a função do adjunto adnominal é desempenhada por qualquer palavra ou expressão que, junto de um substantivo ou de uma expressão substantivada, modifica o seu sentido. Vejamos algumas palavras que desempenham tal função.

Artigos: as alunas serão aprovadas.

Pronomes adjetivos: aquela aluna será aprovada.

Numerais adjetivos: duas alunas serão aprovadas.

Adjetivos: aluno **estudioso** é aprovado.

Locuções adjetivas: aluno **de gramática** passa no concurso.

Adjunto Adverbial: o Adjunto Adverbial é o termo acessório (que não é exigido por elemento algum da sentença) que exprime circunstância ao verbo e, às vezes, ao adjetivo ou mesmo ao advérbio.

Advérbios: os povos antigos trabalhavam mais.

Locuções Adverbiais: Li vários livros **durante as férias**.

Alguns tipos de adjuntos adverbiais: Tempo: **Ontem**, choveu muito.

Lugar: Gostaria de que me encontrasse **na esquina da padaria**.

Modo: Alfredo executou a aria **fantasticamente**.

Meio: Fui para a escola **a pé**.

Causa: **Por amor**, cometem-se loucuras.

Instrumento: Quebrou a **vidraça com uma pedra**.

Condição: **Se estudar muito**, será aprovado.

Companhia: Faremos sucesso **com essa banda.**

Aposto: o aposto é o termo sintático que, possuindo equivalência semântica, esclarece seu referente. Tipos de Aposto:

Explicativo: Alencar, **escritor romântico**, possui uma obra vastíssima.

Resumitivo ou recapitulativo: Estudo, esporte, cinema, **tudo** o chateava.

Enumerativo: Preciso de duas coisas: **saúde e dinheiro**.

Especificativo: A notícia foi publicada na revista **Veja**.

Distributivo: Havia grupos interessados: **o da direita e o da esquerda**.

Oracional: Desejo só uma coisa: **que vocês passem no concurso**.

Vocativo: O Vocativo é uma interpelação, é um chamamento. Normalmente, indica com quem se fala.

Ó mar, por que não me levas contigo?

Vem, **minha amiga**, abraçar um vitorioso.

6.2 Período Composto

Nesse tópico, você deverá realizar a análise de mais de uma oração, portanto, atenção! Há dois processos de composição de período em Língua Portuguesa. São eles: coordenação e subordinação.

Coordenação: ocorre quando são unidas orações independentes sintaticamente. Ou seja, são autônomas do ponto de vista estrutural. Vamos a um exemplo.

Altamiro pratica esportes e estuda muito.

Subordinação: ocorre quando são unidas orações que possuem dependência sintática. Ou seja, não estão completas em sua estrutura. O processo de subordinação ocorre de três maneiras:

Substantiva: quando a oração desempenhar a função de um substantivo na sentença (**sujeito, predicativo, objeto direto, objeto indireto, complemento nominal ou aposto**).

Adjetiva: quando a oração desempenhar a função de adjunto adnominal na sentença.

Adverbial: quando a oração desempenhar a função de adjunto adverbial na sentença.

Eu quero **que vocês passem no concurso**. (oração subordinada substantiva objetiva direta – a função de objeto direto está sendo desempenhada pela oração)

O Brasil, **que é um belíssimo país**, possui vegetação exuberante. (oração subordinada adjetiva explicativa)

Quando José entrou na sala, Manoel saiu. (oração subordinada adverbial temporal)

Processo de coordenação

Há dois tipos de orações coordenadas: **assindéticas** e **sindéticas**.

Assindéticas:

O nome vem da palavra grega *sýndetos*, que significa conjunção, união. Ou seja, oração que não possui conjunção quando está colocada ao lado de outra.

Valdevino **correu (OCA), correu (OCA), correu (OCA)** o dia todo.

Perceba que não há conjunções para ligar os verbos, ou seja, as orações estão colocadas uma ao lado da outra sem síndeto, portanto, são **Orações Coordenadas Assindéticas**.

Sindéticas:

Contrariamente às assindéticas, as sindéticas possuem conjunção para exprimir uma relação lógico-semântica. Cada oração recebe o nome da conjunção que a introduz. Por isso é necessário decorar as conjunções.

Aditivas: São introduzidas pelas conjunções e, nem, mas também, também, como (após "não só"), como ou quanto (após "tanto"), mais etc., dando a ideia de adição à oração anterior.

A seleção brasileira venceu a Dinamarca/ **e empatou com a Inglaterra**. (Oração Coordenada Assindética / **Oração Coordenada Sindética Aditiva**)

Adversativas: São introduzidas pelas conjunções mas, porém, todavia, contudo, entretanto, no entanto, não obstante, senão, apesar disso, embora etc., indicando uma relação de oposição à sentença anterior.

O time batalhou muito, / **mas não venceu o adversário**. (Oração Coordenada Assindética / **Oração Coordenada Sindética Adversativa**)

Alternativas: São introduzidas pelas conjunções ou... ou, ora... ora, já... já, quer... quer, seja... seja, nem... nem etc., indicando uma relação de alternância entre as sentenças.

Ora estuda, / ora trabalha,: (Oração Coordenada Sindética Alternativa / Oração Coordenada Sindética Alternativa)

Conclusivas: São introduzidas pelas conjunções pois (posposto ao verbo), logo, portanto, então, por conseguinte, por consequência, assim, desse modo, destarte, com isso, por isto, consequentemente, de modo que, indicando uma relação de conclusão do período anterior.

Comprei a carne e o carvão, / **portanto podemos fazer o churrasco**. (Oração Coordenada Assindética / **Oração Coordenada Sindética Conclusiva**)

Estou muito doente, / **não posso, pois, ir à aula**. (Oração Coordenada Assindética/ **Oração Coordenada Sindética Conclusiva**)

Explicativas: São introduzidas pelas conjunções que, porque, porquanto, por, portanto, como, pois (anteposta ao verbo), ou seja, isto é, indicando uma relação de explicação para com a sentença anterior.

Não converse, / **pois estou estudando**. (OCA / **Oração Coordenada Sindética Explicativa**)

Processo de subordinação

Orações Subordinadas Substantivas: dividem-se em 6 tipos, introduzidas, geralmente, pelas conjunções "**que**" e "**se**".

LÍNGUA PORTUGUESA

SINTAXE BÁSICA DA ORAÇÃO E DO PERÍODO

Subjetiva (O.S.S.S.): Exerce função de sujeito do verbo da oração principal.

É interessante / **que todos joguem na loteria**. (Oração Principal / **Oração subordinada substantiva subjetiva**)

Objetiva Direta (O.S.S.O.D.): Exerce função de objeto direto.

Eu quero / **que você entenda a matéria**. - Quem quer, quer algo ou alguma coisa - (Oração Principal / **Oração subordinada substantiva Objetiva Direta**)

Objetiva Indireta (O.S.S.O.I.): Exerce função de objeto indireto.

Os alunos necessitam / **de que as explicações fiquem claras**. - Quem necessita, necessita de algo - (Oração Principal / **Oração subordinada substantiva Objetiva Indireta**)

Predicativa (O.S.S.P.): Exerce função de predicativo.

O bom é / **que você faça exercícios todos os dias**. (Oração Principal / **Oração subordinada substantiva Predicativa**)

Completiva Nominal (O.S.S.C.N.): Exerce função de complemento nominal de um nome da oração principal.

Jonas tem vontade / **de que alguém o mande calar a boca**. (Oração Principal / **Oração subordinada substantiva Completiva Nominal**)

Apositivas (O.S.S.A.): Possuem a função de aposto da sentença principal, geralmente são introduzidas por dois-pontos (:).

Eu quero apenas isto: / **que você passe no concurso**. (Oração Principal / **Oração subordinada substantiva Apositiva**)

Orações Subordinadas Adjetivas: dividem-se em dois tipos. Quando desenvolvidas, são introduzidas por um pronome relativo.

O nome Oração Subordinada Adjetiva se deve ao fato de ela desempenhar a mesma função de um adjetivo na oração, ou seja, a função de adjunto adnominal. Na Gramática de Portugal, são chamadas de Orações Relativas pelo fato de serem introduzidas por pronome relativo.

Restritivas: Restringem a informação da oração principal. Não possuem vírgulas.

O homem / **que mora ao lado** / é mal-humorado. (Oração Principal / **Oração subordinada Adjetiva Restritiva** / Oração Principal)

Para entender basta perguntar: qualquer homem é mal-humorado? Não. Só o que mora ao lado.

Explicativas: Explicam ou dão algum esclarecimento sobre a oração principal.

João, / **que é o ex-integrante da comissão**, / chegou para auxiliar os novos contratados. (Oração Principal / **Oração Subordinada Adjetiva Explicativa** /Oração Principal)

Orações Subordinadas Adverbiais: dividem-se em nove tipos. Recebem o nome da conjunção que as introduz. Nesse caso, teremos uma principal (que não está negritada) e uma subordinada adverbial (que está em negrito).

Essas orações desempenham a função de Adjunto Adverbial da oração principal.

Causais: Exprimem a causa do fato que ocorreu na oração principal. Introduzidas, principalmente, pelas conjunções porque, visto que, já que, uma vez que, como que, como.

Ex.: Já que precisamos de dinheiro, vamos trabalhar.

Comparativas: Representam o segundo termo de uma comparação. Introduzidas, na maior parte dos casos, pelas conjunções que, do que, como, assim como, (tanto) quanto.

Ex.: Tiburcina fala **como uma gralha** (fala - o verbo está elíptico).

Concessivas: Indica uma concessão entre as orações. Introduzidas, principalmente, pelas conjunções embora, a menos que, ainda que, posto que, conquanto, mesmo que, se bem que, por mais que, apesar de que. Fique de olho na relação da conjunção com o verbo.

Ex.: Embora não tivesse tempo disponível, consegui estudar.

Condicionais: Expressa ideia de condição. Introduzidas, principalmente, pelas conjunções se, salvo se, desde que, exceto, caso, desde, contanto que, sem que, a menos que.

Ex.: Se ele não se defender, acabará como "boi-de-piranha" no caso.

Conformativas: Exprimem acordo, concordância entre fatos ou ideias. Introduzidas, principalmente, pelas conjunções como, consoante, segundo, conforme, de acordo com etc.

Ex.: Realize as atividades **conforme eu expliquei**.

Consecutivas: Indicam a consequência ou o efeito daquilo que se diz na oração principal. Introduzidas, principalmente, pelas conjunções que (precedida de tal, tão, tanto, tamanho), de sorte que, de modo que.

Ex.: Estudei tanto, **que saiu sangue dos olhos**.

Finais: Exprimem finalidade da ação primeira. Introduzidas, em grande parte dos casos, pelas conjunções para que, a fim de que, que e porque.

Ex.: Estudei muito **para que pudesse fazer a prova**.

Proporcionais: Expressa uma relação de proporção entre as orações. Introduzidas, principalmente, pelas conjunções (locuções conjuntivas) à medida que, quanto mais....mais, à proporção que, ao passo que, quanto mais.

Ex.: José piorava, **à medida que abandonava seu tratamento**.

Temporais: Indicam circunstância de tempo. Introduzidas, principalmente, pelas conjunções quando, antes que, assim que, logo que, até que, depois que, mal, apenas, enquanto etc.

Ex.: Logo que iniciamos o trabalho os alunos ficaram mais tranquilos.

Você viu que não é difícil. Na verdade, só é preciso estudar muito e decorar o sentido das conjunções.

Questões

01. (CESPE)

Macunaíma

1 No fundo do mato-virgem nasceu Macunaíma, herói da nossa gente. Era preto retinto e filho do medo da noite. Houve um momento em que o silêncio foi tão grande escu-
4 tando o murmurejo do Uraricoera, que a índia tapanhumas pariu

7 uma criança feia. Essa criança é que chamaram de Macunaíma. Já na meninice fez coisas de sarapantar. De primeiro passou mais de seis anos não falando. Si o incitavam a falar exclamava:
10 — Ai! Que preguiça!... e não dizia mais nada. Ficava no canto da maloca, trepado no jirau de paxiúba, espiando o trabalho dos outros e principalmente os dois manos que tinha, Maanape já velhinho e Jiguê na força do homem.

Na linha 12 do fragmento I, a oração "que tinha", sintática e semanticamente dispensável para o texto, caracteriza-se por ter um pronome relativo como sujeito sintático.

Certo ( )   Errado ( )

02. (CESPE) Leia o texto:

1 Que Demócrito não risse, eu o provo. Demócrito ria sempre: logo não ria. A consequência parece difícil e evidente. O riso, como dizem todos os filósofos, nasce
4 da novidade e da admiração, e cessando a novidade ou a admiração, cessa também o riso; o como Demócrito se ria dos ordinários desconcertos do mundo, o que é ordinário e
7 se vê sempre, não pode causar admiração nem novidade; segue-se que nunca ria, rindo sempre, pois não havia matéria que motivasse o riso.

No período "Que Demócrito não risse, eu o provo" (linha 1), o verbo provar complementa-se com uma estrutura em forma de objeto direto pleonástico, com uma oração servindo de referente para um pronome.

Certo ( )   Errado ( )

03. (FCC) **Graças aos avanços na medicina e na agricultura**, as previsões funestas de Malthus não se confirmaram...

O segmento grifado exprime, em relação à afirmativa seguinte, noção de:

a) Condição.
b) Tempo.
c) Proporção.
d) Causa.
e) Finalidade.

04. (FCC) A frase em que **ambos** os elementos sublinhados são complementos verbais é:

a) Assim vos confesso que entendo de arquitetura, apesar das muitas opiniões em contrário.
b) Ninguém se impressiona tanto com um velho porão como este velho cronista, leitor amigo.
c) O porão deverá jazer sob os pés da família como jazem os cadáveres num cemitério.
d) Que atração exercem sobre o cronista as gravatas manchadas, quando desce a um porão...
e) Já não se fazem porões, hoje em dia, já não há qualquer mistério ou evocação mágica numa casa moderna.

05. (FCC) **Nascidas do povo mais humilde do Brasil**, as Escolas afirmam a vocação dos brasileiros, de todos os brasileiros, para a grandeza.

A oração grifada acima tem sentido ...... e, ao reescrevê-la com o emprego da conjunção adequada, a oração resultante deverá iniciar-se por ....

As lacunas estarão corretamente preenchidas, respectivamente, por:

a) final - Para que tivessem nascido
b) temporal - Enquanto tinham nascido
c) concessivo - Ainda que tenham nascido
d) consecutivo - Desde que tenham nascido
e) condicional - Caso tenham nascido

06. (FCC) Analisando-se aspectos sintáticos de frases de textos, é correto afirmar que em:

a) Muitos se lembravam da alegria voraz com que foram disputadas as toneladas da vítima - as formas verbais sublinhadas têm um mesmo sujeito.
b) Todos se empenhavam no lúcido objetivo comum - configura-se um caso de indeterminação do sujeito.
c) Uma tripulação de camelôs anunciava umas bugigangas - a voz verbal é ativa, sendo umas bugigangas o objeto direto.
d) Eu já podia recolher a minha aflição - não há a possibilidade de transposição para outra voz verbal.
e) Logo uma estatal, ó céus - o elemento sublinhado exerce a função de adjunto adverbial de tempo.

07. (FCC) "Fica calmo, meu caro jornalista, avião comigo não cai", procurava me tranquilizar **dr. Ulysses**...

O segmento em destaque exerce na frase acima a mesma função sintática que o elemento grifado exerce em:

a) Como a Folha era **o único veículo** ...
b) ... essas coisas não pegariam bem **para um repórter**.
c) ... **em que** tudo devia estar acertado...
d) Viajava **com os três líderes da campanha** em pequenos aviões fretados...
e) ... **quem** era o comandante.

08. (FCC) Mas, **embora ele não tivesse sido nomeado**, todos sabiam quem era o comandante.

Em relação à frase em que está inserido, o segmento grifado acima possui um sentido.

a) Condicional.
b) Causal.
c) Concessivo.
d) Comparativo.
e) Conclusivo.

09. (FCC) Este conceito **é relativo**, pois em arte não há originalidade absoluta.

... a sua contribuição maior foi **a liberdade de criação e expressão**.

Ambos os elementos acima grifados exercem nas respectivas frases a função de:

a) Adjunto adverbial.

LÍNGUA PORTUGUESA

SINTAXE BÁSICA DA ORAÇÃO E DO PERÍODO

b) Objeto direto.
c) Complemento nominal.
d) Predicativo.
e) Objeto indireto.

10. (FCC) ... o tema das mudanças climáticas **pressiona** os esforços mundiais para reduzir a queima de combustíveis.
A mesma relação entre o verbo grifado e o complemento se reproduz em:
   a) ... a Idade da Pedra não acabou por falta de pedras ...
   b) ... o estilo de vida e o modo da produção (...) são os principais responsáveis...
   c) ... que ameaçam a nossa própria existência.
   d) ... e a da China triplicou.
   e) Mas o homem moderno estaria preparado.

11. (CONSULPLAN) Leia o texto:

A tradição teológica e filosófica nunca conseguiu explicar o "mistério da iniquidade", a existência do mal como potência do desejo e da ação humanas.

Ora, a corrupção é o mal do nosso tempo. Curiosamente, ela aparece como uma nova regra de conduta, uma contraditória "moral imoral". Da governalidade aos atos cotidianos, o mundo da vida no qual ética e moral se cindiram há muito tempo transformou-se na sempre saqueável terra de ninguém.

Como toda moral, a corrupção é rígida. Daí a impossibilidade do seu combate por meios comuns, seja o direito, seja a polícia. Do contrário, meio mundo estaria na prisão. A mesma polícia que combate o narcotráfico nas favelas das grandes cidades poderia ocupar o Congresso e outros espaços do governo onde a corrupção é **a regra**.

Mas o problema é que a força da corrupção é a do costume, é a da "moral", aquela mesma do malandro que age "na moral", que é "cheio de moral". Ela é muito mais forte do que a delicada reflexão ética que envolveria a autonomia de cada sujeito agente. E que só surgiria pela educação política que buscasse um pensamento reflexivo.

O sistema da corrupção é composto de um jogo de forças do qual uma das mais importantes é a "força do sentido". É ela que faz perguntar, por exemplo, "como é possível que um policial pobre se negue a aceitar dinheiro para agir ilegalmente?"

O simples fato de que essa pergunta seja colocada implica o pressuposto de que uma verdade ética tal como a honestidade foi transvalorada. Isso significa que foi também desvalorizada.

Se a conduta de praxe seria não apenas aceitar, mas exigir dinheiro em troca de uma ação qualquer na contramão do dever, é porque no sistema da corrupção o valor da honestidade, que garantiria ao sujeito a sua autonomia, foi substituído pela vantagem do dinheiro.

Mas não somente. Aquele que age na direção da lei como que age contra a moral caracterizada pelo "fazer como a grande maioria", levando em conta que no âmbito da corrupção se entende que o que a maioria quer é "dinheiro".

Verdade é que a ação em nome de um universal por si só caracteriza qualquer moral. É por meio dela que se faz o **cálculo** do "sentido" no qual, fora da vantagem que define a regra, o sujeito honesto se transfigura imediatamente em otário.

Se moral é medida em dinheiro, não entregar-se a ele poderá parecer um luxo. Mas um contraditório luxo de pobre, já que a questão da honestidade não se coloca para os ricos, para quem tal valor parece de antemão assegurado.

Daí que jamais se louve nos noticiários a honestidade de alguém que não se enquadra no estereótipo do "pobre". **Honesto** é sempre o pobre elevado a cidadão exótico. Na verdade, por meio desse gesto o pobre é colocado à prova pelo sistema. Afinal ele teria tudo para ser corrupto, ou seja, teria todo o motivo para sê-lo. Mas teria também todo o perdão?

O cidadão exótico – pobre e honesto – que deixa de agir na direção de uma vantagem pessoal como que estaria perdoado por antecipação ao agir imoralmente sendo pobre, mas não está. A frase de Brecht seria sua jurisprudência mais básica: "O que é roubar um banco comparado a fundar um?"

Ora, sabemos que essa "moral imoral" tem sempre dois pesos e duas medidas, diferentes para ricos e pobres. No **vão** que as separa vem à tona a **incompreensibilidade** diante do mistério da honestidade. De categoria ética, ela desce ao posto de irrespondível problema metafísico.

Pois quem terá hoje a coragem de perguntar como alguém se torna o que é quando a subjetividade, a individualidade e a biografia já não valem nada e sentimos apenas o miasma que exala da vala comum das celebridades da qual o cidadão pode se salvar apenas alcançando o posto de um herói exótico, máscara do otário da vez?

(Marcia Tiburi. Cult, dezembro de 2011)

Assinale o termo que, no texto, desempenhe função sintática idêntica à de incompreensibilidade termos em destaque no texto.
   a) a regra.
   b) vão.
   c) cálculo.
   d) honesto.

12. (IPAD) Em que opção a expressão em negrito retoma a ideia de um termo para explicá-lo, desenvolvê-lo ou esclarecê-lo, assumindo a função sintática de aposto?
   a) O conjunto de saltos de quedas d'água estava localizado ao oeste do Estado do Paraná, **no município de Guaíra...**
   b) Calcula-se que a água do Rio Paraná levou cerca de 1 milhão de anos para cavar no basalto, **rocha vulcânica dura**, o caminho que percorria.
   c) Era a cachoeira mais caudalosa do mundo, **nela** se escoando cerca de 75 mil metros cúbicos de água por segundo...
   d) Capaz de gerar 15 milhões de kilowatts, Itaipu é **a usina** de maior potencial energético do mundo.
   e) A barragem, **que represa o Rio Paraná**, tem a altura aproximada de um edifício de 62 andares.

13. (IPAD) Em que oração o sujeito **não** é posposto ao verbo?
   a) "Sete quedas por mim passaram"
   b) "Cessa o estrondo das cachoeiras"
   c) "Aos mortos espanhóis, aos mortos bandeirantes, aos apagados fogos de Ciudad Real de Guaíra vão juntar-se os sete fantasmas das águas assassinadas"
   d) "Faz-se do movimento uma represa"
   e) "da agitação faz-se um silêncio"

14. (CESGRANRIO) Em "e controlar a epidemia crescente **das doenças crônicas**," o termo destacado está ligado sintaticamente ao substantivo "epidemia". O termo que desempenha função sintática idêntica ao destacado acima está no trecho:
   a) "enquanto cerca de 300 milhões de adultos são **obesos**,"
   b) "...que ajude as autoridades nacionais a enfrentar os problemas."
   c) "– Para alcançar as Metas do Milênio estabelecidas **pela ONU**,"
   d) "Todos eles estão **mais** expostos..."
   e) "entre outras doenças ligadas **ao excesso de peso**."

15. (FCC) ... mas nem todos **entendem** seu real significado.
    O verbo que exige o mesmo tipo de complemento que o grifado acima está também **grifado** em:
    a) Pesquisadores **revelaram** a existência de preconceitos enraizados contra a manifestação de emoções.
    b) A pesquisa **tratava** da valorização de sentimentos até então vistos como negativos no ambiente de trabalho.
    c) A manifestação de emoções positivas **é** geralmente bem aceita em qualquer ambiente.
    d) Estudos recentes **aludem** à importância das emoções, sejam elas positivas ou negativas, na vida pessoal e profissional.
    e) O local de trabalho nem sempre se **torna** propício à manifestação das próprias emoções.

16. (FUNCAB) A alternativa em que o termo destacado tem a função de adjunto adnominal e não a de predicativo do sujeito é:
    a) "(...) ela estava muito mais **viva**(...)"
    b) "(...) um peixe **sozinho** num tanque era algo muito solitário. (...)"
    c) "(...) a mãe era **boa** para dar ideias. (...)"
    d) "(...) Mas ele estava **sozinho**. (...)"
    e) "(...) Só então notou como estava **cansado**."

17. (FCC) ... **embora** a maioria das pessoas consuma calorias suficientes ...
    A conjunção grifada acima imprime ao contexto noção de:
    a) Finalidade de uma ação.
    b) Temporalidade relativa a um fato.
    c) Concessão quanto à afirmativa que a segue.
    d) Conjectura que não se realiza.
    e) Incerteza quanto à comprovação de um fato.

18. (FCC) ... elas ainda **sofrem de imensas deficiências de nutrientes** ...
    A relação entre verbo e complemento, grifada acima, se reproduz em:
    a) ... embora a maioria das pessoas consuma calorias suficientes ...
    b) ... e têm pontuação mais baixa nos testes de habilidade cognitiva.
    c) ... a epidemia de obesidade nos países ricos representa exatamente o problema oposto.
    d) ... e muitos não obtêm esses nutrientes.
    e) ... menos da metade daqueles que mais precisam deles ...

19. (FCC) **Com o avançar da idade**, eles precisam de mais cálcio e vitaminas...
    a) À medida que a idade vai avançando.
    b) Conquanto a idade avance.
    c) Se a idade for avançando.
    d) Ainda que a idade vá avançando.
    e) Em comparação à idade que avança.

20. **Enquanto** o primeiro é regido por valores como amor e lealdade, o segundo tem como marca indexadores monetários e contratos. Assinale a alternativa que poderia substituir Enquanto no período anterior, sem modificação de sentido.
    a) Como
    b) Já que
    c) Ao passo que
    d) Quando

Gabaritos

01	ERRADO	11	C
02	CERTO	12	B
03	D	13	A
04	A	14	B
05	C	15	A
06	C	16	B
07	E	17	C
08	C	18	E
09	D	19	A
10	C	20	C

7. CONCORDÂNCIA VERBAL E NOMINAL

Trata-se do processo de flexão dos termos a fim de se relacionarem harmoniosamente na frase. Quando se pensa sobre a relação do verbo com os demais termos da oração, o estudo focaliza a concordância verbal. Quando a análise se volta para a relação entre pronomes, substantivos, adjetivos e demais termos do grupo nominal, diz-se que o foco é concordância nominal.

Fique de olho aberto para a relação do sujeito com o verbo. Uma boa noção de Sintaxe é importantíssima para entender esse segmento do conteúdo.

7.1 Concordância Verbal

Regra geral

O verbo concorda com o sujeito em número e pessoa.

O **primeiro-ministro** russo **acusou** seus inimigos.

Dois **parlamentares rebateram** a acusação.

Contaram-se **mentiras** no telejornal.

Vós sois os responsáveis por vosso destino.

Regras para sujeito composto[1]

Anteposto (colocado antes do verbo): o verbo vai para o plural:

Eu e meus irmãos vamos à praia.

Posposto (colocado após o verbo): o verbo concorda com o mais próximo ou vai para o plural:

Morreu (morreram), no acidente, **o prefeito e o vereador**.

Formado por pessoas (gramaticais) diferentes: plural da predominante.

Eu, você e os alunos **estudaremos** para o concurso. (a primeira pessoa é a predominante, por isso, o verbo fica na primeira pessoa do plural)

Com núcleos em correlação: concorda com o mais próximo ou fica no plural:

O professor assim como o monitor auxilia(m) os estudantes.

Ligado por NEM: verbo concordará:

No singular: se houver exclusão.

Nem Josias nem Josué **percebeu** o perigo iminente.

No singular: quando se pretende individualizar a ação, aludindo a um termo em específico.

Nem os esportes nem a leitura **o entretém**.

No plural: quando não houver exclusão, ou seja, quando a intenção for aludir ao sujeito em sua totalidade.

Nem a minha rainha nem o meu mentor **serão** tão convincentes a ponto de me fazerem mudar de ideia.

Ligado por COM: verbo concorda com o antecedente do COM ou vai para o plural:

O vocalista com os demais integrantes da banda **realizaram (realizou)** o show.

Ligado por OU: verbo no singular (se houver exclusão) ou no plural (se não houver exclusão):

Ou Pedro Amorim ou Jurandir Leitão **será** eleito vereador da cidade.

O aviso ou o ofício **deveriam** ser expedidos antes da data prevista.

Se o sujeito for construído com os termos:

Um e outro, nem um nem outro: verbo no singular ou plural, dependendo do sentido pretendido.

Um e outro **passou (passaram)** no concurso.

Um ou outro: verbo no singular.

Um ou outro fez a lição.

Expressões partitivas seguidas de nome plural: verbo no singular ou plural.

A maior parte das pessoas **fez (fizeram)** o exercício recomendado.

Coletivo geral: verbo no singular.

O cardume **nadou** rio acima.

Expressões que indicam quantidade aproximada seguida de numeral: Verbo concorda com o substantivo.

Aproximadamente 20 % dos eleitores compareceram às urnas.

Aproximadamente 20% do eleitorado **compareceu** às urnas.

Pronomes (indefinidos ou interrogativos) seguidos dos pronomes "nós" e/ou "vós": verbo no singular ou plural.

Ex.: Quem de nós **fará (faremos)** a diferença?

Palavra QUE (pronome relativo): verbo concorda com o antecedente do pronome "que".

Ex.: Fui eu que **fiz** a diferença.

Palavra QUEM: verbo na 3ª pessoa do singular.

Ex.: Fui eu *quem* **fez** a diferença.

Pela repetida utilização errônea, algumas gramáticas já toleram a concordância do verbo com a pessoa gramatical distinta da terceira, no caso de se utilizar um pronome pessoal como antecedente do "quem".

Um dos que: verbo no singular ou plural.

Ele foi *um dos que* **fez (fizeram)** a diferença.

Palavras sinônimas: verbo concorda com o mais próximo ou fica no plural.

Ex.: *A ruindade, a maldade, a vileza* **habita** (**habitam**) a alma do ser humano.

Quando os verbos estiverem acompanhados da palavra "SE": fique atento à função da palavra "SE".

SE - na função de pronome apassivador: verbo concorda com o sujeito paciente.

Vendem-se casas e sobrados em Alta Vista.

Presenteou-se o aluno aplicado com uma gramática.

---

[1] As gramáticas registram um sem-número de regras de concordância. Selecionamos as mais relevantes para o universo do concurso público.

SE - na função de índice de indeterminação do sujeito: verbo fica sempre na 3ª pessoa do singular.

Precisa-se de empregados com capacidade de aprender.

Vive-se muito bem na riqueza.

A dica é ficar de olho na transitividade do verbo. Se o verbo for VTI, VI ou VL, o termo "SE" será índice de indeterminação do sujeito.

Casos de concordância com o verbo "ser":

Quando indicar tempo ou distância: Concorda com o predicativo.

Amanhã **serão** 7 de fevereiro.

São 890 quilômetros daqui até Florianópolis.

Quando houver sujeito que indica quantidade e predicativo que indica suficiência ou excesso: Concorda com o predicativo.

Vinte milhões **era** muito por aquela casa.

Sessenta centavos **é** pouco por aquele lápis.

O verbo dar, no sentido de bater ou soar, acompanhado do termo hora(s): concorda com o sujeito.

Deram cinco horas no relógio do juiz.

Deu cinco horas o relógio juiz.

Verbo "parecer" – Concordância estranha.

Verbo "parecer" somado a infinitivo: Flexiona-se um dos dois.

Os alunos **pareciam** estudar novos conteúdos.

Os alunos **parecia estudarem** novos conteúdos.

Quando houver sujeito construído com nome no plural: com artigo no singular ou sem artigo: o verbo fica no singular.

Memórias Póstumas de Brás Cubas **continua** sendo lido por jovens estudantes.

Minas Gerais **é** um lindo lugar.

Com artigo plural: o verbo fica no plural.

Os Estados Unidos **aceitaram** os termos do acordo assinado.

7.2 Concordância Nominal

A concordância nominal está relacionada aos termos do grupo nominal. Ou seja, entram na dança o substantivo, o pronome, o artigo, o numeral e o adjetivo. Vamos à regra geral para a concordância.

Regra geral

O artigo, o numeral, o adjetivo e o pronome adjetivo devem concordar com o substantivo a que se referem em gênero e número.

Meu belíssimo e **antigo** carro **amarelo** quebrou, ontem, em **uma** rua **estreita.**

Os termos destacados acima, mantém uma relação harmoniosa com o núcleo de cada expressão. Relação tal que se estabelece em questões de gênero e de número.

A despeito de a regra geral dar conta de grande parte dos casos de concordância, devemos considerar a existência de casos particulares, que merecem atenção.

Casos que devem ser estudados

Dependendo da intencionalidade de quem escreve, pode-se realizar a concordância atrativa, primando por concordar com apenas um termo de uma sequência ou com toda a sequência. Vejamos:

Vi um carro e uma **moto** *vermelha*. (concordância apenas com o termo "moto")

Vi um carro e uma **moto** *vermelhos*. (concordância com ambos os elementos)

Bastante ou bastantes?

Se "bastante" é pronome adjetivo, será variável; se for advérbio (modificando o verbo), será invariável, ou seja, não vai para o plural.

Há *bastantes* **motivos** para sua ausência. (adjetivo)

Os alunos **falam** *bastante*. (advérbio)

Troque a palavra "bastante" por "muito". Se "muito" for para o plural, "bastante" também irá.

Anexo, incluso, apenso, obrigado, mesmo, próprio: são adjetivos que devem concordar com o substantivo a que se referem.

O *relatório* segue **anexo** ao documento.

Os *documentos* irão **apensos** ao relatório.

A expressão "em anexo" é invariável (não vai para plural nem para o feminino).

As planilhas irão **em anexo.**

É bom, é necessário, é proibido, é permitido: variam somente se o sujeito vier antecedido de um artigo ou outro termo determinante.

Maçã **é bom** para a voz. / A maçã **é boa** para a voz.

É necessário **aparecer** na sala. / É necessária **sua aparição** na sala.

Menos / alerta. São sempre invariáveis, contanto que respeitem sua classe de origem - advérbio: se forem derivadas para substantivo, elas poderão variar.

Encontramos **menos** alunos na escola. / Encontramos **menos** alunas na escola.

O policial ficou **alerta**. / Os policiais ficaram **alerta**.

Só / sós. Variam apenas quando forem adjetivos: quando forem advérbios, serão invariáveis.

Pedro apareceu **só** (sozinho) na sala. / Os meninos apareceram **sós** (sozinhos) na sala. (adjetivo)

Estamos **só** (somente) esperando sua decisão. (advérbio)

A expressão "a sós" é invariável.

A menina ficou **a sós** com seus pensamentos.

Troque "só" por "sozinho" (vai para o plural) ou "somente" (fica no singular).

LÍNGUA PORTUGUESA

CONCORDÂNCIA VERBAL E NOMINAL

Questões

01. (FCC) O verbo indicado entre parênteses deverá ser obrigatoriamente flexionado numa forma do plural para preencher de modo correto a frase:
  a) Quanto mais interesses ...... (haver) em jogo, mais contundentes serão as iniciativas da máquina neoliberal.
  b) A não ...... (ser) pelas miragens que alimenta, muitas pessoas não conseguiriam sustentar o ânimo de viver.
  c) O que não lhes ...... (dever) convir é abandonar todos esses sonhos que ajudam a viver.
  d) Nunca me ...... (sobrevir), como agora, os sobressaltos que cada sonho traz consigo.
  e) ......-se (dever) a essas miragens o esforço com que muitos conduzem seu trabalho.

02. (CESPE) Leia o trecho:
  Dentro de um mês tinha comigo vinte aranhas; no mês seguinte cinquenta e cinco; em março de 1877 contava quatrocentas e noventa. Duas forças serviram principalmente à empresa de as congregar: o emprego da língua delas, desde que pude discerni-la um pouco, e o sentimento de terror que lhes infundi.
  O verbo ter, na linha 1, está empregado no sentido de haver, existir, por isso mantém-se no singular, sem concordar com o sujeito da oração — "vinte aranhas".
  Certo ( ) Errado ( )

03. (FCC) O verbo indicado entre parênteses deverá flexionar-se numa forma do singular para preencher corretamente a lacuna da frase:
  a) Aquele a quem ...... (sensibilizar) os fatos do noticiário deve poupar-se de acompanhá-los todos os dias.
  b) Não ...... (dever) mover a ninguém as esperanças ou a crença em que o mundo se torne mais discreto e silencioso.
  c) Em qualquer notícia que provenha do nosso íntimo não mais ...... (haver) de se ocultar as verdades que fingimos desconhecer.
  d) As pessoas a quem ...... (impor) a TV, diuturnamente, notícias de toda espécie perdem a capacidade de discriminar o que é ou não importante.
  e) As novidades que dentro de mim se ...... (mascarar) só se revelarão mediante uma análise introspectiva.

04. (FCC) O verbo entre parênteses deverá flexionar-se em uma forma do plural para preencher de modo correto a lacuna da frase:
  a) Aos sentimentos do menino ...... (corresponder) um gesto bonito, pelo qual se materializou o amor filial.
  b) Não se ...... (atribuir) ao gesto do menino quaisquer intentos que não tivessem raiz em sua generosidade.
  c) A nenhum dos parentes ...... (ocorrer) alimentar suspeitas acerca das preocupações do menino.
  d) Não ...... (faltar) aos brinquedos antigos a magia que as engenhocas eletrônicas exercem hoje sobre os pequenos.
  e) ...... (ter) ocorrido aos pais que os gestos do filho estariam ocultando algum segredo?

05. (CESPE) Leia o trecho:
  Imagine que um poder absoluto ou um texto sagrado declarem que quem roubar ou assaltar será enforcado (ou terá a mão cortada). **Nesse caso, puxar a corda, afiar a faca ou assistir à execução seria simples, pois a responsabilidade moral do veredicto não estaria conosco.** Nas sociedades tradicionais, em que a punição é decidida por uma autoridade superior a todos, as execuções podem ser públicas: a coletividade festeja o soberano que se encarregou da justiça — que alívio!
  No período "Nesse caso (...) estaria conosco", como o conector "ou" está empregado com sentido aditivo, e não, de exclusão, a forma verbal do predicado "seria simples" poderia, conforme faculta a prescrição gramatical, ter sido flexionada na terceira pessoa do plural: seriam.
  Certo ( ) Errado ( )

06. (FCC) Para cada uma dessas questões, assinale a alternativa que preenche corretamente, na ordem, as lacunas da frase apresentada.
  O cientista ......, com base em dados que lhe haviam sido ...... , que a pesquisa ...... resultados importantes para a fauna da região.
  a) previu - entregues - traria
  b) previu - entregados - trazeria
  c) preveu - entregues - trazeria
  d) preveu - entregados - traria
  e) previu - entregues - trazeria

07. (FCC) ...... tomar medidas que ...... a sobrevivência de algumas espécies de aves na região.
  a) Eram necessários - garantissem
  b) Eram necessárias - garantissem
  c) Era necessário - garantisse
  d) Eram necessárias - garantisse
  e) Era necessário - garantissem

08. (FCC) A frase em que as regras de concordância estão plenamente respeitadas é:
  a) Contam-se que o poeta Manuel Bandeira ficou extasiado e impressionado ao ouvirem as novas batidas do violão de João Gilberto.
  b) As canções de Caetano Veloso, cuja letra costumam despertar discussões acaloradas, são considerados por muitos grandes poemas da literatura nacional.
  c) Já se passou vários anos do surgimento da bossa nova, mas Chega de saudade, de João Gilberto, continua a encantar os ouvidos ao redor do mundo.
  d) Além de uma canção de João Gilberto, Chega de saudade é o título do livro de Ruy Castro em que o autor relembra os protagonistas da bossa nova.
  e) Imagina-se que, embora pouco estudados, deve existir motivos sociais para a indiferença com que as camadas superiores durante muito tempo via o samba.

09. O verbo que se mantém corretamente *no singular*, mesmo com as alterações propostas entre parênteses para o segmento grifado, está em:
  a) Quando a peste negra varreu populações inteiras (**as epidemias**)
  b) Quanto mais gente houvesse no mundo (**mais habitantes**)
  c) Tom alarmista acerca do crescimento populacional arrefeceu (**As profecias**)
  d) A humanidade terá de colocar toda sua inventividade à prova (**Os homens**)
  e) Existe um consenso (**hipóteses diversas**)

10. (FCC) A frase em que **ambos** os elementos sublinhados são complementos verbais é:
    a) Assim vos confesso que entendo de arquitetura, apesar das muitas opiniões em contrário.
    b) Ninguém se impressiona tanto com um velho porão como este velho cronista, leitor amigo.
    c) O porão deverá jazer sob os pés da família como jazem os cadáveres num cemitério.
    d) Que atração exercem sobre o cronista as gravatas manchadas, quando desce a um porão...
    e) Já não se fazem porões, hoje em dia, já não há qualquer mistério ou evocação mágica numa casa moderna.

11. (FCC) Substituindo-se o elemento grifado pelo segmento que está entre parênteses, o verbo que deverá flexionar-se no **plural** está em:
    a) Clarice (**Juntamente com o marido, Clarice**) se encontrava no exterior...
    b) A voz nova e solitária (**A voz que poucos conheciam**) em seguida iria encontrar obstáculos...
    c) O nome de Clarice (**A ficção de autoras intimistas**) [...] tinha aqui pequena repercussão.
    d) ... como está dito por toda parte (**em todos os jornais**).
    e) Ao contrário do que se (**os desavisados**) pensa...

12. (FCC) Em épocas passadas, alguns poetas se ...... atrelados a convenções literárias tão rígidas que, em alguns casos, os ...... de encontrar uma voz original e única
    Preenchem corretamente as lacunas da frase acima, na ordem dada:
    a) Mantém - impedirão
    b) Manteram - impediam
    c) Mantiveram - impediram
    d) Manteriam - impedira
    e) Mantinham - impedia

13. (CESPE) Leia o trecho:
    "O [fim] da Idade Média, no [século] XV, e o [ressurgimento] das cidades, no período renascentista,[representaram] profundas mudanças para a sociedade da época, mas, do ponto de vista político, assistiu-se a uma concentração ainda maior do poder nas mãos dos soberanos, reis absolutos, que, sob o peso de sua autoridade, unificaram os diversos feudos e formaram vários dos Estados modernos que hoje conhecemos."
    A forma verbal "representaram" está no plural para concordar com o sujeito composto da oração, cujos núcleos são "fim", "século" e "ressurgimento".
    Certo ( )   Errado ( )

14. (CESPE) Leia o trecho:
    Trabalho demais, agenda cheia, Internet, celular [e carros que chegam a mais de 200 km/h] **transformam** o homem moderno numa espécie de Coelho Branco de Alice no País das Maravilhas.
    Se o trecho "e carros que chegam a mais de 200 km/h" fosse retirado do texto, a forma verbal "transformam" deveria ser substituída por **transforma.**
    Certo ( )   Errado ( )

15. (FCC) Estão plenamente observadas as normas de concordância verbal em:
    a) À noite, davam-se aos trabalhos de poucos e à diversão de muitos uma trégua oportuna, para tudo recomeçar na manhã seguinte.
    b) Aos esforços brutais da jubarte não correspondiam qualquer efeito prático, nenhum avanço obtinha o gigante encalhado na areia.
    c) Sempre haverá de aparecer aqueles que, diante de um espetáculo trágico, logram explorá-lo como oportunidade de comércio.
    d) Como se vê, cabe aos bons princípios ecológicos estimular a salvação das baleias, seja no alto-mar, seja na areia da praia.
    e) Da baleia encalhada em 1966 não restou, lembra-nos o autor, senão as postas em que a cruel voracidade dos presentes retalhou o animal

16. (CESGRANRIO) Em uma mensagem de e-mail bastante formal, enviada para alguém de cargo superior numa empresa, estaria mais adequada, por seguir a norma-padrão, a seguinte frase:
    a) Anexo vão os documentos.
    b) Anexas está a planilha e os documentos
    c) Seguem anexos os documentos
    d) Em anexas vão as planilhas.
    e) Anexa vão os documentos e a planilha.

17. (CESGRANRIO) Em que sentença a concordância segue os parâmetros da norma-padrão?
    a) Paguei a dívida e fiquei quites com minhas obrigações.
    b) A secretária disse que ela mesmo ia escrever a ata.
    c) Junto com o contrato, segue anexo a procuração.
    d) A vizinha adotou uma atitude pouca amistosa.
    e) Após a queda, a criança ficou meio chorosa.

18. A concordância verbal está de acordo com a norma-padrão em:
    a) Cada um dos curadores foram responsáveis por um tema.
    b) Muitos cartões vem decorados com guirlandas de flores.
    c) A maior parte dos cartões expostos encantou os visitantes.
    d) Está acontecendo diversos eventos sobre meios de comunicação na cidade.
    e) Haviam poucos estudantes interessados em meios de comunicação do passado.

19. (CESGRANRIO) O plural, de acordo com a norma-padrão, do trecho "Foi um momento mágico, pois, apesar de bastante jovem, eu já vinha de uma experiência de vida cheia de mudanças e recomeços." é:
    a) Foi momentos mágicos, pois, apesar de bastante jovens, nós já vínhamos de uma experiência de vida cheia de mudanças e recomeços.
    b) Foi um momento mágico, pois, apesar de bastante jovem, eu já vinha de uma experiência de vidas cheias de mudanças e recomeços.
    c) Foi um momento mágico, pois, apesar de bastante jovem, eu já vinha de experiências de vidas cheia de mudanças e recomeços.
    d) Foram momentos mágicos, pois, apesar de bastante jovens, nós já vínhamos de experiências de vida cheias de mudanças e recomeços.
    e) Foram dois momentos mágicos, pois, apesar de bastante jovem, eu já vinha de uma experiência de vida cheia de mudanças e recomeços.

LÍNGUA PORTUGUESA

CONCORDÂNCIA VERBAL E NOMINAL

20. (CESGRANRIO) O chefe de vários departamentos identifica a mudança no cenário da informática.

Considere a frase a cima. *A palavra **identifica** pode ser substituída, mantendo o sentido da sentença, pelo verbo ver, flexionado de acordo com a norma-padrão, por*

a) Vêm
b) Veem
c) Vem
d) Vê
e) Viram

Gabaritos

01	D	11	E
02	ERRADO	12	C
03	D	13	ERRADO
04	B	14	ERRADO
05	ERRADO	15	D
06	A	16	C
07	E	17	E
08	D	18	C
09	B	19	D
10	A	20	D

8. ACENTUAÇÃO GRÁFICA

Antes de começar o estudo, é importante que você entenda quais são os padrões de tonicidade da Língua Portuguesa e quais são os encontros vocálicos presentes na Língua. Assim, fica mais fácil entender quais são as regras e como elas surgem.

Padrões de Tonicidade

Palavras oxítonas: última sílaba tônica (so**fá**, ca**fé**, ji**ló**)

Palavras paroxítonas: penúltima sílaba tônica (fer**ru**gem, a**du**bo, sa**ú**de)

Palavras proparoxítonas: antepenúltima sílaba tônica (**â**nimo, **ví**tima, **á**timo)

Encontros Vocálicos

Hiato (encontro vocálico que se separa):
> Pi - **a** - no; sa - **ú** - de.

Ditongo (encontro vocálico que permanece unido na sílaba):
> cha - p**éu**; to - n**éis**.

Tritongo (encontro vocálico que permanece unido na sílaba):
> sa - g**uão**; U - ru - g**uai**.

8.1 Regras Gerais

Quanto às Proparoxítonas

Acentuam-se todas as palavras:

Vítima, **â**nimo, Hiper**bó**lico

Quanto às Paroxítonas

Não se acentuam as terminadas em A, E, O (seguidas ou não de S) M e ENS.

Cas**te**lo, gra**na**da, pa**ne**la, pe**pi**no, **pa**jem, i**ma**gens etc.

Acentuam-se as terminadas em R, N, L, X, I ou IS, US, UM, UNS, PS, Ã ou ÃS e DITONGOS.

Susten**tá**vel, **tó**rax, **hí**fen, **tá**xi, **ál**bum, **bí**ceps, prin**cí**pio etc.

Fique de olho em alguns casos particulares, como as palavras terminadas em OM / ON / ONS

lândom; **pró**ton, **nêu**trons etc.

Nova Ortografia – olho aberto! Deixam de se acentuarem as paroxítonas com OO e EE

"Voo, enjoo, perdoo, magoo."

"Leem, veem, deem, creem."

Quanto às Oxítonas

São acentuadas as terminadas em:

A ou **AS**: So**fá**, Pa**rá**;

E ou **ES**: Ra**pé**, Ca**fé**;

O ou **OS**: A**vô**, Ci**pó**;

EM ou **ENS**: Tam**bém**, Para**béns**.

Acentuação de Monossílabos

Acentuam-se os monossílabos tônicos terminados em **A**, **E** e **O**, seguidos ou não de **S**.

Pá, pó, pé, já, lá, fé, só.

Acentuação dos Hiatos

Acentuam-se os hiatos quando forem formados pelas letras **I** ou **U**, sozinhas ou seguidas de **S**:

Sa**ú**va, Ba**ú**, Bala**ús**tre, Pa**ís**.

Exceções:

Seguidas de **NH**: Ta**i**nha

Paroxítonas antecedidas de ditongo: Fe**i**ura

Com o **i** duplicado: Xi**i**ta

Ditongos Abertos

Serão acentuados os ditongos abertos **ÉU**, **ÉI** e **ÓI**, com ou sem **S**, quando forem oxítonos ou monossílabos.

Chap**éu**, R**éu**, Ton**éis**, Her**ói**, Past**éis**, Hot**éis**, Lenç**óis**.

Novo Acordo Ortográfico – fique de olho! Caiu o acento do ditongo aberto em posição de paroxítona.

"Ideia, Onomatopeia, Jiboia, Paranoia, Heroico etc."

Formas Verbais com Hífen

Para saber se há acento em uma forma verbal com hífen, deve-se analisar o padrão de tonicidade de cada bloco da palavra:

Aju**dá**-lo (oxítona terminada em "a" / monossílabo átono)

Con**tar**-lhe (oxítona terminada em "r" / monossílabo átono)

Convi**dá**-la-íamos. (oxítona terminada em "a" / proparoxítona)

Verbos "ter" e "vir"

Quando escritos na 3ª pessoa do singular, não serão acentuados:

Ele tem / ele vem.

Quando escritos na **3ª pessoa do plural**, receberão o **acento circunflexo**:

Eles **têm** / **vêm**

Nos verbos derivados das formas acima:

Acento agudo para singular - Contém / convém.

Acento circunflexo para o plural - Contêm / convêm.

Acentos Diferenciais

Alguns permanecem:

pôde / pode (pretérito perfeito / presente simples);

pôr / por (verbo / preposição);

fôrma[1] / forma (substantivo / verbo ou ainda substantivo).

Caiu o acento diferencial de:

para - pára (preposição / verbo);

pelo - pêlo (preposição + artigo / substantivo);

polo - pólo (preposição + artigo / substantivo);

pera - pêra (preposição + artigo / substantivo).

---

[1] Nesse caso, é facultativo o acento.

ACENTUAÇÃO GRÁFICA

Questões

01. É preciso corrigir deslizes relativos à ortografia oficial e à acentuação gráfica da frase:
a) As obras modernistas não se distinguem apenas pela temática inovadora, mas igualmente pela apreensão do ritmo alucinante da existência moderna.
b) Ainda que celebrassem as máquinas e os aparelhos da civilização moderna, a ficção e a poesia modernista também valorizavam as coisas mais quotidianas e prosaicas.
c) Longe de ser uma excessão, a pintura modernista foi responsável, antes mesmo da literatura, por intensas polêmicas entre artistas e críticos conservadores.
d) No que se refere à poesia modernista, nada parece caracterizar melhor essa extraordinária produção poética do que a opção quase incondicional pelo verso livre.
e) O escândalo não era apenas uma consequência da produção modernista: parecia mesmo um dos objetivos precípuos de artistas dispostos a surpreender e a chocar.

02. Assinale a palavra que **NÃO** tenha sido acentuada pelo mesmo motivo que as demais.
a) Substituído
b) Polícia
c) Jurisprudência
d) Saqueável

03. Em qual das frases abaixo, a palavra destacada está de acordo com as regras de acentuação gráfica oficial da língua portuguesa?
a) Vende-se **cocô** gelado.
b) Se **amássemos** mais, a humanidade seria diferente.
c) É importante que você estude pelo **ítem** do edital.
d) Estavam deliciosas as **larânjas** que comprei.
e) A empresa **têm** procurado um novo empregado.

04. Todas as palavras são acentuadas graficamente pelo mesmo motivo em:
a) Água, município, edifício, Guaíra
b) Estádios, superfície, Baía, média
c) Paraná, será, vulcânica
d) Cúbicos, espetáculo, energético
e) Insuperável, quilômetro, três

05. Assinale a alternativa em que todos os substantivos devem ser acentuados.
a) Lapis - bonus - bainha
b) Serie - aspecto - torax
c) Alcool - moinho - sucuri
d) Urubu - egoismo - magoa
e) Armazem - orgao - carater

06. Levando-se em consideração o que está previsto na ortografia oficial vigente, é correto afirmar que: o vocábulo "têxtil", que segue o padrão de flexão do vocábulo pênsil, é acentuado também na forma plural; "obsolescência" é vocábulo que segue o padrão do vocábulo ciência, no que se refere ao emprego de sinal de acentuação; a acentuação gráfica do vocábulo "déspotas" também é empregada quando o vocábulo é grafado na forma singular.
Certo ( )   Errado ( )

07. Assinale a alternativa em que o termo tenha sido acentuado seguindo regra distinta dos demais.
a) Difíceis
b) Próprio
c) Concluída
d) Consequências
e) Solidários

08. "E no alto da torre exibo-te o varal. Onde balança ao léu minh'alma"
A respeito dos versos acima, analise os itens a seguir: O acento em léu se justifica como acento diferencial, para não se confundir com o verbo leu.
Certo ( )   Errado ( )

09. Que palavra obedece à mesma regra de acentuação que país?
a) Compôs
b) Baú
c) Índio
d) Negócios
e) Águia

10. Cada alternativa a seguir apresenta um princípio ortográfico seguido de dois exemplos. A exemplificação está correta somente em:
a) São acentuadas todas as palavras oxítonas terminadas em a, e, o, em seguidas ou não de "s": também e já.
b) Todas as palavras proparoxítonas são acentuadas: década e porém.
c) Acentua-se a segunda vogal tônica do hiato: subtraídas e ótimo.
d) Acentuam-se os monossílabos tônicos terminados em a, e, o (s): há e só.
e) Acentuam-se com acento agudo os ditongos tônicos éi, éu, ói: vídeo e sério.

11. "Dedicar-se **à** relação é importante..." É correto afirmar que o sinal gráfico empregado na palavra destacada nessa frase é denominado:
a) Trema.
b) Acento agudo.
c) Crase.
d) Acento circunflexo.
e) Acento grave.

12. Assinale a alternativa em que a palavra tenha sido acentuada seguindo regra distinta das demais.
a) Consciência
b) Juízos
c) Pretório
d) Episódios
e) Importância

13. Assinale a alternativa em que a palavra tenha sido acentuada seguindo regra distinta das demais.
a) Previdência
b) Diária
c) Vítima
d) Declínio
e) Óbvia

14. Nas palavras "país", "político", "preferência", "perpétua" e "páginas", o acento é decisivo para a determinação do sentido dos vocábulos, uma vez que, sem acento, tais palavras, mesmo estando escritas de acordo com a norma culta, teriam outro significado.
    Certo ( )   Errado ( )

15. As palavras "é", "média", "até" e "líderes", obedecem, respectivamente, às mesmas regras de acentuação gráfica de:
    a) Há, salários, paletós e técnico.
    b) Já, próprio, júnior e acadêmico
    c) É, consultório, convém e infindáveis.
    d) Mês, universitário, papéis e público
    e) Só, líder, escritório e sênior.

16. Assinale a alternativa que traz toda a acentuação correta:
    a) Não duvida o órfão que tal benção no tatú é doida.
    b) Coçá-lo é bem doído; é seriíssimo, sem dúvida.
    c) Vanglória-te dos girassois cultivados no paraíso.
    d) Favor apôr sua rubrica no documento, sem desdem.
    e) O edil foi habil ao comprar toda a maquinária.

17. Nas alternativas a seguir, os acentos foram omitidos propositadamente. Assinale a alternativa em que todas as palavras deveriam ser graficamente acentuadas
    a) Rubrica, diluvio, viuva.
    b) Ambar, heroi, ilustra-lo.
    c) Protons, forceps, releem.
    d) Dificilmente, Piaui, misantropo.
    e) Perdoo, atribuimos, caiste.

18. Assinale a série que apresenta somente palavras paroxítonas:
    a) Enciclopédia – página – relatório.
    b) Conteúdo – brechós – catálogo.
    c) Além – lá – bônus.
    d) Histórias – enciclopédia – bônus.

19. A alternativa em que o uso do acento gráfico obedece à mesma regra é:
    a) Panóptico, ótima, úteis
    b) Óleo, ótima, Ásia
    c) Óleo, Ásia, delícia
    d) Aliás, já, biguá
    e) Chapéu, vocês, aí

20. As palavras mês, está e água, respectivamente, recebem acento pelo mesmo motivo que:
    a) Baú, sofá, possível.
    b) Até, já, ausência.
    c) Nós, até, canário.
    d) Caí, será, última.
    e) Pés, saúde, notícia.

Gabaritos

01	C	11	E
02	A	12	B
03	B	13	C
04	D	14	ERRADO
05	E	15	A
06	CERTO	16	B
07	C	17	B
08	ERRADO	18	D
09	B	19	C
10	D	20	C

LÍNGUA PORTUGUESA

9. COLOCAÇÃO PRONOMINAL

Esta parte do conteúdo é relativa ao estudo da posição dos pronomes oblíquos átonos em relação ao verbo. Antes de iniciar o estudo, trate de memorizar os pronomes em questão, do contrário, você não progredirá.

Pronomes Oblíquos Átonos
me
te
o, a, lhe, se
nos
vos
os, as, lhes, se

Quatro casos de colocação:

Próclise (anteposto ao verbo)

Nunca **o** vi.

Mesóclise (medial em relação ao verbo)

Dir-**te**-ei algo.

Ênclise (posposto ao verbo)

Passa-**me** a resposta.

Apossínclise (intercalação de uma ou mais palavras entre o pronome e o verbo)

Talvez tu **me** já não creias.

9.1 Regras de Próclise

Palavras ou expressões negativas:

Não **me** deixe aqui neste lugar!

Ninguém **lhe** disse que seria fácil.

Pronomes relativos:

O material de que **me** falaste é muito bom.

Eis o conteúdo que **me** causa nojo.

Pronomes indefinidos:

Alguém **me** disse que você vai ser transferido.

Tudo **me** parece estranho.

Conjunções subordinativas:

Confiei neles, assim que **os** conheci.

Disse que **me** faltavam palavras.

Advérbios:

Sempre **lhe** disse a verdade.

Talvez **nos** apareça a resposta para essa questão.

Pronomes interrogativos:

Quem **te** contou a novidade?

Que **te** parece essa situação?

"Em + gerúndio"

Em **se** tratando de Gramática, eu gosto muito!

Nesta terra, em **se** plantando, tudo há de nascer.

Particípio

Ele havia avisado-**me** (errado)

Ele **me** havia avisado (certo)

Sentenças optativas

Deus **lhe** pague!

Deus **o** acompanhe!

9.2 Regras de Mesóclise

Emprega-se o pronome oblíquo átono no meio da forma verbal, quando ela estiver no futuro do presente ou no futuro simples do pretérito do indicativo.

Chamar-**te**-ei, quando ele chegar.

Se houver tempo, contar-**vos**-emos nossa aventura.

Contar-**te**-ia a novidade.

9.3 Regras de Ênclise

Não se inicia sentença, em Língua Portuguesa, por pronome oblíquo átono. Ou seja, não coloque o pronome átono no início da frase.

Formas verbais:

Do **infinitivo impessoal** (precedido ou não da preposição "a");

Do **gerúndio**;

Do **imperativo afirmativo**;

Alcança-**me** o prato de salada, por favor!

Urge obedecer-**se** às leis.

O garoto saiu da sala desculpando-**se**.

Tratando-**se** desse assunto, não gosto de pensar.

Dá-**me** motivos para estudar.

Se o gerúndio vier precedido da preposição "em", deve-se empregar a próclise.

Em **se** tratando de Gramática, eu gosto muito.

9.4 Casos Facultativos

Sujeito expresso, próximo ao verbo.

O menino se machucou **(-se)**.

Eu **me** refiro **(-me)** ao fato de ele ser idiota.

Infinitivo antecedido de "não" ou de preposição.

Sabemos que não se habituar **(-se)** ao meio causa problemas.

O público o incentivou a se jogar **(-se)** do prédio.

Questões

01. (FUNCAB) A autora escreve "mas nos cingiremos a uma delas", e não "cingiremo-nos", para não infringir a mesma regra de colocação pronominal DESRESPEITADA em:
    a) O livro havia sumido e eu queria que alguém procurasse-o.
    b) Se não achasse o livro na estante, eu procuraria-o por toda a casa.
    c) Aquele livro era ótimo, por isso tenho procurado-o com insistência.
    d) Procure o livro para mim, que eu hoje não procuro-o mais.
    e) Venho tentando achar o livro, mas quem disse que encontro-o?

02. (FUNCAB) A passagem em que se evitou a ênclise do pronome átono com base na mesma regra de colocação observada em: "Assim, o homem se tornaria menos consumidor e mais feliz" é a seguinte:
a) "... com argumentos de que se trata de uma economia limpa..."
b) "... fica evidente que poucos se perguntam sobre as consequências..."
c) "Para frear o drama ambiental planetário que se avizinha..."
d) "Os manipuladores da indústria da moda não se cansam de alternar tendências..."
e) "... uma maior consciência do nosso Eu Superior se refletirá num contato mais próximo coma natureza..."

03. (MS CONCURSOS - ADAPTADA) E quando Seu José, desesperado, fez saltar os miolos com uma bala, deixou esta frase escrita num pedaço de papel:
"Enquanto foi solteira, achava minha mulher que nenhum homem era digno de ser seu marido; depois de casada (por conveniência) achou que todos eles eram dignos de ser seus amantes. Mato- me".
Na oração final do texto: "Mato-me", a colocação pronominal está:
a) Correta, pois depois de verbo é obrigatória a ênclise.
b) Incorreta, pois depois de verbo é obrigatória a próclise.
c) Adequada, pois não se inicia frase ou oração com pronome oblíquo átono.
d) Adequada, pois não se inicia frase ou oração com pronome pessoal reto.

04. (CESGRANRIO) Observe os pronomes oblíquos destacados no texto abaixo.
Como já **se** sabia, o ser humano adapta-**se** rapidamente a novas condições de vida. O que a pesquisa da felicidade nos ensinou foi o fato de a nossa capacidade de adaptação ser ainda maior do que **se** imaginava. Acostumamo-**nos** a quase tudo e há coisas das quais nunca **nos** enfadamos.
Segundo a norma culta, é possível inverter a colocação do pronome apenas em:
a) Sabia-se.
b) Se adapta.
c) Imaginava-se.
d) Nos acostumamos.
e) Enfadamo-nos.

05. (CESGRANRIO) A colocação do pronome átono destacado está **INCORRETA** em:
a) Quando **se** tem dúvida, é necessário refletir mais a respeito.
b) Tudo **se** disse e nada ficou acordado.
c) Disse que, por vezes, temos equivocado-**nos** nesse assunto.
d) Alguém **nos** informará o valor do prêmio.
e) Não devemos preocupar-**nos** tanto com ela.

06. (FADESP - ADAPTADA) Quanto às normas de colocação pronominal, é correto afirmar que, no enunciado "agora se reivindica uma escola capaz de extrapolar a mera transmissão de conteúdos", a próclise justifica-se pelo(pela):
a) Uso do registro informal da língua.
b) Presença de um termo atrativo.
c) Ocorrência de forma verbal paroxítona.
d) Posição que o pronome ocupa na frase, não iniciando a oração.

07. (INSTITUTO CIDADES) A colocação pronominal no trecho "O país recusou-se a assinar o tratado" está **CORRETA** porque:
a) Não se deve usar pronome oblíquo átono antes de verbo.
b) Não há nenhuma palavra atrativa antes do verbo para que se desse a próclise.
c) Por estar no pretérito perfeito do indicativo, o pronome ocorre em ênclise.
d) Por tratar-se de uma locução verbal de infinitivo, essa é a única forma possível de colocação pronominal.

08. (FUNCAB) Marque a opção em que houve **ERRO** na colocação do pronome oblíquo átono.
a) Você realmente acha que me convenceu com esta história?
b) Pergunto-me frequentemente se há vida após a morte.
c) Ninguém me convenceria do contrário.
d) Jamais me submeteria a este tipo de interrogatório.
e) Sentiria-se tranquilo se tivesse certeza.

09. (IADES) Assinale a alternativa correta em relação à colocação pronominal em "E muitas delas, talvez a maioria das empresas manufatureiras, **se tornarão** simples fornecedoras (...)".
a) Está adequada uma vez que a vírgula funciona como fator de próclise.
b) Está inadequada, porque quando houver o emprego de verbos nos futuros do modo indicativo, seja futuro do presente ou futuro do pretérito, a colocação deve ser a mesóclise.
c) É inadequada, pois como não há fator atrativo deveria estar na posição enclítica.
d) Está adequada, já que não há justificativa para as demais posições: ênclise, mesóclise.

10. (TJ-SC) Em qual período a colocação pronominal está **INCORRETA**:
a) O cientista pretende desvendar como se formam os furacões, tornados, tsunamis e demais fenômenos naturais de inegável potência.
b) Adotarão-se medidas de urgência para minorar os efeitos do temporal.
c) Não se sabe ainda o valor do negócio, que, especula-se, ficou em torno de um bilhão de reais.
d) O advogado se referiu duas vezes ao mesmo assunto.
e) O dano moral é a lesão aos elementos individualizadores da pessoa, tais como a honra, a reputação e o prestígio, expressando-se por desequilíbrios no ânimo do lesado.

Gabaritos

01	B	06	B
02	E	07	B
03	C	08	E
04	B	09	B
05	C	10	B

LÍNGUA PORTUGUESA

10. REGÊNCIA VERBAL E NOMINAL

Regência é a parte da Gramática Normativa que estuda a relação entre dois termos, verificando se um termo serve de complemento a outro e se nessa complementação há uma preposição.

Dividimos a Regência em:

Regência Verbal (ligada aos verbos).

Regência Nominal (ligada aos substantivos, adjetivos ou advérbios).

10.1 Regência Verbal

Deve-se analisar, nesse caso, a necessidade de complementação, a presença ou ausência da preposição e a possibilidade de mudança de sentido do texto.

Vamos aos casos:

Agradar e desagradar: São transitivos indiretos (com preposição a) nos sentidos de satisfazer, contentar:

A biografia de Aníbal Machado **agradou/desagradou** à maioria dos leitores.

A criança **agradava** ao pai por ser muito comportada.

Agradar: Pode ser transitivo direto (sem preposição) se significar acariciar, afagar:

Agradar a esposa.

Pedro passava o dia todo **agradando** os seus gatos.

Agradecer: Transitivo direto e indireto, com a preposição a, no sentido de demonstrar gratidão a alguém:

Agradecemos a Santo Antônio o milagre alcançado.

A**gradecemos-lhes** a benesse concedida.

O verbo em questão também pode ser transitivo direto no sentido de mostrar gratidão por alguma coisa:

Agradeço a dedicação de todos os estudantes.

Os pais **agradecem** a dedicação dos professores para com os alunos.

Aspirar: É transitivo indireto (preposição "a") nos sentidos de desejar, pretender ou almejar:

Sempre **aspirei** a um cargo público.

Manoel **aspirava** a ver novamente a família na Holanda.

Aspirar: É transitivo direto na acepção de inalar, sorver, tragar, ou seja, mandar para dentro:

Aspiramos o perfume das flores.

Vimos a empregada **aspirando** a poeira do sofá.

Assistir: É transitivo direto no sentido de ajudar, socorrer etc:

O professor **assistia** o aluno.

Devemos **assistir** os mais necessitados.

Assistir: É transitivo indireto (complemento regido pela preposição "a") no sentido de ver ou presenciar:

Assisti ao comentário da palestra anterior.

Você deve **assistir** às aulas do professor!

Assistir: É transitivo indireto (complemento regido pela preposição "a") no sentido de "ser próprio de", "pertencer a":

O direito à vida **assiste** ao ser humano.

Esse comportamento **assiste** às pessoas vitoriosas.

Assistir: É intransitivo no sentido de morar ou residir:

Maneco **assistira** em Salvador.

Chegar: É verbo intransitivo e possui os adjuntos adverbiais de lugar introduzidos pela preposição "a":

Chegamos a Cascavel pela manhã.

Este é o ponto a que pretendia **chegar**.

Caso a expressão indique posição em um deslocamento, admite-se a preposição em:

Cheguei no trem à estação.

Os verbos ir e vir têm a mesma regência de chegar:

Nós **iremos** à praia amanhã.

Eles **vieram** ao cursinho para estudar.

Custar: Ter valor ou preço: verbo transitivo direto:

O avião **custa** 100 mil reais.

Ter como resultado certa perda ou revés: verbo transitivo direto e indireto:

Essa atitude **custou**-lhe a vida.

Ser difícil ou trabalhoso: intransitivo:

Custa muito entender esse raciocínio.

Levar tempo ou demorar: intransitivo:

Custa a vida para aprender a viver.

Esquecer / lembrar: Possuem a seguinte regra - se forem pronominais, terão complemento regido pela preposição "de"; se não forem, não haverá preposição:

Lembrei-**me de** seu nome. / Esqueci-me de seu nome.

Lembrei seu nome. / Esqueci seu nome.

Gostar: É transitivo indireto no sentido de apreciar (complemento introduzido pela preposição "de"):

Gosto de estudar.

Gosto muito de minha mãe.

Gostar: Como sinônimo de experimentar ou provar é transitivo direto:

Gostei a sobremesa apenas uma vez e já adorei.

Gostei o chimarrão uma vez e não mais o abandonei.

Implicar: pode ser:

Transitivo direto (sentido de acarretar):

Cada escolha **implica** uma renúncia.

Transitivo direto e indireto (sentido de envolver alguém em algo):

Implicou a irmã no crime.

Transitivo indireto (sentido de rivalizar):

Joana estava **implicando** com o irmão menor.

O verbo informar é bitransitivo, ou seja, é transitivo direto e indireto. Quem informa, informa:

> » Algo a alguém: **Informei** o acontecido para Jonas.
> » Alguém de algo: **Informei**-o do acontecido.
> » Alguém sobre algo: **Informei**-o sobre o acontecido.

Morar / Residir: Verbos intransitivos (ou, como preconizam alguns dicionários, transitivo adverbiado), cujos adjuntos adverbiais de lugar são introduzidos pela preposição "em":

José **mora** em Alagoas.

Há boas pessoas **residindo** em todos os estados do Brasil.

Obedecer: É um verbo transitivo indireto:

Os filhos **obedecem** aos pais.

Obedeça às leis de trânsito.

Embora transitivo indireto, admite forma passiva:

"Os pais são obedecidos pelos filhos."

O antônimo "desobedecer" também segue a mesma regra.

Perdoar: É transitivo direto e indireto, com objeto direto de coisa e indireto de pessoa:

Jesus **perdoou** os pecados aos pecadores.

Perdoava-lhe a desconsideração.

Perdoar admite a voz passiva:

"Os pecadores foram perdoados por Deus."

Precisar: É transitivo indireto (complemento regido pela preposição de) no sentido de "necessitar":

Precisaremos de uma nova Gramática.

Precisar: É transitivo direto no sentido de indicar com precisão:

Magali não soube **precisar** quando o marido voltaria da viagem.

Preferir É um verbo bitransitivo, ou seja, é transitivo direto e indireto, sempre exigindo a preposição a (preferir alguma coisa a outra):

Ex.: Adelaide **preferiu** o filé ao risoto.

Ex.: Prefiro estudar a ficar em casa descansando.

Ex.: Prefiro o sacrifício à desistência.

É incorreto reforçar o verbo "preferir" ou utilizar a locução "do que".

Proceder: É intransitivo na acepção de "ter cabimento":

Suas críticas são vazias, não **procedem**.

Proceder: É também intransitivo na acepção de "portar-se":

Todas as crianças **procederam** bem ao lavarem as mãos antes do lanche.

Proceder: No sentido de "ter procedência" é utilizado com a preposição de:

Acredito que a dúvida **proceda** do coração dos curiosos.

Proceder: É transitivo indireto exigindo a preposição a no sentido de "dar início":

Os investigadores **procederam** ao inquérito rapidamente.

Querer: É transitivo direto no sentido de "desejar":

Eu **quero** um carro novo.

Querer: É transitivo indireto (com o complemento de pessoa) no sentido de "ter afeto":

Quero muito a meus alunos que são dedicados.

Solicitar: É utilizado, na maior parte dos casos, como transitivo direto e indireto. Nada impede, entretanto, que se construa como transitivo direto:

O juiz **solicitou** as provas ao advogado.

Solicito seus documentos para a investidura no cargo.

Visar: É transitivo direto na acepção de mirar:

O atirador **visou** o alvo e disparou um tiro certeiro.

Visar: É transitivo direto também no sentido de "dar visto", "assinar":

O gerente havia **visado** o relatório do estagiário.

Visar: É transitivo indireto, exigindo a preposição a, na acepção de "ter em vista", "pretender", "almejar":

Pedro **visava** ao amor de Mariana.

As regras gramaticais **visam** à uniformidade da expressão linguística.

10.2 Regência Nominal

Alguns nomes (substantivos, adjetivos e advérbios) são comparáveis aos verbos transitivos indiretos: precisam de um complemento introduzido por uma preposição.

Acompanhemos os principais termos que exigem regência especial.

Substantivo		
Admiração a, por	Devoção a, para, com, por	Medo a, de
Aversão a, para, por	Doutor em	Obediência a
Atentado a, contra	Dúvida acerca de, em, sobre	Ojeriza a, por
Bacharel em	Horror a	Proeminência sobre
Capacidade de, para	Impaciência com	Respeito a, com, para com, por
Exceção a	Excelência em	Exatidão de, em
Dissonância entre	Divergência com, de, em, entre, sobre	Referência a
Alusão a	Acesso a	Menção a

Adjetivos		
Acessível a	Diferente de	Necessário a
Acostumado a, com	Entendido em	Nocivo a
Afável com, para com	Equivalente a	Paralelo a
Agradável a	Escasso de	Parco em, de
Alheio a, de	Essencial a, para	Passível de
Análogo a	Fácil de	Preferível a
Ansioso de, para, por	Fanático por	Prejudicial a
Apto a, para	Favorável a	Prestes a

REGÊNCIA VERBAL E NOMINAL

Ávido de	Generoso com	Propício a
Benéfico a	Grato a, por	Próximo a
Capaz de, para	Hábil em	Relacionado com
Compatível com	Habituado a	Relativo a
Contemporâneo a, de	Idêntico a	Satisfeito com, de, em, por
Contíguo a	Impróprio para	Semelhante a
Contrário a	Indeciso em	Sensível a
Curioso de, por	Insensível a	Sito em
Descontente com	Liberal com	Suspeito de
Desejoso de	Natural de	Vazio de
Distinto de, em, por	Dissonante a, de, entre	Distante de, para

Advérbios		
Longe de	Perto de	Relativamente a
Contemporaneamente a	Impropriamente a	Contrariamente a

É provável que você encontre um grande número de listas com palavras e suas regências, porém a maneira mais eficaz de se descobrir a regência de um termo é fazer uma pergunta para ele e verificar se, na pergunta, há uma preposição. Havendo, descobre-se a regência.

Ex.: A descoberta era **acessível** a todos.

Faz-se a pergunta: algo que é acessível é acessível? (a algo ou a alguém). Descobre-se, assim, a regência de acessível.

Questões

01. (FCC) A frase em que a regência está em conformidade com o padrão culto escrito é:
a) Em seu fingimento, só restou de que dissesse ao ex-sócio que sentia saudades dele.
b) Tudo isso considerado, é necessário fazer que ele sinta o peso da responsabilidade.
c) Em atenção por seu talento indiscutível, o pouparam as devidas multas.
d) Passou os documentos a mão do técnico e não os perdeu de vista até ao final da reunião.
e) Inconformado de que eles propalavam injúrias a seu respeito, decidiu denunciá-los.

02. (CESGRANRIO) A frase em que a presença ou ausência da preposição está de acordo com a norma-padrão é:
a) A certeza que a sorte chegará para mim é grande.
b) Preciso de que me arranjem um emprego.
c) Convidei à Maria para vir ao escritório.
d) A necessidade que ele viesse me ajudar me fez chamá-lo.
e) Às dez horas em ponto, estarei à sua casa.

03. (FCC) ... de modo que ele próprio o anunciou no orçamento de 1925.
Considerando-se o contexto, o verbo grifado acima está empregado como
a) transitivo indireto pronominal.
b) transitivo indireto.
c) bitransitivo.
d) transitivo direto.
e) intransitivo.

04. (FCC) ... procurava incorporar à escrita o ritmo da fala...
O verbo empregado no texto com a mesma regência do grifado acima está em:
a) ... consagrar literariamente o vocabulário usual.
b) ... dar estado de literatura aos fatos da civilização moderna.
c) No Brasil, ele significou principalmente libertação dos modelos acadêmicos...
d) ... que a sua contribuição maior foi a liberdade de criação e expressão.
e) ... os modernistas promoveram uma valorização diferente do léxico...

05. (CESPE) No trecho "essa propensão tenderá à aceleração" o uso do sinal indicativo de crase não é obrigatório, haja vista que o verbo tender, com o sentido empregado no texto, pode ter complementação direta ou indireta, isto é, com ou sem preposição.
Certo ( )   Errado ( )

06. (CESPE) Em "que ele chama **metafísica dos costumes**", o trecho em itálico, que exerce, na oração, a função de complemento verbal, deveria estar precedido da preposição **de**.
Certo ( )   Errado ( )

07. (CESPE) A retirada da preposição "de" em "A indicação inicial é a de que, sim, a rede (...)" não implicaria alteração do texto, quer do ponto de vista semântico, quer sintático.
Certo ( )   Errado ( )

08. (CESPE) Leia o texto:

Ainda que se soubessem todas as palavras de cada figura da Inconfidência, nem assim se poderia fazer com o seu simples registro uma composição da arte. A obra de arte não é feita de tudo — mas apenas de algumas coisas essenciais. A busca desse essencial expressivo é que constitui o trabalho do artista. Ele poderá dizer a mesma verdade do historiador, porém de outra maneira. Seus caminhos são outros, para atingir a comunicação. Há um problema de palavras. Um problema de ritmos. Um problema de composição. Grande parte de tudo isso se realiza, decerto, sem inteira consciência do artista. É a **decorrência** natural da sua constituição, da sua personalidade — por isso, tão difícil se torna quase sempre a um criador explicar a própria criação. No caso, porém, de um poema de mais objetividade, como o Romanceiro, muitas coisas podem ser explicadas, porque foram aprendidas, à proporção que ele se foi compondo.

Digo "que ele se foi compondo" e não "que foi sendo composto", pois, na verdade, uma das coisas que pude observar melhor que nunca, ao realizá-lo, foi a maneira por que um tema encontra sozinho ou sozinho impõe seu ritmo, sua sonoridade, seu desenvolvimento, sua medida. O Romanceiro foi construído tão sem normas preestabelecidas, tão à mercê de sua expressão natural que cada poema procurou a forma **condizente** com sua mensagem. A voz **irreprimível** dos fantasmas, que todos os artistas conhecem, vibra, porém, com certa docilidade, e submete-se à aprovação do poeta, como se realmente, a cada instante, lhe pedisse para ajustar seu timbre à audição do público. Porque há obras que existem apenas para o artista, desinteressadas de transmissão; outras que exigem essa transmissão e esperam que o artista se ponha a seu serviço, para alcançá-la. O Romanceiro é desta segunda espécie. Quatro anos de quase completa solidão — numa renúncia total às mais sedutoras solicitações, entre livros de toda espécie relativos ao especializadamente século ainda pareceram curtos demais para uma obra que se desejava o menos imperfeita possível, porque se impunha, acima de tudo, o respeito por essas vozes que falavam, que se confessavam, que exigiam, quase, o registro da sua história. E era uma história feita de coisas eternas e irredutíveis: de ouro, amor, liberdade, traições... Mas porque esses grandiosos acontecimentos já vinham preparados de tempos mais antigos e foram o desfecho de um passado minuciosamente construído — era preciso iluminar esses caminhos anteriores, seguir o rastro do ouro que vai, a princípio como o fio de um colar, ligando cenas e personagens, até transformar-se em pesada cadeia que prende e imobiliza num destino doloroso.

Cecília Meireles. Como escrevi o Romanceiro da Inconfidência. In: Romanceiro da Inconfidência. 3.ª ed., Rio de Janeiro: Nova Fronteira, 2005, p. XVI-XVII (com adaptações).

Os vocábulos em destaque "decorrência", "condizente" e "irreprimível" regem termos que lhes complementam, necessariamente, o sentido.

Certo ( )   Errado ( )

09. (CESGRANRIO) Em qual das sentenças abaixo, a regência verbal está em **DESACORDO** com a norma-padrão:
a) Esqueci-me dos livros hoje.
b) Sempre devemos aspirar a coisas boas.
c) Sinto que o livro não agradou aos alunos.
d) Ele lembrou os filhos dos anos de tristeza.
e) Fomos no cinema ontem assistir o filme

10. Em relação à regência verbal e nominal, o emprego do pronome relativo, segundo o registro culto e formal da língua, está **INCORRETO** em:
a) A conclusão que chegamos é que o fracasso ensina ao homem como recomeçar
b) O barco a cujos tripulantes me referi pode voltar a navegar
c) O ideal por que lutamos norteia nossos projetos.
d) O infortúnio a que está sujeito o empreendedor motiva-o
e) Após o término da pesquisa, informei-lhe que tornasse cuidado para não errar.

Gabaritos

01	B	06	ERRADO
02	B	07	ERRADO
03	D	08	ERRADO
04	B	09	E
05	ERRADO	10	A

LÍNGUA PORTUGUESA

11. CRASE

O acento grave é solicitado nas palavras quando há a união da preposição "a" com o artigo (ou a vogal dependendo do caso) feminino "a" ou com os pronomes demonstrativos (aquele, aquela, aquilo e "a").

Ex.: Mário foi **à** festa ontem.

Tem-se o "a" preposição e o "a" artigo feminino.

Quem vai, vai a algum lugar / festa é palavra feminina, portanto, admite o artigo "a".

Chegamos **àquele** assunto (a + aquele).

A gravata que eu comprei é semelhante **à** que você comprou (a + a).

Decore os casos em que não ocorre crase, pois a tendência da prova é perguntar se há crase ou não. Sabendo os casos proibitivos, fica muito fácil.

11.1 Crase Proibitiva

Não se pode usar acento grave indicativo de crase:

Antes de palavras masculinas.

Ex.: Fez uma pergunta **a** Mário.

Antes de palavras de sentido indefinido.

Ex.: Não vai **a** festas, **a** reuniões, **a** lugar algum.

Antes de verbos.

Ex.: Todos estão dispostos **a** colaborar.

De pronomes pessoais.

Ex.: Darei um presente **a ela**.

De nomes de cidade, estado ou país que não utilizam o artigo feminino.

Ex.: Fui **a** Cascavel. / Vou **a** Pequim.

Da palavra "casa" quando tem significado de próprio lar, ou seja, quando ela aparecer indeterminada na sentença.

Ex.: Voltei a casa, pois precisava comer algo.

Quando houver determinação da palavra casa, ocorrerá crase.

"Voltei à casa de meus pais"

Da palavra "terra" quando tem sentido de solo;

Ex.: Os tripulantes vieram a terra.

A mesma regra da palavra "casa" se aplica à palavra terra.

De expressões com palavras repetidas;

Dia a dia, mano a mano, face a face, cara a cara etc.

Diante de numerais cardinais referentes a substantivos que não estão determinados pelo artigo:

Ex.: Irei assistir a duas aulas de Língua Portuguesa.

No caso de locuções adverbiais que exprimem hora determinada e nos casos em que o numeral estiver precedido de artigo, acentua-se:

"Chegamos às oito horas da noite."

"Assisti às duas sessões de ontem."

No caso dos numerais, há uma dica para facilitar o entendimento dos casos de crase. Se houver o "a" no singular e a palavra posterior no plural, não ocorrerá o acento grave. Do contrário, ocorrerá.

11.2 Crase Obrigatória

Locução adverbial feminina.

Ex.: À noite, à tarde, às pressas, às vezes, à farta, à vista, à hora certa, à esquerda, à direita, à toa, às sete horas, à custa de, à força de, à espera de, à vontade, à toa.

Termos femininos ou masculinos com sentido da expressão "à moda de" ou "ao estilo de".

Ex.: Filé à milanesa, servir à francesa, brigar à portuguesa, gol à Pelé, conto à Machado de Assis, discurso à Rui Barbosa etc.

Locuções conjuntivas proporcionais.

Ex.: À medida que, à proporção que.

Locuções prepositivas.

Ex.: À procura de, à vista de, à margem de, à beira de, à custa de, à razão de, à mercê de, à maneira de etc.

Para evitar ambiguidade: receberá o acento o termo afetado pela ação do verbo (objeto direto preposicionado).

Ex.: Derrubou a menina **à panela**.

Ex.: Matou a vaca **à cobra**.

Diante da palavra distância quando houver determinação da distância em questão:

Ex.: Achava-se à **distância de cem** (ou de alguns) **metros**.

Antes das formas de tratamento "senhora", "senhorita" e "madame" = não há consenso entre os gramáticos, no entanto, opta-se pelo uso.

Ex.: Enviei lindas flores **à senhorita**.

Ex.: Josias remeteu uma carta **à senhora**.

11.3 Crase Facultativa

Após a preposição até:

As crianças foram até **à escola**.

Antes de pronomes possessivos femininos:

Ele fez referência **à nossa causa!**

Antes de nomes próprios femininos:

Mandei um SMS **à Joaquina**.

Antes da palavra Dona.

Remeti uma carta à **Dona Benta**.

Não se usa crase antes de nomes históricos ou sagrados:

"O padre fez alusão a Nossa Senhora."

"Quando o professor fez menção a Joana D'Arc, todos ficaram entusiasmados."

Questões

01. ... assim [ele] se via transportado de volta "à glória que foi a Grécia e à grandeza que foi Roma".

Ambos os sinais indicativos de crase devem ser mantidos caso o segmento sublinhado seja substituído por:

a) Enaltecia.
b) Louvava.
c) Aludia.
d) Mencionava.
e) Evocava.

02. A vida urbana ofereceu ...... condições ideais para o surgimento do detetive particular, personagem dedicado ...... elucidação dos mais variados mistérios, propenso ...... investigar delitos de todos os tipos.

Preenchem corretamente as lacunas da frase acima, na ordem dada:

a) as - à - a
b) às - a - à
c) as - a - à
d) as - à - à
e) às - à - a

03. A pesquisa, feita em terras destinadas ...... agricultura, teve por objetivo estudar ...... áreas que permitissem condições favoráveis de sobrevivência ...... aves.

a) à - às - as
b) à - as - as
c) à - as - às
d) a - as - as
e) a - às - às

04. ... e chegou à conclusão de que o funcionário passou o dia inteiro tomando café.

Do mesmo modo que se justifica o sinal indicativo de crase em destaque na frase acima, está correto o seu emprego em:

a) E chegou à uma conclusão totalmente inesperada.
b) E chegou então à tirar conclusões precipitadas.
c) E chegou à tempo de ouvir as conclusões finais.
d) E chegou finalmente à inevitável conclusão.
e) E chegou à conclusões as mais disparatadas.

05. Com relação a aspectos linguísticos do texto, julgue o item que se segue.

No trecho "Exceção a essa regra", é opcional o emprego do sinal indicativo de crase no "a".

Certo ( )   Errado ( )

06. ...os modernistas promoveram uma valorização diferente do léxico, paralela à renovação dos assuntos.

O sinal indicativo de crase presente na frase acima deve ser mantido em caso de substituição do segmento grifado por:

a) Muita inovação no repertório.
b) Uma grande reformulação dos temas.
c) Toda sorte de revigoramento do repertório.
d) Profundas mudanças temáticas.
e) Inevitável transformação temática.

07. A fidelidade ...... música e ...... fala do povo permitiram ...... Adoniran exprimir a sua cidade de modo completo e perfeito.

Antonio Cândido. Op. cit.

Preenchem corretamente as lacunas da frase acima, na ordem dada:

a) a - a - à
b) a - à - à
c) à - à - a
d) à - a - a
e) a - à - a

08. Não deixa de ser paradoxal o fato de o crescimento da descrença, que parecia levar ...... uma ampliação da liberdade, ter dado lugar ...... escalada do fundamentalismo religioso, ... que se associam manifestações profundamente reacionárias.

Preenchem corretamente as lacunas da frase acima, na ordem dada:

a) a - à - a
b) à - a - a
c) a - a - à
d) à - à - a
e) a - à - à

09. Em "Bem-vindos à Feira de Caruaru", a crase é obrigatória. Em qual das alternativas abaixo, o uso da crase É FACULTATIVO?

a) A Feira de Caruaru é atração devido à grande diversidade lá existente.
b) Na Feira de Caruaru, tudo está à venda.
c) Em feiras, como a de Caruaru, vendem-se coisas às pessoas de diferentes classes sociais
d) Nas cidades de pequeno comércio, há mais pagamentos à vista.
e) Todos os dias, os comerciantes da Feira de Caruaru permanecem até às 18h.

10. A parcela da população mundial que ascendeu ...... classe média nos últimos vinte anos passou ...... consumir mais, ... um ritmo acelerado, o que põe em risco a sustentabilidade do planeta.

As lacunas da frase acima estarão corretamente preenchidas, respectivamente, por:

a) à - a - a
b) à - à - a
c) à - a - à
d) a - a - à
e) a - a - a

11. Assinale a opção em que o espaço deve ser preenchido com À (preposição e pronome), como destacado em "(...) uma média semelhante À de um casal de classe média (...)".

a) ____ medida que caminhava, recordava-se da terra natal
b) Esta cena corresponde ____ que presenciei ontem.
c) Aproveite ____ oferta e se contente com a cor do tecido.
d) Referia-se, com certeza, ____ terra de seus pais.
e) Obedeceu ____ ordem dada, sem reclamar.

12. Assinale a alternativa em que o uso do acento grave é obrigatório.

a) Ficou a olhar para os peixes sobre a pia.
b) Abriu a torneira para ver o que acontecia.

CRASE

c) Ela está lá do jeitinho que a deixei.
d) Juro; pode ir a cozinha ver os peixes.
e) Podia dar alguma coisa a ele.

13. ... levava à crença na contínua evolução da sociedade ...
O emprego do sinal de crase, exemplificado acima, estará correto, unicamente, em:
a) Aludir à felicidade geral.
b) Buscar à felicidade.
c) Propor à toda a população
d) Impor à esse grupo.
e) Discutir à obrigatoriedade da lei.

14. Em "direito à alimentação", o uso de sinal indicativo de crase é um recurso imprescindível para a compreensão do texto.
Certo ( )   Errado ( )

15. Leia o texto:
A preocupação com a herança que deixaremos as (1) gerações futuras está cada vez mais em voga. Ao longo da nossa história, crescemos em número e modificamos quase todo o planeta. Graças aos avanços científicos, tomamos consciência de que nossa sobrevivência na Terra está fortemente ligada a (2) sobrevivência das outras espécies e que nossos atos, relacionados a (3) alterações no planeta, podem colocar em risco nossa própria sobrevivência. Contudo, aliado ao desenvolvimento científico, temos o crescimento econômico que nem sempre esteve preocupado com questões ambientais. O que se almeja é o desenvolvimento sustentável, que é aquele viável economicamente, justo socialmente e correto ambientalmente, levando em consideração não só as (4) nossas necessidades atuais, mas também as (5) das gerações futuras, tanto nas comunidades em que vivemos quanto no planeta como um todo.
(Adaptado de A. P. FOLTZ, A Crise Ambiental e o Desenvolvimento Sustentável: o crescimento econômico e o meio ambiente. Disponível em http://www.iuspedia.com.br.22 jan. 2008)

Para que o texto acima respeite as regras gramaticais do padrão culto da Língua Portuguesa, é obrigatória a inserção do sinal indicativo de crase em:
a) 1, 2 e 3.
b) 1 e 2.
c) 1, 3 e 5.
d) 2 e 4.
e) 3, 4 e 5.

16. Institucionalizada ___ partir das lutas antiabsolutistas, no século 18, e da expansão dos movimentos constitucionalistas, no século 19, ___ democracia representativa foi consolidada ao longo de um processo histórico marcado pelo reconhecimento de três gerações de direitos humanos: os relativos ___ cidadania civil e política, os relativos ___ cidadania social e econômica e os relativos ___ cidadania "pós-material", que se caracterizam pelo direito ___ qualidade de vida, ___ um meio ambiente saudável, ___ tutela dos interesses difusos e ao reconhecimento da diferença e da subjetividade.
(Baseado em Mário Antônio Lobato de Paiva em www.ambitojuridico.com.br)

Marque o item que preenche de forma correta as lacunas do texto seguinte:
a) a, à, à, a, à, à, a, a.
b) a, a, à, à, à, à, a, à.

c) à, a, a, à, à, a, a, à.
d) à, a, a, à, à, à, a, à.
e) a, à, à, a, à, à, a, à.

17. "O movimento altermundialista deverá também responder à nova situação mundial nascida da crise escancarada da fase neoliberal da globalização capitalista."
No trecho acima, empregou-se corretamente o acento grave indicativo de crase. Assinale a alternativa em que isso não tenha ocorrido.
a) Eles visaram à premiação no concurso.
b) Sempre nos referimos à Florianópolis dos açorianos.
c) Nossos cursos vão de 8h às 18h.
d) A solução foi sair à francesa.
e) Fizemos uma longa visita à casa nova dos nossos amigos.

18. Os trechos abaixo compõem, sequencialmente, um texto adaptado do Editorial do jornal Zero Hora (RS) de 18/01/2010. Assinale a opção que está gramaticalmente correta quanto à ausência ou à presença do acento grave indicativo de crase.
a) O novo estímulo aos usineiros, também com pesado suporte de subsídios, levou à indústria automobilística a investir na produção não mais de carros movidos a álcool, mas de veículos flex, que permitem o uso dos dois combustíveis. No ano passado, as vendas de carros flex cresceram 14% em relação a 2008.
b) Apresentado nos anos 70 como opção à crise do petróleo, sob forte apoio governamental, o álcool perdeu relevância nas décadas de 80 e 90. A produção foi retomada e intensificada nos últimos anos, com a explosão nos preços internacionais dos derivados da energia fóssil.
c) As montadoras aplicaram recursos no desenvolvimento de tecnologias, e o consumidor se dispôs a pagar mais por veículos mais modernos. Ambos apostaram nas vantagens de um combustível que, além de reduzir à dependência da gasolina e do diesel, apresentava ainda as virtudes do ecologicamente correto, por ser menos poluente e renovável.
d) A partir do ano passado, com a queda nos preços do petróleo, outros fatores de mercado conspiraram contra o álcool, como a quebra na produção da cana e o aumento dos preços do açúcar. Mesmo que o álcool se submeta à oscilações de cotações, como qualquer outro produto, o que não se pode admitir é que essas variações façam com que a oferta do produto seja imprevisível e instável.
e) A sazonalidade e outras questões envolvidas não são suficientes para explicar a ausência de uma política que assegure, à fabricantes e consumidores, a certeza de que investiram em uma opção de combustível tratada com a seriedade que merece.

19. Assinale a alternativa em que o acento indicativo de crase está corretamente empregado.
a) O memorando refere-se à documentos enviados na semana passada.
b) Dirijo-me à Vossa Senhoria para solicitar uma audiência urgente.
c) Prefiro montar uma equipe de novatos à trabalhar com pessoas já desestimuladas.
d) O antropólogo falará apenas àquele aluno cujo nome consta na lista.
e) Quanto à meus funcionários, afirmo que têm horário flexível e são responsáveis.

20. O acento indicativo de crase foi corretamente empregado apenas em:
   a) O cidadão não atende à apelos sem fundamento.
   b) No artigo, o autor citou à necessária reforma do Estado.
   c) Convencemos à todos da necessidade de um pacto social.
   d) O debatedor não se rendeu àqueles discursos demagógicos.
   e) Os governantes dispuseram-se à colaborar.

Gabaritos

01	C	11	B
02	A	12	D
03	C	13	A
04	D	14	ERRADO
05	ERRADO	15	B
06	E	16	B
07	C	17	C
08	A	18	B
09	E	19	D
10	A	20	D

LÍNGUA PORTUGUESA

12. PONTUAÇÃO

A pontuação assinala a melodia de nossa fala, ou seja, as pausas, a ênfase etc.

12.1 Principais Sinais e Usos

Vírgula

É o sinal mais importante para concurso público.

Usa-se a vírgula para:

Separar termos que possuem mesma função sintática no período:

José, **Maria**, **Antônio** e **Joana** foram ao mercado. (função de núcleo do sujeito)

Isolar o vocativo:

Então, **minha cara**, não há mais o que se dizer!

Isolar um aposto explicativo (cuidado com essa regra, veja que não há verbo no aposto explicativo):

O João, **ex-integrante da comissão**, veio fazer parte da reunião.

Isolar termos antecipados, como: complemento, adjunto ou predicativo:

Na semana passada, comemos camarão no restaurante português. (antecipação de adjunto adverbial)

Separar expressões explicativas, conjunções e conectivos:

isto é, ou seja, por exemplo, além disso, pois, porém, mas, no entanto, assim etc.

Separar os nomes dos locais de datas:

Cascavel, 02 de maio de 2012.

Isolar orações adjetivas explicativas (pronome relativo + verbo + vírgula):

O Brasil, **que é um belíssimo país**, possui ótimas praias.

Separar termos de uma enumeração:

Vá ao mercado e traga **cebola**, **alho**, **sal**, **pimenta e coentro**.

Separar orações coordenadas:

Esforçou-se muito, **mas não venceu o desafio**. (oração coordenada sindética adversativa)

Roubou todo o dinheiro, **e ainda apareceu na casa**. (oração coordenada sindética aditiva).

A vírgula pode ser utilizada antes da conjunção aditiva "e" caso se queira enfatizar a oração por ela introduzida.

Omitir um termo, elipse (no caso da elipse verbal, chamaremos "zeugma"):

De dia era um anjo, de noite um **demônio**. (omissão do verbo "ser")

Separar termos de natureza adverbial deslocado dentro da sentença:

Na semana passada, trinta alunos foram aprovados no concurso. (locução adverbial temporal)

Se estudar muito, você será aprovado no concurso. (oração subordinada adverbial condicional)

Ponto final

Usa-se o ponto final:

Ao final de frases para indicar uma pausa total; é o que marca o fim de um período:

Depois de passar no concurso, comprarei um carro.

Em abreviaturas:

Sr., a. C., Ltda., num., adj., obs., máx., *bat., brit. etc.*

Ponto e vírgula

Usam-se ponto e vírgula para:

Separar itens que aparecem enumerados:

Uma boa dissertação apresenta:

Coesão;

Coerência;

Progressão lógica;

Riqueza lexical;

Concisão;

Objetividade;

Aprofundamento.

Separar um período que já se encontra dividido por vírgulas:

Não gostava de trabalhar; queria, no entanto, muito dinheiro no bolso.

Separar partes do texto que se equilibram em importância:

Os pobres dão pelo pão o trabalho; os ricos dão pelo pão a fazenda; os de espíritos generosos dão pelo pão a vida; os de nenhum espírito dão pelo pão a alma.(Vieira).

O capitalismo é a exploração do homem pelo homem; o socialismo é exatamente o contrário.

Dois Pontos

São usados dois pontos quando:

Se vai fazer uma citação ou introduzir uma fala:

José respondeu:

- Não, muito obrigado!

Se quer indicar uma enumeração:

Quero apenas uma coisa: que vocês sejam aprovados no concurso!

Aspas

São usadas aspas para indicar:

Citação presente no texto. Ex.:

"Há distinção entre categorias do pensamento" - disse o filósofo.

Expressões estrangeiras, neologismos, gírias. Ex.:

Na parede, haviam pintado a palavra "love". (expressão estrangeira)

Ficava "bailarinando", como diria Guimarães. (neologismo)

"Velho", esconde o "cano" aí e "deixa baixo". (gíria)

Reticências

São usadas para indicar supressão de um trecho, interrupção na fala, ou dar ideia de continuidade ao que se estava falando. Ex.:

(...) Profundissimamente hipocondríaco Este ambiente me causa repugnância Sobe-me à boca uma ânsia análoga à ânsia Que se escapa pela boca de um cardíaco(...)

Eu estava andando pela rua quando...

Eu gostei da nova casa, mas da garagem...

Parênteses

São usados quando se quer explicar melhor algo que foi dito ou para fazer simples indicações. Ex.:

Foi o homem que cometeu o crime (o assassinato do irmão).

Travessão

Indica a fala de um personagem:

Ademar falou. Ex.:

- Amigo, preciso contar algo para você.

Isola um comentário no texto. Ex.:

O estudo bem realizado - **diga-se de passagem, que quase ninguém faz** - é o primeiro passo para a aprovação.

Isola um aposto na sentença. Ex.:

A Semântica – **estudo sobre as relações de sentido** - é importantíssima para o entendimento da Língua.

Reforçar a parte final de um enunciado. Ex.:

Para passar no concurso, é preciso estudar muito — **muito mesmo.**

Trocas

A Banca, eventualmente, costuma perguntar sobre a possibilidade de troca de termos, portanto, atenção!

» Vírgulas, travessões e parênteses, quando isolarem um aposto, podem ser trocadas sem prejuízo para a sentença;

» Travessões podem ser trocados por dois pontos, a fim de enfatizar um enunciado.

Regra de ouro

Na ordem natural de uma sentença, é proibido:

→ Separar Sujeito e Predicado com vírgulas:

"Aqueles maravilhosos velhos ensinamentos de meu pai foram de grande utilidade. (certo) Aqueles maravilhosos velhos ensinamentos de meu pai, foram de grande utilidade. (errado)."

→ Separar Verbo de Objeto:

"O presidente do maravilhoso país chamado Brasil assinou uma lei importante. (certo) O presidente do maravilhoso país chamado Brasil assinou, uma lei importante. (errado)"

Questões

01. (CESGRANRIO) Leia o trecho:

É uma pena que haja tamanha displicência em relação ao seu uso. Poucos se dão conta de que ela é a chave que abre as portas mais emperradas, que ela facilita negociações, encurta caminhos, cria laços, aproxima as pessoas. Tanta gente nasce e morre sem dialogar com a vida. Contam coisas, falam por falar, mas não conversam, não usam a palavra como elemento de troca. Encantam-se pelo som da própria voz e, nessa onda narcísica, qualquer palavra lhes serve.

Mas não. Não serve qualquer uma.

O trecho "Mas não. Não serve qualquer uma." pode ter sua pontuação alterada, sem modificar-lhe o sentido original, em:

a) Mas não: não serve qualquer uma.
b) Mas, não; não, serve qualquer uma.
c) Mas não; não serve, qualquer uma.
d) Mas: não, não. Serve qualquer uma.
e) Mas não - não; serve qualquer uma.

02. (CESGRANRIO) Atente para as afirmações abaixo sobre a pontuação empregada em segmentos transcritos do texto.

I. Eis aí duas culturas, a grega e a romana, que na Antiguidade se reuniram para criar uma civilização comum... **A substituição das vírgulas por travessões redundaria em prejuízo para a correção e a lógica**.

II. Se Grécia e Roma foram, para Poe, uma espécie de casa... **A retirada simultânea das vírgulas não implicaria prejuízo para a correção e a lógica**.

III. ... a primeira, em suma, a tornar-se letrada no pleno sentido deste termo, e a transmitir-nos o seu conhecimento letrado. **A vírgula colocada imediatamente depois de termo é facultativa**.

Está correto o que consta APENAS em:

a) I.
b) I e II.
c) I e III.
d) II e III.
e) III.

03. (CESGRANRIO) O uso de sinais (aspas e travessão) está adequado à norma-padrão, que deve ser observada em uma correspondência oficial, na seguinte frase:

a) O artigo sobre o "processo de desregulamentação" foi publicado na Folha de São Paulo.
b) As chuvas de verão — fenômenos que se repetem desde há muito tempo podem ser previstas.
c) "Mutatis mutandis", as novas diretrizes da direção em nada alteram as antigas.
d) O cuidado com a saúde — meta prioritária do governo, será ainda maior.
e) — O diretor disse: Demita-se o funcionário.

04. (FCC) A pesquisa também chama a atenção para o novo Código Florestal, que prevê a redução de algumas áreas – **hoje legalmente protegidas, como matas ciliares e topos de morros** –, para serem utilizadas para a agropecuária. "Ficamos receosos de que as mudanças nas áreas protegidas possam ser terríveis para as aves e para outros animais, que vão perder ambientes naturais. E aquelas que não

LÍNGUA PORTUGUESA

PONTUAÇÃO

conseguem sobreviver nas plantações tendem a se tornar raras ou até mesmo a desaparecer", prevê o professor.

O segmento isolado pelos travessões, constitui:

a) Repetição desnecessária de uma mesma informação.
b) Introdução de um novo assunto no texto
c) Transcrição exata das palavras do pesquisador.
d) Determinação de uma área a ser explorada.
e) Informação com exemplos esclarecedores.

05. (FCC) Na escala de valores, popular, mais que um adjetivo, era um estigma. Daí o escândalo do sarau de d. Nair de Tefé. Primeira-dama, ela própria artista, afrontou a conspícua Velha República.

Mantendo-se, em linhas gerais, o sentido original, uma redação alternativa para as frases acima, em que se respeitam as regras de pontuação, é:

a) Popular, era na escala de valores mais que um adjetivo, um estigma. Daí o escândalo do sarau da primeira-dama, d. Nair de Tefé, ela própria artista, que, afrontou a conspícua Velha República.
b) Popular era, na escala de valores, mais que um adjetivo, um estigma. Daí o escândalo do sarau da primeira-dama, d. Nair de Tefé, ela própria artista, que afrontou a conspícua Velha República.
c) Popular, era na escala de valores mais que um adjetivo: um estigma. Daí o escândalo do sarau da primeira-dama, d. Nair de Tefé ela própria artista, que afrontou a conspícua, Velha República.
d) Popular era, na escala de valores, mais que um adjetivo, um estigma, daí o escândalo do sarau da primeira-dama d. Nair de Tefé ela própria, artista que afrontou a conspícua Velha República.
e) Popular era, na escala de valores, mais que um adjetivo um estigma; daí o escândalo do sarau, da primeira-dama d. Nair de Tefé, ela própria, artista que afrontou, a conspícua Velha República.

06. (FCC) Está plenamente correta a pontuação do seguinte período:

a) Confessando não sem ironia, que entende de arquitetura, o cronista Rubem Braga, mestre do gênero propõe uma receita de casa, em que o porão, área frequentemente desprezada, ganha ares de profundidade e mistério.
b) Confessando, não sem ironia, que entende de arquitetura o cronista, Rubem Braga, mestre do gênero, propõe uma receita de casa, em que, o porão, área frequentemente desprezada, ganha ares de profundidade e mistério.
c) Confessando não sem ironia que entende de arquitetura, o cronista Rubem Braga, mestre do gênero, propõe: uma receita de casa em que, o porão área frequentemente desprezada, ganha ares de profundidade, e mistério.
d) Confessando, não sem ironia que, entende de arquitetura, o cronista Rubem Braga – mestre do gênero – propõe uma receita, de casa, em que o porão (área frequentemente desprezada), ganha ares de profundidade e mistério.
e) Confessando, não sem ironia, que entende de arquitetura, o cronista Rubem Braga, mestre do gênero, propõe uma receita de casa em que o porão, área frequentemente desprezada, ganha ares de profundidade e mistério.

07. (FCC - ADAPTADA) Leia o Texto:

Por mais que tudo isso venha desaparecendo dos nossos olhos e se dissolvendo em passado, em antiguidade, em raridade de museu, continua a ser parte do espírito do Rio de Janeiro. Pois as cidades são como as pessoas, em cujo espírito nada do que se passou deixa inteiramente de ser. O Rio descaracterizado de hoje guarda no seu íntimo para os que, como Gastão Cruls, sabem vê-lo histórica e sentimentalmente, uma riqueza de característicos irredutíveis ou indestrutíveis, que as páginas de Aparência do Rio de Janeiro nos fazem ver ou sentir. E este é o maior encanto do guia da cidade que o autor de A Amazônia que eu vi acaba de **escrever: dar-nos**, através da aparência do Rio de Janeiro, traços essenciais do passado e do caráter da gente carioca. Comunicar-nos do Rio de Janeiro que Gastão Cruls conhece desde seus dias de menino de morro ilustre – menino nascido à sombra do Observatório – alguma coisa de essencial. Alguma coisa do que a cidade parece ter de eterno e que vem de certa harmonia misteriosa a que tendem o branco, o preto, o roxo e o moreno – principalmente o moreno – da cor da pele dos seus homens e das suas mulheres, com o azul e o verde quente de suas águas e de suas matas.

Os dois-pontos que aparecem no trecho destacado denotam:

a) Inclusão de segmento especificativo.
b) Interrupção intencional do fluxo expositivo.
c) Intercalação de ideia isolada no contexto.
d) Constatação de fatos pertinentes ao assunto.
e) Enumeração de elementos da cidade e do povo.

08. (CESPE) Leia o texto:

O levantamento concluído pelo Instituto Médico Legal (IML) **aponta**, após a implantação da Lei de Embriaguez ao **Volante**, uma redução de 63% nas mortes ocasionadas por acidente de **trânsito** em São Paulo. No levantamento realizado pelo IML, são comparadas as três primeiras semanas de **junho**, período que antecedeu a chamada **Lei Seca**, com as três semanas posteriores. Na primeira fase, a média é de 11,7 mortos na quinta, sexta, sábado e domingo de cada semana. Depois da implantação da Lei Seca, a média cai para 4,3 mortos em acidentes de trânsito. A pesquisa foi feita nesses quatro dias de cada semana, pois é o período em que é mais frequente a associação de álcool e direção com o aumento do número de acidentes registrados.

Internet: <www.detran.sp.gov.br>

O emprego de vírgulas após as palavras "aponta" e "Volante" indica que o adjunto adverbial de tempo está deslocado na oração.

Certo ( )   Errado ( )

09. (CESPE) Após a palavra "trânsito", não se emprega vírgula porque o adjunto adverbial de lugar está em sua posição lógica na oração.

Certo ( )   Errado ( )

10. (CESPE) O emprego de vírgula após "junho" e "Lei Seca" justifica-se porque isola oração subordinada adjetiva restritiva.

Certo ( )   Errado ( )

Gabaritos

01	A	06	E
02	D	07	A
03	C	08	CERTO
04	E	09	CERTO
05	B	10	ERRADO

13. TIPOLOGIA TEXTUAL

O conteúdo relativo à tipologia textual é, deveras, fácil. Precisamos, apenas, destacar alguns elementos estruturantes a cada tipo de texto. Dessa forma, você conseguirá responder quaisquer questões relacionadas a essa temática.

O primeiro item que se deve ter em mente na hora de analisar um texto segundo sua tipologia é o caráter da predominância. Isso quer dizer que um mesmo agrupamento textual pode possuir características de diversas tipologias distintas, porém as questões costumam focalizar qual é o "tipo" predominante, o que mais está evidente no texto. Um pouco de bom-senso e uma pequena dose de conhecimento relativo ao assunto são necessários para obter sucesso nesse conteúdo.

Trabalharemos com três tipologias básicas: **narração, dissertação e descrição.** Vamos ao trabalho:

13.1 Narração

Facilmente identificável, a tipologia narrativa guarda uma característica básica: contar algo, transmitir a ocorrência de fatos e/ou ações que possuam um registro espacial e temporal. Quer dizer, a narração necessita, também, de um espaço bem marcado e de um tempo em que as ações narradas ocorram. Discorramos sobre cada aspecto separadamente.

São elementos de uma NARRAÇÃO:

Personagem: Quem pratica ação dentro da narrativa, é claro. Deve-se observar que os personagens podem possuir características físicas (altura, aparência, cor do cabelo etc.) e psicológicas (temperamento, sentimentos, emoções etc.), as quais podem ser descritas ao longo do texto.

Espaço: Trata-se do local em que a ação narrativa ocorre.

Tempo: É o lapso temporal em que a ação é descrita. Não se engane, o tempo pode ser enunciado por um simples "era uma vez".

Ação: Não existe narração sem ação! Ou seja, os personagens precisam fazer algo, ou sofrer algo para que haja ação narrativa.

Narrador: Afinal, como será contada uma estória sem uma voz que a narre? Portanto, este é outro elemento estruturante da tipologia narrativa. O narrador pode estar inserido na narrativa ou apenas "observar" e narrar os acontecimentos.

Note-se que, na tipologia narrativa, os verbos flexionados no pretérito são mais evidentes.

Eis um exemplo de narração, tente observar os elementos descritos acima, no texto:

Um Apólogo

Machado de Assis

Era uma vez uma agulha, que disse a um novelo de linha:

— Por que está você com esse ar, toda cheia de si, toda enrolada, para fingir que vale alguma cousa neste mundo?

— Deixe-me, senhora.

— Que a deixe? Que a deixe, por quê? Porque lhe digo que está com um ar insuportável? Repito que sim, e falarei sempre que me der na cabeça.

— Que cabeça, senhora? A senhora não é alfinete, é agulha. Agulha não tem cabeça. Que lhe importa o meu ar? Cada qual tem o ar que Deus lhe deu. Importe-se com a sua vida e deixe a dos outros.

— Mas você é orgulhosa.

— Decerto que sou.

— Mas por quê?

— É boa! Porque coso. Então os vestidos e enfeites de nossa ama, quem é que os cose, senão eu?

— Você? Esta agora é melhor. Você é que os cose? Você ignora que quem os cose sou eu e muito eu?— Você fura o pano, nada mais; eu é que coso, prendo um pedaço ao outro, dou feição aos babados...

— Sim, mas que vale isso? Eu é que furo o pano, vou adiante, puxando por você, que vem atrás obedecendo ao que eu faço e mando...

— Também os batedores vão adiante do imperador.

— Você é imperador?

— Não digo isso. Mas a verdade é que você faz um papel subalterno, indo adiante; vai só mostrando o caminho, vai fazendo o trabalho obscuro e ínfimo. Eu é que prendo, ligo, ajunto...

Estavam nisto, quando a costureira chegou à casa da baronesa. Não sei se disse que isto se passava em casa de uma baronesa, que tinha a modista ao pé de si, para não andar atrás dela. Chegou a costureira, pegou do pano, pegou da agulha, pegou da linha, enfiou a linha na agulha, e entrou a coser. Uma e outra iam andando orgulhosas, pelo pano adiante, que era a melhor das sedas, entre os dedos da costureira, ágeis como os galgos de Diana — para dar a isto uma cor poética. E dizia a agulha:

— Então, senhora linha, ainda teima no que dizia há pouco? Não repara que esta distinta costureira só se importa comigo; eu é que vou aqui entre os dedos dela, unidinha a eles, furando abaixo e acima...

A linha não respondia; ia andando. Buraco aberto pela agulha era logo enchido por ela, silenciosa e ativa, como quem sabe o que faz, e não está para ouvir palavras loucas. A agulha, vendo que ela não lhe dava resposta, calou-se também, e foi andando. E era tudo silêncio na saleta de costura; não se ouvia mais que o plic-plic-plic-plic da agulha no pano. Caindo o sol, a costureira dobrou a costura, para o dia seguinte. Continuou ainda nessa e no outro, até que no quarto acabou a obra, e ficou esperando o baile.

Veio a noite do baile, e a baronesa vestiu-se. A costureira, que a ajudou a vestir-se, levava a agulha espetada no corpinho, para dar algum ponto necessário. E enquanto compunha o vestido da bela dama, e puxava de um lado ou outro, arregaçava daqui ou dali, alisando, abotoando, acolchetando, a linha para mofar da agulha, perguntou-lhe:

— Ora, agora, diga-me, quem é que vai ao baile, no corpo da baronesa, fazendo parte do vestido e da elegância? Quem é que vai dançar com ministros e diplomatas, enquanto você volta para a caixinha da costureira, antes de ir para o balaio das mucamas? Vamos, diga lá.

Parece que a agulha não disse nada; mas um alfinete, de cabeça grande e não menor experiência, murmurou à pobre agulha:

— Anda, aprende, tola. Cansas-te em abrir caminho para ela e ela é que vai gozar da vida, enquanto aí ficas na caixinha de costura. Faze como eu, que não abro caminho para ninguém. Onde me espetam, fico.

Contei esta história a um professor de melancolia, que me disse, abanando a cabeça:

— Também eu tenho servido de agulha a muita linha ordinária!

13.2 Dissertação

O texto dissertativo, também chamado por alguns de informativo, possui a finalidade de discorrer sobre determinado assunto, apresentando fatos, opiniões de especialista, dados quantitativos ou mesmo informações sobre o assunto da dissertação. É preciso entender que nem sempre a dissertação busca persuadir o seu interlocutor, ela pode simplesmente transmitir informações pertinentes ao assunto dissertado.

Quando a persuasão é objetivada, o texto passa a ter também características argumentativas. A rigor, as questões de concurso público focalizam a tipologia, não seus interstícios, portanto, não precisa ficar desesperado com o fato de haver diferença entre texto dissertativo-expositivo e texto dissertativo-argumentativo. Importa saber que ele é dissertativo.

Toda boa dissertação possui a **Introdução** do tema, o **Desenvolvimento** coeso e coerente, que está vinculado ao que se diz na introdução, e uma **Conclusão** lógica do texto, evidenciando o que se permite compreender por meio da exposição dos parágrafos de desenvolvimento.

A tipologia dissertativa pode ser facilmente encontrada em editoriais, textos de divulgação acadêmica, ou seja, com caráter científico, ensaios, resenhas, artigos científicos e textos pedagógicos.

Exemplo de dissertação:

Japão foi avisado sobre problemas em usinas dois anos antes, diz Wikileaks

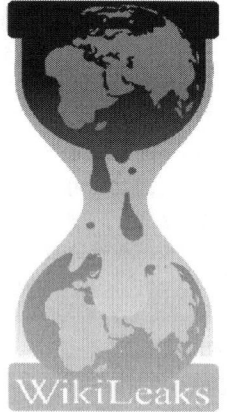

O Wikileaks, site de divulgação de informações consideradas sigilosas, vazou um documento que denuncia que o governo japonês já havia sido avisado pela vigilância nuclear internacional que suas usinas poderiam não ser capazes de resistir a terremotos. O relatório, assinado pelo embaixador Thomas Schieffer obtido pelo WikiLeaks foi publicado hoje pelo jornal britânico, The Guardian.

O documento revela uma conversa de dezembro de 2008 entre o então deputado japonês, Taro Kono, e um grupo diplomático norte-americano durante um jantar. Segundo o relatório, um membro da Agência Internacional de Energia Atômica (AIEA) disse que as normas de segurança estavam obsoletas para aguentar os fortes terremotos, o que significaria "um problema grave para as centrais nucleares". O texto diz ainda que o governo do Japão encobria custos e problemas associados a esse ramo da indústria.

Diante da recomendação da AIEA, o Japão criou um centro de resposta de emergência em Fukushima, capaz de suportar, apenas, tremores até magnitude 7,0.

13.3 Descrição

Em um texto descritivo, faz-se um tipo de retrato por escrito de um lugar, uma pessoa, um animal ou um objeto. Os adjetivos são abundantes nessa tipologia, uma vez que a sua função de caracterizar os substantivos é extremamente exigida nesse contexto. É possível existir um texto descritivo que enuncie características de sensações ou sentimentos, porém não é muito comum em provas de concurso público. Não há relação temporal na descrição. Os verbos relacionais são mais presentes, para poder evidenciar aspectos e características. Significa "criar" com palavras uma imagem.

Exemplo de texto descritivo:

Texto extraído da prova do BRB (2010) – Banca CESPE/UnB

Nome científico: Ginkgo biloba L.
Nome popular: Nogueira-do-japão
Origem: Extremo Oriente
Aspecto: as folhas dispõem-se em leque e são semelhantes ao trevo; a altura da árvore pode chegar a 40 metros; o fruto lembra uma ameixa e contém uma noz que pode ser assada e comida

14. COMPREENSÃO E INTERPRETAÇÃO DE TEXTOS

É bastante comum e compreensível que os concursandos tenham algum tipo de dificuldade nas questões de compreensão e interpretação de textos. Isso é oriundo do próprio histórico de leituras que o candidato possui, uma vez que grande parte dos concursandos querem gabaritar uma prova, ou mesmo conseguir um cargo público, sem possuir o menor hábito de leitura. Ou seja, você precisa adquirir (se ainda não possui) o bom costume de ler.

Por "ler", entende-se buscar os meandros de um texto, de uma canção, de qualquer coisa com que entremos em contato. Mesmo um discurso ou um diálogo podem ser "lidos". O grande problema fica a cargo de que o bom brasileiro gosta de fazer qualquer coisa, menos de ler. Parece até que aquilo que era uma diversão, um bom entretenimento virou um pesadíssimo "fardo". Você não pode pensar desse modo. Ler deve ser uma prática constante.

E na hora do concurso? Como proceder?

Há três elementos fundamentais para boa interpretação:

Eliminação dos vícios de leitura ;

Organização;

"Malandragem".

Vícios de leitura

A pior coisa que pode acontecer com o concursando, quando recebe aquele texto "capetótico" para ler e interpretar, é cair num vício de leitura. Veja se você possui algum deles. Caso possua, tente eliminar o quanto antes.

O Movimento:

Como tudo inicia. O indivíduo pega o texto para ler e não para quieto. Troca a maneira de sentar, troca a posição do texto, nada está bom, nada está confortável. Em casa, senta para estudar e o que acontece? Fome. Depois? Sede. Então, a pessoa fica se mexendo para pegar comida, para tomar água, para ficar mais sossegado e o fluxo de leitura vai para o espaço. FIQUE QUIETO! O conceito é militar! Sente-se e permaneça assim até acabar a leitura, do contrário, vai acabar com a possibilidade de entender o que está escrito. Estudar com televisão, rádio, *msn* e qualquer coisa dispersiva desse gênero só vai atrapalhar você.

O Apoio:

Não é aconselhável utilizar apoios para a leitura, tais como: réguas, acompanhar a linha com a caneta, ler em voz baixa, passar o dedo pelo papel etc. Basta pensar que seus olhos são muito mais rápidos que qualquer movimento ou leitura em voz alta. Gaguejou, escorregou no papel, dançou.

O Garoto da Borboleta:

Se você possui os vícios "a" e "b", certamente é um "garoto da borboleta" também. Isso quer dizer que é um desatento que fica facilmente (fatalmente) disperso. Tudo chama sua atenção: caneta batendo na mesa, o concorrente barulhento, a pessoa estranha que está em sua frente, o tempo passando etc. Você vai querer ficar voltando ao início do texto porque não conseguiu compreender nada e, finalmente, vai perder as questões de interpretação.

Organização da leitura

Para que ocorra organização, é necessário compreender que todo texto possui:

Posto: aquilo que é dito no texto. O conteúdo expresso.

Pressuposto: aquilo que não está dito, mas que é facilmente compreendido.

Subentendido: o que se pode interpretar por uma soma de dito com não-dito.

Veja um exemplo:

Alguém diz: "felizmente, meu tio parou de beber." É certo que o dito se compõe pelo conteúdo da mensagem: o homem parou de beber. O não-dito, ou pressuposto, fica a cargo da ideia de que meu tio "bebia", agora, não bebe mais. Por sua vez, o subentendido pode ser abstraído como "meu tio possuía problemas com a bebida e eu assumo isso por meio da sentença que profiro". Não é difícil! É necessário, no entanto, possuir uma certa "malandragem linguística" para perceber isso de início. Veremos isso ao longo do texto.

As dicas de organização não são novas, mas são eficazes, vamos lá:

Ler mais de uma vez o texto (quando for curtinho, é lógico):

A primeira leitura é para tomar contato com o assunto, a segunda, para observar como o texto está articulado.

Ao lado de cada parágrafo, escreva a principal ideia (tópico frasal) ou argumento mais forte do trecho. Isso ajuda você a ter clareza da temática e como ela está sendo desenvolvida.

Se o texto for muito longo, recomenda-se ler primeiro a questão de interpretação, para, então, buscá-la na leitura.

Observar as relações entre parágrafos:

Observar que há relações de exemplificação, oposição, causalidade entre os parágrafos do texto, por isso, tente compreender as relações intratextuais nos parágrafos.

Ficar de olho aberto para as conjunções adversativas: no entanto, contudo, entretanto, etc.

Atentar para o comando da questão:

Responda àquilo que foi pedido.

> » **Dica**: entenda que modificar e prejudicar o sentido não são a mesma coisa.

Palavras de alerta (polarizadoras):

Sublinhar palavras como: erro, incorreto, correto e exceto, para não se confundir no momento de responder à questão.

Inaceitável, incompatível e incongruente também podem aparecer.

Limitar os horizontes:

Não imaginar que você sabe o que o autor quis dizer, mas sim entender o que ele disse: o que ele escreveu. Não extrapolar a significação do texto. Para isso, é importante prestar atenção no significado das palavras.

Pode até ser coerente o que você concluiu, mas se não há base textual, descarte.

> » **Ex.**: O homem **pode** morrer de infarto. / O homem **deve** morrer de infarto.

LÍNGUA PORTUGUESA

COMPREENSÃO E INTERPRETAÇÃO DE TEXTOS

Busque o tema central do texto:

Geralmente aparece no primeiro parágrafo do texto.

Desenvolvimento:

Se o enunciado mencionar a argumentação do texto, você deve buscar entender o que ocorre com o desenvolvimento dos parágrafos.

Verificar se o desenvolvimento ocorre por:

- » Causa e consequência;
- » Enumeração de fatos;
- » Retrospectiva histórica;
- » Fala de especialista;
- » Resposta a um questionamento;
- » Sequência de dados;
- » Estudo de caso;
- » Exemplificação.

Relatores:

Atentar para os pronomes relativos e demonstrativos no texto. Ele auxiliam o leitor a entender como se estabelece a coesão textual.

Alguns deles:

- » Que;
- » Cujo;
- » O qual;
- » Onde;
- » Esse;
- » Este;
- » Isso;
- » Isto.

Entender se a questão é de interpretação ou de compreensão:

Interpretação

Parte do texto para uma conclusão. As questões que solicitam uma inferência apresentam as seguintes estruturas:

- » É possível entender que...
- » O texto possibilita o entendimento de que...
- » O texto encaminha o leitor para...
- » O texto possibilita deduzir que...
- » Depreende-se do texto que...
- » Com apoio no texto, infere-se que...
- » Entende-se que...
- » Compreende-se que...

Compreensão

Buscam-se as informações solicitadas pela questão no texto. As questões dessa natureza possuem as seguintes estruturas:

- » De acordo com o texto, é possível afirmar....
- » Segundo o texto...
- » Conforme o autor...
- » No texto...
- » Conforme o texto...

Tomar cuidado com as generalizações.

Na maior parte das vezes, o elaborador da prova utiliza a generalização para tornar a questão incorreta.

Atenção para as palavras "sempre, nunca, exclusivamente, unicamente, somente".

O que você não deve fazer!

"Viajar" no texto: interpretar algo para além do que o texto permite.

Ser "mão-de-vaca": interpretar apenas um trecho do texto.

Dar uma de "Zé Mané" e entender o contrário: fique atento a palavras como "pode", "não", "deve" etc.

"Malandragem da banca"

Talvez seja essa a característica mais difícil de se desenvolver no concursando, pois ela envolve o conhecimento do tipo de interpretação e dos limites estabelecidos pelas bancas. Só há uma maneira de ficar "malandro" estudando para concurso público: realizando provas! Pode parecer estranho, mas depois de resolver 200 questões da mesma banca, você já consegue prever como será a próxima questão. Prever é garantir o acerto! Então, faça exercícios até cansar e, quando cansar, faça mais um pouco. Assim você fica "malandro" na banca!

Vamos trabalhar com alguns exemplos agora:

Exemplo I

Entre os maiores obstáculos ao pleno desenvolvimento do Brasil, está a educação. Este é o próximo grande desafio que deve ser enfrentado com paciência, mas sem rodeios. É a bola da vez dentro das políticas públicas prioritárias do Estado. Nos anos 90 do século passado, o país derrotou a inflação — que corroía salários, causava instabilidade política e irracionalidade econômica. Na primeira década deste século, os avanços deram-se em direção a uma agenda social, voltada para a redução da pobreza e da desigualdade estrutural. Nos próximos anos, a questão da melhoria da qualidade do ensino deve ser uma obrigação dos governantes, sejam quais forem os ungidos pelas decisões das urnas.

Jornal do Brasil, Editorial, 21/1/2010 (com adaptações).

Agora o mesmo texto, devidamente marcado.

Entre **os maiores obstáculos** ao pleno desenvolvimento do Brasil, está a educação. Este é o **próximo grande desafio** que deve ser enfrentado com paciência, mas sem rodeios. É a **bola da vez** dentro das políticas públicas prioritárias do Estado. **Nos anos 90 do século passado,** o país derrotou a inflação — que corroía salários, causava instabilidade política e irracionalidade econômica. **Na primeira década deste século**, os avanços deram-se em direção a uma agenda social, voltada para a redução da pobreza e da desigualdade estrutural. **Nos próximos anos**, a questão da melhoria da qualidade do ensino deve ser uma **OBRIGAÇÃO DOS GOVERNANTES**, sejam quais forem os ungidos pelas decisões das urnas.

Comentário: Observe que destacamos para você elementos que podem surgir, posteriormente como questões. O texto inicia falando que há mais obstáculos além da educação. Também argumenta, posteriormente, que já houve outros desafios além desse que ele chama de "próximo grande desafio". Utilizando uma expressão de sentido **Conotativo** (bola da vez), o escritor anuncia que a educação ocupa posição de destaque quando o assunto se volta para as políticas públicas prioritárias do Estado.

No decorrer do texto, que se desenvolve por um tipo de retrospectiva histórica (veja o que está sublinhado), o redator traça um panorama dessas políticas públicas ao longo da história do país, fazendo uma previsão para os anos vindouros (o que foi destacado em caixa alta).

Exemplo II

Um passo fundamental para que não nos enganemos quanto à **natureza do capitalismo contemporâneo** e o significado das políticas empreendidas pelos países centrais para enfrentar a recente **crise econômica** é problematizarmos, com cuidado, o termo **neoliberalismo**: "começar pelas palavras talvez não seja coisa vã", escreve Alfredo Bosi em Dialética da Colonização.

A partir da década de 1980, buscando exprimir a natureza do capitalismo contemporâneo, muitos, principalmente os críticos, utilizaram esta palavra que, por fim, se generalizou. Mas o que, de fato, significa? O prefixo neo quer dizer novo; portanto, novo liberalismo. Ora, durante o século **XIX DEU-SE A CONSTRUÇÃO DE UM LIBERALISMO** que viria encontrar a sua crise definitiva na I Guerra Mundial em 1914 e na crise de 1929. Mas desde o período entre guerras e, sobretudo, depois, com o término da II Guerra Mundial, em 1945, tomou corpo um novo modelo, principalmente na Europa, que de certa forma se contrapunha ao velho liberalismo: era **O MUNDO DA SOCIALDEMOCRACIA**, da presença do Estado na vida econômica, das ações políticas inspiradas na reflexão teórica do economista britânico John Keynes, um crítico do liberalismo econômico clássico que viveu na primeira metade do século XX. Quando esse modelo também entrou em crise, no princípio da década de 1970, surgiu a perspectiva de **RECONSTRUÇÃO DA ORDEM LIBERAL**. Por isso, novo liberalismo, neoliberalismo.

(Grupo de São Paulo, disponível em http://www.correiocidadania.com.br/content/view/5158/9/, acesso em 28/10/2010)

Exemplo III

Em Defesa do Voto Obrigatório

O voto, direito duramente conquistado, **deve ser considerado um dever** cívico, sem o exercício do qual o **direito se descaracteriza ou se perde**, afinal liberdade e democracia são fins e não apenas meios. Quem vive em uma comunidade política não pode estar **DESOBRIGADO** de opinar sobre os rumos dela. Nada contra a desobediência civil, recurso legítimo para o protesto cidadão, que, no caso eleitoral, se pode expressar no voto nulo (cuja tecla deveria constar na máquina utilizada para votação). Com o **voto facultativo**, o direito de votar e o de não votar ficam inscritos, em pé de igualdade, no corpo legal. Uma parte do eleitorado deixará voluntariamente de opinar sobre a constituição do poder político. O desinteresse pela política e a descrença no voto são registrados como mera "escolha", sequer como desobediência civil ou protesto. **A consagração da alienação política** como um direito legal interessa aos conservadores, reduz o peso da soberania popular e desconstitui o sufrágio como universal.

Para o **cidadão ativo,** que, além de votar, se organiza para garantir os direitos civis, políticos e sociais, o enfoque é inteiramente outro. O tempo e o **TRABALHO DEDICADOS AO ACOMPANHAMENTO CONTINUADO DA POLÍTICA NÃO SE APRESENTAM COMO RESTRITIVOS DA LIBERDADE INDIVIDUAL.** Pelo contrário, são obrigações auto-assumidas no esforço de construção e aprofundamento da democracia e de vigília na defesa das liberdades individuais e públicas. A ideia de que a democracia se constrói nas lutas do dia a dia se contrapõe, na essência, ao modelo liberal. O cidadão escolado na disputa política sabe que a liberdade de não ir votar é uma armadilha. Para que o sufrágio continue universal, para que todo poder emane do povo e não, dos donos do poder econômico, o voto, além de ser um direito, **deve conservar a sua condição de dever cívico.**

Exemplo IV

Madrugada na aldeia

Madrugada na aldeia nervosa,
com as glicínias escorrendo orvalho,
os figos prateados de orvalho,
as uvas multiplicadas em orvalho,
as últimas uvas miraculosas.

O silêncio está sentado pelos corredores,
encostado às paredes grossas,
de sentinela.

E em cada quarto os cobertores peludos envolvem o sono:
poderosos animais benfazejos, encarnados e negros.
Antes que um sol luarento
dissolva as frias vidraças,
e o calor da cozinha perfume a casa
com lembrança das árvores ardendo,
a velhinha do leite de cabra desce as pedras da rua
antiquíssima, antiquíssima,
e o pescador oferece aos recém-acordados
os translúcidos peixes,
que ainda se movem, procurando o rio.

(Cecília Meireles. Mar absoluto, in Poesia completa. Rio de Janeiro: Nova Aguilar, 1994, p.311)

LÍNGUA PORTUGUESA

15. PARÁFRASE UM RECURSO PRECIOSO

Parafrasear, em sentido lato, significa reescrever uma sequência de texto sem alterar suas informações originais. Isso quer dizer que o texto resultante deve apresentar o mesmo sentido do texto original, modificando, evidentemente, apenas a ordem frasal ou o vocabulário. Há algumas exigências para uma paráfrase competente. São elas:

- Usar a mesma ordem das ideias que aparecem no texto original.
- Em hipótese alguma é possível omitir informações essenciais.
- Não tecer comentários acerca do texto original, apenas parafrasear, sem frescura.
- Usar construções sintáticas e vocabulares que, apesar de manterem o sentido original, sejam distintas das do texto base.

Os passos da paráfrase

Vamos entender que há alguns recursos para parafrasear um texto. Apresentarei alguns com a finalidade de clarear mais o assunto em questão.

A utilização de termos sinônimos.

O presidente assinou o documento, **mas** esqueceu-se de pegar sua caneta. / O presidente assinou o documento, **contudo** esqueceu-se de pegar sua caneta.

O uso de palavras antônimas, valendo-se de palavra negativa.

José era um **covarde.**

José **não** era um **valente.**

Emprego de termos anafóricos.

São Paulo e Palmeiras são dois times brasileiros. O São Paulo venceu o Palmeiras na semana passada. / São Paulo e Palmeiras são dois times brasileiros. **Aquele** (São Paulo) venceu **este** (Palmeiras) na semana passada.

Permuta de termo verbal por nominal, e vice-versa.

É importante que chegue cedo. / **Sua chegada** é importante.

Deixar termos elípticos.

Eu preciso da colaboração de todos. / Preciso da colaboração de todos.

Alteração da ordem frasal.

Adalberto venceu o último desafio de sua vida ontem. / Ontem, Adalberto venceu o último desafio de sua vida.

Transposição de voz verbal.

Joel cortou a seringueira centenária. / A seringueira centenária foi cortada por Joel.

Troca de discurso.

Naquela manhã, Oséas dirigiu-se ao pai dizendo: "Cortarei a grama sozinho." (discurso direto).

Naquela manhã, Oséas dirigiu-se ao pai dizendo que cortaria a grama sozinho. (discurso indireto).

Troca de palavras por expressões perifrásticas.

O Rei do Futebol esteve presente durante as celebrações. / **Pelé** esteve presente durante as celebrações.

Troca de locuções por palavras de mesmo sentido:

A turma **da noite** está comprometida com os estudos. / A turma **noturna** está mais comprometida com os estudos.

Questões

I. Fragmento

Macunaíma

No fundo do mato-virgem nasceu Macunaíma, herói da nossa gente. Era preto retinto e filho do medo da noite. Houve um momento em que o silêncio foi tão grande escutando o murmurejo do Uraricoera, que a índia tapanhumas pariu uma criança feia. Essa criança é que chamaram de Macunaíma. Já na meninice fez coisas de sarapantar. De primeiro passou mais de seis anos não falando. Si o incitavam a falar exclamava:— Ai! Que preguiça!...e não dizia mais nada. Ficava no canto da maloca, trepado no jirau de paxiúba, espiando o trabalho dos outros e principalmente os dois manos que tinha, Maanape já velhinho e Jiguê na força do homem.

II. Fragmento

Carta pras icamiabas

Às mui queridas súbditas nossas, Senhoras Amazonas. Trinta de Maio de Mil Novecentos e Vinte e Seis, São Paulo. Senhoras: Não pouco vos surpreenderá, por certo, o endereço e a literatura desta missiva. Cumpre-nos, entretanto, iniciar estas linhas de saudade e muito amor, com desagradável nova. É bem verdade que na boa cidade de São Paulo — a maior do universo, no dizer de seus prolixos habitantes — não sois conhecidas como "icamiabas", voz espúria, sinão que pelo apelativo de Amazonas; e de vós, se afirma, cavalgardes ginetes belígeros e virdes da Hélade clássica; e assim sois chamadas. Muito nos pesou a nós, Imperator vosso, tais dislates da erudição, porém heis de convir conosco que, assim, ficais mais heroicas e mais conspícuas, tocadas por essa plátina respeitável da tradição e da pureza antiga.(...)

Macunaíma, Imperator Mário de Andrade. Macunaíma, o herói sem nenhum caráter. Rio de Janeiro: Agir, 2008, p. 13, 97 e 109.

01. (CESPE) Ambos os fragmentos apresentam a estrutura textual típica da narrativa, recurso empregado pelo autor como forma de manter a coerência dos fatos narrados.

Certo ( )   Errado ( )

02. (CESPE) Em ambos os fragmentos, encontram-se traços de subjetividade: no primeiro, do narrador; no segundo, do autor da carta.

Certo ( )   Errado ( )

03. Leia o texto

O que passa na cabeça deles?

Quem tem um bicho de estimação sabe muito bem: seu gato, cachorro, papagaio, hamster ou o que seja é o mais esperto do mundo. Até meados do século passado, porém, a inteligência animal era considerada inexistente. Suas atitudes e ações eram descritas como simples respostas instintivas ou estratégias de sobrevivência, sem nenhuma relação com a cognição, que se acreditava ser exclusiva do ser humano. Foi só a partir dos anos 1960 que estudos de longo prazo começaram a produzir pistas de que, sim, os animais pensam, são capazes de resolver problemas, aprender com seus erros e se adaptar a novas situações, assim como os seres humanos. Mas o que se passa na cabeça deles? Algumas espécies têm autoconsciência? Quão inteligentes são os animais? Apesar dos avanços nas pesquisas, estas e outras perguntas permanecem sem resposta, gerando controvérsias entre os especialistas. – O que existe hoje são várias linhas de entendimento do que vem a ser a inteligência animal. Há estudos feitos em ambiente natural, mas também tem muita coisa sendo feita em laboratórios – o que nos é contado pelo biólogo Salvatore Siciliano, pesquisador da Escola Nacional de Saúde da Fundação Oswaldo Cruz (Fiocruz). As pesquisas podem levar anos para chegar a conclusões bem simples, mas, à medida que aumenta o esforço de observação e amostragem, estamos passando a perceber que os animais são, sim, algo inteligentes. Quando elaborou sua Teoria da Evolução, no século XIX, Charles Darwin a estendeu para o desenvolvimento do cérebro humano. Como outros aspectos da nossa fisiologia, a inteligência teria evoluído a partir de organismos mais simples em resposta a desafios comuns a quase todos os animais, como as necessidades de se alimentar, reproduzir e interagir com o ambiente. Atualmente, faz parte do senso comum considerar que grandes primatas como os chimpanzés, cujo DNA é 99% igual ao dos seres humanos, apresentam um certo grau de inteligência, assim como outros mamíferos mais desenvolvidos, como cetáceos (baleias e golfinhos) e elefantes. Surpreendente, no entanto, foi verificar que mesmo espécies mais longe da escala e árvore evolutivas, como pássaros e polvos, também demonstram sinais de inteligência.

César Baima – O Globo, Planeta Terra, outubro 2010 (adaptado)

Sobre o título dado ao texto, pode-se fazer, de forma adequada, a seguinte afirmação:
a) A pergunta não é respondida no texto;
b) Trata-se de uma questão sobre a qual a ciência ainda não apresenta todas as respostas;
c) Representa uma interrogação feita pelos proprietários de animais domésticos;
d) O pronome eles se refere exclusivamente aos animais domésticos;
e) A pergunta fala sobre as preocupações dos donos de animais.

04. (NCE – UFRJ) - "...é o mais esperto do mundo." Esse pensamento representa:
a) Uma antiga forma de pensar sobre a inteligência animal;
b) Um pensamento corrente sobre os animais selvagens;
c) Um conceito errado sobre os animais domésticos;
d) Um carinhoso modo de pensar sobre animais de estimação;
e) Um falso pensamento fundamentado apenas nas aparências.

05. (NCE – UFRJ) A presença do biólogo no texto tem a seguinte utilidade textual:
a) Mostrar que a publicação é internacional;
b) Dar mais autoridade e credibilidade ao texto;
c) Demonstrar atualização brasileira no tema estudado;
d) Indicar pessoas que demonstram interesse pelo tema estudado;
e) Convencer o leitor de que o tema é importante.

06. (NCE – UFRJ) O texto desta prova deve ser caracterizado como:
a) Informativo sobre conhecimentos atuais no tema analisado;
b) Narrativo de uma sequência de fatos ocorridos nos últimos anos;
c) Descritivo de um conjunto de ideias científicas sobre os animais;
d) Argumentativo a respeito de prós e contras das recentes descobertas;
e) Publicitário sobre os trabalhos da Fiocruz.

07. (FCC) Leia o texto:

Como declaração de princípios que é, a Declaração Universal dos Direitos Humanos não cria obrigações legais aos Estados, salvo se as respectivas Constituições estabelecem que os direitos fundamentais e as liberdades nelas reconhecidos serão interpretados de acordo com a Declaração. Todos sabemos, porém, que esse reconhecimento formal pode acabar por ser desvirtuado ou mesmo denegado na ação política, na gestão econômica e na realidade social. A Declaração Universal é geralmente considerada pelos poderes econômicos e pelos poderes políticos, mesmo quando presumem de democráticos, como um documento cuja importância não vai muito além do grau de boa consciência que lhes proporcione.

Nesses cinquenta anos não parece que os governos tenham feito pelos direitos humanos tudo aquilo a que, moralmente, quando não por força da lei, estavam obrigados. As injustiças multiplicam-se no mundo, as desigualdades agravam-se, a ignorância cresce, a miséria alastra. A mesma esquizofrênica humanidade que é capaz de enviar instrumentos a um planeta para estudar a composição das suas rochas assiste indiferente à morte de milhões de pessoas pela fome. Chega-se mais facilmente a Marte neste tempo do que ao nosso próprio semelhante.

Alguém não anda a cumprir o seu dever. Não andam a cumpri-lo os governos, seja porque não sabem, seja porque não podem, seja porque não querem. Ou porque não lho permitem os que efetivamente governam, as empresas multinacionais e pluricontinentais cujo poder, absolutamente não democrático, reduziu a uma casca sem conteúdo o que ainda restava de ideal de democracia. Mas também não estão a cumprir o seu dever os cidadãos que somos. Foi-nos proposta uma Declaração Universal dos Direitos Humanos e com isso julgamos ter tudo, sem repararmos que nenhuns direitos poderão subsistir sem a simetria dos deveres que lhes correspondem, o primeiro dos quais será exigir que esses direitos sejam não só reconhecidos, mas também respeitados e satisfeitos. Não é de esperar que os governos façam nos próximos cinquenta anos o que não fizeram nestes que comemoramos. Tomemos, então, nós, cidadãos comuns, a palavra e a iniciativa. Com a mesma veemência e a mesma força com que reivindicamos os nossos direitos, reivindiquemos também o dever dos nossos deveres. Talvez o mundo possa começar a tornar-se um pouco melhor.

(Trecho do discurso de José Saramago no banquete de encerramento da entrega do Prêmio Nobel, em 10 de dezembro de 1998. Transcrição segundo as normas brasileiras de ortografia.)

No texto, o autor
a) Reconhece o esforço empreendido por governos, mesmo os não democráticos, no sentido de respeitar integralmente os postulados da Declaração Universal dos Direitos Humanos.
b) Aponta a necessidade de participação de toda a sociedade, em todos os países, na aplicação efetiva dos princípios constantes da Declaração Universal dos Direitos Humanos.
c) Detém-se na história da elaboração da Declaração Universal dos Direitos Humanos, documento importante para a afirmação dos direitos e liberdades fundamentais do homem.
d) Relata as dificuldades encontradas em alguns países e regiões como justificativa para o fato de que os princípios da Declaração Universal ainda não estejam sendo respeitados integralmente.
e) Defende o respeito que deve merecer uma Constituição, como norma legal maior em cada Estado, para nortear toda possível ação política e até mesmo econômica.

LÍNGUA PORTUGUESA

PARÁFRASE UM RECURSO PRECIOSO

Leia o texto:

Desde 1934 — Lampião à solta, Antônio Silvino preso no Recife, Sinhô Pereira arribado para os lados de Minas Gerais — Clarival Valladares despertava para o mundo de significados que o cangaceiro carregava penduradas, afiveladas, cravadas ou costuradas no conjunto do traje e nos equipamentos, como ainda hoje se vê no aguadeiro das feiras do Marrocos, as cartucheiras envernizadas e bem ajoujadas ao corpo, a não deverem homenagem — senão a requerê-la — à guarda de um Ibn-Saud. Com a população portuguesa drenada para a aventura da Índia, foi o moçárabe, em boa parte, que veio povoar o Brasil. Presença viva na cultura brasileira, a árabe, por suas muitas composições, teve aulas a dar em maior número a um sertão de 500 mm de chuva anual que a uma faixa litorânea de fáceis 1.500 mm. O que Valladares percebeu foi a raiz pastoril da estética do cangaço, encantando-se por ver que a do guerreiro ia muito além da que pontuava as alfaias magras do pastor, por não se ver empobrecida pelo teto limitador da funcionalidade, capaz de explicar tudo na vestimenta do vaqueiro. Para ele, assim:

> O traje do cangaceiro é um dos exemplos demonstrativos do comportamento arcaico brasileiro. Ao invés de procurar camuflagem para a proteção do combatente, é adornado de espelhos, moedas, metais, botões e recortes multicores, tornando-se um alvo de fácil visibilidade até no escuro. Lembremo-nos, entretanto, que, no entendimento do comportamento arcaico, o homem está ligado e dependente ao sobrenatural, em nome do qual ele exerce uma missão, lidera um grupo, desafia porque se acredita protegido e inviolável e, de fato, desligado do componente da morte. Esta explicação, embora sumária, de algum modo justifica a incidência da superfluidade ornamental no traje do cangaceiro, que, antes de sua implicação mística, deriva do empírico traje do vaqueiro.

Frederico Pernambucano de Mello. Estrelas de couro — a estética do cangaço. São Paulo: Escrituras, 2010, p. 48-9 (com adaptações).

08. (CESPE) Pelas relações estabelecidas no texto, conclui-se que a cultura árabe influenciou a cultura brasileira do sertão.
Certo ( )   Errado ( )

09. (CESPE) Dos trechos "Lampião à solta" e "Sinhô Pereira arribado para os lados de Minas Gerais" depreende-se que a mobilidade dos cangaceiros devia-se ao exercício da missão mística de ampliação dos limites geográficos dos estados brasileiros.
Certo ( )   Errado ( )

10. (CESPE) Depreende-se da leitura do texto que Clarival Valladares iniciou o estudo sobre o significado das vestimentas e do comportamento dos cangaceiros a partir de 1934, quando ocorreram os sinais de que o cangaço havia deixado de ser uma ameaça ao poder local.
Certo ( )   Errado ( )

Gabaritos

01	ERRADO	06	A
02	CERTO	07	B
03	A	08	CERTO
04	D	09	ERRADO
05	B	10	ERRADO

16. ORTOGRAFIA

A ortografia é a parte da Gramática que estuda a escrita correta das palavras. O próprio nome da disciplina já designa tal função. É oriunda das palavras gregas *ortho* que significa "correto" e *graphos* que significa "escrita". Neste capítulo, vamos estudar alguns aspectos da correta grafia das palavras: o emprego de algumas letras que apresentam dificuldade para os falantes do Português.

Atualmente, há um confusão a respeito do sistema ortográfico vigente. O último sistema foi elaborado em 1990, com base em um sistema de 1986, e será implantado em todos os países de língua lusófona. No Brasil, a adesão ao acordo se deu em 2009 e, como leva 4 anos para ser implantado, teríamos dois sistemas oficiais até 31 de dezembro de 2013. Bem, seria isso, se não houvesse a prorrogação do prazo até o ano de 2016. A partir de então, vale apenas o Novo Acordo Ortográfico.

Por certo, dúvidas pairam pela cabeça do aluno: que sistema devo usar? Qual sistema devo aprender? O melhor é estudar o sistema antigo, aprendendo quais foram as atualizações, assim, garante-se que não errará pela novidade ou pela tradição. A banca deve avisar no edital do concurso ou no comando da questão qual sistema ortográfico está levando em consideração. Como as maiores alterações estão no terreno de acentuação e emprego do hífen (para o Português falado no Brasil, evidentemente), não teremos grandes surpresas neste capítulo. Vamos ao trabalho.

O Alfabeto

As letras K, W e Y foram inseridas no alfabeto devido a uma grande quantidade de palavras que são grafadas com tais letras e não podem mais figurar como termos exóticos em relação ao português. Eis alguns exemplos de seu emprego:

Em abreviaturas e em símbolos de uso internacional:

Kg - quilograma / **w** - watt /

Em palavras estrangeiras de uso internacional, nomes próprios estrangeiros e seus derivados:

Kremlin, Kepler, Darwin, Byron, byroniano.

O alfabeto, também conhecido como abecedário, é formado (a partir do novo acordo ortográfico) por 26 letras.

Forma Maiúscula		Forma Minúscula	
A	B	a	b
C	D	c	d
E	F	e	f
G	H	g	h
I	J	i	j
K	L	k	l
M	N	m	n
O	P	o	p
Q	R	q	r
S	T	s	t
U	V	u	v
W	X	w	x
Y	Z	y	z

O emprego da letra "H"

A letra H demanda um pouco de atenção. Apesar de não possui verdadeiramente sonoridade, utilizamo-la, ainda, por convenção histórica. Seu emprego, basicamente, está relacionado às seguintes regras:

No início de algumas palavras, por sua origem:

Ex.: Hoje, hodierno, haver, Helena, helênico.

No fim de algumas interjeições:

Ah! Oh! Ih! Uh!

No interior de palavra compostas que preservam o hífen, nas quais o segundo elemento se liga ao primeiro:

Super-homem, pré-história, sobre-humano.

Nos dígrafos NH, LH e CH:

Tainha, lhama, chuveiro.

O emprego de "E" e "I"

Existe uma curiosidade a respeito do emprego dessas letras nas palavras que escrevemos: o fato de o "e", no final da palavra, ser pronunciado como uma semivogal faz com que muitos falantes sintam aquela vontade de grafar a palavra com "i". Bem, veremos quais são os principais aspectos do emprego dessas letras.

Escreveremos com "e"

Palavras formadas com o prefixo ante- (que significa antes, anterior):

Antebraço, antevéspera, antecipar, antediluviano etc.

A sílaba final de formas conjugadas dos verbos terminados em –OAR e –UAR (quando estiverem no subjuntivo). Ex.:

Abençoe (abençoar)

Continue (continuar)

Pontue (pontuar)

Algumas palavras, por sua origem: arrepiar, cadeado, creolina, desperdiçar, desperdício, destilar, disenteria, empecilho, indígena, irrequieto, mexerico, mimeógrafo, orquídea, quase, sequer, seringa, umedecer etc.

Escreveremos com "i"

Palavras formadas com o prefixo anti- (que significa contra). Ex.:

Antiaéreo, anticristo, antitetânico, anti-inflamatório.

A sílaba final de formas conjugadas dos verbos terminados em –AIR, -OER e –UIR:

Cai (cair)

Sai (sair)

Diminui (diminuir)

Dói (doer)

Os ditongos AI, OI, ÓI, UI:

Pai

Foi

Herói

Influi.

LÍNGUA PORTUGUESA

ORTOGRAFIA

As seguintes palavras: aborígine, chefiar, crânio, criar, digladiar, displicência, escárnio, implicante, impertinente, impedimento, inigualável, lampião, pátio, penicilina, privilégio, requisito etc.

Vejamos alguns casos em que o emprego das letras "E" e "I" pode causar uma alteração semântica:

Escrito com "e"
Arrear = pôr arreios
Área = extensão de terra, local
Delatar = denunciar
Descrição = ação de descrever
Descriminação = absolver
Emergir = vir à tona
Emigrar = sair do país ou do local de origem
Eminente = importante

Escrito com "i"
Arriar = abaixar, desistir
Ária = peça musical
Dilatar = alargar, aumentar
Discrição = qualidade do discreto
Discriminar = separar, estabelecer diferença
Imergir = mergulhar
Imigrar = entrar em um país estrangeiro
Iminente = próximo, prestes e ocorre

O Novo Acordo Ortográfico explica que, agora, escreve-se com "i" antes de sílaba tônica. Veja alguns exemplos: acriano (admite-se, por ora, acreano), rosiano (de Guimarães Rosa), camoniano, nietzschiano (de Nietzsche) etc.

O emprego de O e U

Vejamos como empregar essas letras, a fim de que não mais possamos errar.

Apenas por exceção, palavras em Português com sílabas finais átonas (fracas) terminam por us; o comum é que se escreva com o ou os. Veja os exemplos: carro, aluno, abandono, abono, chimango etc.

Exemplos das exceções a que aludimos: bônus, vírus, ônibus etc.

Em palavras proparoxítonas ou paroxítonas com terminação em ditongo, são comuns as terminações –UA, -ULA, -ULO:

Tábua, rábula, crápula, coágulo.

As terminações –AO, -OLA, -OLO só aparecem em algumas palavras: mágoa, névoa, nódoa, agrícola¹, vinícola, varíola etc.

Fique de olho na grafia destes termos:

Com a letra O: abolir, boate, botequim, bússola, costume, engolir, goela, moela, moleque, mosquito etc.

Com a letra U: bulício, buliçoso, bulir, camundongo, curtume, cutucar, jabuti, jabuticaba, rebuliço, urtiga, urticante etc.

1 Em razão da construção íncola (quem vive, habitante), por isso, silvícola, terrícola etc.

O emprego de G e J

Essas letras, por apresentarem o mesmo som eventualmente, costumam causar problemas de ortografia. Vamos tentar facilitar o trabalho: a letra "g" só apresenta o som de "j" diante das letras "e" e "i": gesso, gelo, agitar, agitador, agir, gíria.

Escreveremos com "G"

Palavras terminadas em - AGEM, -IGEM, -UGEM. Ex.:

Garagem, vertigem, rabugem, ferrugem, fuligem etc.

Exceções: pajem, lambujem (doce ou gorjeta), lajem (pedra da sepultura).

As palavras terminadas em –ÁGIO, ÉGIO, ÍGIO, ÓGIO, ÚGIO:

Contágio, régio, prodígio, relógio, refúgio.

As palavras derivadas de outras que já possuem a letra "g".

Viagem - viageiro

Ferrugem - ferrugento

Vertigem - vertiginoso

Regime - regimental

Selvagem - selvageria

Regional - regionalismo

Em geral, após a letra "r"

Ex.: Aspergir, divergir, submergir, imergir etc.

As palavras:

De origem latina: agir, gente, proteger, surgir, gengiva, gesto etc.

De origem árabe: álgebra, algema, ginete, girafa, giz etc.

De origem francesa: estrangeiro, agiotagem, geleia, sargento etc.

De origem italiana: gelosia, ágio etc.

Do castelhano: gitano.

Do inglês: gim.

Escreveremos com "J"

Os verbos terminados em –JAR ou –JEAR e suas formas conjugadas:

Gorjear: gorjeia (lembre-se das "aves"), gorjeiam, gorjearão.

Viajar: viajei, viaje, viajemos, viajante.

Cuidado para não confundir os termos viagem (substantivo) com viajem (verbo "viajar"). Vejamos o emprego.

"Ele fez uma bela viagem."

"Tomara que eles viajem amanhã."

Palavras derivadas de outras terminadas em –JA.

Granja: granjeiro, granjear.

Loja: lojista, lojinha.

Laranja: laranjal, laranjeira.

Lisonja: lisonjeiro, lisonjeador.

Sarja: sarjeta.

Palavras cognatas (raiz em comum) ou derivadas de outras que possuem o "j".

Laje: lajense, lajedo.

Nojo: nojento, nojeira.

Jeito: jeitoso, ajeitar, desajeitado.

Nas palavras: conjetura, ejetar, injeção, interjeição, objeção, objeto, objetivo, projeção, projeto, rejeição, sujeitar, sujeito, trajeto, trajetória, trejeito.

Palavras de origem ameríndia (geralmente tupi-guarani) ou africana: canjerê, canjica, jenipapo, jequitibá, jerimum, jia, jiboia, jiló, jirau, Moji, pajé, pajéu.

Nas palavras: berinjela, cafajeste, jeca, jegue, Jeremias, jerico, jérsei, majestade, manjedoura, ojeriza, pegajento, rijeza, sujeira, traje, ultraje, varejista.

Orientações sobre a grafia do fonema /s/

Podemos representar o fonema /s/ por:

S: ânsia, cansar, diversão, farsa.

SS: acesso, assar, carrossel, discussão.

C, Ç: acetinado, cimento, açoite, açúcar.

SC, SÇ: acréscimo, adolescente, ascensão, consciência, nasço, desça

X: aproximar, auxiliar, auxílio, sintaxe.

XC: exceção, exceder, excelência, excepcional.

Como se grafa, então?

Escreveremos com s:

A correlação nd - ns:

Pretender - pretensão, pretenso;

Expandir - expansão, expansivo.

A correlação rg - rs:

Aspergir - aspersão;

Imergir - imersão;

Emergir - emersão .

A correlação rt - rs:

Divertir - diversão;

Inverter - inversão.

O sufixo - ense:

paranaense;

cearense;

londrinense.

Escreveremos com ss:

A correlação ced - cess:

Ceder - cessão;

Interceder - intercessão;

Retroceder - retrocesso .

A correlação gred - gress

Agredir - agressão, agressivo;

Progredir - progressão, progresso.

A correlação prim - press

Imprimir - impressão, impresso;

Oprimir - opressão, opressor;

Reprimir - repressão, repressivo.

A correlação meter - miss

Submeter - submissão;

Intrometer - intromissão.

Escreveremos com c ou com "Ç"

Palavras de origem tupi ou africana. Ex.:

Açaí, araçá, Iguaçu, Juçara, muçurana, Paraguaçu, caçula, cacimba.

O "ç" só será usado antes das vogais a, o, u.

Com os sufixos:

aça: barcaça;

ação: armação;

çar: aguçar;

ecer: esmaecer;

iça: carniça;

nça: criança;

uça: dentuça.

Palavras derivadas de verbos terminados em –ter (não confundir com a regra do –meter / s):

Abster -> abstenção;

Reter -> retenção;

Deter -> detenção.

Depois de ditongos:

Feição;

louça;

traição.

Palavras de origem árabe:

açúcar;

açucena;

cetim;

muçulmano.

Emprego do SC

Escreveremos com sc palavras que são termos emprestados do latim:

adolescência;

ascendente;

consciente;

crescer;

descer;

fascinar;

fescenino.

LÍNGUA PORTUGUESA

ORTOGRAFIA

Grafia da letra s com som de "Z"

Escreveremos com "S":

Terminações –ês, -esa, -isa, que indicam nacionalidade, título ou origem:

  Japonês - japonesa;
  Marquês - marquesa;
  Camponês - camponesa.

Após ditongos:

  causa;
  coisa;
  lousa;
  Sousa.

As formas dos verbos pôr e querer e de seus compostos:

  Eu pus, nós pusemos, pusésseis etc.
  Eu quis, nós quisemos, quisésseis etc.

As terminações –oso e –osa, que indicam qualidade:

  gostoso;
  garboso;
  fervorosa;
  talentosa.

O prefixo trans-:

  transe;
  transação;
  transoceânico.

Em diminutivos cujo radical termine em "**S**":

  Rosa - rosinha;
  Teresa - Teresinha;
  Lápis - lapisinho.

A correlação "**d**" - "**s**":

  Aludir - alusão, alusivo;
  Decidir - decisão, decisivo;
  Defender - defesa, defensivo.

Verbos derivados de palavras cujo radical termina em s:

  Análise - analisar;
  Presa - apresar;
  Êxtase - extasiar.
  Português - aportuguesar

Os substantivos com os sufixos gregos –esse, isa, -ose:

  catequese;
  diocese;
  poetisa;
  virose.

(obs.: "catequizar" com "z")

Os nomes próprios:

  Baltasar;
  Heloísa;
  Isabel;
  Isaura;
  Luísa;
  Sousa;
  Teresa.

As palavras:

  análise;
  cortesia;
  hesitar;
  reses;
  vaselina;
  avisar;
  defesa;
  obséquio;
  revés;
  vigésimo;
  besouro;
  fusível;
  pesquisa;
  tesoura;
  colisão;
  heresia;
  querosene;
  vasilha.

Emprego da letra "Z"

Escreveremos com "z"

As terminações - ez, -eza de substantivos abstratos derivados de adjetivos:

  Belo - beleza;
  Rico - riqueza;
  Altivo - altivez;
  Sensato - sensatez.

Os verbos formados com os sufixo - izar e palavras cognatas:

  balizar;
  inicializar;
  civilizar.

As palavras derivadas em:

  zal: cafezal, abacaxizal;
  zeiro: cajazeiro, açaizeiro;
  zito: avezita.
  zinho: cãozinho, pãozinho, pezinho

Os derivados de palavras cujo radical termina em z:

  Cruzeiro;
  Esvaziar.

As palavras:

  azar;

aprazível;
baliza;
buzina;
bazar;
cicatriz;
ojeriza;
prezar;
proeza;
vazamento;
vizinho;
xadrez;
xerez.

Emprego do X e do CH

A letra X pode representar os seguintes fonemas:

/ch/: xarope;
/cx/: sexo, tóxico;
/z/: exame;
/ss/: máximo;
/s/: sexto.

Escreveremos com "X"

Em geral, após um ditongo:

Caixa, peixe, ameixa, rouxinol, caixeiro (exceções: recauchutar e guache)

Geralmente, depois de sílaba iniciada por -em:

enxada;
enxerido;
enxugar;
enxurrada.

Encher (e seus derivados); palavras que iniciam por ch e recebem o prefixo en- "encharcar, enchumaçar, enchiqueirar, enchumbar". "Enchova" também é uma exceção.

Em palavras de origem indígena ou africana:

abacaxi;
xavante;
xará;
orixá;
xinxim.

Após a sílaba me no início da palavra:

mexerica;
mexerico;
mexer;
mexida.

(exceção: mecha de cabelo)

Nas palavras:

bexiga;
bruxa;
coaxar;
faxina;
graxa;
lagartixa;
lixa;
praxe;
vexame;
xícara;
xale;
xingar;
xampu.

Escreveremos com "CH"

→ As seguintes palavras, em razão de sua origem:

chave;
cheirar;
chuva;
chapéu;
chalé;
charlatão;
salsicha;
espadachim;
chope;
sanduíche;
chuchu;
cochilo;
fachada;
flecha;
mecha;
mochila;
pechincha.

Atente para a divergência de sentido com os seguintes elementos

bucho - estômago	buxo - espécie de arbusto
cheque - ordem de pagamento	xeque - lance do jogo de xadrez
tacha - pequeno prego	taxa - imposto

Questões

01. (ESAF) O texto abaixo foi transcrito com adaptações. Assinale a opção que corresponde a erro gramatical ou de grafia de palavra.

Em alguns países mais afetados pela crise global, como os Estados Unidos, a indústria buscou aumentar sua competitividade por meio da forçada redução dos custos de produção, **o que** (1) implicou demissões em massa. Mesmo com menos trabalhadores, a indústria manteve ou ampliou a produção, alcançando ganhos notáveis de produtividade. Mesmo que **aceitasse** (2) arcar com um custo social tão alto, dificilmente o Brasil **alcançaria**(3) resultados econômicos tão

ORTOGRAFIA

rápidos. O aumento da produtividade do trabalhador brasileiro é limitado, entre outros fatores, pela **defazagem** (4) nos investimentos em educação. Com **escassez** (5) de trabalhadores qualificados, exigidos cada vez mais pelo mercado de trabalho, os salários de determinadas funções tendem a subir bem mais do que a produtividade média do setor, que afeta o preço dos bens finais.

(Editorial, O Estado de S. Paulo, 24/3/2012)

a) 1
b) 2
c) 3
d) 4
e) 5

02. (ESAF) O texto abaixo foi transcrito com adaptações. Assinale a opção que corresponde a erro gramatical ou de grafia de palavra.

Poucos dias depois de **estender** (1) a cobrança de 6% do Imposto sobre Operações Financeiras – IOF para os empréstimos externos de cinco anos (antes eram taxados apenas os de três anos), como parte da guerrilha que **mantém** (2) para conter a valorização do real frente **ao** (3) dólar, o ministro da Fazenda não apenas reconheceu que sacrifica sua fé no câmbio flutuante, como admitiu haver efeitos colaterais da medida que terão de ser **mitigados** (4).De fato, o aumento do custo desse tipo de empréstimo ajuda o governo a rejeitar o capital oportunista, que aqui vem apenas para tirar vantagem de nossas taxas de juros elevadas, mas **ingeta** (5) problema na veia dos exportadores que precisam financiar suas operações no exterior. Ele fez questão de reforçar sua disposição de continuar atirando com todas as armas contra o excesso de liquidez mundial, provocado pelo tsunami cambial promovido pelos bancos centrais europeu e norte-americano.

(Editorial, Correio Braziliense,15/3/2012)

a) 1
b) 2
c) 3
d) 4
e) 5

03. Há alguns substantivos grafados com ç que são derivados de verbos, como produção, redução, desaceleração, projeção. Os verbos a seguir formam substantivos com a mesma grafia:
a) admitir, agredir, intuir
b) discutir, emitir, aferir
c) inquirir, imprimir, perseguir
d) obstruir, intervir, conduzir
e) reduzir, omitir, extinguir

04. Assinale a alternativa gramaticalmente correta de acordo com a ortografia.
a) A última paralização ocorreu há cerca de dois anos.
b) A última paralizassão ocorreu acerca de dois anos.
c) A última paralização ocorreu a cerca de dois anos.
d) A última paralisação ocorreu há cerca de dois anos.
e) A última paralisação ocorreu a cerca de dois anos.

05. (FCC) Os ...... para a conclusão da pesquisa estavam próximos e exigiam ...... na ...... dos dados já obtidos.
a) prazos – rapidês – análize
b) prazos – rapidez – análise
c) prazos – rapidez – análize
d) prasos – rapidez – análise
e) prasos – rapidês – análise

06. (FCC) É preciso corrigir deslizes relativos à ortografia oficial e à acentuação gráfica da frase:
a) As obras modernistas não se distinguem apenas pela temática inovadora, mas igualmente pela apreensão do ritmo alucinante da existência moderna.
b) Ainda que celebrassem as máquinas e os aparelhos da civilização moderna, a ficção e a poesia modernista também valorizavam as coisas mais quotidianas e prosaicas.
c) Longe de ser uma excessão, a pintura modernista foi responsável, antes mesmo da literatura, por intênsas polêmicas entre artistas e críticos concervadores.
d) No que se refere à poesia modernista, nada parece caracterizar melhor essa extraordinária produção poética do que a opção quase incondicional pelo verso livre.
e) O escândalo não era apenas uma consequência da produção modernista: parecia mesmo um dos objetivos precípuos de artistas dispostos a surpreender e a chocar.

07. (CESGRANRIO) Em qual das frases abaixo, todas as palavras são adequadas à ortografia oficial da língua portuguesa?
a) A discução sobre o português mais correto rerpercutiu bastante da mídia.
b) A discussão sobre o português mais correto repecutiu bastante na mídia.
c) A discussão sobre o português mais correto repercutiu bastante na mídia.
d) A discusão sobre o português mais correto respercutiu bastante na mídia.
e) A discursão sobre o português mais correto respercutiu bastante na mídia.

08. (ESAF) A frase correta do ponto de vista da grafia é:
a) Era grande a insidência de casos de enjoo quando era servido aquele alimento, por isso o episódio não foi tratado como exceção, atitude que garantiu o êxito das providências.
b) Em meio a tanta opulência da mansão leiloada, encontrou a geringonça que, tratada criativamente por ele, garantiu por anos seu apoio a entidades beneficientes.
c) Seus gestos desarmônicos às vezes eram mal compreendidos, mas seu jeito afável de falar, sem resquícios de mágoa, revelava sua intenção de restabelecer a paz entre os familiares.
d) Defendeu-se dizendo que nunca pretendeu axincalhar ninguém, mas as suas caçoadas realmente humilhavam e incitavam à maledicência.
e) Sempre ansiosos, desenrolaram no saguão apinhado a faixa com que brindavam os recém-formados, com os seguintes dizeres: "Viagem bastante e divirtam-se, nobres doutores".

09. A palavra corretamente grafada é
a) admissão
b) distenção
c) discusão
d) excessão
e) extenção

10. A frase que está em conformidade com a ortografia oficial é:
   a) Não interessa recaptular a indesejável dissensão, mas sim aliviar as tensões agudizadas pelo desnecessário enxerto de questões polêmicas.
   b) Sempre quis ser assessora de moda em lojas, mas eram tantos os empecilhos, que acabou por vencer a ojeriza de coser sob encomenda e, com isso, tornou-se grande costureira.
   c) Endoidescia o marido com seus gastos extravagantes, pois acreditava que o tão desejado charme era questão de plumas e brilhos esplendorosos, de preferência, vindos do exterior.
   d) Quando disse que não exitaria em abandonar o emprego de sopetão e ir relaxar numa praia distante, lhe disseram que seria sandice, mas não conseguiram vencer o fascínio da aventura.
   e) Representava na peça um cafageste que tratava a todos com escárneo, mas sua atuação era sempre tão fascinante que diariamente angariava a simpatia de toda a platéia.

Gabaritos

01	D	06	C
02	E	07	C
03	D	08	C
04	D	09	A
05	B	10	B

LÍNGUA PORTUGUESA

17. ACORDO ORTOGRÁFICO DA LÍNGUA PORTUGUESA

O Novo Acordo Ortográfico busca simplificar as regras ortográficas da Língua Portuguesa e unificar a nossa escrita e a das demais nações de língua portuguesa: Portugal, Angola, Moçambique, Cabo Verde, Guiné-Bissau, São Tomé e Príncipe e Timor-Leste.

Sua implementação no Brasil passou por algumas etapas:

> 2009 – vigência ainda não obrigatória
> 2010 a 2015: adaptação completa às novas regras
> A partir de 1º de janeiro de 2016: emprego obrigatório, o novo acordo ortográfico passa a ser o único formato da língua reconhecido no Brasil.

Entre as mudanças na língua portuguesa decorrentes da reforma ortográfica, podemos citar o fim do trema, alterações da forma de acentuar palavras com ditongos abertos e que sejam hiatos, supressão dos acentos diferencias e dos acentos tônicos, novas regras para o emprego do hífen e inclusão das letras w, k e y ao idioma.

Entre a proposta (em 1990) e a entrada em vigor (2016) são 16 anos. Esse processo foi longo porque era necessário que fossem alcançadas as três decisões para que o acordo fosse cumprido. Em 2006, São Tomé e Príncipe e Cabo Verde se uniram ao Brasil e ratificaram o novo acordo. Em maio de 2008, Portugal também ratificou o acordo para unificar a ortografia em todas as nações de língua portuguesa.

17.1 Trema

Não se usa mais o trema (¨), sinal colocado sobre a letra u para indicar que ela deve ser pronunciada nos grupos gue, gui, que, qui.

aguentar, bilíngue, cinquenta, delinquente, eloquente, ensanguentado, frequente, linguiça, quinquênio, sequência, sequestro, tranquilo.

Obs.: o trema permanece apenas nas palavras estrangeiras e em suas derivadas. Exemplos: Müller, mülleriano.

17.2 Regras de Acentuação

Ditongos abertos em paroxítonas

Não se usa mais o acento dos ditongos abertos éi e ói das palavras paroxítonas (palavras que têm acento tônico na penúltima sílaba).

alcateia, androide, apoia, apoio (verbo), asteroide, boia, celuloide, claraboia, colmeia, Coreia, debiloide, epopeia, estoico, estreia, geleia, heroico, ideia, jiboia, joia, odisseia, paranoia, paranoico, plateia, tramoia.

Obs.: a regra é somente para palavras paroxítonas. Assim, continuam a ser acentuadas as palavras oxítonas e os monossílabos tônicos terminados em éi(s), ói(s). Exemplos: papéis, herói, heróis, dói (verbo doer), sóis etc.

A palavra ideia não leva mais acento, assim como heroico. Mas o termo herói é acentuado.

I e u tônicos depois de um ditongo

Nas palavras paroxítonas, não se usa mais o acento no i e no u tônicos quando vierem depois de um ditongo.

baiuca, bocaiuva (tipo de palmeira), cauila (avarento)

Obs.:

> *se a palavra for oxítona e o i ou o u estiverem em posição final (ou seguidos des), o acento permanece. Exemplos: tuiuiú, tuiuiús, Piauí;*
> *se o i ou o u forem precedidos de ditongo crescente, o acento permanece. Exemplos: guaíba, Guaíra.*

Hiatos ee e oo

Não se usa mais acento em palavras terminadas em eem e oo(s).

abençoo, creem, deem, doo, enjoo, leem, magoo, perdoo, povoo, veem, voos, zoo

Acento diferencial

Não se usa mais o acento que diferenciava os pares pára/para, péla(s)/pela(s), pêlo(s)/pelo(s), pólo(s)/polo(s) e pêra/pera.

Exs.:

Ele para o carro.

Ele foi ao polo Norte.

Ele gosta de jogar polo.

Esse gato tem pelos brancos.

Comi uma pera.

Obs.:

> *Permanece o acento diferencial em pôde/pode. Pôde é a forma do passado do verbo poder (pretérito perfeito do indicativo), na 3ª pessoa do singular. Pode é a forma do presente do indicativo, na 3ª pessoa do singular.*

Ontem, ele não pôde sair mais cedo, mas hoje ele pode.

> *Permanece o acento diferencial em pôr/por. Pôr é verbo. Por é preposição. Exemplo: Vou pôr o livro na estante que foi feita por mim.*

> *Permanecem os acentos que diferenciam o singular do plural dos verbos ter e vir, assim como de seus derivados (manter, deter, reter, conter, convir, intervir, advir etc.).*

Exs.:

Ele tem dois carros. / Eles têm dois carros.

Ele vem de Sorocaba. / Eles vêm de Sorocaba.

Ele mantém a palavra. / Eles mantêm a palavra.

Ele convém aos estudantes. / Eles convêm aos estudantes.

Ele detém o poder. / Eles detêm o poder.

Ele intervém em todas as aulas. / Eles intervêm em todas as aulas.

> *É facultativo o uso do acento circunflexo para diferenciar as palavras forma/fôrma. Em alguns casos, o uso do acento deixa a frase mais clara. Veja este exemplo: Qual é a forma da fôrma do bolo?*

Acento agudo no u tônico

Não se usa mais o acento agudo no u tônico das formas (tu) arguis, (ele) argui, (eles) arguem, do presente do indicativo dos verbos arguir e redarguir.

17.3 Hífen com Compostos

Palavras compostas sem elementos de ligação

Usa-se o hífen nas palavras compostas que não apresentam elementos de ligação.

guarda-chuva, arco-íris, boa-fé, segunda-feira, mesa-redonda, vaga-lume, joão-ninguém, porta-malas, porta-bandeira, pão-duro, bate-boca.

Exceções: Não se usa o hífen em certas palavras que perderam a noção de composição, como girassol, madressilva, mandachuva, pontapé, paraquedas, paraquedista, paraquedismo.

Compostos com palavras iguais

Usa-se o hífen em compostos que têm palavras iguais ou quase iguais, sem elementos de ligação.

reco-reco, blá-blá-blá, zum-zum, tico-tico, tique-taque, cri-cri, glu-glu, rom-rom, pingue-pongue, zigue-zague, esconde-esconde, pega-pega, corre-corre.

Compostos com elementos de ligação

Não se usa o hífen em compostos que apresentam elementos de ligação.

pé de moleque, pé de vento, pai de todos, dia a dia, fim de semana, cor de vinho, ponto e vírgula, camisa de força, cara de pau, olho de sogra.

Obs.: Incluem-se nesse caso os compostos de base oracional.

maria vai com as outras, leva e traz, diz que diz que, deus me livre, deus nos acuda, cor de burro quando foge, bicho de sete cabeças, faz de conta.

Exceções: água-de-colônia, arco-da-velha, cor-de-rosa, mais-que-perfeito, pé-de-meia, ao deus-dará, à queima-roupa.

Topônimos

Usa-se o hífen nas palavras compostas derivadas de topônimos (nomes próprios de lugares), com ou sem elementos de ligação.

Exs.:
Belo Horizonte: belo-horizontino
Porto Alegre: porto-alegrense
Mato Grosso do Sul: mato-grossense-do-sul
Rio Grande do Norte: rio-grandense-do-norte
África do Sul: sul-africano

17.4 Uso do Hífen com Palavras Formadas por Prefixos

Casos gerais

Antes de h

Usa-se o hífen diante de palavra iniciada por h.

Exs.:
anti-higiênico
anti-histórico
macro-história
mini-hotel
proto-história
sobre-humano
super-homem
ultra-humano

Letras iguais

Usa-se o hífen se o prefixo terminar com a mesma letra com que se inicia a outra palavra.

Exs.:
micro-ondas
anti-inflacionário
sub-bibliotecário
inter-regional

Letras diferentes

Não se usa o hífen se o prefixo terminar com letra diferente daquela com que se inicia a outra palavra.

Exs.:
autoescola
antiaéreo
intermunicipal
supersônico
superinteressante
agroindustrial
aeroespacial
semicírculo

Obs.: Se o prefixo terminar por vogal e a outra palavra começar por r ou s, dobram-se essas letras.

Exs.:
minissaia
antirracismo
ultrassom
semirreta

LÍNGUA PORTUGUESA

Casos particulares

Prefixos sub e sob

Com os prefixos sub e sob, usa-se o hífen também diante de palavra iniciada por r.

Exs.:
sub-região
sub-reitor
sub-regional
sob-roda

Prefixos circum e pan

Com os prefixos circum e pan, usa-se o hífen diante de palavra iniciada por m, n e vogal.

Exs.:
circum-murado
circum-navegação
pan-americano

Outros prefixos

Usa-se o hífen com os prefixos ex, sem, além, aquém, recém, pós, pré, pró, vice.

Exs.:
além-mar
além-túmulo
aquém-mar
ex-aluno
ex-diretor
ex-hospedeiro
ex-prefeito
ex-presidente
pós-graduação
pré-história
pré-vestibular
pró-europeu
recém-casado
recém-nascido
sem-terra
vice-rei

Prefixo co

O prefixo co junta-se com o segundo elemento, mesmo quando este se inicia por o ou h. Neste último caso, corta-se o h. Se a palavra seguinte começar com r ou s, dobram-se essas letras.

Exs.:
coobrigação
coedição
coeducar
cofundador
coabitação
coerdeiro
corréu
corresponsável
cosseno

Prefixos pre e re

Com os prefixos pre e re, não se usa o hífen, mesmo diante de palavras começadas por e.

Exs.:
preexistente
preelaborar
reescrever
reedição

Prefixos ab, ob e ad

Na formação de palavras com ab, ob e ad, usa-se o hífen diante de palavra começada por b, d ou r.

Exs.:
ad-digital
ad-renal
ob-rogar
ab-rogar

Outros casos do uso do hífen

Não e quase

Não se usa o hífen na formação de palavras com não e quase.

Exs.:
(acordo de) não agressão
(isto é um) quase delito

Mal

Com mal*, usa-se o hífen quando a palavra seguinte começar por vogal, h ou l.

Exs.:
mal-entendido
mal-estar
mal-humorado
mal-limpo

Obs.: Quando mal significa doença, usa-se o hífen se não houver elemento de ligação.

Exs.:
mal-francês.

Se houver elemento de ligação, escreve-se sem o hífen.
mal de lázaro, mal de sete dias.

Tupi-guarani

Usa-se o hífen com sufixos de origem tupi-guarani que representam formas adjetivas: açu, guaçu, mirim.

Exs.:
capim-açu
amoré-guaçu
anajá-mirim

Combinação ocasional

Usa-se o hífen para ligar duas ou mais palavras que ocasionalmente se combinam, formando não propriamente vocábulos, mas encadeamentos vocabulares.

Exs.:
ponte Rio-Niterói
eixo Rio-São Paulo

Hífen e translineação

Para clareza gráfica, se no final da linha a partição de uma palavra ou combinação de palavras coincidir com o hífen, ele deve ser repetido na linha seguinte.

Exs.:
Na cidade, conta-
-se que ele foi viajar.
O diretor foi receber os ex-
-alunos.
guarda-
-chuva
Por favor, diga-
-nos logo o que aconteceu.

17.5 Síntese das Principais Regras do Hífen

	Síntese do Hífen	
Letras diferentes	Não use hífen	Infraestrutura, extraoficial, supermercado
Letras iguais	Use hífen	Anti-inflamatório, contra-argumento, inter-racial, hiper-realista
Vogal + r ou s	Não use hífen (duplique r ou s)	Corréu, cosseno, minissaia, autorretrato
Bem	Use hífen	Bem-vindo, bem-humorado

17.6 Quadro Resumo do Emprego do Hífen com Prefixos

Prefixos	Letra que inicia a palavra seguinte
Ante-, Anti-, Contra-, Entre-, Extra-, Infra-, Intra-, Sobre-, Supra-, Ultra-	H / VOGAL IDÊNTICA À QUE TERMINA O PREFIXO Exemplos com H: ante-hipófise, anti-higiênico, anti-herói, contra-hospitalar, entre-hostil, extra-humano, infra-hepático, sobre-humano, supra-hepático, ultra-hiperbólico. Exemplos com vogal idêntica: anti-inflamatório, contra-ataque, infra-axilar, sobre-estimar, supra-auricular, ultra-aquecido.
Ab-, Ad-, Ob-, Sob-	B – R – D (Apenas com o prefixo "Ad") Exemplos: ab-rogar (pôr em desuso), ad-rogar (adotar), ob-reptício (astucioso), sob-roda, ad-digital
Circum-, Pan-	H / M / N / VOGAL Exemplos: circum-meridiano, circum-navegação, circum-oral, pan-americano, pan-mágico, pan-negritude.
Ex- (no sentido de estado anterior), Sota-, Soto-, Vice-, Vizo-	DIANTE DE QUALQUER PALAVRA Exemplos: ex-namorada, sota-soberania (não total), soto-mestre (substituto), vice-reitor, vizo-rei.
Hiper-, Inter-, Super-	H / R Exemplos: hiper-hidrose, hiper-raivoso, inter-humano, inter-racial, super-homem, super-resistente.
Pós-, Pré-, Pró- (tônicos e com significados próprios)	DIANTE DE QUALQUER PALAVRA Exemplos: pós-graduação, pré-escolar, pró-democracia. Obs.: se os prefixos não forem autônomos, não haverá hífen. Exemplos: predeterminado, pressupor, pospor, propor.
Sub-	B – H – R Exemplos: sub-bloco, sub-hepático, sub-humano, sub-região. Obs.: "subumano" e "subepático" também são aceitas.
Pseudoprefixos (diferem-se dos prefixos por apresentarem elevado grau de independência e possuírem uma significação mais ou menos delimitada, presente à consciência dos falantes.) Aero-, Agro-, Arqui-, Auto-, Bio-, Eletro-, Geo-, Hidro-, Macro-, Maxi-, Mega-, Micro-, Mini-, Multi-, Neo-, Pluri-, Proto-, Pseudo-, Retro-, Semi-, Tele-	H / VOGAL IDÊNTICA À QUE TERMINA O PREFIXO Exemplos com H: geo-histórico, mini-hospital, neo-helênico, proto-história, semi-hospitalar. Exemplos com vogal idêntica: arqui-inimigo, auto-observação, eletro-ótica, micro-ondas, micro-ônibus, neo-ortodoxia, semi-interno, tele-educação.

LÍNGUA PORTUGUESA

ACORDO ORTOGRÁFICO DA LÍNGUA PORTUGUESA

01. Não se utilizará o hífen em palavras iniciadas pelo prefixo 'co-'.

    Ex.: coadministrar, coautor, coexistência, cooptar, coerdeiro corresponsável, cosseno.

02. *Prefixos des- e in- + segundo elemento sem o "h" inicial.*

    Ex.: *desarmonia, desumano, desumidificar, inábil, inumano, etc.*

03. Não se utilizará o hífen com a palavra não.

    Ex.: não violência, não agressão, não comparecimento.

04. Não se utiliza o hífen em palavras que possuem os elementos "bi", "tri", "tetra", "penta", "hexa", etc.

    Ex.: bicampeão, bimensal, bimestral, bienal, tridimensional, trimestral, triênio, tetracampeão, tetraplégico, pentacampeão, pentágono, etc.

05. Em relação ao prefixo "hidro", em alguns casos pode haver duas formas de grafia.

    Ex.: hidroelétrica e hidrelétrica

06. No caso do elemento "socio", o hífen será utilizado apenas quando houver função de substantivo (= de associado).

    Ex.: sócio-gerente / socioeconômico

Questões

01. As palavras "superfície" e "saída" recebem acento gráfico, assim como são acentuadas graficamente todas as palavras a seguir: ideia, heroico, mantem, proximo e pe.

    Certo ( )   Errado ( )

02. Nas alternativas a seguir, os acentos foram omitidos propositadamente. Assinale a alternativa em que todas as palavras deveriam ser graficamente acentuadas
    a) rubrica, diluvio, viuva.
    b) ambar, heroi, ilustra-lo.
    c) protons, forceps, releem.
    d) dificilmente, Piaui, misantropo.
    e) perdoo, atribuimos, caiste.

03. Observe as frases abaixo e responda a seguir.
    01. Fiz toda a janta usando só o _____.
    02. Na _____, os homens viviam em cavernas.
    03. Meu _____ é _____.

    As palavras que completam corretamente as lacunas em (1), (2) e (3) são, respectivamente:
    a) micro-ondas / pré-história / microcomputador / seminovo.
    b) microondas / préhistória / microcomputador / seminovo.
    c) micro-ondas / pré-história / microcomputador / semi-novo.
    d) microndas / preistoria / microcomputador / seminovo.
    e) micro-ondas / pré-história / micro-computador / seminovo.

04. Assinale a alternativa correta, segundo o novo acordo ortográfico:

    "O pronunciamento do parlamentar na _____ da peça de teatro teve repercussão na impressa, de modo que o outro deputado, ao desembarcar do seu _____ rumo à cidade de _____, no estado do _____ também falou sobre o assunto: Os que _____ jornais saberão do que estou falando".
    a) Estréia – vôo – Parnaíba – Piauí – lêem
    b) Estreia – vôo – Parnaiba – Piaui – lêem
    c) Estreia – voo – Parnaíba – Piauí – leem
    d) Estreia – voo – Parnaíba – Piauí – leem
    e) Estreia – voo – Parnaíba – Piauí – lêem

05. Assinale a opção em o emprego do hífen, segundo as regras do mais recente Acordo Ortográfico, está incorreto.
    a) Vamos comprar um anti-inflamatório porque ela está superresfriada.
    b) O quadro foi protegido com vidro antirreflexo
    c) Ele era corréu na acusação de ter assassinado o contrarregra
    d) O grupo antissequestro já participa da investigação.
    e) Trata-se de uma informação semioficial.

06. De acordo com a Nova Ortografia da Língua Portuguesa, no trecho "Apoiou ditaduras, avalizou políticas antipopulares, fingiu não ver os desmandos de aliados (...)" o termo destacado

    I. deveria ter sido grafado com hífen, como em anti-higiênico e anti-inflacionário.
    II. está adequadamente grafado, obedecendo à regra em que prefixo terminado em vogal se junta com a palavra iniciada por consoante.
    III. está adequadamente grafado, assim como em antiaéreo e antiprofissional.
    IV. tem como facultativo o emprego do hífen, visto que o Novo Acordo Ortográfico ainda é recente.
    V. obedece à mesma regra que palavras formadas por prefixos como super-, ultra- e sub-.

    Estão CORRETAS as proposições
    a) II, III, IV e V.
    b) I, II e IV.
    c) II, III e V.
    d) I, II e III.
    e) I, II, III, IV e V.

07. Assinale a opção em que há quatro palavras INCORRETAS:
    a) coronéis; micro-ondas; hipersensível; super-resistente; anti-horário; bem-vindo.
    b) acessor; atraso; infringir; jus; excessão; ascenção; aridês; vírus; excesso; viuvez.
    c) canalizar, pesquisar, analisar, balizar, sintetizar; dialisar; atualizar; bisar; prezar.
    d) ideia, chapéu, herói, plateia, condói, céu, perdoo, voo, geo-história, subsolo.

08. "O idioma tornou-se multicultural, multiétnico, pois a maior parte dos falantes da África e da Índia é bilíngue ou multilíngue." A ortografia, nesse trecho, respeita as regras determinadas pelo novo acordo ortográfico, assim como em todas as palavras de qual alternativa? Assinale-a.
    a) O sóciogerente participou da reunião com a pré-comissão do evento.

b) A infraestrutura está protegida por um eficiente sistema de para-raios.
c) O médico solicitou exames pre-cirúrgicos, como ultrassom e coleta de sangue para análise.
d) Houve efeitos que indicaram a interrelação dos elementos presentes na estrutura pré-moldada.

09. Assinale a opção em que a palavra não está de acordo com o Novo Acordo Ortográfico:
    a) Ideia;
    b) Inter-relação;
    c) Microeletrônica;
    d) Minissérie;
    e) Auto-ajuda.

10. Leia o cartoon.

Disponível em: https://ciberduvidas.iscte-iul.pt/Images/AOCartoon2.jpg.
Acesso em 05 de mar. de 2016

O efeito de humor no cartoon é produzido devido a uma mudança na grafia da palavra "microondas" de acordo com o Novo Acordo Ortográfico. Segundo esse documento

a) O hífen deve ser usado em dois casos: quando a segunda parte da palavra começar com s ou r (contra-regra permanece com hífen), e quando a primeira parte da palavra termina com vogal e a segunda parte começa com vogal (auto-estrada).
b) Já o acento agudo permanece nos ditongos abertos "ei" e "oi" (antes "éi" e "ói"), na grafia de palavras como colméia e jibóia.
c) O hífen deve ser usado se o prefixo do primeiro elemento terminar com a mesma vogal que inicia o segundo.
d) O acento circunflexo foi mantido nas palavras terminadas em "êem", como nas formas verbais lêem, crêem, vêem e em substantivos como enjôo e vôo.
e) Não se usa hífen nas palavras cujo prefixo for "ex" (no sentido de estado anterior) e "vice".

Gabaritos

01	ERRADO	06	C
02	B	07	B
03	A	08	B
04	D	09	E
05	A	10	C

LÍNGUA PORTUGUESA

18. INTERPRETAÇÃO DE TEXTOS

18.1 Ideias Preliminares sobre o Assunto

Independentemente de quem seja o professor de Língua Portuguesa, é muito comum ele ouvir alguns alunos falando que até gostam da matéria em questão, mas que possuem muita dificuldade com a interpretação dos textos. Isso é algo totalmente normal, principalmente porque costumamos fazer algo terrível chamado de "leitura dinâmica" que poderia ser traduzido da seguinte maneira: procedimento em que você olha as palavras mas não entende o significado do que está lá escrito.

Para interpretar um texto, o indivíduo precisa de muita atenção e de muito treino. Interpretar pode ser comparado com disparar uma arma: apenas temos chance de acertar o alvo se treinarmos muito e soubermos combinar todos os elementos externos ao disparo: velocidade do ar, direção, distância etc.

Quando o assunto é texto, o primordial é estabelecer uma relação contextual com aquilo que estamos lendo. Montar o contexto significa associar o que está escrito no texto base com o que está disposto nas questões. Lembre-se de que há uma questão montada com a intenção de testar você, ou seja, deve ficar atento para todas as palavras e para todas as possibilidades de mudança de sentido que possa haver nas questões.

É preciso, para entender as questões de interpretação de qualquer banca, buscar o raciocínio que o elaborador da questão emprega na redação da questão. Usualmente, objetiva-se a depreensão dos sentidos do texto. Para tanto, destaque os itens fundamentais (as ideias principais contidas nos parágrafos) para poder refletir sobre tais itens dentro das questões.

18.2 Semântica ou Pragmática?

Existe uma discussão acadêmica sobre o que possa ser considerado como semântica e como pragmática. Em que pese o fato de os universitários divergirem a respeito do assunto, vamos estabelecer uma distinção simples, apenas para clarear nossos estudos.

Semântica: disciplina que estuda o significado dos termos. Para as questões relacionadas a essa área, o comum é que se questione acerca da troca de algum termo e a manutenção do sentido original da sentença.

Pragmática: disciplina que estuda o sentido que um termo assume dentro de determinado contexto. Isso quer dizer que a identificação desse sentido depende do entorno linguístico e da intenção de quem exprime a sentença.

Para exemplificar essa situação, vejamos o exemplo abaixo:

Pedro está na geladeira.

Nesse caso, é possível que uma questão avalie a capacidade de o leitor compreender que há, no mínimo, dois sentidos possíveis para essa sentença: um deles diz respeito ao fato de a expressão "na geladeira" poder significar algo como "ele foi até a geladeira buscar algo", o que – coloquialmente – significaria uma expressão indicativa de lugar. O outro sentido diz respeito ao fato de "na geladeira" significar que "foi apartado de alguma coisa para receber algum tipo de punição".

A questão sobre semântica exigiria que o candidato percebesse a possibilidade de trocar a palavra "geladeira" por "refrigerador" – havendo, nesse caso, uma relação de sinonímia.

A questão de pragmática exigiria que o candidato percebesse a relação contextualmente estabelecida, ou seja, a criação de uma figura de linguagem (um tipo de metáfora) para veicular um sentido particular.

18.3 Questão de Interpretação?

Como se faz para saber que uma questão de interpretação é uma questão de interpretação? É uma mera intuição que surge na hora da prova ou existe uma "pista" a ser seguida para a identificação da natureza da questão?

Respondendo a essa pergunta, entende-se que há pistas que identificam a questão como pertencente ao rol de questões para interpretação. Os indícios mais precisos que costumam aparecer nas questões são:

Reconhecimento da intenção do autor.

Ponto de vista defendido.

Argumentação do autor.

Sentido da sentença.

Apesar disso, não são apenas esses os indícios de que uma questão é de intepretação. Dependendo da banca, podemos ter a natureza interpretativa distinta, principalmente porque o critério de interpretação é mais subjetivo que objetivo. Algumas bancas podem restringir o entendimento do texto; outras podem extrapolá-lo.

18.4 Tipos de Texto - O Texto e suas Partes

Um texto é um todo. Um todo é constituído de diversas partes. A interpretação é, sobremaneira, uma tentativa de reconhecer as intenções de quem comunica recompondo as partes para uma visão global do todo.

Para podermos interpretar, é necessário termos o conhecimento prévio a respeito dos tipos de texto que, fortuitamente, podemos encontrar em um concurso. Vejamos quais são as distinções fundamentais com relação aos tipos de texto.

18.5 O Texto Dissertativo

Nas acepções mais comuns do dicionário, o verbo "dissertar" significa "discorrer ou opinar sobre algum tema". O texto dissertativo apresenta uma ideia básica que começa a ser desdobrada em subitens ou termos menores. Cabe ressaltar que não existe apenas um tipo de dissertação, há mais de uma maneira de o autor escrever um texto dessa natureza.

Conceituar, polemizar, questionar a lógica de algum tema, explicar ou mesmo comentar uma notícia são estratégias dissertativas. Vamos dividir essa tipologia textual em dois tipos essencialmente diferentes: o **dissertativo-expositivo** e o **dissertativo-argumentativo**.

Padrão dissertativo-expositivo

A característica fundamental do padrão expositivo da dissertação é utilizar a estrutura da prosa não para convencer alguém de alguma coisa, e sim para apresentar uma ideia, apresentar um conceito. O princípio do texto expositivo não é a persuasão, é a informação e, justamente por tal fato, ficou conhecido como informativo. Para garantir uma boa interpretação desse padrão textual, é importante buscar a ideia principal (que deve estar presente na introdução do texto) e, depois, entender quais serão os aspectos que farão o texto progredir.

> **Onde posso encontrar esse tipo de texto?** Jornais revistas, sites sobre o mundo de economia e finanças. Diz-se que esse tipo de texto focaliza a função referencial da linguagem.
>
> **Como costuma ser o tipo de questão relacionada ao texto dissertativo-expositivo?** Geralmente, os elaboradores questionam sobre as informações veiculadas pelo texto. A tendência é que o elaborador inverta as informações contidas no texto.
>
> **Como resolver mais facilmente?** Toda frase que mencionar o conceito ou a quantidade de alguma coisa deve ser destacada para facilitar a consulta.

Padrão dissertativo-argumentativo

No texto do padrão dissertativo-argumentativo, existe uma opinião sendo defendida e existe uma posição ideológica por detrás de quem escreve o texto. Se analisarmos a divisão dos parágrafos de um texto com características argumentativas, perceberemos que a introdução apresenta sempre uma tese (ou hipótese) que é defendida ao longo dos parágrafos.

Uma vez feito isso, o candidato deve entender qual é a estratégia utilizada pelo produtor do texto para defender seu ponto de vista. Na verdade, agora é o momento de colocar "a mão na massa" para valer, uma vez que aqueles enunciados que iniciam com "infere-se da argumentação do texto", "depreende-se dos argumentos do autor" serão vencidos caso se observem os fatores de interpretação corretos.

Quais são esses fatores, então?

> A conexão entre as ideias do texto (atenção para as conjunções).
>
> Articulação entre as ideias do texto (atenção para a combinação de argumentos).
>
> Progressão do texto.

Os Recursos Argumentativos:

Quando o leitor interage com uma fonte textual, deve observar - tratando-se de um texto com o padrão dissertativo-argumentativo - que o autor se vale de recursos argumentativos para construir seu raciocínio dentro do texto. Vejamos alguns recursos importantes:

> **Argumento de autoridade**: baseado na exposição do pensamento de algum especialista ou alguma autoridade no assunto. Citações, paráfrases e menções ao indivíduo podem ser tomadas ao longo do texto. Tome cuidado para não cair na armadilha: saiba diferenciar se a opinião colocada em foco é a do autor ou se é a do indivíduo que ele cita ao longo do texto.
>
> **Argumento com base em consenso**: parte de uma ideia tomada como consensual, o que "carrega" o leitor a entender apenas aquilo que o elaborador mostra. Sentenças do tipo todo mundo sabe que, é de conhecimento geral que identificam esse tipo de argumentação.
>
> **Argumento com fundamentação concreta**: basear aquilo que se diz em algum tipo de pesquisa ou fato que ocorre com certa frequência.
>
> **Argumento silogístico (com base em um raciocínio lógico)**: do tipo hipotético - Se...então.
>
> **Argumento de competência linguística**: consiste em adequar o discurso ao panorama linguístico de quem é tido como possível leitor do texto.
>
> **Argumento de exemplificação**: utilizar casos, ou pequenos relatos para ilustrar a argumentação do texto.

Questões

01. (CESPE) Leia o texto:

Costumamos olhar pouco para fora do Brasil quando tentamos compreender o que estamos vivendo. Faz muito que a distância entre os países desapareceu, no plano objetivo. Continuamos, porém, vivendo "isolados do mundo", como diz uma canção, ainda que apenas na subjetividade.

Se pensarmos no que está à nossa volta, na América do Sul, então, mais ainda. Mesmo quando é bem informado, o brasileiro típico se mostra mais capaz de dar notícia do que ocorre na Europa e nos Estados Unidos da América do que em qualquer de nossos vizinhos.

É pena, pois estar mais informados sobre o que acontece além das fronteiras pode ajudar muito a que nos entendamos como país.

Marcos Coimbra. Olhando à nossa volta. In: Correio Braziliense, 23/9/2007 (com adaptações).

O autor do texto, em sua argumentação, opõe o desaparecimento da distância entre os Estados Unidos da América e a Europa, no "plano objetivo", à preservação dessa distância entre os países da América do Sul, no plano subjetivo.

Certo ( )   Errado ( )

Celular Vira 'Fura-trânsito' em São Paulo

Em uma cidade com tantos problemas no trânsito como São Paulo, a indústria de apps - os aplicativos para celulares e tablets - encontrou terreno fértil para se desenvolver.

Aplicativos lançados recentemente ajudam o motorista a escapar de alagamentos, a desviar de congestionamentos e até a saber onde há vagas para estacionar.

Um dos mais famosos é o Waze. Criado em Israel, é uma mistura de rede social com GPS, em que motoristas compartilham as condições do trânsito e pontos críticos de congestionamento.

Uri Levine, fundador e presidente do Waze, diz que a ideia surgiu em suas férias de 2007, ao viajar com amigos. Ele foi o último a sair, ligou para saber como estava o trânsito e evitou engarrafamentos.

Situação semelhante ocorreu em São Paulo, na temporada de chuvas de 2010. Noel Rocha trabalhava no centro e precisava passar pelo túnel do Anhangabaú - famoso pelos alagamentos.

LÍNGUA PORTUGUESA

INTERPRETAÇÃO DE TEXTOS

Preso no trânsito, ele queria saber se o túnel estava fechado. "Tentei, pelo celular, o site do CGE (Centro de Gerenciamento de Emergências), mas achei muito complicado." Foi aí que teve a ideia de criar o Alaga SP, aplicativo que mostra os alagamentos ativos em São Paulo a partir de informações da prefeitura.

Além do Waze e do Alaga SP, destacam-se o Moovit - que oferece informações sobre o transporte público (ônibus, trens etc.) -, o Maplink - que mostra rotas, condições de trânsito e exibe imagens dos principais corredores através de um sistema de coleta de informações próprio - e o Apontador Rodoviário, que traça rotas e mostra a localização de pedágios com seus preços.

(André Monteiro, Folha de S.Paulo, 10.03.2013. Adaptado)

02. (VUNESP) Os aplicativos mencionados no texto têm, em comum, a finalidade de:
a) Oferecer aos usuários opções para contornarem os problemas no trânsito.
b) Substituir os órgãos públicos na fiscalização do tráfego de veículos.
c) Auxiliar os pedestres e acabar com os atropelamentos nas grandes cidades.
d) Orientar os motoristas que desconhecem as principais leis de trânsito.
e) Reduzir o número de carros por habitante na cidade de São Paulo.

03. (VUNESP) Uri Levine e Noel Rocha idealizaram os aplicativos Waze e Alaga SP, respectivamente, a partir:
a) Da conversa com amigos que reclamavam do trânsito.
b) De suas experiências concretas como motoristas.
c) De situações em que se viram presos em engarrafamentos.
d) Da impossibilidade de viajar devido a alagamentos.
e) Da cópia de aplicativos idênticos que faziam sucesso no mercado.

04. (VUNESP) "Quando paro com meu carro no semáforo, já olho se o caminho que vou fazer está congestionado. Se estiver, pego uma alternativa e, se também estiver travada, uso o aplicativo para avisar os outros motoristas."
Considerando as descrições dos aplicativos apresentadas no texto, pode-se concluir que esse comentário se refere ao uso do:
a) Waze.
b) Alaga SP.
c) Moovit.
d) Maplink.
e) Apontador Rodoviário.

05. (VUNESP) Leia o primeiro parágrafo:
Em uma cidade com tantos problemas no trânsito como São Paulo, a indústria de apps – os aplicativos para celulares e tablets - encontrou **terreno fértil** para se desenvolver.
A expressão **terreno fértil** pode ser substituída, sem alteração da mensagem, por:
a) Necessidade restrita.
b) Cenário conturbado.
c) Condições propícias.
d) Ferramentas exóticas.
e) Momento contraditório.

Observe a passagem do terceiro parágrafo: Criado em Israel, é uma mistura de rede social com GPS, em que motoristas compartilham as condições do trânsito e pontos **críticos** de congestionamento.

06. (VUNESP) O termo **críticos**, em destaque, é empregado com o sentido de:
a) Distintos.
b) Provisórios.
c) Sugestivos.
d) Problemáticos.
e) Analíticos.

O novo milênio - designado como era do conhecimento, da informação - é marcado por mudanças de relevante importância e por impactos econômicos, políticos e sociais. Em épocas de transformações tão radicais e abrangentes como essa, caracterizada pela transição de uma era industrial para uma baseada no conhecimento, aumenta-se o grau de indefinições e incertezas. Há, portanto, que se fazer esforço redobrado para identificar e compreender esses novos processos - o que exige o desenvolvimento de um novo quadro conceitual e analítico que permita captar, mensurar e avaliar os elementos que determinam essas mudanças - e para distinguir, entre as características e tendências emergentes, as que são mais duradouras das que são transitórias, ou seja, lidar com a necessidade do que Milton Santos resumiu como distinguir o modo da moda.

No novo padrão técnico-econômico, notam-se a crescente inovação, intensidade e complexidade dos conhecimentos desenvolvidos e a acelerada incorporação desses nos bens e serviços produzidos e comercializados pelas organizações e pela sociedade. Destacam-se, sobretudo, a maior velocidade, a confiabilidade e o baixo custo de transmissão, armazenamento e processamento de enormes quantidades de conhecimentos codificados e de outros tipos de informação.

Helena Maria Martins Lastres et al. Desafios e oportunidades da era do conhecimento. In: São Paulo em Perspectiva, 16(3), 2002, p. 60-1 (com adaptações).

A partir das ideias e dos argumentos suscitados pelo texto, julgue os itens subsequentes.

07. (CESPE) Da leitura do texto infere-se que o novo milênio engloba a era do conhecimento, em que a vantagem competitiva decorrente da produção e comercialização de bens e serviços ocorrerá por meio da geração do conhecimento, que permitirá a manutenção do potencial inovador das organizações.
Certo ( )   Errado ( )

08. (CESPE) No texto, é abordada a necessidade de se lidar com as tendências e mudanças derivadas das novas formas de conhecimento, objeto do que se denomina, hoje, por era do conhecimento.
Certo ( )   Errado ( )

O setor de tecnologias da informação e comunicação (TICs) impulsiona um conjunto de inovações técnico-científicas, organizacionais, sociais e institucionais, gerando novas possibilidades de retorno econômico e social nas mais variadas atividades. Por contribuir para a elevação do valor agregado da produção, com reflexos positivos no emprego, na renda e na qualidade de vida da população, esse ramo vem obtendo status privilegiado em diversas políticas e programas nacionais para a ampliação do acesso às telecomunicações, aceleração da informatização e mitigação da exclusão digital. Como exemplo, podem ser destacadas as propostas de fortalecimento da competitividade inseridas no âmbito da Política de Desenvolvimento Produtivo do Ministério do Desenvolvimento, Indústria e Comércio, que são imprescindíveis em face do panorama da crise financeira internacional.

Cristiane Vianna Rauen et al. Relatório de acompanhamento setorial. In: Tecnologias de informação e comunicação, v. III. UNICAMP e Agência Brasileira de Desenvolvimento Industrial, ago./2009, p. 10-1 (com adaptações).

No que diz respeito aos argumentos e às estruturas linguísticas do texto acima, julgue o próximo item:

09. (CESPE) Da leitura do texto depreende-se que as TICs representam a nova base tecnoprodutiva em conhecimento e podem ser consideradas as principais difusoras de progresso técnico nos dias de hoje, além de constituírem elemento estratégico das organizações e instituições.

Certo ( )   Errado ( )

Crescimento da População é "Desafio do Século", Diz Consultor da ONU

O crescimento populacional é o "desafio do século" e não está sendo tratado de forma adequada na Rio+20, segundo o consultor do Fundo de População das Nações Unidas, Michael Herrmann.

"O desafio do século é promover bem-estar para uma população grande e em crescimento, ao mesmo tempo em que se assegura o uso sustentável dos recursos naturais" [...] "As questões relacionadas à população estão sendo tratadas de forma adequada nas negociações atuais? Eu acho que não. O assunto é muito sensível e muitos preferem evitá-lo. Mas nós estaremos enganando a nós mesmos se acharmos que é possível falar de desenvolvimento sustentável sem falar sobre quantas pessoas seremos no planeta, onde estaremos vivendo e que estilo de vida teremos", afirmou.

No fim do ano passado, a população mundial atingiu a marca de sete bilhões de pessoas. As projeções indicam que, em 2050, serão 9 bilhões. O crescimento é mais intenso nos países pobres, mas Herrmann defende que os esforços para o enfrentamento do problema precisam ser globais.

"Se todos quiserem ter os padrões de vida do cidadão americano médio, precisaremos ter cinco planetas para dar conta. Isso não é possível. Mas também não é aceitável falar para os países em desenvolvimento 'desculpa, vocês não podem ser ricos, nós não temos recursos suficientes'. É um desafio global, que exige soluções globais e assistência ao desenvolvimento", afirmou.

O consultor disse ainda que o Fundo de População da ONU é contrário a políticas de controle compulsório do crescimento da população. Segundo ele, as políticas mais adequadas são aquelas que permitem às mulheres fazerem escolhas sobre o número de filhos que querem e o momento certo para engravidar. Para isso, diz, é necessário ampliar o acesso à educação e aos serviços de saúde reprodutiva e planejamento familiar. [...]

MENCHEN, Denise. Crescimento da população é "desafio do século", diz consultor da ONU. Folha de São Paulo. São Paulo, 11 jun. 2012. Ambiente. Disponível em:<http://www1.folha.uol.com.br/ambiente.1103277-crescimento-da-populacao-e-desafio-do--seculo-diz-consultor-da-onu.shtml>. Acesso em: 22 jun. 2012. Adaptado.

10. (CESGRANRIO) No Texto I, Michael Herrmann, consultor do Fundo de População das Nações Unidas, afirma que tratar o crescimento populacional de forma adequada significa:
a) Enfrentar o problema de forma localizada e evitar soluções globalizantes.
b) Permitir a proliferação dos padrões de vida do cidadão americano e rechaçar a miséria.
c) Evitar o enriquecimento dos países emergentes e incentivar a preservação ambiental nos demais.
d) Implementar uma política de controle populacional compulsório e garantir acesso à educação e aos serviços de saúde reprodutiva.
e) Promover o bem-estar da população e assegurar o uso sustentável dos recursos naturais.

Gabaritos

01	ERRADO	06	D
02	A	07	CERTO
03	B	08	CERTO
04	A	09	CERTO
05	C	10	E

LÍNGUA PORTUGUESA

19. DEMAIS TIPOLOGIAS TEXTUAIS

19.1 O Texto Narrativo

Em uma definição bem simplista, "narrar" significa "sequenciar ações". É um dos gêneros mais utilizados e mais conhecidos pelo ser humano, quer no momento de relatar algum evento para alguém – em um ambiente mais formal -, quer na conversa informal sobre o resumo de um dia de trabalho. O fato é que narramos, e o fazemos de maneira praticamente instintiva. É importante, porém, conhecer quais são seus principais elementos de estruturação.

Os operadores do texto narrativo são:

Narrador: é a voz que conduz a narrativa.

Narrador-protagonista: narra o texto em primeira pessoa.

Narrador-personagem (testemunha): nesse caso, quem conta a história não participou como protagonista, no máximo como um personagem adjuvante da história.

Narrador onisciente: narrador que está distanciado dos eventos e conhece aquilo que se passa na cabeça dos personagens.

Personagens: são aqueles que efetivamente atuam na ordem da narração, ou seja, a trama está atrelada aos comportamentos que eles demonstram ao longo do texto.

Tempo: claramente, é o lapso em que transcorrem as ações narradas. Segundo a classificação tradicional, divide-se o tempo da narrativa em: Cronológico, Psicológico e Da narrativa.

Espaço: é o local físico em que as ações ocorrem.

Trama: é o encadeamento de ações propriamente dito.

19.2 O Texto Descritivo

O texto descritivo é o que levanta características para montar algum tipo de panorama. Essas características, mormente, são físicas, entretanto, não é necessário ser sempre desse modo. Podemos dizer que há dois tipos de descrição:

Objetiva: em que surgem aspectos sensoriais diretos, ou seja, não há uma subjetividade por parte de quem escreve. Veja um exemplo:

Nome científico: Ginkgo biloba L.
Nome popular: nogueira-do-japão.
Origem: Extremo Oriente.
Aspecto: as folhas dispõem-se em leque e são semelhantes ao trevo.

A altura da árvore pode chegar a 40 metros; o fruto lembra uma ameixa e contém uma noz que pode ser assada e comida.

Subjetiva: em que há impressões particulares do autor do texto. Há maior valorização dos sentimentos insurgentes daquilo que se contempla. Veja um exemplo:

19.3 Conotação X Denotação

É interessante, quando se estuda o conteúdo de interpretação de texto, ressaltar a distinção conceitual entre o sentido conotativo e o sentido denotativo da linguagem. Vejamos como se opera essa distinção:

Sentido conotativo: figurado, ou abstrato. Relaciona-se com as figuras de linguagem.

Adalberto **entregou sua alma a Deus**.

A ideia de entregar a alma a Deus é figurada, ou seja, não ocorre literalmente, pois não há um serviço de entrega de almas. Essa é uma figura que convencionamos chamar de **metáfora**.

Sentido denotativo: literal, ou do dicionário. Relaciona-se com a função referencial da linguagem.

Adalberto **morreu**.

Quando dizemos função referencial, entende-se que o falante está preocupado em transmitir precisamente o fato ocorrido, sem apelar para figuras de pensamento.

19.4 Figuras de Linguagem

Apenas para ilustrar algumas das mais importantes figuras de linguagem que podem ser cobradas em algumas provas, observe a lista:

Metáfora: uma figura de linguagem, que consiste na comparação de dois termos sem o uso de um conectivo.

Seus olhos **são dois oceanos**. (Os olhos possuem a profundidade do oceano, a cor do oceano etc.)

Comparação: comparação direta com o elemento conectivo.

O vento é como uma mulher.

Metonímia: figura de linguagem que consiste utilização de uma expressão por outra, dada a semelhança de sentido ou a possibilidade de associação lógica entre elas.

Vá ao mercado e traga um Nescau. (achocolatado em pó).

Antítese: figura de linguagem que consiste na exposição de ideias opostas.

"**Nasce** o Sol e não dura mais que um **dia**
Depois da **Luz** se segue à **noite** escura
Em tristes **sombras morre** a formosura,
Em contínuas **tristezas e alegrias**."

(Gregório de Matos)

Os termos em negrito evidenciam relações semânticas de distinção (oposição). Nascer é o contrário de morrer, assim como sombra é o contrário de luz. Essa figura foi muito utilizada na poesia brasileira, em especial pelo autor dos versos acima: Gregório de Matos Guerra.

Paradoxo: expressão que contraria o senso comum. Ilógica.

> "Amor é fogo que **arde sem se ver**;
> É ferida que **dói e não se sente**;
> É um **contentamento descontente**;
> É **dor que desatina sem doer**."
>
> (Luís de Camões)

A construção semântica acima é totalmente ilógica, pois é impossível uma ferida doer e não ser sentida, assim como não é possível o contentamento ser descontente.

Perífrase: expressão que tem por função substituir semanticamente um termo:

> **A última flor do Lácio** anda muito judiada. (Português é a última flor do Lácio)

Eufemismo: figura que consiste em atenuar uma expressão desagradável:

> José **pegou emprestado sem avisar**; (roubou).

Disfemismo: contrário ao Eufemismo, é a figura de linguagem que consiste em tornar uma expressão desagradável em algo ainda pior.

> O homem **abotoou o paletó de madeira**. (morreu).

Prosopopeia: atribuição de características animadas a seres inanimados.

> O vento sussurrou em meus ouvidos.

Hipérbole: exagero proposital de alguma característica.

> Estou morrendo de rir.

Sinestesia: confusão dos sentidos do corpo humano para produzir efeitos expressivos.

> Ouvi uma **voz suave** saindo do quarto.

19.5 Funções da Linguagem

Deve-se a Roman Jakobson a discriminação das seis funções da linguagem na expressão e na comunicação humanas, conforme o realce particular que cada um dos componentes do processo de comunicação recebe no enunciado. Por isso mesmo, é raro encontrar em uma única mensagem apenas uma dessas funções, ou todas reunidas em um mesmo texto. O mais frequente é elas se superporem, apresentando-se uma ou outra como predominante.

Em que pese tal fato, é preciso considerar que há particularidades com relação às funções da linguagem, ou seja, cada função descreve algo em particular. Com isso, pretendo dizer que, antes de o estudante se ater às funções em si, é preciso que ele conheça o sistema que é um pouco mais amplo, ou seja, o ato comunicativo. Afinal, a teoria de Roman Jakobson se volta à descrição do ato comunicativo em si.

Em um livro chamado Linguística e comunicação, o linguista Roman Jakobson, pensando sobre o ato comunicativo e seus elementos, identifica seis funções da linguagem.

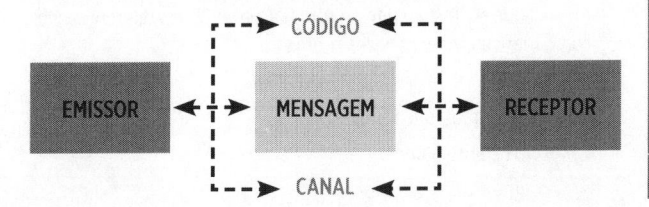

→ Nesse esquema, identificamos:
> **Emissor**: quem enuncia.
> **Mensagem**: aquilo que é transmitido pelo emissor.
> **Receptor**: quem recebe a mensagem.
> **Código**: o sistema em que a mensagem é codificada. O código deve ser comum aos polos da comunicação.
> **Canal**: meio físico por que ocorre a comunicação.

Pensando sobre esses elementos, Jakobson percebeu que cada função da linguagem está centrada em um elemento específico do ato comunicativo. É o que veremos agora.

As Funções da Linguagem são:

> **Referencial**: centrada na mensagem, ou seja, na transmissão do conteúdo. Como possui esse caráter, a objetividade é uma constante para a função referencial. É comum que se busque a imparcialidade quando dela se faz uso. É também conhecida como função denotativa. Como a terceira pessoa do singular é predominante, podem-se encontrar exemplos de tal função em textos científicos, livros didáticos, textos de cunho apenas informativo etc.

Emotiva: centrada no emissor, ou seja, em quem enuncia a mensagem. Basicamente a primeira pessoa predomina quando o texto se apoia sobre a função emotiva. É muito comum a observarmos em depoimentos, discursos, em textos sentimentais, e mesmo em textos líricos.

Apelativa: centrada no receptor, ou seja, em quem recebe a mensagem. As características comuns a manifestações dessa função da linguagem são os verbos no modo imperativo, a tentativa de persuadir o receptor, a utilização dos pronomes de tratamento que tangenciem o interlocutor. É comum observar a função apelativa em propaganda, em discursos motivacionais etc.

Poética: centrada na transformação da mensagem, ou seja, em como modificar o conteúdo da mensagem a fim de torná-lo mais expressivo. As figuras de linguagem são abundantes nessa função e, por sua presença, convencionou-se chamar, também, função poética de função conotativa. Textos literários, poemas e brincadeiras com a mensagem são fontes em que se pode verificar a presença da função poética da linguagem.

Fática: centrada no canal comunicativo. Basicamente, busca testar o canal para saber se a comunicação está ocorrendo. Expressões como "olá", "psiu" e "alô você" são exemplos dessa função.

Metalinguística: centrada no código. Quando o emissor se vale do código para explicar o próprio código, ou seja, num tipo de comunicação autorreferente. Como exemplo, podemos citar um livro de gramática, que se vale da língua para explicar a própria língua; uma aula de didática (sobre como dar aula); ou mesmo um poema que se refere ao processo de escrita de um poema. O poema a seguir é um ótimo exemplo de função metalinguística.

LÍNGUA PORTUGUESA

Catar feijão

Catar feijão se limita com escrever:
jogam-se os grãos na água do alguidar
e as palavras na da folha de papel;
e depois, joga-se fora o que boiar.
Certo, toda palavra boiará no papel,
água congelada, por chumbo seu verbo:
pois para catar esse feijão, soprar nele,
e jogar fora o leve e oco, palha e eco.
Ora, nesse catar feijão entra um risco:
o de que entre os grãos pesados entre
um grão qualquer, pedra ou indigesto,
um grão imastigável, de quebrar dente.
Certo não, quando ao catar palavras:
a pedra dá à frase seu grão mais vivo:
obstrui a leitura fluviante, flutual,
açula a atenção, isca-a com risco.

MELO NETO, João Cabral de. Obra completa.
Rio de Janeiro: Nova Aguilar, 1995.

Questões

01. Leia o texto:

Logo à entrada paramos diante de uma lápide quadrada, incrustada nas lajes escuras, tão polida e reluzindo com um tão doce brilho de nácar, que parecia a água quieta de um tanque, onde se refletiam as luzes das lâmpadas. Pote puxou-me a manga, lembrou-me que era costume beijar aquele pedaço de rocha, santa entre todas, que outrora, no jardim de José de Arimateia... (A Relíquia – Eça de Queirós).

Uma pesquisa realizada em 16 países mostrou que os jovens brasileiros são os que colecionam o maior número de amigos virtuais. A média brasileira de contatos é mais do que o dobro da mundial, que tem como base países como Estados Unidos da América (EUA) e China. O levantamento avaliou a participação da tecnologia na vida de 18 mil jovens de 8 a 24 anos, com acesso fácil à Internet, telefones celulares e pelo menos dois outros aparelhos eletrônicos.

Os brasileiros com idade entre 14 e 24 anos têm em média 46 amigos virtuais, enquanto a média global é de 20. No mundo, os jovens costumam ter cerca de 94 contatos guardados no celular, 78 na lista de programas de mensagem instantânea e 86 em sítios de relacionamento como o Orkut.

Jornal do Brasil, 27/7/2007, p. A24 (com adaptações).

O texto entrelaça características de dissertação; de narração e de descrição.

Certo ( )   Errado ( )

02. Leia o texto:

Zygmunt Bauman põe o dedo na ferida ao denunciar o limite da liberdade na modernidade capitalista: pode-se tudo (embora a maioria não possa quase nada), exceto imaginar um mundo melhor que este em que vivemos. Quando muito, fica-se no conserto da casa, a reforma do telhado, a pintura das paredes, sem que se questionem a própria arquitetura da casa e, muito menos, o modo de convivência dos que a habitam.

A expressão "põe o dedo na ferida" tem sentido conotativo (figurado).

Certo ( )   Errado ( )

03. Há sentido conotativo na seguinte alternativa:
a) "Será que uma bola é mais valiosa que um livro?"
b) "... aposentados choram pelo minguado aumento."
c) "Por que se concedem altos aumentos na política?"
d) "... hospitais deixam de atender ao mais simples diagnóstico..."
e) "Por que os salários não são igualitários?"

04. Leia o seguinte trecho de Machado de Assis e marque a opção correta.
"O tempo é um tecido invisível em que se pode bordar tudo, uma flor, um pássaro, uma dama, um castelo, um túmulo. Também se pode bordar nada. Nada em cima de invisível é a mais sutil obra deste mundo..."
a) Em "O tempo é um tecido invisível", o autor empregou uma metáfora.
b) Depreende-se do sentido global do trecho uma censura aos que vivem sem fazer nada.
c) A sintaxe de "bordar nada" foi construída com a figura de estilo chamada paradoxo ou oxímoro, dado que o verbo "bordar" é transitivo direto, ou seja, quem borda sempre borda alguma coisa.
d) No contexto em que está empregado, o adjetivo "sutil" significa "inútil".
e) O trecho está construído sobre uma contradição: na primeira linha, afirma-se que sobre o tecido do tempo "se pode bordar tudo"; na segunda, afirma-se que "se pode bordar nada".

O Lixo

(Luís Fernando Veríssimo)

Encontram-se na área de serviço. Cada um com seu pacote de lixo. É a primeira vez que se falam.

– Bom dia...
– Bom dia.
– A senhora é do 610.
– E o senhor do 612.
– É.
– Eu ainda não lhe conhecia pessoalmente...
– Pois é...
– Desculpe a minha indiscrição, mas tenho visto o seu lixo...
– O meu quê?
– O seu lixo.
– Ah...
– Reparei que nunca é muito. Sua família deve ser pequena...
– Na verdade sou só eu.
– Mmmm. Notei também que o senhor usa muito comida em lata.
– É que eu tenho que fazer minha própria comida. E como não sei cozinhar...
– Entendo.
– A senhora também...
– Me chame de você.
– Você também perdoe a minha indiscrição, mas tenho visto alguns restos de comida em seu lixo. Champignons, coisas assim...
– É que eu gosto muito de cozinhar. Fazer pratos diferentes. Mas, como moro sozinha, às vezes sobra...
– A senhora... Você não tem família?
– Tenho, mas não aqui.
– No Espírito Santo.
– Como é que você sabe?

– Vejo uns envelopes no seu lixo. Do Espírito Santo.

– É. Mamãe escreve todas as semanas.

– Ela é professora?

– Isso é incrível! Como foi que você adivinhou?

– Pela letra no envelope. Achei que era letra de professora.

– O senhor não recebe muitas cartas. A julgar pelo seu lixo.

– Pois é...

– No outro dia tinha um envelope de telegrama amassado.

– É.

– Más notícias?

– Meu pai. Morreu.

– Sinto muito.

– Ele já estava bem velhinho. Lá no Sul. Há tempos não nos víamos.

– Foi por isso que você recomeçou a fumar?

– Como é que você sabe?

– De um dia para o outro começaram a aparecer carteiras de cigarro amassadas no seu lixo.

– É verdade. Mas consegui parar outra vez.

– Eu, graças a Deus, nunca fumei.

– Eu sei. Mas tenho visto uns vidrinhos de comprimido no seu lixo...

– Tranquilizantes. Foi uma fase. Já passou.

– Você brigou com o namorado, certo?

– Isso você também descobriu no lixo?

– Primeiro o buquê de flores, com o cartãozinho, jogado fora. Depois, muito lenço de papel.

– É, chorei bastante, mas já passou.

– Mas hoje ainda tem uns lencinhos...

– É que eu estou com um pouco de coriza.

– Ah.

– Vejo muita revista de palavras cruzadas no seu lixo.

– É. Sim. Bem. Eu fico muito em casa. Não saio muito. Sabe como é.

– Namorada?

– Não.

– Mas há uns dias tinha uma fotografia de mulher no seu lixo. Até bonitinha.

– Eu estava limpando umas gavetas. Coisa antiga.

– Você não rasgou a fotografia. Isso significa que, no fundo, você quer que ela volte.

– Você já está analisando o meu lixo!

– Não posso negar que o seu lixo me interessou.

– Engraçado. Quando examinei o seu lixo, decidi que gostaria de conhecê-la. Acho que foi a poesia.

– Não! Você viu meus poemas?

– Vi e gostei muito.

– Mas são muito ruins!

– Se você achasse eles ruins mesmo, teria rasgado. Eles só estavam dobrados.

– Se eu soubesse que você ia ler...

– Só não fiquei com eles porque, afinal, estaria roubando. Se bem que, não sei: o lixo da pessoa ainda é propriedade dela?

– Acho que não. Lixo é domínio público.

– Você tem razão. Através do lixo, o particular se torna público. O que sobra da nossa vida privada se integra com a sobra dos outros. O lixo é comunitário. É a nossa parte mais social. Será isso?

– Bom, aí você já está indo fundo demais no lixo. Acho que...

– Ontem, no seu lixo...

– O quê?

– Me enganei, ou eram cascas de camarão?

– Acertou. Comprei uns camarões graúdos e descasquei.

– Eu adoro camarão.

– Descasquei, mas ainda não comi. Quem sabe a gente pode...

– Jantar juntos?

– É.

– Não quero dar trabalho.

– Trabalho nenhum.

– Vai sujar a sua cozinha?

– Nada. Num instante se limpa tudo e põe os restos fora.

– No seu lixo ou no meu?

05. A função da linguagem predominante no texto de Luís Fernando Veríssimo é:

a) Fática.

b) Conativa.

c) Referencial.

d) Metalinguística.

Leia a seguir os trechos de -Consideração do poema , integrante do livro A Rosa do Povo, de Carlos Drummond de Andrade.

Uma pedra no meio do caminho
ou apenas um rastro, não importa.
Estes poetas são meus. De todo o orgulho,
de toda a precisão se incorporaram
ao fatal meu lado esquerdo. Furto a Vinicius
sua mais límpida elegia. Bebo em Murilo.
Que Neruda me dê sua gravata
chamejante. Me perco em Apollinaire. Adeus, Maiakovski.
São todos meus irmãos, não são jornais
nem deslizar de lancha entre camélias:
é toda a minha vida que joguei.
[...]
Saber que há tudo. E mover-se em meio
a milhões e milhões de formas raras,
secretas, duras. Eis aí meu canto.

ANDRADE, Carlos Drummond de. Nova reunião: 23 livros de poesia. Rio de Janeiro: Bestbolso, 2009. p. 139-140.

Nesses trechos, além da função poética, ocorre predominantemente a função:

06. Apelativa, percebida na persuasão do texto poético.

Certo ( )   Errado ( )

07. Expressiva, percebida na ausência da subjetividade do eu-lírico.

Certo ( )   Errado ( )

LÍNGUA PORTUGUESA

DEMAIS TIPOLOGIAS TEXTUAIS

08. O texto "Grandes cidades nem sempre são as mais poluentes diz estudo, da France Press, publicado em http://www1.folha.uol.com.br/ambiente/866228 (com acesso em 29/12/2011)" foi adaptado para compor os fragmentos abaixo. Numere-os, de acordo com a ordem em que devem ser dispostos para formar um texto coeso e coerente.

( ) Nesse estudo, enquanto cidades do mundo todo foram apontadas como culpadas por cerca de 71% das emissões causadoras do efeito estufa, cidadãos urbanos que substituíram os carros por transporte público ajudaram a diminuir as emissões per capita em algumas cidades.

( ) Pesquisadores examinaram dados de cem cidades em 33 países, em busca de pistas sobre quais metrópoles seriam as maiores poluidoras e por que, de acordo com estudo publicado na revista especializada "Environment and Urbanization".

( ) "Isso reflete a grande dependência de combustíveis fósseis para a produção de eletricidade, uma base industrial significante em muitas cidades e uma população rural relativamente grande e pobre", informa o estudo.

( ) Por fim, quando os pesquisadores olharam as cidades asiáticas, latino-americanas e africanas, descobriram emissões menores por pessoa. A maior parte das cidades na África, Ásia e América Latina tem emissões inferiores por pessoa. O desafio para elas é manter essas emissões baixas, apesar do crescimento de suas economias.

( ) O estudo também aponta outras tendências, como as cidades de climas frios terem emissões maiores, e países pobres e de renda média terem emissões per capita inferiores aos países desenvolvidos.

A sequência correta é:

a) (1) (2) (5) (4) (3)
b) (2) (1) (3) (5) (4)
c) (2) (5) (1) (3) (4)
d) (4) (1) (2) (5) (3)
e) (4) (2) (1) (3) (5)

09. Assinale a opção que preenche de forma coesa, coerente e gramaticalmente correta a lacuna do trecho a seguir.

Brasil, Rússia, Índia, China e África do Sul são mais do que cinco economias emergentes em expansão num mundo em crise. Reunidas sob o acrônimo Brics, abrigam mais de 40% da população global e somam perto de US$ 14 trilhões de PIB, ou seja, quase um quinto das riquezas produzidas no planeta. É natural que busquem maior participação no cenário internacional – o que seria facilitado por uma atuação conjunta, em bloco.

A instituição permitiria aos países reduzir a dependência econômica em relação aos Estados Unidos e à União Europeia, em sérias dificuldades. Mais do que isso, a experiência poderia depois ser replicada para dar um pontapé inicial para mudanças políticas não apenas voltadas ao desenvolvimento sustentável, como também à segurança e à paz no universo, com um rearranjo das regras e dos organismos internacionais.

(Adaptado do Correio Braziliense, 27/3/2012)

a) Maior dos Brics, a China, segunda potência mundial, tem PIB de US$ 7,4 trilhões e reservas cambiais superiores a US$ 3 trilhões. Contudo, é uma ditadura que ganha mercados mundo afora com vantagens artificiais, como a desvalorização da moeda, o yuan, um calo inclusive para o Brasil, invadido por produtos chineses em condições desfavoráveis de competitividade.

b) Assim, reconhecer a necessidade de promover correções de rumo internas é desafio de primeira ordem para os cinco emergentes. Aproximações bilaterais, vale lembrar, também terminam por fortalecer o quinteto emergente.

c) A Rússia, por sua vez, apresenta desenvolvimento relativo e hoje consolida-se como economia de mercado ainda sob olhares desconfiados de parte dos governantes de outros países do globo.

d) Os demais países têm abismos sociais a superar, problemas de desigualdades evidentes, o que deixa o bloco, formalizado ou não, distante da pose de referência internacional na questão do desenvolvimento humano.

e) Avançar na criação de um banco de desenvolvimento, proposto pelo primeiro-ministro indiano, como alternativa ao Banco Mundial - Bird e ao Fundo Monetário Internacional - FMI, já seria grande passo.

10. Os trechos abaixo compõem um texto, mas estão desordenados. Ordene-os nos parênteses e assinale a opção que corresponde à ordem que assegura coesão e coerência ao texto.

( ) Em seu Parecer, já enviado ao Tribunal Superior Eleitoral, em que responde à Consulta nº 1062, está expresso o entendimento de que o Parecer da AGU viola o artigo 73, VI, "a", da Lei 9.504/97.

( ) O subprocurador-geral da República, com aprovação do vice-procurador-geral eleitoral, contesta a posição da Advocacia Geral da União (AGU) que permite a liberação de recursos para obras e serviços iniciados nos três meses que antecedem as eleições

( ) O subprocurador-geral da República conclui, então, que "o tão-só posicionamento liberalizante de verbas em período vedado por lei está a merecer o conhecimento da presente consulta e sua resposta negativa para prevenir eventuais equívocos de interpretação, passíveis de quebra do princípio isonômico que deve presidir o embate eleitoral".

( ) Tal dispositivo legal proíbe aos agentes públicos "realizar transferência voluntária de recursos da União aos Estados e Municípios, e dos Estados aos Municípios, sob pena de nulidade de pleno direito, ressalvados os recursos destinados a cumprir obrigação formal preexistente para execução de obra ou serviço em andamento e com cronograma pré-fixado, e os destinados a atender situações de emergência e de calamidade pública".

(Adaptado de www.mpu.gov.br/noticias/ - 05/07/2004)

a) B A D C.
b) C D B A.
c) D C A B.
d) A B D C.
e) B D C A.

Gabaritos

01	CERTO	06	ERRADO
02	CERTO	07	ERRADO
03	B	08	B
04	A	09	E
05	A	10	A

20. INTERPRETAÇÃO DE TEXTO POÉTICO

Cada vez mais comum em provas de concursos públicos, o texto poético possui suas particularidades. Nem todas as pessoas possuem a capacidade de ler um texto poético, quanto mais interpretá-lo. Justamente por esse fato, ele tem sido o predileto dos examinadores que querem dificultar a vida dos candidatos.

Antes de passar à interpretação propriamente dita, é preciso identificar a nomenclatura das partes de um poema. Cada "linha" do poema é chamada de "**verso**", o conjunto de versos é chamado de "**estrofe**". A primeira sugestão para quem pretende interpretar um poema é segmentar a interpretação por estrofe e anotar o sentido trazido ao lado e cada trecho.

Geralmente as bancas pecam ao diferenciar **autor** de **eu-lírico**. O primeiro é realmente a pessoa por detrás da pena, ou seja, é quem efetivamente escreve o texto; o segundo é a "voz" do poema, a "pessoa" fictícia, abstrata que figura como quem traz o poema para o leitor.

Outro problema muito comum na hora de fazer algo dessa natureza é a leitura do texto. Como o texto está em uma disposição que não é mais tão usual, as pessoas têm dificuldade para realizar a leitura. Eis uma dica fundamental: só interrompa a leitura quando chegar a um ponto ou a uma vírgula, porque é dessa maneira que se lê um texto poético. Além disso, é preciso que, mesmo mentalmente, o indivíduo tente dar ênfase na leitura, pois isso pode ajudar na interpretação.

Comumente, o vocabulário do texto poético não é acessível e, em razão disso, costuma haver notas explicativas com o significado das palavras, jamais ignore essa informação! Pode ser a salvação para a interpretação do texto lido.

Veja um exemplo:

Nel mezzo del camin (Olavo Bilac)

"Cheguei. Chegaste. Vinhas fatigada
E triste, e triste e fatigado eu vinha.
Tinhas a alma de sonhos povoada,
E a alma de sonhos povoada eu tinha...

E paramos de súbito na estrada
Da vida: longos anos, presa à minha
A tua mão, a vista deslumbrada
Tive da luz que teu olhar continha.

Hoje, segues de novo... Na partida
Nem o pranto os teus olhos umedece,
Nem te comove a dor da despedida.
E eu, solitário, volto a face, e tremo,
Vendo o teu vulto que desaparece
Na extrema curva do caminho extremo."

Existe outro fator extremamente importante na hora de tentar entender o conteúdo de um texto poético: o **título**! Nem todo poema possui um título, é claro, mas os que possuem ajudam, e muito, na compreensão do "assunto" do poema.

É claro que ter conhecimento do autor e do estilo de escrita por ele adotado é a ferramenta mais importante para que o candidato compreenda com profundidade o que está sendo veiculado pelo texto, porém, como grande parte das bancas ainda não chegou a esse nível de aprofundamento interpretativo, apenas o reconhecimento da superfície do texto já é suficiente para responder às questões.

Vejamos alguns textos para explanar melhor:

Bem no fundo (Paulo Leminski)

No fundo, no fundo,
Bem lá no fundo,
A gente gostaria
De ver nossos problemas
Resolvidos por decreto

A partir desta data,
Aquela mágoa sem remédio
É considerada nula
E sobre ela – silêncio perpétuo

Extinto por lei todo o remorso,
Maldito seja quem olhar pra trás,
Lá pra trás não há nada,
E nada mais

Mas problemas não se resolvem,
Problemas têm família grande,
E aos domingos saem todos passear
O problema, sua senhora
E outros pequenos probleminhas

Interpretação: por mais que trabalhemos para resolvermos nossos problemas, a única certeza é a de que eles continuarão, pois é isso que nos move.

20.1 Tradução de Sentido

As questões de tradução de sentido costumam ser o "calcanhar de Aquiles" dos candidatos. Nem sempre aparecem nas provas, mas quando surgem, é celeuma garantida. A maneira mais eficaz de resolvê-las é buscar relações de sinonímia em ambos os lados da sentença. Com isso, fica mais fácil acertar a questão.

Consideremos a relação de sinonímia presente entre "alegria" e "felicidade". Esses dois substantivos não significam, rigorosamente, a mesma coisa, mas são considerados sinônimos contextuais, se considerarmos um texto. Disso, entende-se que o sinônimo é identificado contextualmente e não depende, necessariamente, do conhecimento do sentido de todas as palavras.

Seria bom se fosse sempre dessa maneira. Ocorre que algumas bancas tentam selecionar de maneira não rigorosa os candidatos que acabam por cobrar o chamado "conhecimento que não é básico" dos candidatos. O melhor exemplo é pedir o significado da palavra "adrede", o qual pouquíssimas pessoas conhecem.

LÍNGUA PORTUGUESA

20.2 Organização de Texto (Texto Embaralhado)

Em algumas bancas, é comum haver questões que apresentam um texto desordenado, para que o candidato o reordene, garantido a coesão e a coerência. Além disso, não é raro haver trecho de texto com lacunas para preencher com alguns parágrafos. Para que isso ocorra, é mister saber o que significa coesão e coerência. Vamos a algumas definições simples.

Coesão é o conjunto de procedimentos e mecanismos que estabelecem conexão dentro do texto, o que busca garantir a progressão daquilo que se escreve nas sentenças. Pronomes, perífrases e sinônimos estão entre os mecanismos de coesão que podem ser empregados na sentença.

Coerência diz respeito à organização de significância do texto, ou seja, o sentido daquilo que se escreve. A sequência temporal e o princípio de não contradição são os dispostos mais emergentes da coerência.

Em questões dessa natureza, busque analisar as sequências de entrada e saída dos textos. Veja se há definições e conectivos que encerram ideias, ou se há pronomes que buscam sequenciar as sentenças. Desse modo, fica mais fácil acertar a questão.

20.3 Significação das Palavras

Compreensão, interpretação, intelecção

O candidato que é concurseiro de longa data sabe que, dentre as questões de interpretação de texto, é muito comum surgirem nomenclaturas distintas para fenômenos não tão distintos assim. Quer dizer que se no seu edital há elementos como leitura, compreensão, intelecção ou interpretação de texto, no fundo, o conceito é o mesmo. Ocorre que, dentro desse processo de interpretação, há elementos importantes para a resolução dos certames.

O que se diz e o que se pode ter dito:

Sempre que há um momento de enunciação, o material linguístico serve de base para que os interlocutores negociem o sentido daquilo que está na comunicação. Isso ocorre por meio de vários processos, sendo que é possível destacar alguns mais relevantes:

Dito: consiste na superfície do enunciado. O próprio material linguístico que se enuncia.

Não-dito: consiste naquilo que se identifica imediatamente, quando se trabalha com o que está posto (o dito).

Subentendido: consiste nos sentidos ativados por um processo inferencial de análise e síntese do material linguístico somado ao não-dito.

» Vejamos isso em uma sentença para compreendermos a teoria.
» "A eleição de Barack Obama não é um evento apenas americano."

Dito: é o próprio conteúdo da sentença – o fato de a eleição em questão não ser um evento apenas americano.

Não-dito: alguém poderia pensar que a eleição teria importância apenas para os americanos.

Subentendido: pode-se concluir que a eleição em questão terá grandes repercussões, a um nível global.

20.4 Inferência

Assunto muitíssimo delicado e ainda não resolvido na linguística. Não vou me dispor a teorizar sobre isso, pois seria necessário o espaço de um livro para tanto. Para a finalidade dos concursos públicos, vamos considerar que a inferência é o resultado do processamento na leitura, ou seja, é aquilo que se pode "concluir" ou "depreender" da leitura de um texto.

No momento de responder a uma questão dessa natureza, recomenda-se prudência. Existe um conceito que parece fundamental para facilitar a resolução dessas questões. Ele se chama **ancoragem lexical**. Basicamente, entende-se como A. L. a inserção de algum elemento que dispara pressuposições e fomenta inferências, ou seja, se alguma questão pedir se é possível inferir algo, o candidato só poderá responder afirmativamente, se houve uma palavra ou uma expressão (âncora lexical) que permita associar diretamente esses elementos.

Semântica (sentido)

Evidentemente, o conteúdo relativo à significação das palavras deve muito a uma boa leitura do dicionário. Na verdade, o vocabulário faz parte do histórico de leitura de qualquer pessoa: quanto mais você lê, maior é o número de palavras que você vai possuir em seu "HD" mental. Como é impossível receitar a leitura de um dicionário, podemos arrolar uma lista com palavras que possuem peculiaridades na hora de seu emprego. Falo especificamente de **sinônimos, antônimos, homônimos e parônimos**. Mãos à obra!

Sinônimos:

Sentido aproximado: não existem sinônimos perfeitos:
Feliz (Alegre / Contente).
Palavra (Vocábulo).
Professor (Docente).

Professor Mário chegou à escola. O **docente** leciona matemática.

Antônimos:

Oposição de sentido:
Bem (Mal).
Bom (Mau).
Igual (Diferente).

Homônimos:

Homônimos são palavras com escrita ou pronúncia iguais (semelhantes), porém com significado (sentido) diferente:

Adoro comer **manga** com sal.
Derrubei vinho na **manga** da camisa.

Há três tipos de homônimos: homógrafos, homófonos e homônimos perfeitos.

Homógrafos – palavras que possuem a mesma grafia, mas o som é diferente.

O meu **olho** está doendo.
Quando eu **olho** para você, dói.

Homófonos – apresentam grafia diferente, mas o som é semelhante.

A **cela** do presídio foi incendiada.
A **sela** do cavalo é novinha.

Homônimos perfeitos – possuem a mesma grafia e o mesmo som.

O **banco** foi assaltado.
O **banco** da praça foi restaurado ontem.
Ele não **para** de estudar.
Ele olhou **para** a prova.

Parônimos:

Parônimos – são palavras que possuem escrita e pronúncia semelhantes, mas com significado distinto.

O professor fez a **descrição** do conteúdo.
Haja com muita **discrição**, Marivaldo.

Aqui vai uma lista para você se precaver quanto aos sentidos desses termos:

Ascender (subir).
Acender (pôr fogo, alumiar).
Quando Nero **ascendeu** em Roma, ele **acendeu** Roma.
Acento (sinal gráfico).
Assento (lugar de sentar-se).
O **acento** grave indica crase.
O **assento** 43 está danificado.

Acerca de (a respeito de).
Cerca de (aproximadamente).
Há cerca de (faz aproximadamente).
Falamos **acerca de** Português ontem.
José mora **cerca de** mim.
Há cerca de 10 anos, leciono Português.

Afim (semelhante a).
A fim de (com a finalidade de).
Nós possuímos ideias **afins**.
Nós estamos estudando **a fim** de passar.

Aprender (instruir-se).
Apreender (assimilar).
Quando você **apreender** o conteúdo, saberá que **aprendeu** o conteúdo.

Área (superfície).
Ária (melodia, cantiga).
O tenor executou a ária.
A polícia cercou a área.

Arrear (pôr arreios).
Arriar (abaixar, descer).
Precisamos **arrear** o cavalo.
Joaquim **arriou** as calças.

Caçar (apanhar animais).
Cassar (anular).
O veado foi **caçado**.
O deputado teve sua candidatura **cassada**.

Censo (recenseamento).
Senso (raciocínio).
Finalizou-se o **censo** no Brasil.
Argumentou com bom-**senso**.

Cerração (nevoeiro).
Serração (ato de serrar).
Nos dias de chuva, pode haver **cerração**.
Rolou a maior **serração** na madeireira ontem.

Cerrar (fechar).
Serrar (cortar).
Cerrou os olhos para a verdade.
Marina **serrou**, acidentalmente, o nariz na serra.

Cessão (ato de ceder).
Seção (divisão).
Secção (corte).
Sessão (reunião).
O órgão pediu a **cessão** do espaço.
Compareça à **seção** de materiais.
Fez-se uma **secção** no azulejo.
Assisti à **sessão** de cinema ontem. Passava "A Lagoa Azul".

Concerto (sessão musical).
Conserto (reparo).
Vamos ao **concerto** hoje.
Fizeram o **conserto** do carro.

Mal (antônimo de bem).
Mau (antônimo de bom).
O homem **mau** vai para o inferno.
O **mal** nunca prevalece sobre o bem.

Ratificar (confirmar).
Retificar (corrigir).
O documento **ratificou** a decisão.
O documento **retificou** a decisão.

Tacha (pequeno prego, mancha).
Taxa (imposto, percentagem).
Comprei uma tacha.
Paguei outra taxa.

LÍNGUA PORTUGUESA

INTERPRETAÇÃO DE TEXTO POÉTICO

Continuação da lista:

Bucho (estômago)
Buxo (arbusto)
Calda (xarope)
Cauda (rabo)
Cela (pequeno quarto)
Sela (arreio)
Chá (bebida)
Xá (Título do soberano da Pérsia, atual Irã, antes da revolução islâmica)
Cheque (ordem de pagamento)
Xeque (lance do jogo de xadrez)
Comprimento (extensão)
Cumprimento (saudação)
Conjetura (hipótese)
Conjuntura (situação)
Coser (costurar)
Cozer (cozinhar)
Deferir (costurar)
Diferir (distinguir-se)
Degredado (desterrado, exilado)
Degradado (rebaixado, estragado)
Descrição (ato de descrever)
Discrição (reserva, qualidade de discreto)
Descriminar (inocentar)
Discriminar (distinguir)
Despensa (lugar de guardar mantimentos)
Dispensa (isenção, licença)
Despercebido (não notado)
Desapercebido (desprovido, despreparado)
Emergir (vir à tona)
Imergir (mergulhar)
Eminente (notável, célebre)
Iminente (prestes a acontecer)
Esbaforido (ofegante, cansado)
Espavorido (apavorado)
Esperto (inteligente)
Experto (perito)
Espiar (observar)
Expiar (sofrer castigo)
Estada (ato de estar, permanecer)
Estadia (permanência, estada por tempo limitado)
Estático (imóvel)
Extático (pasmo)
Estrato (tipo de nuvem)
Extrato (resumo)

Flagrante (evidente)
Fragrante (perfumado)
Fluir (correr)
Fruir (gozar, desfrutar)
Incidente (episódio)
Acidente (acontecimento grave)
Incipiente (principiante)
Insipiente (ignorante)
Inflação (desvalorização do dinheiro)
Infração (violação, transgressão)
Infligir (aplicar castigo)
Infringir (transgredir)
Intercessão (ato de interceder)
Interseção ou intersecção (ato de cortar)
Laço (nó)
Lasso (frouxo)
Mandado (ordem judicial)
Mandato (período político)
Ótico (relativo ao ouvido)
Óptico (relativo à visão)
Paço (palácio)
Passo (passada)
Peão (empregado / peça de xadrez)
Pião (brinquedo)
Pequenez (pequeno)
Pequinês (ração de cão, de Pequim)
Pleito (disputa)
Preito (homenagem)
Proeminente (saliente)
Preeminente (nobre, distinto)
Prescrição (ordem expressa)
Proscrição (eliminação, expulsão)
Prostrar-se (humilhar-se)
Postar-se (permanecer por muito tempo)
Ruço (grisalho, desbotado)
Russo (da Rússia)
Sexta (numeral cardinal)
Cesta (utensílio)
Sesta (descanso depois do almoço)
Sortido (abastecido)
Surtido (produzido, causado)
Sortir (abastecer)
Surtir (efeito ou resultado)
Sustar (suspender)
Suster (sustentar)
Tilintar (soar)

Tiritar (tremer)
Tráfego (trânsito)
Tráfico (comércio ilícito)
Vadear (passa a pé ou a cavalo, atravessar o rio)
Vadiar (vagabundear)
Viagem (substantivo)
Viajem (verbo)
Vultoso (volumoso, grande vulto)
Vultuoso (inchado)

Questões

01. (CESPE) Leia o texto:

A Contribuição do Conhecimento Geológico Para a Educação Ambiental

A observação do tempo geológico contrapõe-se à percepção histórica construída na sociedade moderna capitalista vinculada ao imediatismo. A concepção do tempo geológico pode contribuir para uma mudança cultural dessa percepção imediatista que tem se refletido em um consumismo exacerbado de produtos, produtos esses que se originaram a partir de bens minerais que se formaram ao longo do tempo geológico e que levarão anos até serem incorporados pela terra, quando passarão novamente a ser fonte de recurso. Os conhecimentos do Sistema Terra oferecem condições de se pensar a realidade de forma complexa e integrada, em diversas escalas de tempo e espaço, o que permite a construção do mundo físico em que vivemos. As discussões dos conteúdos das geociências transformam a visão de mundo, tornando-a significativa, não fragmentada, não linear, e estabelecem conexões, expressas por características criativas, sem mecanismos repetitivos e descontextualizados, propiciando o conhecimento em uma rede de relações com significado, transformando seus agentes, flexibilizando tarefas e saberes, formando cidadãos aptos a entender e atuar em um mundo em transformação de forma participativa.

Denise de La Corte Bacci. A contribuição do conhecimento geológico para a educação ambiental. In: Pesquisa em debate. Edição 11, V. 6, nº 2, jul. / dez. 2009, p. 17 e 19 (com adaptações).

Dados a organização das ideias no texto e o emprego de forma verbal flexionada na primeira pessoa do plural em "a construção do mundo físico em que vivemos", infere-se que os conhecimentos geológicos têm importância para toda a sociedade.

Certo ( )   Errado ( )

02. (FUNRIO)

Vaidade – Florbela Espanca
Sonho que sou a Poetisa eleita,
Aquela que diz tudo e tudo sabe,
Que tem a inspiração pura e perfeita,
Que reúne num verso a imensidade!

Sonho que um verso meu tem claridade
Para encher todo o mundo! E que deleita
Mesmo aqueles que morrem de saudade!
Mesmo os de alma profunda e insatisfeita!

Sonho que sou Alguém cá neste mundo...
Aquela de saber vasto e profundo,
Aos pés de quem a terra anda curvada!

E quando mais no céu eu vou sonhando,
E quando mais no alto ando voando,
Acordo do meu sonho...
E não sou nada!...

No primeiro verso do poema, encontramos o eu poético feminino afirmando seu sonho de ser "a Poetisa eleita". Outro de seus sonhos é que:

a) Sua inspiração lhe diga tudo o que sabe.
b) Seus versos enchem todo o mundo.
c) A terra ande curvada aos seus pés.
d) A imensidade lhe seja pura e perfeita.
e) A claridade de seus versos deleite os mortos.

03. (FUNRIO) Sobre as rimas que ocorrem nas duas primeiras estrofes do poema, é correto afirmar que elas são feitas

a) Entre verbos no gerúndio e substantivos concretos.
b) Em posição interna e externa nos oito versos.
c) Com palavras paroxítonas terminadas em vogal átona.
d) Sem simetria apenas na primeira estrofe.
e) De modo aleatório, com pouca regularidade.

04. (CEFET)

Coisas da Terra

Todas as coisas de que falo estão na cidade entre o céu e a terra. São todas elas coisas perecíveis e eternas como o teu riso a palavra solidária minha mão aberta ou este esquecido cheiro de cabelo que volta e acende sua flama inesperada no coração de maio. Todas as coisas de que falo são de carne como o verão e o salário. Mortalmente inseridas no tempo, estão dispersas como o ar no mercado, nas oficinas, nas ruas, nos hotéis de viagem. São coisas, todas elas, cotidianas, como bocas e mãos, sonhos, greves, denúncias, acidentes do trabalho e do amor. Coisas, de que falam os jornais às vezes tão rudes às vezes tão escuras que mesmo a poesia as ilumina com dificuldade. Mas é nelas que te vejo pulsando, mundo novo, ainda em estado de soluços e esperança.

Identifique os itens verdadeiros.

A primeira estrofe do poema (Texto II) é marcada pela presença de:

I. Elementos antitéticos.
II. Imagens sensoriais.
III. Ideias hiperbólicas.
IV. Termos de valor metafórico.
V. Ambiguidade de signos linguísticos.

A alternativa em que todos os itens verdadeiros estão corretamente indicados é a:

a) I e III.
b) II e V.
c) III e IV.
d) I, II e IV.
e) II, III e V.

05. (FCC) Considerando-se o contexto, traduz-se adequadamente o sentido de um segmento em:

a) Trepidam as engrenagens = Ajustam-se as peças.
b) Luz imponderável = chama impetuosa.
c) Um híbrido estranho = um mestiço inolvidável.
d) Perturbam a frieza = abalam a impassibilidade.
e) Reflexos flamejantes = imagens enérgicas.

LÍNGUA PORTUGUESA

INTERPRETAÇÃO DE TEXTO POÉTICO

06. (FCC) Considerado o contexto, o segmento cujo sentido está adequadamente expresso em outras palavras é:
a) Manejar a lâmina da ironia = lidar com o cortante da blasfêmia.
b) Sem apelo ideológico = desprovido de ideias revolucionárias.
c) Se alimentava da matula = se nutria da provisão.
d) Pelo atalho do senso de humor = através de um muxoxo.
e) Tratam o forasteiro = referem-se ao salteador.

07. (FCC) Considerando-se o contexto, o segmento cujo sentido está adequadamente expresso em outras palavras é:
a) Partisse os laços com a tradição = quebrasse o condão sagrado.
b) Galgou ao comando de um continente = sobrelevou o ordenamento europeu.
c) Pela causa da liberdade contra a tirania = pelo motivo da insubmissão versus rigorismo.
d) Os próprios clichês o denunciam = os próprios lugares-comuns o evidenciam.
e) O mecanismo das instituições francesas = a articulação dos institutos galeses.

08. (FCC) ... estudou para ser monge beneditino no Colégio São Bento, em São Paulo, onde chegou a escrever um livro sobre a **ordem**. No entanto, acabou seguindo o caminho da poesia – em meio à **agitação** cultural e política dos anos 1960 e 1970. (1º parágrafo).

Considerado o contexto, o sentido dos elementos grifados acima pode ser adequadamente reproduzido, na ordem dada, por:
a) Disposição - tumulto.
b) Escola - confronto.
c) Equilíbrio - burburinho.
d) Congregação - efervescência.
e) Prudência - radicalismo.

09. (FCC) Considerando-se o contexto, o segmento cujo sentido está adequadamente expresso em outras palavras é:
a) Semelhante à tensão típica = parecida com a inquietude disseminada.
b) Eletricidade que emanava da interpretação = impulso que transcendia a encenação.
c) Misto de respeito e estranhamento = mistura de reverência e espanto.
d) Energia que vibrava da vontade = força que celebrava o anseio.
e) Carga de emoção que era única = voltagem sentimental que era usual.

10. (FCC) Considere as definições abaixo:
I. **Senso** (estético): capacidade de apreciar a beleza pelo prazer que ela proporciona. **Censo** (demográfico): conjunto de dados característicos dos habitantes de uma localidade ou país.
II. **Cobre**: forma flexionada do verbo cobrir. **Cobre**: metal usado em condutores de eletricidade.
III. **Manto**: veste feminina, larga, comprida e sem mangas, usada por cima do vestido. **Manto**: por extensão, o que cobre, revestimento.

Constitui exemplo de homonímia o par que se encontra em:
a) III, apenas.
b) I e II, apenas.
c) I e III, apenas.
d) II e III, apenas.
e) I, II e III.

Gabaritos

01	CERTO	06	D
02	D	07	D
03	D	08	C
04	C	09	C
05	D	10	D

21. ESTRUTURA E FORMAÇÃO DE PALAVRAS

21.1 Estrutura das Palavras

Para compreender os termos da Língua Portuguesa, deve-se observar, nos vocábulos, a presença de algumas estruturas como raiz, desinências e afixos:

Raiz ou Radical (morfema lexical): parte que guarda o sentido da palavra.

  Pedreiro
  Pedrada
  Em**pedr**ado
  Pedregulho.

Desinências (fazem a flexão dos termos)
Nominais:

  Gênero: Jogador / Jogadora.
  Número: Aluno / Alunos.
  Grau: Cadeira / Cadeirinha.

Verbais:

  Modo-tempo: Cantá**va**mos / Vendê**ra**mos.
  Número-pessoa: Fize**mos** / Compra**stes**

Afixos (conectam-se às raízes dos termos)

» Prefixos: colocados antes da raiz
Infeliz, **des**fazer, **re**tocar.

» Sufixos: colocados após a raiz
Feliz**mente**, capac**idade**, igual**dade**.

Também é importante ficar atento aos termos de ligação. São eles:

Vogal de ligação:

  Gas**ô**metro / Bar**ô**metro / Cafe**i**cultura / Carn**í**voro

Consoante de ligação:

  Gira**s**sol / Cafe**t**eira / Paulada / Chaleira

21.2 Radicais Gregos e Latinos

O conhecimento sobre a origem dos radicais é, muitas vezes, importante para a compreensão e memorização de inúmeras palavras.

Radicais gregos

Os radicais gregos têm uma importância expressiva para a compreensão e fácil memorização de diversas palavras que foram criadas e vulgarizadas pela linguagem científica.

Podemos observar que esses radicais se unem, geralmente, a outros elementos de origem grega e, frequentemente, sofrem alterações fonéticas e gráficas para formarem palavras compostas.

Seguem algumas palavras e seus respectivos radicais:

ácros, alto: acrópole, acrobacia, acrofobia
álgos, dor: algofilia, analgésico, nevralgia
ánthropos, homem: antropologia, antropófago, filantropo
astér, astéros, estrela: asteroide, asterisco
ástron, astro: astronomia, astronauta
biblíon, livro: biblioteca, bibliografia, bibliófilo
cir-, quiro- (de chéir, cheirós, mão): cirurgia, cirurgião, quiromante
chlorós, verde: cloro, clorofila, clorídrico
chróma, chrómatos, cor: cromático, policromia
dáktylos, dedo: datilografia, datilografar
déka, dez: decálogo, decâmetro, decassílabo
gámos, casamento: poligamia, polígamo, monogamia
gastér, gastrós, estômago: gastrite, gastrônomo, gástrico
glótta, glóssa, língua: poliglota, epiglote, glossário
grámma, letra, escrito: gramática, anagrama, telegrama
grápho, escrevo: grafia, ortografia, caligrafia
heméra, dia: herneroteca, hernerologia, efêmero
hippos, cavalo: hipódromo, hipismo, hipopótamo
kardía, coração: cardíaco, cardiologia, taquicardia
mésos, meio, do meio: mesocarpo, mesóclise, mesopotâmia
mnemo- (de mnéme, memória, lembrança): mnemônico, amnésia, mnemoteste
morphé, forma: morfologia, amorfo, metamorfose
nekrós, morto, necrotério, necropsia, necrológio
páis, paidós, criança: pedagogia, pediatria, pediatra
pyr, pyrós, fogo: pirosfera, pirotécnico, antipirético
rino- (ele rhis, rhinós, nariz): rinite, rinofonia, otorrino
theós, deus: teologia, teólogo, apoteose
zóon, animal: zoologia, zoológico, zoonose

Radicais latinos

Outras palavras da língua portuguesa possuem radicais latinos. A maioria delas entrou na língua entre os séculos XVIII e XX. Seguem algumas das que vieram por via científica ou literária:

ager, agri, campo: agrícola, agricultura
ambi- (de ambo, ambos): ambidestro, ambíguo
argentum, argenti, prata: argênteo, argentífero, argentino
capillus, capilli, cabelo: capilar, capiliforme, capilaridade
caput, capitis, cabeça: capital, decapitar, capitoso
cola-, (de colo, colere, habitar, cultivar): arborícola, vitícola
cuprum, cupri, cobre: cúpreo, cúprico, cuprífero
ego, eu: egocêntrico, egoísmo,ególatra
equi-, (de aequus, igual): equivalente, equinócio, equiângulo
-fero (de fero, ferre, levar, conter): aurífero, lactífero, carbonífero
fluvius, rio: fluvial, fluviômetro
frigus, frigoris, frio: frigorífico, frigomóvel
lapis, lapidis, pedra: lápide, lapidificar, lapidar
lex, legis, lei: legislativo, legislar, legista

LÍNGUA PORTUGUESA

noceo, nocere, prejudicar, causar mal: nocivo, inocente, inócuo
pauper, pauperis, pobre: pauperismo, depauperar
pecus, rebanho: pecuária, pecuarista, pecúnia
pluvia, chuva: pluvial, pluviômetro
radix, radieis, raiz: radical, radicar, erradicar
sidus, sideris, astro: sideral, sidéreo, siderar
stella, estrela: estelar, constelação
triticum, tritici, trigo: triticultura, triticultor, tritícola
vinum, vini, vinho: vinicultura, vinícola
vitis, videira: viticultura, viticultor, vitícola
volo, volare, voar: volátil, noctívolo
vox, vocis, voz: vocal, vociferar

21.3 Origem das Palavras de Língua Portuguesa

As palavras da língua portuguesa têm múltiplas origens, mas a maioria delas veio do latim vulgar, ou seja, o latim que era falado pelo povo duzentos anos antes de Cristo.

No geral, as palavras que formam o nosso léxico podem ser de origem latina, de formação vernácula ou de importação estrangeira.

Quanto às palavras de origem latina, sabe-se que algumas datam dos séculos VI e XI, aproximadamente, e outras foram introduzidas na língua por escritores e letrados, ao longo do tempo, sobretudo no período áureo, o século XVI, e de forma ainda mais abundante durante os séculos que o seguiram, por meios literário e científico. As primeiras, as formas populares, foram grandemente alteradas na fala do povo rude, mas as formas eruditas tiveram leves alterações.

Houve, ao longo desses séculos, com incentivo do povo luso-brasileiro, a criação de palavras que colaboraram para enriquecer o vocabulário. Essas palavras são chamadas criações vernáculas.

Desde os primórdios da língua, diversos termos estrangeiros entraram em uso, posteriormente enriquecendo definitivamente o patrimônio léxico, porque é inevitável que palavras de outros idiomas adentrem na língua por meio das relações estabelecidas entre os povos e suas culturas.

Devido a isso, encontramos, no vocabulário português, palavras provenientes:

→ Do grego
  por influência do cristianismo e do latim literário: anjo, bíblia, clímax
    por criação de sábios e cientistas: nostalgia, microscópio
→ Do hebraico
  veiculadas pela Bíblia: aleluia, Jesus, Maria, Sábado
→ Do alemão
  guerra, realengo, interlância
→ Do árabe
  algodão, alfaiate, algema
→ Do japonês
  biombo, micado, samurai
→ Do francês
  greve, detalhe, pose
→ Do inglês
  bife, futebol, tênis
→ Do turco
  lacaio, algoz
→ Do italiano
  piano, maestro, lasanha
→ Do russo
  vodca, esputinique
→ Do tupi
  tatu, saci, jiboia, pitanga
→ Do espanhol
  cavalheiro, ninharia, castanhola
→ De línguas africanas
  macumba, maxixe, marimbondo

Atualmente, o francês e o inglês são os idiomas com maior influência sobre a língua portuguesa.

21.4 Processos de Formação de Palavras

Há dois processos mais fortes (presentes) na formação de palavras em Língua Portuguesa: a composição e a derivação. Vejamos suas principais características.

Composição: é muito mais uma criação de vocábulo. Pode ocorrer por:

Justaposição (sem perda de elementos):
» Guarda-chuva, girassol, arranha-céu etc.

Aglutinação (com perda de elementos):
» Embora, fidalgo, aguardente, planalto, boquiaberto etc.

Hibridismo (união de radicais oriundos de línguas distintas:
» Automóvel (latim e grego); Sambódromo (tupi e grego).

Derivação: é muito mais uma transformação no vocábulo. Pode ocorrer das seguintes maneiras:

Prefixal (prefixação)
» Reforma, anfiteatro, cooperação

Sufixal (sufixação)
» Pedreiro, engenharia, florista

Prefixal – sufixal
» Infelizmente, ateísmo, desordenamento

Parassintética: prefixo e sufixo simultaneamente, sem a possibilidade de remover umas das partes.
» Avermelhado, anoitecer, emudecer, amanhecer

Regressão (regressiva) ou deverbal: advinda de um verbo.
» Abalo (abalar), luta (lutar), fuga (fugir)

Imprópria (conversão): mudança de classe gramatical.

O jantar, um não, o seu sim, o pobre.

Estrangeirismo

Pode-se entender como um empréstimo linguístico

Com aportuguesamento: abajur (do francês "abat-jour"), algodão (do árabe "al-qutun"), lanche (do inglês "lunch") etc.

Sem aportuguesamento: networking, software, pizza, show, shopping etc.

Acrônimo ou Sigla

Silabáveis: podem ser separados em sílabas.

Infraero (Infraestrutura Aeroportuária), **Petrobras** (Petróleo Brasileiro) etc.

Não-silabáveis: não podem ser separados em sílabas.

FMI, MST, SPC, PT, INSS, MPU etc.

Onomatopeia ou reduplicação

Onomatopeia: tentativa de representar um som da natureza.

Pow, paf, tum, psiu, argh.

Reduplicação: repetição de palavra com fim onomatopaico.

Reco-reco, tique-taque, pingue-pongue.

Redução ou abreviação

Eliminação do segmento de alguma palavra

Fone (telefone), cinema (cinematógrafo), pneu (pneumático) etc.

Questões

01. Marque a alternativa cujo sentido do sufixo e/ou prefixo formador da palavra está corretamente indicado.
a) Estadual - proveniência, origem.
b) Responsabilidade - propriedade.
c) Construção - lugar ou instrumento da ação.
d) Pavimentadas - referência, semelhança.
e) Transversais - movimento para além de.

02. (Vunesp) O sentido expresso pelo prefixo na palavra desafinado também está presente na palavra destacada em:
a) Eles teriam de cooperar com a nova administração do prédio.
b) Trabalhou tanto e não salvou o documento, por isso o refez.
c) No subtítulo do texto, havia uma palavra que não conhecia.
d) Ele era incapaz de resolver um problema com agilidade.
e) Era preciso esfriar o leite antes de acrescentar-lhe o café.

03. Considerando o processo de formação de palavras, assinale a alternativa em que se encontra um prefixo e um sufixo.
a) Reconstrução
b) Idealizadas
c) Diariamente
d) Heroicizadas
e) Veracidade

04. Assim como em "desimpedido", o prefixo indica oposição, negação ou falta em:
a) desgastada.
b) embuste.
c) investimento.
d) independente.
e) retificar.

05. Assinale a alternativa correta. Com relação à palavra AMAR, pode-se afirmar que:
a) "am-" é o radical e "-a-" é a vogal temática, sendo "-r" a desinência do infinitivo.
b) "am" é o prefixo verbal e "-ar" o radical que indica o tema verbal.
c) "am" é o radical e "-ar" é o sufixo verbal que indica verbo no gerúndio.
d) "am" é o radical e "-a-" é o determinante de gênero feminino, sendo "-r" a consoante de ligação.
e) "a-" é o prefixo verbal e "-ma-" o radical, sendo "-r" a desinência de ligação.

06. Assinale a alternativa em que "infra" NÃO é prefixo.
a) Infracitado.
b) Infrato.
c) Inframedíocre.
d) Infraglótico.
e) Infracolocado.

Brasília comemorou seu aniversário com uma superfesta. A cinquentona planejada por Lúcio Costa é hoje uma metrópole que oferece alta qualidade de vida.

(Fonte: O Globo, 21/04/2010, com adaptações)

07. Na notícia do jornal, as palavras "superfesta" e "cinquentona" exemplificam, respectivamente, casos de formação de palavras por
a) Hibridismo e neologismo.
b) Justaposição e aglutinação.
c) Composição e derivação.
d) Prefixação e sufixação.
e) Conversão e regressão.

08. (CESPE) A palavra "trem-bala" é composta por justaposição, tal qual o vocábulo:
a) governança.
b) ilimitado.
c) passatempo.
d) superprodução.
e) faturamento.

09. Em "...que serão dignos de seu sobrenome...", o substantivo grifado foi formado pelo processo de:
a) composição por justaposição;
b) composição por aglutinação;
c) derivação prefixal;
d) derivação sufixal;
e) derivação parassintética.

LÍNGUA PORTUGUESA

ESTRUTURA E FORMAÇÃO DE PALAVRAS

10. A palavra grifada no trecho: "...pesquisas frequentes ajudam a estimular o debate." foi formada pelo processo de:
   a) composição por aglutinação.
   b) composição por justaposição.
   c) derivação parassintética.
   d) derivação regressiva.
   e) derivação prefixal.

Gabaritos

01	E	06	B
02	D	07	D
03	A	08	C
04	D	09	C
05	A	10	D

22. FIGURAS DE LINGUAGEM

Para iniciar o estudo deste capítulo, é importante, retomar alguns conceitos: ao falar de figuras de linguagem, estamos, também, falando de **funções da linguagem** e de **semântica**.

As figuras de linguagem (também chamadas de figuras de pensamento) são construções que se relacionam com a função **poética da linguagem**, ou seja, estão articuladas em razão de modificar o código linguístico para dar ênfase no sentido de uma frase.

É comum vermos exemplos de figuras de linguagem em propagandas publicitárias, poemas, músicas etc. Essas figuras estão presentes em nossa fala cotidiana, principalmente na fala de registro **informal**.

O registro dito informal é aquele que não possui grande preocupação com a situação comunicativa, uma vez que não há tensão para a comunicação entre os falantes. Gírias, erros de concordância e subtração de termos da frase são comuns nesse baixo nível de formalidade comunicativa. Até grandes poetas já escreveram textos sobre esse assunto, veja o exemplo do escritor Oswald de Andrade, que discute a norma gramatical em relação à fala popular do brasileiro:

Pronominais

Dê-me um cigarro
Diz a gramática
Do professor e do aluno
E do mulato sabido
Mas o bom negro e o bom branco
Da Nação Brasileira
Dizem todos os dias
Deixa disso camarada
Me dá um cigarro

Oswald de Andrade
(1890-1954)

Os Cem Melhores Poemas Brasileiros do Século - Seleção e Organização de Ítalo Moriconi, Editora Objetiva, Rio de Janeiro, 2001 (In Pau-Brasil - Poesia - Oswald de Andrade, São Paulo, Globo)

22.1 Conotação X Denotação

É interessante, quando se estuda o conteúdo de figuras de linguagem, ressaltar a distinção conceitual entre o sentido conotativo e o sentido denotativo da linguagem. Vejamos como se opera essa distinção:

Sentido CONOTATIVO: figurado, ou abstrato. Relaciona-se com as figuras de linguagem.

Adalberto **entregou sua alma a Deus**.

A ideia de entregar a alma a Deus é figurada, ou seja, não ocorre literalmente, pois não há um serviço de entrega de almas. Essa é uma figura que convencionamos chamar de **metáfora**.

Sentido DENOTATIVO: literal, ou do dicionário. Relaciona-se com a função **referencial** da linguagem.

Adalberto **morreu**.

Quando dizemos função referencial, entende-se que o falante está preocupado em transmitir precisamente o fato ocorrido, sem apelar para figuras de pensamento. Essa frase do exemplo serviu para mostrar o sinônimo da figura de linguagem anterior.

Vejamos agora algumas das principais figuras de linguagem que costumam ser cobradas em provas de concursos públicos:

Metáfora: uma figura de linguagem, que consiste na comparação de dois termos sem o uso de um conectivo.

> Rosa **é uma flor**. (A pessoa é como uma flor: perfumada, delicada, bela etc.)
> Seus olhos **são dois oceanos**. (Os olhos possuem a profundidade do oceano, a cor do oceano etc.)
> João **é fera**. (João é perito em alguma coisa, desempenha determinada tarefa muito bem etc.)

Metonímia: figura de linguagem que consiste utilização de uma expressão por outra, dada a semelhança de sentido ou a possibilidade de associação lógica entre elas.

Há vários tipos de metonímia, vejamos alguns deles:

Efeito pela causa:
O carrasco ergueu **a morte**. (O efeito é a morte, a causa é o machado).

Marca pelo produto:
Vá ao mercado e traga um Nescau. (achocolatado em pó).

Autor pela obra:
Li Camões com entusiasmo. (Quem leu, leu a obra, não o autor).

Continente pelo conteúdo:
Comi dois pratos de feijão. (Comeu o feijão, ou seja, o conteúdo do prato)

Parte pelo todo:
Peço sua **mão em casamento**. (Pede-se, na verdade, o corpo todo).

Possuidor pelo possuído:
Mulher, vou **ao médico**. (Vai-se ao consultório que pertence ao médico, não ao médico em si).

Antítese: figura de linguagem que consiste na exposição de ideias opostas.

*"**Nasce** o Sol e não dura mais que um **dia***
*Depois da **Luz** se segue à **noite** escura*
Em tristes sombras morre a formosura,
*Em contínuas **tristezas** e **alegrias**."*

(Gregório de Matos)

Os termos em negrito evidenciam relações semânticas de distinção (oposição). Nascer é o contrário de morrer, assim como sombra é o contrário de luz. Essa figura foi muito utilizada na poesia brasileira, em especial pelo autor dos versos acima: Gregório de Matos Guerra.

LÍNGUA PORTUGUESA

FIGURAS DE LINGUAGEM

Paradoxo: expressão que contraria o senso comum. Ilógica.

> "Amor é fogo que **arde sem se ver**;
> É ferida que **dói e não se sente**;
> É um **contentamento descontente**;
> É **dor que desatina sem doer**."
>
> (Luís de Camões)

A construção semântica acima é totalmente ilógica, pois é impossível uma ferida doer e não ser sentida, assim como não é possível o contentamento ser descontente.

Perífrase: expressão que tem por função substituir semanticamente um termo:

A última flor do Lácio anda muito judiada. (Português é a última flor do Lácio)

O país do futebol é uma grande nação. (Brasil)

O Bruxo do Cosme Velho foi um grande escritor. (Machado de Assis era conhecido como o Bruxo do Cosme Velho)

O anjo de pernas tortas foi o melhor jogador do mundo. (Garrincha)

Eufemismo: figura que consiste em atenuar uma expressão desagradável:

José **pegou emprestado sem avisar**; (roubou).

Maurício **entregou a alma a Deus**; (morreu).

Coitado, só porque **é desprovido de beleza**. (feio)

Disfemismo: contrário ao Eufemismo, é a figura de linguagem que consiste em tornar uma expressão desagradável em algo ainda pior.

O homem **abotoou o paletó de madeira**. (morreu)

Está chupando cana pela raiz. (morreu)

Sentou no colo do capeta. (morreu)

Prosopopeia: atribuição de características animadas a seres inanimados.

O vento sussurrou em meus ouvidos.

Parecia que a **agulha odiava o homem**.

Hipérbole: exagero proposital de alguma característica.

Estou morrendo de rir.

Chorou rios de lágrimas.

Hipérbato: inversão sintática de efeito expressivo.

**Ouviram do Ipiranga as margens plácidas
De um povo heroico o brado e retumbante**.

Colocando na ordem direta:

As margens plácidas do Ipiranga ouviram o brado retumbante de um povo heroico.

Da minha família, ninguém fala!

Gradação: figura que consiste na construção de uma escala de termo que fazem parte do mesmo campo semântico.

Plantou **a semente**, zelou pelo **broto**, regou a **planta** e colheu o **fruto**. (A gradação pode ser do campo semântico da palavra semente – broto, planta e fruto – ou da palavra plantar – zelar, regar, colher)

Ironia: figura que consiste em dizer o contrário do que se pensa.

Lamento por ter sido eu o vencedor dessa prova. (Evidentemente a pessoa não lamenta ser o vencedor de alguma coisa)

Onomatopeia: tentativa de representar um som da natureza. Figura muito comum em histórias em quadrinhos.

Pof, tic-tac, click, bum, vrum!

Sinestesia: confusão dos sentidos do corpo humano para produzir efeitos expressivos.

Ouvi uma **voz suave** saindo do quarto.

O seu **perfume doce** é extremamente inebriante.

22.2 Vícios de Linguagem

Em um âmbito geral, vício de linguagem é toda expressão contrária à lógica da norma gramatical. Vejamos quais são os principais deslizes que se transformam em vícios.

Pleonasmo vicioso: consiste na repetição desnecessária de ideias.

Subir para cima.

Descer para baixo.

Entrar para dentro.

Cardume de peixes.

Enxame de abelhas.

Elo de ligação.

Fato real.

Observação: pode existir o plágio expressivo em um texto poético. Na frase "ele penetrou na escura treva" há pleonasmo, mas não é vicioso.

Ambiguidade: ocorre quando a construção frasal permite que a sentença possua dois sentidos.

Tenho que buscar **a cadela da sua irmã**.

A empregada disse para o chefe que o cheque estava sobre **sua mesa**.

Como você, também estou cansado. (conjunção "como" ou verbo "comer")

Cacofonia: ocorre quando a pronúncia de determinadas palavras permite a construção de outra palavra.

Dei um beijo na bo**ca dela**.

Nos**so hino** é belo.

Na **vez passada**, esca**pei de** uma.

Barbarismo: é um desvio na forma de falar ou grafar determinada palavra.

Mortandela (em vez de mortadela).

Poblema (em vez de problema).

Mindingo (em vez de mendigo).

Salchicha (em vez de salsicha).

Esse conteúdo costuma ser simples para quem pratica a leitura de textos poéticos, portanto devemos sempre ler poesia. Passemos à resolução de algumas questões.

Questões

01. (CESGRANRIO) As palavras podem assumir sentidos figurados, ou seja, significados diferentes das acepções e usos previstos pelos dicionários, embora facilmente compreensíveis no contexto específico em que se encontram. A passagem do texto em que uma palavra em sentido figurado está presente é:
a) "Daí esta avalanche, este tsunami de informações."
b) "O estado de nossas células cerebrais, as nossas emoções; tudo isso pode representar uma limitação para nossa capacidade de lembrar."
c) "Para quem, como eu, viaja bastante e tem de trabalhar em aviões ou em hotéis, é um recurso precioso."
d) "Mas não encontrei pen drive algum."
e) "Perguntei no aeroporto, entrei em contato com o táxi que me trouxera, liguei para casa: nada."

02. (UNICENTRO) O fragmento que ilustra a linguagem conotativa é o transcrito na alternativa:
a) "pelo uso dos aviões sequestrados como arma".
b) "A derrubada do Taleban, que governava o país centro-asiático, contribuiu de modo decisivo para debilitar aquele grupo terrorista."
c) "uma guerra injustificável contra o Iraque."
d) "como alegou então, por má-fé e paranoia, o governo americano."
e) "Produziu até agora apenas dois outros atentados de vulto".

03. (CEV-URCA) Em: "Chico passou por maus bocados, andou gastando mais de cinco litros de saliva para reconquistar a mulher" (linhas 40 e 41). A construção em destaque é própria da linguagem literária e caracteriza-se como:
a) Hipérbole.
b) Eufemismo.
c) Catacrese.
d) Anáfora.
e) Elipse.

04. (PaqTcPB) Leia o texto:

Tomar uma decisão envolve uma disputa com três participantes – dois deles (instinto e experiência) cuidam de seu presente, o outro (razão) pensa no seu futuro. Por isso, diante de uma encruzilhada, o melhor é tentar organizar essa briga. Antes de decidir se quer mesmo encarar uma mudança radical na carreira, talvez você resolva usar a razão. Ou não – talvez você esteja cansado da profissão que escolheu e prefira tentar um caminho novo. Tanto faz: em qualquer decisão, o importante é pensar se aquele problema merece uma consideração mais racional ou emotiva. E só aí começar a julgar as informações e os argumentos. Assim, o cérebro começa a movimentar as engrenagens sabendo qual delas interessa mais. E evita erros.

A utilização dos termos "participantes", "cuidam" e "pensa" (L. 2 e 3) contribui para estabelecer, no texto, uma relação de sentido denominada:
a) Ambiguidade.
b) Sinonímia.
c) Paráfrase.
d) Oposição.
e) Metáfora.

05. Pleonasmo é uma figura de linguagem que tem como marca a repetição de palavras ou expressões, aparentemente desnecessárias, para enfatizar uma ideia. No entanto, alguns pleonasmos são considerados "vícios de linguagem" por informarem uma obviedade e não desempenharem função expressiva no enunciado. Considerando esta afirmação, assinale a alternativa que possui exemplo de pleonasmo vicioso.
a) "(...) E então abriu a torneira: a água espalhou-se (...)"
b) "(...)O jeito era ir comprar um pão na padaria. (...)"
c) "(...)Matá-la, não ia; não, não faria isso. (...)"
d) "(...) Traíra é duro de morrer, nunca vi um peixe assim. (...)"
e) "(...) Tirou para fora os outros peixes: lambaris, chorões, piaus; (...)"

06. (FUNCAB) Assinale a figura de linguagem que predomina no trecho "Mas aquele pendão firme, vertical, beijado pelo vento do mar, veio enriquecer nosso canteirinho vulgar com uma força e uma alegria que me fazem bem."
a) hipérbole
b) eufemismo
c) prosopopeia
d) antítese
e) catacrese

07. (FUNRIO) Em um texto, as palavras e as expressões podem ser empregadas em sentido conotativo ou denotativo. No segmento "O segundo caminho, válido para profissionais liberais, é conquistar bons clientes e assumir a propriedade do próprio nariz.", a expressão "do próprio nariz" tem natureza conotativa. O termo ou expressão destacado(a) que está empregado(a) em sentido denotativo ocorre em:
a) Os jovens "lutam" aguerridamente para conseguir um bom emprego.
b) É educativo ensinar às pessoas a ganharem o dinheiro com o "suor do seu rosto".
c) Muitos jovens não conseguem ser "felizes" nas profissões que abraçaram.
d) Os profissionais financeiramente "mais bem sucedidos" são os médicos.
e) Os filhos podem ser "o braço direito" dos pais em empresas familiares.

08. (CESPE)
"**Nasce** o Sol e não dura mais que um **dia**
Depois da **Luz** se segue à **noite** escura
Em tristes **sombras** morre a formosura,
Em contínuas **tristezas e alegrias**."

(Gregório de Matos)

Assinale a opção que apresenta a figura de linguagem predominante no trecho do poema acima.
a) sinestesia
b) comparação
c) antítese
d) eufemismo
e) hipérbole

09. (CONSUPLAN) Há sentido conotativo na seguinte alternativa:
a) "Será que uma bola é mais valiosa que um livro?"
b) "...aposentados choram pelo minguado aumento."
c) "Por que se concedem altos aumentos na política?"

LÍNGUA PORTUGUESA

FIGURAS DE LINGUAGEM

d) "... hospitais deixam de atender ao mais simples diagnóstico..."
e) "Por que os salários não são igualitários?"

10. Constitui exemplo de uso de linguagem figurada o elemento sublinhado na frase:
   I. Foi acusado de ser o cabeça do movimento.
   II. Ele emprega sempre a palavra literalmente atribuindo-lhe um sentido inteiramente inadequado.
   III. Ignoro o porquê de você se aborrecer comigo.
   IV. Seus pensamentos são fantasmagorias que não o deixam em paz.

   Atende ao enunciado APENAS o que está em:
   a) I e II.
   b) I e IV.
   c) II e III.
   d) III e IV.
   e) I e III.

Gabaritos

01	A	06	C
02	B	07	C
03	A	08	C
04	E	09	B
05	E	10	B

MATEMÁTICA

1. CONJUNTOS NUMÉRICOS

Os números surgiram da necessidade de contar ou quantificar coisas ou objetos. Com o passar do tempo, foram adquirindo características próprias.

1.1 Números Naturais

É o primeiro dos conjuntos numéricos. Representado pelo símbolo $\mathbb{N}$. É formado pelos seguintes elementos:

$\mathbb{N} = \{0, 1, 2, 3, 4, 5, 6, 7, 8, 9, 10, 11, 12, 13, ... + \infty\}$

O símbolo ∞ significa infinito, o + quer dizer positivo, então $+\infty$ quer dizer infinito positivo.

1.2 Números Inteiros

Esse conjunto surgiu da necessidade de alguns cálculos não possuírem resultados, pois esses resultados eram negativos.

Representado pelo símbolo $\mathbb{Z}$, é formado pelos seguintes elementos:

$\mathbb{Z} = \{-\infty, ..., -3, -2, -1, 0, 1, 2, 3, ..., +\infty\}$

Operações e propriedades dos números naturais e inteiros

As principais operações com os números naturais e inteiros são: adição, subtração, multiplicação, divisão, potenciação e radiciação (as quatro primeiras são também chamadas operações fundamentais).

Adição

Na adição, a soma dos termos ou parcelas resulta naquilo que se chama **total**.

Ex.: 2 + 2 = 4

As propriedades da adição são:

Elemento Neutro: qualquer número somado ao zero tem como total o próprio número.

Ex.: + 0 = 2

Comutativa: a ordem dos termos não altera o total.

Ex.: 2 + 3 = 3 + 2 = 5

Associativa: o ajuntamento de parcelas não altera o total.

Ex.: 2 + 0 = 2

Subtração

Operação contrária à adição, também conhecida como diferença.

Os termos ou parcelas da subtração, assim como o total, têm nomes próprios:

M – N = P; em que M = minuendo, N = subtraendo e P = diferença ou resto.

Ex.: 7 – 2 = 5

Quando o subtraendo for maior que o minuendo, a diferença será negativa.

Multiplicação

Nada mais é do que a soma de uma quantidade de parcelas fixas. Ao resultado da multiplicação chama-se produto. Os símbolos que indicam a multiplicação são o **"x"** (sinal de vezes) ou o **"."** (ponto).

Exs.: 4 x 7 = 7 + 7 + 7 + 7 = 28

7 . 4 = 4 + 4 + 4 + 4 + 4 + 4 + 4 = 28

As propriedades da multiplicação são:

Elemento Neutro: qualquer número multiplicado por 1 terá como produto o próprio número.

Ex.: 5 . 1 = 5

Comutativa: ordem dos fatores não altera o produto.

Ex.: 3 · 4 = 4 · 3 = 12

Associativa: o ajuntamento dos fatores não altera o resultado.

Ex.: 2 · (3 · 4) = (2 · 3) · 4 = 24

Distributiva: um fator em evidência multiplica todas as parcelas dentro dos parênteses.

Ex.: 2 · (3 + 4) = (2 · 3) + (2 · 4) = 6 + 8 = 14

Atenção		
Na multiplicação existe "jogo de sinais", que fica assim:		
Parcela	Parcela	Produto
+	+	+
+	–	–
–	+	–
–	–	+
Exs.: 2 · -3 = -6		
-3 · -7 = 21		

Divisão

É o inverso da multiplicação. Os sinais que a representam são: "÷", ":", "/" ou a fração.

Exs.: 14 ÷ 7 = 2

25 : 5 = 5

36/12 = 3

Atenção
Por ser o inverso da multiplicação, a divisão também possui o "jogo de sinal".

1.3 Números Racionais

Com o passar do tempo alguns cálculos não possuíam resultados inteiros, a partir daí surgiram os números racionais, que são representados pela letra $\mathbb{Q}$ e são os números que podem ser escritos sob forma de frações.

$\mathbb{Q} = \frac{a}{b}$ (com "b" diferente de zero → b ≠ 0); em que "a" é o numerador e "b" é o denominador.

Fazem parte desse conjunto também as dízimas periódicas (números que apresentam uma série infinita de algarismos decimais, após a vírgula) e os números decimais (aqueles que são escritos com a vírgula e cujo denominador são as potências de 10).

Toda fração cujo numerador é menor que o denominador é chamada de fração própria.

Operações com os números racionais

Adição e subtração

Para somar frações deve-se estar atento se os denominadores das frações são os mesmos. Caso sejam iguais, basta repetir o denominador e somar (ou subtrair) os numeradores, porém se os denominadores forem diferentes é preciso fazer o M.M.C. (assunto que será visto adiante) dos denominadores, constituir novas frações equivalentes às frações originais e, assim, proceder com o cálculo.

$$\frac{2}{7} + \frac{4}{7} = \frac{6}{7}$$

$$\frac{2}{3} + \frac{4}{5} = \frac{10}{15} + \frac{12}{15} = \frac{22}{15}$$

Multiplicação

Para multiplicar frações basta multiplicar numerador com numerador e denominador com denominador.

$$\frac{3}{4} \cdot \frac{5}{7} = \frac{15}{28}$$

Divisão

Para dividir frações basta fazer uma multiplicação da primeira fração com o inverso da segunda fração.

$$\frac{2}{3} \div \frac{4}{5} = \frac{2}{3} \cdot \frac{5}{4} = \frac{10}{12} = \frac{5}{6}$$ (Simplificando por 2)

Toda vez que for possível deve-se simplificar a fração até sua fração irredutível (aquela que não pode mais ser simplificada).

Potenciação

Se a multiplicação é soma de uma quantidade de parcelas fixas, a potenciação é a multiplicação de uma quantidade de fatores fixos, tal quantidade indicada no expoente que acompanha a base da potência.

A potenciação é expressa por: a^n, cujo "a" é a base da potência e o "n" é o expoente.

Ex.: $4^3 = 4 \cdot 4 \cdot 4 = 64$

As propriedades das potências são:

$a^0 = 1$

$3^0 = 1$

$a^1 = a$

$5^1 = 5$

$a^{-n} = 1/a^n$

$2^{-3} = \dfrac{1}{2^3} = 1/8$

$a^m \cdot a^n = a^{(m+n)}$

$3^2 \cdot 3^3 = 3^{(2+3)} = 3^5 = 243$

$a^m : a^n = a^{(m-n)}$

$4^5 : 4^3 = 4^{(5-3)} = 4^2 = 16$

$(a^m)^n = a^{m \cdot n}$

$(2^2)^4 = 2^{2 \cdot 4} = 2^8 = 256$

$a^{m/n} = \sqrt[n]{a^m}$

$7^{2/3} = \sqrt[3]{7^2} = \sqrt[3]{49}$

Não confunda: $(am)n \neq am\ n$

Não confunda também: $(-a)n \neq -an$.

Radiciação

É a expressão da potenciação com expoente fracionário.

A representação genérica da radiciação é: $\sqrt[n]{a}$; cujo "n" é o índice da raiz, o "a" é o radicando e "$\sqrt{}$" é o radical.

Quando o índice da raiz for o 2 ele não precisa aparecer e essa raiz será uma raiz quadrada.

As propriedades das "raízes" são:

→ $\sqrt[n]{a^m} = (\sqrt[n]{a})^m = a^{m/n}$

→ $\sqrt[m]{\sqrt[n]{a}} = ^{m \cdot n}\sqrt{a}$

→ $\sqrt[m]{a^m} = a = a^{m/m} = a^1 = a$

Racionalização: se uma fração tem em seu denominador um radical, faz-se o seguinte:

$$\frac{1}{\sqrt{a}} = \frac{1}{\sqrt{a}} \cdot \frac{\sqrt{a}}{\sqrt{a}} = \frac{\sqrt{a}}{\sqrt{a^2}} = \frac{\sqrt{a}}{a}$$

Transformando dízima periódica em fração

Para transformar dízimas periódicas em fração, é preciso atentar-se para algumas situações:

> Verifique se depois da vírgula só há a parte periódica, ou se há uma parte não periódica e uma periódica.

> Observe quantas são as "casas" periódicas e, caso haja, as não periódicas. Lembrado sempre que essa observação só será para os números que estão depois da vírgula.

> Em relação à fração, o denominador será tantos "9" quantos forem as casas do período, seguido de tantos "0" quantos forem as casas não periódicas (caso haja e depois da vírgula). Já o numerador será o número sem a vírgula até o primeiro período "menos" toda a parte não periódica (caso haja).

Exs.: $0,6666... = \dfrac{6}{9}$

$0,36363636... = \dfrac{36}{99}$

$0,123333... = \dfrac{123 - 12}{900} = \dfrac{111}{900}$

$2,8888... = \dfrac{28 - 2}{9} = \dfrac{26}{9}$

$3,754545454... = \dfrac{3754 - 37}{990} = \dfrac{3717}{990}$

MATEMÁTICA

CONJUNTOS NUMÉRICOS

Transformando número decimal em fração

Para transformar número decimal em fração, basta contar quantas "casas" existem depois da vírgula; então o denominador da fração será o número 1 acompanhado de tantos zeros quantos forem o número de "casas", já o numerador será o número sem a "vírgula".

Exs.: $0,3 = \dfrac{3}{10}$

$2,45 = \dfrac{245}{100}$

$49,586 = \dfrac{49586}{1000}$

1.4 Números Irracionais

São os números que não podem ser escritos na forma de fração.

O conjunto é representado pela letra $\mathbb{I}$ e tem como elementos as dízimas não periódicas e as raízes não exatas.

1.5 Números Reais

Simbolizado pela letra $\mathbb{R}$, é a união do conjunto dos números racionais com o conjunto dos números irracionais.

Representado, tem-se:

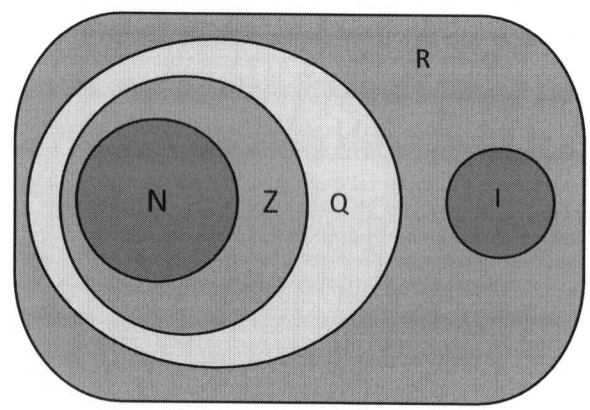

Colocando todos os números em uma reta, tem-se:

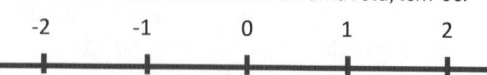

-2   -1   0   1   2

As desigualdades ocorrem em razão de os números serem maiores ou menores uns dos outros.

Os símbolos das desigualdades são:

$\geq$ maior ou igual a;

$\leq$ menor ou igual a;

> maior que;

< menor que.

Dessas desigualdades surgem os intervalos, que nada mais são do que um espaço dessa reta, entre dois números.

Os intervalos podem ser abertos ou fechados, depende dos símbolos de desigualdade utilizados.

Intervalo aberto ocorre quando os números não fazem parte do intervalo e os sinais de desigualdade são:

> maior que;

< menor que.

Intervalo fechado ocorre quando os números fazem parte do intervalo e os sinais de desigualdade são:

$\geq$ maior ou igual a;

$\leq$ menor ou igual a.

1.6 Intervalos

Os intervalos numéricos podem ser representados das seguintes formas:

Com os Símbolos <, >, $\leq$, $\geq$

Quando forem usados os símbolos < ou >, os números que os acompanham não fazem parte do intervalo real. Já quando forem usados os símbolos $\leq$ ou $\geq$ os números farão parte do intervalo real.

Exs.:

$2 < x < 5$: o 2 e o 5 não fazem parte do intervalo.

$2 \leq x < 5$: o 2 faz parte do intervalo, mas o 5 não.

$2 \leq x \leq 5$: o 2 e o 5 fazem parte do intervalo.

Com os Colchetes

Quando os colchetes estiverem voltados para os números, significa que farão parte do intervalo. Porém, quando os colchetes estiverem invertidos, significa que os números não farão parte do intervalo.

Exs.:

]2;5[: o 2 e o 5 não fazem parte do intervalo.

[2;5[: o 2 faz parte do intervalo, mas o 5 não faz.

[2;5]: o 2 e o 5 fazem parte do intervalo.

Sobre uma Reta Numérica

Intervalo aberto $2<x<5$:

Em que 2 e 5 não fazem parte do intervalo numérico, representado pela marcação aberta (sem preenchimento - O).

Intervalo fechado e aberto $2\leq x<5$:

Em que 2 faz parte do intervalo, representado pela marcação fechada (preenchida - ●) em que 5 não faz parte do intervalo, representado pela marcação aberta (O).

Intervalo fechado $2\leq x\leq 5$:

Em que 2 e 5 fazem parte do intervalo numérico, representado pela marcação fechada (●).

1.7 Múltiplos e Divisores

Os múltiplos são resultados de uma multiplicação de dois números naturais.

Ex.: Os múltiplos de 3 são: 0, 3, 6, 9, 12, 15, 18, 21, 24, 27, 30... (os múltiplos são infinitos).

Os divisores de um "número" são os números cuja divisão desse "número" por eles será exata.

Ex.: Os divisores de 12 são: 1, 2, 3, 4, 6, 12.

Atenção
Números quadrados perfeitos são aqueles que resultam da multiplicação de um número por ele mesmo.
Ex.: $4 = 2 \cdot 2$
$25 = 5 \cdot 5$

1.8 Números Primos

São os números que têm apenas dois divisores, o 1 e ele mesmo (alguns autores consideram os números primos aqueles que tem 4 divisores, sendo o 1, o -1, ele mesmo e o seu oposto – simétrico).

Veja alguns números primos:

2 (único primo par), 3, 5, 7, 11, 13, 17, 19, 23, 29, 31, 37, 41, 43, 47, 53, 59, ...

Os números primos servem para decompor outros números.

A decomposição de um número em fatores primos serve para fazer o MMC (mínimo múltiplo comum) e o MDC (máximo divisor comum).

1.9 MMC e MDC

O MMC de um, dois ou mais números é o menor número que, ao mesmo tempo, é múltiplo de todos esses números.

O MDC de dois ou mais números é o maior número que pode dividir todos esses números ao mesmo tempo.

Para calcular, após decompor os números, o MMC de dois ou mais números será o produto de todos os fatores primos, comuns e não comuns, elevados aos maiores expoentes. Já o MDC será apenas os fatores comuns a todos os números elevados aos menores expoentes.

Exs.: $6 = 2 \cdot 3$
$18 = 2 \cdot 3 \cdot 3 = 2 \cdot 3^2$
$35 = 5 \cdot 7$
$144 = 2 \cdot 2 \cdot 2 \cdot 2 \cdot 3 \cdot 3 = 2^4 \cdot 3^2$
$225 = 3 \cdot 3 \cdot 5 \cdot 5 = 3^2 \cdot 5^2$
$490 = 2 \cdot 5 \cdot 7 \cdot 7 = 2 \cdot 5 \cdot 7^2$
$640 = 2 \cdot 2 \cdot 2 \cdot 2 \cdot 2 \cdot 2 \cdot 2 \cdot 5 = 2^7 \cdot 5$
MMC de 18 e 225 $= 2 \cdot 3^2 \cdot 5^2 = 2 \cdot 9 \cdot 25 = 450$
MDC de 225 e 490 $= 5$

Para saber a quantidade de divisores de um número basta, depois da decomposição do número, pegar os expoentes dos fatores primos, somar "+1" e multiplicar os valores obtidos.

Exs.: $225 = 3^2 \cdot 5^2 = 3^{2+1} \cdot 5^{2+1} = 3 \cdot 3 = 9$

Nº de divisores $= (2 + 1) \cdot (2 + 1) = 3 \cdot 3 = 9$ divisores. Que são: 1, 3, 5, 9, 15, 25, 45, 75, 225.

1.10 Divisibilidade

As regras de divisibilidade servem para facilitar a resolução de contas, para ajudar a descobrir se um número é ou não divisível por outro. Veja algumas dessas regras.

Divisibilidade por 2: para um número ser divisível por 2 basta que o mesmo seja par.

Exs.: 14 é divisível por 2.
17 não é divisível por 2.

Divisibilidade por 3: para um número ser divisível por 3, a soma dos seus algarismos tem que ser divisível por 3.

Exs.: 174 é divisível por 3, pois $1 + 7 + 4 = 12$
188 não é divisível por 3, pois $1 + 8 + 8 = 17$

Divisibilidade por 4: para um número ser divisível por 4, ele tem que terminar em 00 ou os seus dois últimos números devem ser múltiplos de 4.

Exs.: 300 é divisível por 4.
532 é divisível por 4.
766 não é divisível por 4.

Divisibilidade por 5: para um número ser divisível por 5, ele deve terminar em 0 ou em 5.

Exs.: 35 é divisível por 5.
370 é divisível por 5.
548 não é divisível por 5.

Divisibilidade por 6: para um número ser divisível por 6, ele deve ser divisível por 2 e por 3 ao mesmo tempo.

Exs.: 78 é divisível por 6.
576 é divisível por 6.
652 não é divisível por 6.

Divisibilidade por 9: para um número ser divisível por 9, a soma dos seus algarismos deve ser divisível por 9.

Exs.: 75 é não divisível por 9.
684 é divisível por 9.

Divisibilidade por 10: para um número ser divisível por 10, basta que ele termine em 0.

Exs.: 90 é divisível por 10.
364 não é divisível por 10.

1.11 Expressões Numéricas

Para resolver expressões numéricas, deve-se sempre seguir a ordem:

> Resolva os (parênteses), depois os [colchetes], depois as {chaves}, nessa ordem;

> Dentre as operações resolva primeiro as potenciações e raízes (o que vier primeiro), depois as multiplicações e divisões (o que vier primeiro) e por último as somas e subtrações (o que vier primeiro).

MATEMÁTICA

CONJUNTOS NUMÉRICOS

Calcule o valor da expressão:

Ex.: $8 - \{5 - [10 - (7 - 3 \cdot 2)] \div 3\}$

Resolução:

$8 - \{5 - [10 - (7 - 6)] \div 3\}$

$8 - \{5 - [10 - (1)] \div 3\}$

$8 - \{5 - [9] \div 3\}$

$8 - \{5 - 3\}$

$8 - \{2\}$

6

Questões

01. (MB) Considere $x = 10$ e $y = 20$. Calcule o valor de $(x + y)^2 - 2xy$.
   a) 900
   b) 600
   c) 500
   d) 300
   e) 200

02. O conjunto $A = \{-4, -3, -2, -1, 0, 1\}$ pode ser representado por:
   a) $\{x \in Z \mid -4 < x < 1\}$
   b) $\{x \in Z \mid -4 < x \leq 1\}$
   c) $\{x \in Z \mid -4 \leq x \leq 1\}$
   d) $\{x \in Z \mid -4 \leq x < 1\}$
   e) $\{x \in Z \mid +4 < x < 1\}$

03. (FCC) O valor da expressão $\dfrac{A^2 - B^3}{A^B + B^A}$, para $A = 2$ e $B = -1$ é um número compreendido entre:
   a) -2 e 1.
   b) 1 e 4.
   c) 4 e 7.
   d) 7 e 9.
   e) 9 e 10.

04. (TJ-PR) Um historiador comentou em sala de aula: "Meu tataravô nasceu no século 18. O ano em que nasceu era um cubo perfeito. O ano em que morreu era um quadrado perfeito. O quanto viveu, também era um quadrado perfeito." Quantos anos viveu o tataravô do historiador?
   a) 36
   b) 30
   c) 32
   d) 34
   e) 40

05. (CEFET) Os restos das divisões de 247 e 315 por x são 7 e 3, respectivamente. Os restos das divisões de 167 e 213 por y são 5 e 3, respectivamente. O maior valor possível para a soma x + y é:
   a) 36
   b) 34
   c) 30
   d) 25

06. (FCC) Sejam x e y números naturais, e △ e □/símbolos com os seguintes significados:
   – x △ y é igual ao maior número dentre x e y, com x ≠ y;
   – x □ y é igual ao menor número dentre x e y, com x ≠ y;
   – se x = y, então x △ y = x □ y = x = y.
   De acordo com essas regras, o valor da expressão [64 □(78 △ 64) □ {92 △ [(43 □21) △ 21]} é:
   a) 92.
   b) 78.
   c) 64.
   d) 43.
   e) 21.

07. (PUC-MG) O valor exato de

$$\dfrac{0{,}2929\ldots - 0{,}222\ldots}{0{,}555\ldots + 0{,}333\ldots} \text{ é:}$$

   a) 3/25
   b) 3/28
   c) 4/34
   d) 6/58
   e) 7/88

08. Sejam x e y números reais dados por suas representações decimais:

$$\begin{cases} x = 0{,}111111\ldots \\ y = 0{,}999999\ldots \end{cases}$$

Pode-se afirmar que:
   a) $x + y = 1$
   b) $x - y = 8/9$
   c) $xy = 0{,}9$
   d) $1/(x + y) = 0{,}9$
   e) $xy = 1$

09. (ESPP) Sejam as afirmações:
   I. A soma entre dois números irracionais é sempre um número irracional.
   II. Toda dízima periódica pode ser escrita com uma fração de denominador e numerador inteiros.
   III. $7\varpi/4 > 11/2$

   Pode-se dizer que:
   a) São corretas somente I e II.
   b) Todas são corretas.
   c) Somente uma delas é correta.
   d) São corretas somente II e III.

10. (FGV) Analise as afirmativas a seguir:
   I. $\sqrt{6}$ é maior que $\frac{5}{2}$.
   II. 0,555... é um número racional.
   III. Todo número inteiro tem antecessor.

   Assinale:
   a) Se somente as afirmativas I e III estiverem corretas.
   b) Se somente a afirmativa II estiver correta.
   c) Se somente as afirmativas I e II estiverem corretas.
   d) Se somente a afirmativa I estiver correta.
   e) Se somente as afirmativas II e III estiverem corretas.

Gabaritos

01	C	06	C
02	C	07	E
03	B	08	D
04	A	09	C
05	C	10	E

2. SISTEMA LEGAL DE MEDIDAS

2.1 Medidas de Tempo

A unidade padrão do tempo é o segundo (s), mas devemos saber as seguintes relações:

1 min = 60 s

1h = 60 min = 3600 s

1 dia = 24 h = 1440 min = 86400 s

30 dias = 1 mês

2 meses = 1 bimestre

6 meses = 1 semestre

12 meses = 1 ano

10 anos = 1 década

100 anos = 1 século

Exs.: 5h47min18seg + 11h39min59s = 26h86min77s = 26h87min17s = 27h27min17s= 1dia3h27mim17s;

8h23min − 3h49min51seg = 7h83min − 3h49min51seg = 7h82min60seg − 3h49min51seg = 4h33min9seg.

Cuidado com as transformações de tempo, pois elas não seguem o mesmo padrão das outras medidas.

2.2 Sistema Métrico Decimal

Serve para medir comprimentos, distâncias, áreas e volumes. Tem como unidade padrão o metro (m). Veremos agora seus múltiplos, variações e algumas transformações.

Metro (m):

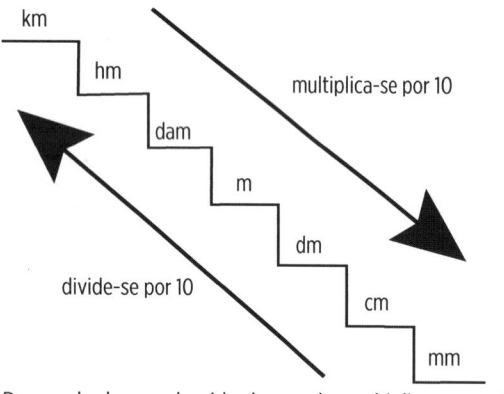

(escada: km, hm, dam, m, dm, cm, mm — multiplica-se por 10 ao descer, divide-se por 10 ao subir)

Para cada degrau descido da escada, multiplica-se por 10, e para cada degrau subido, divide-se por 10.

Exs.: Transformar 2,98km em cm = 2,98 · 100.000 = 298.000cm (na multiplicação por 10 ou suas potências, basta deslocar a "vírgula" para a direita);

Transformar 74m em km = 74 ÷ 1000 = 0,074km (na divisão por 10 ou suas potências, basta deslocar a "vírgula" para a esquerda).

> **Atenção**
> *O grama (g) e o litro (l) seguem o mesmo padrão do metro (m).*

Metro quadrado (m^2):

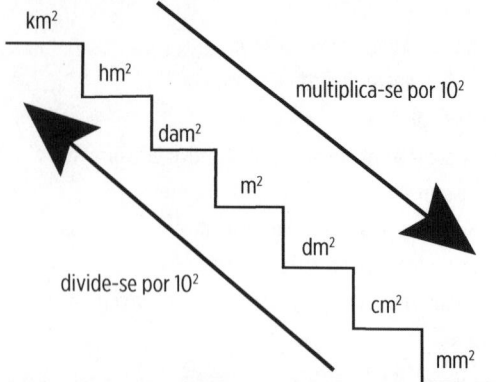

(escada: km^2, hm^2, dam^2, m^2, dm^2, cm^2, mm^2 — multiplica-se por 10^2 ao descer, divide-se por 10^2 ao subir)

Para cada degrau descido da escada multiplica por 10^2 ou 100, e para cada degrau subido divide por 10^2 ou 100.

Exs.: Transformar 79,11m^2 em cm^2 = 79,11 · 10.000 = 791.100cm^2;

Transformar 135m^2 em km^2 = 135 ÷ 1.000.000 = 0,000135km^2.

Metro cúbico (m^3):

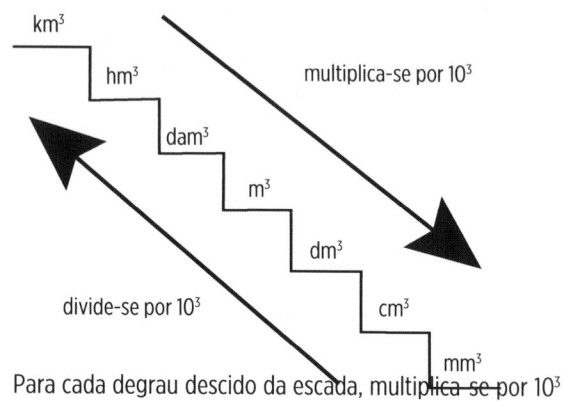

(escada: km^3, hm^3, dam^3, m^3, dm^3, cm^3, mm^3 — multiplica-se por 10^3 ao descer, divide-se por 10^3 ao subir)

Para cada degrau descido da escada, multiplica-se por 10^3 ou 1000, e para cada degrau subido, divide-se por 10^3 ou 1000.

Exs.: Transformar 269dm^3 em cm^3 = 269 · 1.000 = 269.000cm^3

Transformar 4.831cm^3 em m^3 = 4.831 ÷ 1.000.000 = 0,004831m^3

O metro cúbico, por ser uma medida de volume, tem relação com o litro (l), e essa relação é:

$1m^3$ = 1000 litros

$1dm^3$ = 1 litro

$1cm^3$ = 1 mililitro

Questões

01. (CESGRANRIO) José é funcionário de uma imobiliária e gosta muito de Matemática. Para fazer uma brincadeira com um colega, resolveu escrever as áreas de cinco apartamentos que estão à venda em unidades de medida diferentes, como mostra a tabela abaixo.

Apartamento	Área
I	$0,000162$ km^2
II	180 m^2
III	12.800 dm^2
IV	950.000 cm^2
V	$100.000.000$ mm^2

Em seguida, pediu ao colega que organizasse as áreas dos cinco apartamentos em ordem crescente.

O colega de José respondeu corretamente ao desafio proposto apresentando a ordem:

a) I < II < III < IV < V
b) II < I < IV < V < III
c) IV < V < III < I < II
d) V < II < I < III < IV
e) V < IV < III < II < I

02. (CESGRANRIO) No modelo abaixo, os pontos A, B, C e D pertencem à mesma reta. O ponto A dista 65,8 mm do ponto D; o ponto B dista 41,9 mm do ponto D, e o ponto C está a 48,7 mm do ponto A.

A   B   C   D

Qual é, em milímetros, a distância entre os pontos B e C?

a) 17,1
b) 23,1
c) 23,5
d) 23,9
e) 24,8

03. (CEPERJ) Uma pessoa levou 1 hora, 40 minutos e 20 segundos para realizar determinada tarefa. O tempo total de trabalho dessa pessoa, em segundos, vale:

a) 120
b) 1420
c) 3660
d) 4120
e) 6020

04. (FCC) Sabe-se que, num dado instante, a velocidade de um veículo era v = 0,0125 km/s. Assim sendo, é correto afirmar que, em metros por hora, v seria igual a:

a) 45 000.
b) 25 000.
c) 7 500.
d) 4 500.
e) 2 500.

05. (FCC) Considere que:
> 1 milissegundo (ms) = 10^{-3} segundo
> 1 microssegundo (µs) = 10^{-6} segundo
> 1 nanossegundo (ns) = 10^{-9} segundo
> 1 picossegundo (ps) = 10^{-12} segundo

Nessas condições, a soma 1 ms + 10 µs + 100 ns + 1 000 ps NÃO é igual a:

a) 1,010101 ms.
b) 0,001010101 s.
c) 1.010.101.000 ps.
d) 1.010.101 ns.
e) 10.101,01 µs.

06. (CPCAR) Três alunos A, B e C participam de uma gincana e uma das tarefas é uma corrida em pista circular. Eles gastam para esta corrida, respectivamente, 1,2 minutos, 1,5 minutos e 2 minutos para completarem uma volta na pista. Eles partem do mesmo local e no mesmo instante. Após algum tempo, os três alunos se encontram pela primeira vez no local de partida. Considerando os dados acima, assinale a alternativa correta.

a) Na terceira vez que os três se encontrarem, o aluno menos veloz terá completado 12 voltas.
b) O tempo que o aluno B gastou até que os três se encontraram pela primeira vez foi de 4 minutos.
c) No momento em que os três alunos se encontraram pela segunda vez, o aluno mais veloz gastou 15 minutos.
d) A soma do número de voltas que os três alunos completaram quando se encontraram pela segunda vez foi 24.

07. (CESGRANRIO) Aos domingos, é possível fazer um passeio de 7 km pela antiga Estrada de Ferro Madeira-Mamoré, indo de Porto Velho até Cachoeira de Santo Antônio. Esse passeio acontece em quatro horários: 9h, 10h30min, 15h e 16h30min. Um turista pretendia fazer o passeio no segundo horário da manhã, mas chegou atrasado à estação e, assim, teve que esperar 3 horas e 35 minutos até o horário seguinte. A que horas esse turista chegou à estação?

a) 10h 55min.
b) 11h 15min.
c) 11h 25min.
d) 11h 45min.
e) 11h 55min.

08. (FCC) A velocidade de 120 km/h equivale, aproximadamente, à velocidade de:

a) 33,33 m/s
b) 35 m/s
c) 42,5 m/s
d) 54,44 m/s
e) 60 m/s

09. (CESGRANRIO) Certo nadador levou 150 segundos para completar uma prova de natação. Esse tempo corresponde a:

a) Um minuto e meio.
b) Dois minutos.
c) Dois minutos e meio.
d) Três minutos.
e) Três minutos e meio.

10. (CESGRANRIO) Considere que 1 litro de óleo de soja pesa aproximadamente 960 gramas. Uma empresa exporta 6 contêineres contendo 32 toneladas de óleo de soja cada. Quantos metros cúbicos de óleo foram exportados por essa empresa?

a) 100
b) 200
c) 300
d) 400
e) 600

Gabaritos

01	C	06	D
02	E	07	C
03	E	08	A
04	A	09	C
05	E	10	B

MATEMÁTICA

3. RAZÕES E PROPORÇÕES

Neste capítulo, estão presentes alguns assuntos muito incidentes em provas: razões e proporções. É preciso que haja atenção no estudo desse conteúdo.

3.1 Grandeza

É tudo aquilo que pode ser contado, medido ou enumerado.

Ex.: Comprimento (distância), tempo, quantidade de pessoas e/ou coisas, etc.

Grandezas Diretamente Proporcionais: são aquelas em que o aumento de uma implica o aumento da outra.

Ex.: Quantidade e preço.

Grandezas Inversamente Proporcionais: são aquelas em que o aumento de uma implica a diminuição da outra.

Ex.: Velocidade e tempo.

3.2 Razão

É a comparação de duas grandezas. Essas grandezas podem ser de mesma espécie (com a mesma unidade) ou de espécies diferentes (unidades diferentes). Nada mais é do que uma fração do tipo $\frac{a}{b}$, com $b \neq 0$.

Nas razões, os numeradores são também chamados de antecedentes e os denominadores de consequentes.

Exs.:

Escala: comprimento no desenho comparado ao tamanho real.

Velocidade: distância comparada ao tempo.

3.3 Proporção

Pode ser definida como a igualdade de razões.

$$\frac{a}{b} = \frac{c}{d}$$

Dessa igualdade, tiramos a propriedade fundamental das proporções: "o produto dos meios igual ao produto dos extremos" (a chamada "multiplicação cruzada").

$$b \cdot c = a \cdot d$$

É basicamente essa propriedade que ajuda resolver a maioria das questões desse assunto.

Dados três números racionais a, b e c, não nulos, denomina-se <u>quarta proporcional</u> desses números um número x tal que:

$$\frac{a}{b} = \frac{c}{x}$$

Proporção contínua é toda proporção que apresenta os meios iguais.

De um modo geral, uma proporção contínua pode ser representada por:

$$\frac{a}{b} = \frac{b}{c}$$

As outras propriedades das proporções são:

Numa proporção, a soma dos dois primeiros termos está para o 2º (ou 1º) termo, assim como a soma dos dois últimos está para o 4º (ou 3º).

$$\frac{a+b}{b} = \frac{c+d}{d} \text{ ou } \frac{a+b}{a} = \frac{c+d}{c}$$

Numa proporção, a diferença dos dois primeiros termos está para o 2º (ou 1º) termo, assim como a diferença dos dois últimos está para o 4º (ou 3º).

$$\frac{a-b}{b} = \frac{c-d}{d} \text{ ou } \frac{a-b}{a} = \frac{c-d}{c}$$

Numa proporção, a soma dos antecedentes está para a soma dos consequentes, assim como cada antecedente está para o seu consequente.

$$\frac{a+c}{b+d} = \frac{c}{d} = \frac{a}{b}$$

Numa proporção, a diferença dos antecedentes está para a diferença dos consequentes, assim como cada antecedente está para o seu consequente.

$$\frac{a-c}{b-d} = \frac{c}{d} = \frac{a}{b}$$

Numa proporção, o produto dos antecedentes está para o produto dos consequentes, assim como o quadrado de cada antecedente está para quadrado do seu consequente.

$$\frac{a \cdot c}{b \cdot d} = \frac{a^2}{b^2} = \frac{c^2}{d^2}$$

A última propriedade pode ser estendida para qualquer número de razões.

$$\frac{a \cdot c \cdot e}{b \cdot d \cdot f} = \frac{a^3}{b^3} = \frac{c^3}{d^3} = \frac{e^3}{f^3}$$

3.4 Divisão em Partes Proporcionais

Para dividir um número em partes direta ou inversamente proporcionais, basta seguir algumas regras:

Divisão em partes diretamente proporcionais

Divida o número 50 em partes diretamente proporcionais a 4 e a 6.

$4x + 6x = 50$

$10x = 50$

$x = \frac{50}{10}$

$x = 5$

x = constante proporcional

Então, $4x = 4 \cdot 5 = 20$ e $6x = 6 \cdot 5 = 30$

Logo, a parte proporcional a 4 é o 20 e a parte proporcional ao 6 é o 30.

Divisão em partes inversamente proporcionais

Divida o número 60 em partes inversamente proporcionais a 2 e a 3.

$$\frac{x}{2} + \frac{x}{3} = 60$$

$$\frac{3x}{6} + \frac{2x}{6} = 60$$

$$5x = 60 \cdot 6$$

$$5x = 360$$

$$x = \frac{360}{5}$$

$$x = 72$$

x = constante proporcional

Então, $\frac{x}{2} = \frac{72}{2} = 36$ e $\frac{x}{3} = \frac{72}{3} = 24$

Logo, a parte proporcional a 2 é o 36 e a parte proporcional ao 3 é o 24.

Perceba que, na divisão diretamente proporcional, quem tiver a maior parte ficará com o maior valor. Já na divisão inversamente proporcional, quem tiver a maior parte ficará com o menor valor.

3.5 Regra das Torneiras

Sempre que uma questão envolver uma "situação" que pode ser feita de um jeito em determinado tempo (ou por uma pessoa) e, em outro tempo, de outro jeito (ou por outra pessoa), e quiser saber em quanto tempo seria se fosse feito tudo ao mesmo tempo, usa-se a regra da torneira, que consiste na aplicação da seguinte fórmula:

$$t_T = \frac{t_1 \cdot t_2}{t_1 + t_2}$$

Em que "t" é o tempo.

Quando houver mais de duas "situações", é melhor usar a fórmula:

$$\frac{1}{t_T} = \frac{1}{t_1} + \frac{1}{t_2} + \ldots + \frac{1}{t_n}$$

Em que "n" é a quantidade de situações.

Uma torneira enche um tanque em 6h. Uma segunda torneira enche o mesmo tanque em 8h. Se as duas torneiras forem abertas juntas quanto tempo vão levar para encher o mesmo tanque?

$$t_T = \frac{t_1 \cdot t_2}{t_1 + t_2}$$

$$t_T = \frac{6 \cdot 8}{6 + 8} = \frac{48}{14} = 3h\ 25min\ e\ 43s$$

3.6 Regra de Três

Mecanismo prático e/ou método utilizado para resolver questões que envolvem razão e proporção (grandezas).

Regra de três simples

Aquela que só envolve duas grandezas.

Ex.: Durante uma viagem um carro consome 20 litros de combustível para percorrer 240km, quantos litros são necessários para percorrer 450km?

Primeiro, verifique se as grandezas envolvidas na questão são direta ou inversamente proporcionais, e monte uma estrutura para visualizar melhor a questão.

Distância	Litro
240	20
450	x

Ao aumentar a distância, a quantidade de litros de combustível necessária para percorrer essa distância também vai aumentar, então, as grandezas são diretamente proporcionais.

$$\frac{20}{x} = \frac{240}{450}$$

Aplicando a propriedade fundamental das proporções:

240x = 9000

$$x = \frac{9000}{240} = 37,5\ litros$$

Regra de três composta

Aquela que envolve mais de duas grandezas.

Ex.: Dois pedreiros levam nove dias para construir um muro com 2m de altura. Trabalhando três pedreiros e aumentando a altura para 4m, qual será o tempo necessário para completar esse muro?

Neste caso, deve-se comparar uma grandeza de cada vez com a variável.

Dias	Pedreiros	Altura
9	2	2
x	3	4

Note que, ao aumentar a quantidade de pedreiros, o número de dias necessários para construir um muro diminui, então as grandezas pedreiros e dias são inversamente proporcionais. No entanto, se aumentar a altura do muro, será necessário mais dias para construí-lo. Dessa forma as grandezas muro e dias são diretamente proporcionais. Para finalizar, basta montar a proporção e resolver, lembrando que quando uma grandeza for inversamente proporcional à variável sua fração será invertida.

$$\frac{9}{x} = \frac{3}{2} \cdot \frac{2}{4}$$

$$\frac{9}{x} = \frac{6}{8}$$

Ex.: Aplicando a propriedade fundamental das proporções:

$6x = 72$

$$X = \frac{72}{6} = 12\ dias$$

Questões

01. (FCC) Uma torneira enche um tanque, sozinha, em 2 horas enquanto outra torneira demora 4 horas. Em quanto tempo as duas torneiras juntas encherão esse mesmo tanque?
a) 1h10min
b) 1h20min
c) 1h30min
d) 1h50min
e) 2h

RAZÕES E PROPORÇÕES

02. (EPCAR) Um reservatório possui 4 torneiras. A primeira torneira gasta 15 horas para encher todo o reservatório; a segunda, 20 horas; a terceira, 30 horas e a quarta, 60 horas. Abrem-se as 4 torneiras, simultaneamente, e elas ficam abertas despejando água por 5 horas. Após esse período fecham-se, ao mesmo tempo, a primeira e a segunda torneiras. Considerando que o fluxo de cada torneira permaneceu constante enquanto esteve aberta, é correto afirmar que o tempo gasto pelas demais torneiras, em minutos, para completarem com água o reservatório, é um número cuja soma dos algarismos é:

a) Par maior que 4 e menor que 10
b) Par menor ou igual a 4
c) Ímpar maior que 4 e menor que 12
d) Ímpar menor que 5

03. (ESAF) A taxa cobrada por uma empresa de logística para entregar uma encomenda até determinado lugar é proporcional à raiz quadrada do peso da encomenda. Ana, que utiliza, em muito, os serviços dessa empresa, pagou para enviar uma encomenda de 25kg uma taxa de R$ 54,00. Desse modo, se Ana enviar a mesma encomenda de 25kg dividida em dois pacotes de 16kg e 9kg, ela pagará o valor total de:

a) 54,32.
b) 54,86.
c) 76,40.
d) 54.
e) 75,60.

04. (ESAF) Dois trabalhadores, fazendo a jornada de 8 horas por dia cada um, colhem juntos 60 sacos de arroz. Três outros trabalhadores, fazendo a jornada de 10 horas por dia cada um, colhem juntos 75 sacos de arroz em 10 dias. Quanto tempo um trabalhador do primeiro grupo é mais ou menos produtivo que um trabalhador do segundo grupo?

a) O trabalhador do primeiro grupo é 10% menos produtivo.
b) O trabalhador do primeiro grupo é 10% mais produtivo.
c) O trabalhador do primeiro grupo é 25% mais produtivo.
d) As produtividades dos trabalhadores dos dois grupos é a mesma.
e) O trabalhador do primeiro grupo é 25% menos produtivo.

05. (FCC) Uma pesquisa realizada pelo Diretório Acadêmico de uma faculdade mostrou que 65% dos alunos são a favor da construção de uma nova quadra poliesportiva. Dentre os alunos homens, 11 em cada 16 manifestaram-se a favor da nova quadra e, dentre as mulheres, 3 em cada 5. Nessa faculdade, a razão entre o número de alunos homens e mulheres, nessa ordem, é igual a:

a) 4/3
b) 6/5
c) 7/4
d) 7/5
e) 9/7

06. (CESGRARIO) Uma herança no valor de R$ 168.000,00 foi dividida entre quatro irmãos em partes diretamente proporcionais às suas respectivas idades. Se as idades, em número de anos, são 32, 30, 27 e 23, a parte que coube ao mais novo dos irmãos é, em reais, igual a:

a) 23.000
b) 27.600
c) 28.750
d) 32.200
e) 34.500

07. (FCC) Ao serem contabilizados os dias de certo mês, em que três Técnicos Judiciários de uma Unidade do Tribunal Regional do Trabalho prestaram atendimento ao público, constatou-se o seguinte:

> a razão entre os números de pessoas atendidas por Jasão e Moisés, nesta ordem, era 3/5;

> o número de pessoas atendidas por Tadeu era 120% do número das atendidas por Jasão;

> o total de pessoas atendidas pelos três era 348.

Nessas condições, é correto afirmar que, nesse mês:

a) Tadeu atendeu a menor quantidade de pessoas.
b) Moisés atendeu 50 pessoas a mais que Jasão.
c) Jasão atendeu 8 pessoas a mais que Tadeu.
d) Moisés atendeu 40 pessoas a menos que Tadeu.
e) Tadeu atendeu menos que 110 pessoas.

08. (FCC) Suponha que certo medicamento seja obtido adicionando-se uma substância "A" a uma mistura homogênea Ω, composta de apenas duas substâncias X e Y. Sabe-se que:

> O teor de X em Ω é de 60%;

> Se pode obter tal medicamento retirando-se 15 de 50 litros de Ω e substituindo-os por 5 litros de A e 10 litros de Y, resultando em nova mistura homogênea.

Nessas condições, o teor de Y no medicamento assim obtido é de:

a) 52%.
b) 48%.
c) 45%
d) 44%.
e) 42%.

09. (FCC) Do total de pessoas que visitaram uma Unidade do Tribunal Regional do Trabalho de segunda a sexta-feira de certa semana, sabe-se que: 1/5 o fizeram na terça-feira e 1/6 na sexta-feira. Considerando que o número de visitantes da segunda-feira correspondia a 3/4 do de terça-feira e que a quarta-feira e a quinta-feira receberam, cada uma, 58 pessoas, então o total de visitantes recebidos nessa Unidade ao longo de tal semana é um número:

a) menor que 150.
b) múltiplo de 7.
c) quadrado perfeito.
d) divisível por 48.
e) maior que 250.

10. (AOCP) Se dois números na razão 5:3 são representados por 5x e 3x, assinale a alternativa que apresenta o item que expressa o seguinte: "duas vezes o maior somado ao triplo do menor é 57".

a) 10x = 9x + 57; x = 57; números: 285 e 171
b) 10x - 57 = 9x; x = 3; números: 15 e 6
c) 57 - 9x = 10x; x = 5; números: 15 e 9
d) 5x + 3x = 57; x = 7,125; números: 35,62 e 21,375
e) 10x + 9x = 57; x = 3; números: 15 e 9

Gabaritos

01	B	06	E
02	B	07	E
03	E	08	B
04	D	09	D
05	A	10	E

4. PORCENTAGEM E JUROS

O presente capítulo trata de uma pequena parte da matemática financeira, e também do uso das porcentagens, assuntos presentes no dia a dia de todos.

4.1 Porcentagem

É a aplicação da taxa percentual a determinado valor.

Taxa percentual: é o valor que vem acompanhado do símbolo %.

Para fins de cálculo, usa-se a taxa percentual em forma de fração ou em números decimais.

Ex.: 3% = 3/100 = 0,03
15% = 15/100 = 0,15
34% de 1200 = 34/100 . 1200 = 40800/100 = 408
65% de 140 = 0,65 . 140 = 91

4.2 Lucro e Prejuízo

Lucro e prejuízo são resultados de movimentações financeiras.

Custo (C): "Gasto".
Venda (V): "Ganho".
Lucro (L): quando se ganha mais do que se gasta.

$$L = V - C$$

Prejuízo (P): quando se gasta mais do que se ganha.

$$P = C - V$$

Basta substituir no lucro ou no prejuízo o valor da porcentagem, no custo ou na venda.

Ex.: Um computador foi comprado por R$ 3.000,00 e revendido com lucro de 25% sobre a venda. Qual o preço de venda?

Como o lucro foi na venda, então L = 0,25V:

L = V – C
0,25V = V – 3.000
0,25V – V = -3.000
-0,75V = -3.000 (-1)
0,75V = 3.000

$$V = \frac{3000}{0,75} = \frac{300000}{75} = 4.000$$

Logo, a venda se deu por R$ 4.000,00.

4.3 Juros Simples

Juros: atributos (ganhos) de uma operação financeira.

Juros simples: os valores são somados ao capital apenas no final da aplicação. Somente o capital rende juros.

Para o cálculo de juros simples, usa-se a seguinte fórmula:

$$J = C \cdot i \cdot t$$

Atenção

Nas questões de juros, as taxas de juros e os tempos devem estar expressos pela mesma unidade.

> J = juros;
> C = capital;
> i = taxa de juros;
> t = tempo da aplicação.

Ex.: Um capital de R$ 2.500,00 foi aplicado a juros de 2% ao trimestre durante um ano. Quais os juros produzidos?

Em 1 ano há exatamente 4 trimestres, como a taxa está em trimestre, agora é só calcular:

J = C . i . t
J = 2.500 . 0,02 . 4
J = 200

4.4 Juros Compostos

Os valores são somados ao capital no final de cada período de aplicação, formando um novo capital, para incidência dos juros novamente. É o famoso caso de juros sobre juros.

Para o cálculo de juros compostos, usa-se a seguinte fórmula:

$$M = C \cdot (1 + i)^t$$

> M = montante;
> C = capital;
> i = taxa de juros;
> t = tempo da aplicação.

Um investidor aplicou a quantia de R$ 10.000,00 à taxa de juros de 2% a.m. durante 4 meses. Qual o montante desse investimento?

Aplicando a fórmula, já que a taxa e o tempo estão na mesma unidade:

Ex.: M = C · (1 + i)t
M = 10.000 · (1 + 0,02)4
M = 10.000 · (1,02)4
M = 10.000 · 1,08243216
M = 10.824,32

4.5 Capitalização

Capitalização: acúmulo de capitais (capital + juros).

Nos juros simples, calcula-se por: M = C + J.

Nos juros compostos, calcula-se por: J = M – C.

Em algumas questões terão que ser calculados os montantes do juro simples ou os juros do juro composto.

MATEMÁTICA

PORCENTAGEM E JUROS

Questões

01. (ESSA) Um par de coturnos custa na loja "Só Fardas" R$ 21,00 mais barato que na loja "Selva Brasil". O gerente da loja "Selva Brasil", observando essa diferença, oferece um desconto de 15% para que o seu preço se iguale ao de seu concorrente. O preço do par de coturnos, em reais, na loja "Só Fardas" é um número cuja soma dos algarismos é:
a) 9.
b) 11.
c) 10.
d) 13.
e) 12.

02. (EB) Um agricultor colheu dez mil sacas de soja durante uma safra. Naquele momento a soja era vendida a R$ 40,00 a saca. Como a expectativa do mercado era do aumento de preços, ele decidiu guardar a produção e tomar um empréstimo no mesmo valor que obteria se vendesse toda a sua produção, a juros compostos de 10% ao ano. Dois anos depois, ele vendeu a soja a R$ 50,00 a saca e quitou a dívida. Com essa operação ele obteve:
a) Prejuízo de R$ 20.000,00.
b) Lucro de R$ 20.000,00.
c) Prejuízo de R$ 16.000,00.
d) Lucro de R$ 16.000,00.
e) Lucro de R$ 60.000,00.

03. (EB) Um capital de R$ 1.000,00 foi aplicado a juros compostos a uma taxa de 44% a.a.. Se o prazo de capitalização foi de 180 dias, o montante gerado será de:
a) R$ 1.440,00.
b) R$ 1.240,00.
c) R$ 1.680,00.
d) R$ 1.200,00.
e) R$ 1.480,00.

04. (ESSA) O capital de R$ 360,00 foi dividido em duas partes, A e B. A quantia A rendeu em 6 meses o mesmo que a quantia B rendeu em 3 meses, ambos aplicados à mesma taxa no regime de juros simples. Nessas condições, pode-se afirmar que:
a) A = B
b) A = 2B
c) B = 2A
d) A = 3B
e) B = 3A

05. (ESSA) Uma loja de eletrodomésticos paga, pela aquisição de certo produto, o correspondente ao preço x (em reais) de fabricação, mais 5 % de imposto e 3 % de frete, ambos os percentuais calculados sobre o preço x. Vende esse produto ao consumidor por R$ 54,00, com lucro de 25 %. Então, o valor de x é:
a) R$ 36,00
b) R$ 38,00
c) R$ 40,00
d) R$ 41,80
e) R$ 42,40

06. (MB) Em um grupo de 20 pessoas, 40% são homens e 75% das mulheres são solteiras. O número de mulheres casadas é:
a) 3
b) 6
c) 7
d) 8
e) 9

07. (MB) Uma liga é composta por 70% de cobre, 20% de alumínio e 10% de zinco. Qual a quantidade, respectivamente, de cobre, alumínio e zinco em 800 g dessa liga?
a) 100 g, 250 g, 450 g
b) 400 g, 260 g, 140 g
c) 450 g, 250 g, 100 g
d) 560 g, 160 g, 80 g
e) 650 g, 100 g, 50 g

08. (MB) Qual das afirmativas é verdadeira?
a) Dois descontos sucessivos de 10% correspondem a um desconto de 20%.
b) Dois aumentos sucessivos de 15% correspondem a um aumento de 30%.
c) Um desconto de 10% e depois um aumento de 20% correspondem a um aumento de 8%.
d) Um aumento de 20% e depois um desconto de 10% correspondem a um aumento de 10%.
e) Um aumento de 15% e depois um desconto de 25% correspondem a um desconto de 5%.

09. (EPCAR) Lucas e Mateus ganharam de presente de aniversário as quantias x e y reais, respectivamente, e aplicaram, a juros simples, todo o dinheiro que ganharam, da seguinte forma:

Mateus aplicou a quantia y durante um tempo que foi metade do que esteve aplicado a quantia x de Lucas.

Mateus aplicou seu dinheiro a uma taxa igual ao triplo da taxa da quantia aplicada por Lucas.

No resgate de cada quantia aplicada, Lucas e Mateus receberam o mesmo valor de juros.

Se juntos os dois ganharam de presente 516 reais, então x − y é igual a:
a) R$ 103,20
b) R$ 106,40
c) R$ 108,30
d) R$ 109,60

10. (EPCAR) Um terreno que possui 2,5ha de área é totalmente aproveitado para o plantio de arroz. Cada m2 produz 5 litros de arroz que será vendido por 75 reais o saco de 50 kg. Sabe-se que o agricultor teve um total de despesas de 60000 reais, que houve uma perda de 10% na colheita e que vendeu todo o arroz colhido. Se cada litro de arroz corresponde a 800 g de arroz, é correto afirmar que 20% do lucro, em milhares de reais, é um número compreendido entre:
a) 1 e 10
b) 10 e 16
c) 16 e 22
d) 22 e 30

Gabaritos

01	B	06	A
02	D	07	D
03	D	08	C
04	C	09	A
05	C	10	B

5. SEQUÊNCIAS NUMÉRICAS

Neste capítulo, será possível verificar a formação de uma sequência e também do que trata a P.A. (Progressão Aritmética) e a P.G. (Progressão Geométrica).

5.1 Conceitos

Sequências: conjuntos de elementos organizados de acordo com certo padrão, ou seguindo determinada regra. O conhecimento das sequências é fundamental para a compreensão das progressões.

Progressões: as progressões são sequências numéricas com algumas características exclusivas.

Cada elemento das sequências e/ou progressões são denominados termos.

Sequência dos números quadrados perfeitos:
(1, 4, 9, 16, 25, 36, 49, 64, 81, 100...);

Sequência dos números primos: (2, 3, 5, 7, 11, 13, 17, 19, 23, 29, 31, 37, 41, 43, 47, 53...).

Veja que na sequência dos números quadrados perfeitos a lei que determina sua formação é: $a_n = n^2$.

5.2 Lei de Formação de uma Sequência

Para determinarmos uma sequência numérica, precisamos de uma lei de formação. A lei que define a sequência pode ser a mais variada possível.

Ex.: A sequência definida pela lei $a_n = n^2 + 1$, com "n" $\in$ N, cujo a_n é o termo que ocupa a n-ésima posição na sequência é: 0, 2, 5, 10, 17, 26... Por esse motivo, a_n é chamado de termo geral da sequência.

5.3 Progressão Aritmética (P.A.)

Progressão aritmética é uma sequência numérica em que cada termo, a partir do segundo, é igual ao anterior adicionado a um número fixo, chamado razão da progressão (r).

Quando r > 0, a progressão aritmética é crescente; quando r < 0, decrescente e quando r = 0, constante ou estacionária.

> (2, 5, 8, 11, ...), temos r = 3. Logo, a P.A. é crescente.
> (20, 18, 16, 14, ...), temos r = -2. Logo, a P.A. é decrescente.
> (5, 5, 5, 5, ...), temos r = 0. Logo, a P.A. é constante.

A representação matemática de uma progressão aritmética é:

$$\begin{cases} a_2 = a_1 + r \\ a_3 = a_2 + r \\ a_4 = a_3 + r \\ \vdots \end{cases}$$

$(a_1, a_2, a_3, ..., a_n, a_{n+1}, ...)$ na qual:

Se a razão de uma PA é a quantidade que acrescentamos a cada termo para obter o seguinte, podemos dizer que ela é igual à diferença entre qualquer termo, a partir do segundo, e o anterior. Assim, de modo geral, temos:

$$r = a_2 - a_1 = a_3 - a_2 = \cdots = a_{n+1} - a_n$$

Para encontrar um termo específico, a quantidade de termos ou até mesmo a razão de uma P.A., dispomos de uma relação chamada termo geral de uma P.A.: an = a1 + (n-1) r, onde:

> a_n é o termo geral;
> a_1 é o primeiro termo;
> n é o número de termos;
> r é a razão da P.A.

Propriedades:

P₁. Em toda P.A. finita, a soma de dois termos equidistantes dos extremos é igual à soma dos extremos.

1	3	5	7	9	11

5 + 7 = 12
3 + 9 = 12
1 + 11 = 12

OBS.: Dois termos são equidistantes quando a distância entre um deles para o primeiro termo da P.A. é igual a distância do outro para o último termo da P.A.

P₂. Uma sequência de três termos é P.A. se, e somente se, o termo médio é igual à média aritmética entre os outros dois, isto é: (a,b,c) é P.A. $\Leftrightarrow b = \dfrac{(a+c)}{2}$

Ex.: seja a P.A. (2, 4, 6), então, $4 = \dfrac{2+6}{2}$

P₃. Em uma P.A. com número ímpar de termos, o termo médio é a média aritmética entre os extremos.

Ex.: (3, 6, 9, 12, 15, 18, 21, 24, 27, 30, 33, 36, 39), $21 = \dfrac{3+39}{2}$

P₄. A soma S_n dos n primeiros termos da PA ($a_1, a_2, a_3, ...an$) é dada por:

$$S_n = \frac{(a_1 + a_n) \cdot n}{2}$$

Ex.: Calcule a soma dos temos da P.A. (1, 4, 7, 10, 13, 16, 19, 22, 25).

Resolução:

$a_1 = 1; a_n = 25; n = 9$

$$S_n = \frac{(a_1 + a_n) \cdot n}{2}$$

$$S_n = \frac{(1 + 25) \cdot 9}{2}$$

$$S_n = \frac{(26) \cdot 9}{2}$$

$$S_n = \frac{234}{2}$$

$$S_n = 117$$

MATEMÁTICA

SEQUÊNCIAS NUMÉRICAS

Interpolação aritmética

Interpolar significa inserir termos, ou seja, interpolação aritmética é a colocação de termos entre os extremos de uma P.A. Consiste basicamente em descobrir o valor da razão da P.A. e, com isso inserir esses termos.

Utiliza-se a fórmula do termo geral para a resolução das questões, em que "**n**" será igual a "$k + 2$", cujo "k" é a quantidade de termos que se quer interpolar.

Ex.: Insira 5 termos em uma P.A. que começa com 3 e termina com 15.

Resolução:
$a_1 = 3; a_n = 15; k = 5$ e $n = 5 + 2 = 7$
$a_n = a_1 + (n - 1) \cdot r$
$15 = 3 + (7 - 1) \cdot r$
$15 = 3 + 6r$
$6r = 15 - 3$
$6r = 12$
$r = \frac{12}{6}$
$r = 2$

Então, P.A. (3, 5, 7, 9, 11, 13, 15)

5.4 Progressão Geométrica (P.G.)

Progressão geométrica é uma sequência de números não nulos em que cada termo, a partir do segundo, é igual ao anterior multiplicado por um número fixo, chamado razão da progressão (q).

A representação matemática de uma progressão geométrica é ($a_1, a_2, a_3, ..., a_{n-1}$, an), na qual $a_2 = a_1 \cdot q$, $a_3 = a_2 \cdot q$,... etc. De modo geral, escrevemos: $a_{n+1} = a_n \cdot q$, $\forall n \in \mathbb{N}^*$ e $q \in \mathbb{R}$.

Em uma P.G., a razão q é igual ao quociente entre qualquer termo, a partir do segundo, e o anterior. Exemplo:

→ (4, 8, 16, 32, 64)
$q = \frac{8}{4} = \frac{16}{8} = \frac{32}{16} = \frac{64}{32} = 2$

→ (6, -18, 54, -162)
$q = \frac{186}{6} = \frac{54}{-18} = \frac{-162}{54} = -3$

Assim, podemos escrever:
$\frac{a_2}{a_1} = \frac{a_3}{a_2} = \cdots = \frac{a_{n+1}}{a_n} = q$, sendo q a razão da P.G.

Podemos classificar uma P.G. como:

→ Crescente:
> Quando $a_1 > 0$ e $q > 1$
(2, 6, 18, 54,...) é uma P.G. crescente com $a_1 = 2$ e $q = 3$
> Quando $a_1 < 0$ e $0 < q < 1$
(-40, -20, -10,...) é uma P.G. crescente com $a_1 = -40$ e $q = 1/2$

→ Decrescente:
> Quando $a_1 > 0$ e $0 < q < 1$
(256, 64, 16,...) é uma P.G. decrescente, com $a_1 = 256$ e $q = 1/4$
> Quando $a_1 < 0$ e $q > 1$
(-2, -10, -50,...) é uma P.G. decrescente, com $a_1 = -2$ e $q = 5$

→ Constante:
> Quando $q = 1$
(3, 3, 3, 3, 3,...) é uma P.G. constante, com $a_1 = 3$ e $q = 1$

→ Alternada:
> Quando $q < 0$
(2, -6, 18, -54) é uma P.G. alternada, com $a_1 = 2$ e $q = -3$

A fórmula do termo geral de uma PG nos permite encontrar qualquer termo da progressão.

$$a_n = a_1 \cdot q^{n-1}$$

Propriedades:

P_1. Em toda P.G. finita, o produto de dois termos equidistantes dos extremos é igual ao produto dos extremos.

```
1    3    9    27    81    243
          9 · 27 = 243
     3 · 81 = 243
1 · 243 = 243
```

OBS.: Dois termos são equidistantes quando a distância de um deles para o primeiro termo P.G. é igual a distância do outro para o último termo da P.G.

P_2. Uma sequência de três termos, em que o primeiro é diferente de zero, é uma P.G. se, e somente, sem o quadrado do termo médio é igual ao produto dos outros dois, isto é, sendo $a \neq 0$.

Ex.: (a, b, c) é P.G. $\Leftrightarrow b^2 = ac$
(2, 4, 8) $\Leftrightarrow 4^2 = 2 \cdot 8 = 16$

P_3. Em uma P.G. com número ímpar de termos, o quadrado do termo médio é igual ao produto dos extremos.

Ex.: (2, 4, 8, 16, 32, 64, 128, 256, 512), temos que $32^2 = 2 \cdot 512 = 1024$.

P_4. Soma dos n primeiros termos de uma P.G. $S_n = \frac{a_1(q^n - 1)}{q - 1}$

P_5. Soma dos termos de uma P.G. infinita:

Ex.: $S_\infty = \frac{a_1}{1 - q}$, se $-1 < q < 1$

OBS.:
$S_\infty = +\infty$, se $q > 1$ e $a_1 > 0$
$S_\infty = -\infty$, se $q > 1$ e $a_1 < 0$

Interpolação geométrica

Interpolar significa inserir termos, ou seja, interpolação geométrica é a colocação de termos entre os extremos de uma P.G. Consiste basicamente em descobrir o valor da razão da P.G. e, com isso, inserir esses termos.

Utiliza-se a fórmula do termo geral para a resolução das questões, em que "**n**" será igual a "$p + 2$", cujo "p" é a quantidade de termos que se quer interpolar.

Ex.: Insira 4 termos em uma P.G. que começa com 2 e termina com 2048.

Resolução:

$a_1 = 2; a_n = 2048; p = 4$ e $n = 4 + 2 = 6$

$a_n = a_1 \cdot q^{(n-1)}$

$2048 = 2 \cdot q^{(6-1)}$

$2048 = 2 \cdot q^5$

$q^5 = \dfrac{2048}{2}$

$q^5 = 1024 \quad (1024 = 4^5)$

$q^5 = 4^5$

$q = 4$

P.G. (2, **8**, **32**, **128**, **512**, 2048).

Produto dos termos de uma p.G.

Para o cálculo do produto dos termos de uma P.G., basta usar a seguinte fórmula:

$$P_n = \sqrt{(a_1 \cdot a_n)^n}$$

Qual o produto dos termos da P.G. (5, 10, 20, 40, 80, 160).

Resolução:

$a_1 = 5; a_n = 160; n = 6$

$P_n = \sqrt{(a_1 \cdot a_n)^n}$

$P_n = \sqrt{(5 \cdot 160)^6}$

$P_n = (5 \cdot 160)^3$

$P_n = (800)^3$

$P_n = 512000000$

Questões

01. (ESPCEX) Um menino, de posse de uma porção de grãos de arroz, brincando com um tabuleiro de xadrez, colocou um grão na primeira casa, dois grãos na segunda casa, quatro grãos na terceira casa, oito grãos na quarta casa e continuou procedendo desta forma até que os grãos acabaram, em algum momento, enquanto ele preenchia a décima casa. A partir dessas informações, podemos afirmar que a quantidade mínima de grãos de arroz que o menino utilizou na brincadeira é:
a) 480
b) 511
c) 512
d) 1023
e) 1024

02. (CESGRANRIO) Álvaro, Bento, Carlos e Danilo trabalham em uma mesma empresa, e os valores de seus salários mensais formam, nessa ordem, uma progressão aritmética. Danilo ganha mensalmente R$ 1.200,00 a mais que Álvaro, enquanto Bento e Carlos recebem, juntos, R$ 3.400,00 por mês. Qual é, em reais, o salário mensal de Carlos?
a) 1.500,00
b) 1.550,00
c) 1.700,00
d) 1.850,00
e) 1.900,00

03. (CESGRANRIO) Seja a progressão geométrica:

$\sqrt{5}, \sqrt[3]{5}, \sqrt[6]{5}, \ldots$ O quarto termo dessa progressão é:
a) 0
b) $5^{-\frac{1}{6}}$
c) $5^{\frac{1}{9}}$
d) 1
e) 5

04. (CEPERJ) Em uma progressão geométrica, o segundo termo é 27^{-2}, o terceiro termo é 9^4, e o quarto termo é 3_n. O valor de n é:
a) 22
b) 20
c) 18
d) 16
e) 24

05. (CONSULPLAN) Qual é a soma dos termos da sequência (x - 2, 3x - 10, 10 + x, 5x + 2), para que a mesma seja uma progressão geométrica crescente?
a) 52
b) 60
c) 40
d) 48
e) 64

06. (VUNESP) Os valores das parcelas mensais estabelecidas em contrato para pagamento do valor total de compra de um imóvel constituem uma P.A crescente de 5 termos. Sabendo que $a_1 + a_3 = 60$ mil reais, e que $a_1 + a_5 = 100$ mil reais, pode-se afirmar que o valor total de compra desse imóvel foi, em milhares de reais, igual a:
a) 200
b) 220
c) 230
d) 250
e) 280

07. (FGV) Considere a sequência numérica (1, 4, 5, 9, 14, 23, ...). O primeiro número dessa sequência a ter 3 algarismos é:
a) 157
b) 116
c) 135
d) 121
e) 149

MATEMÁTICA

SEQUÊNCIAS NUMÉRICAS

08. (FCC) Considere que os números que compõem a sequência seguinte obedecem a uma lei de formação (120; 120; 113; 113; 105; 105; 96; 96; 86; 86; . . .). A soma do décimo quarto e décimo quinto termos dessa sequência é um número:
- a) Múltiplo de 5
- b) Ímpar
- c) Menor do que 100
- d) Divisível por 3
- e) Maior do que 130

09. (FCC) Às 10 horas do dia 18 de maio de 2007, um tanque continha 9050 litros de água. Entretanto, um furo em sua base fez com que a água escoasse em vazão constante e, então, às 18 horas do mesmo dia restavam apenas 8.850 litros de água em seu interior. Considerando que o furo não foi consertado e não foi colocada água dentro do tanque, ele ficou totalmente vazio às:
- a) 11 horas de 02/06/2007
- b) 12 horas de 02/06/2007
- c) 12 horas de 03/06/2007
- d) 13 horas de 03/06/2007
- e) 13 horas de 04/06/2007

10. (CEPERJ) Em uma progressão geométrica, o segundo termo é 27^{-2}, o terceiro termo é 4^9, e o quarto termo é 3_n. O valor de n é:
- a) 22
- b) 20
- c) 18
- d) 16
- e) 24

Gabaritos

01	C	06	D
02	E	07	A
03	D	08	B
04	A	09	B
05	B	10	A

6. TRIGONOMETRIA

Neste capítulo estudaremos sobre os triângulos e as relações que os envolvem.

6.1 Triângulos

O triângulo é uma das figuras mais simples e também uma das mais importantes da Geometria. O triângulo possui propriedades e definições de acordo com o tamanho de seus lados e medida dos ângulos internos.

Quanto aos lados, o triângulo pode ser classificado da seguinte forma:

Equilátero: possui os lados com medidas iguais.

Isósceles: possui dois lados com medidas iguais.

Escaleno: possui todos os lados com medidas diferentes.

Quanto aos ângulos, os triângulos podem ser denominados:

Acutângulo: possui os ângulos internos com medidas menores que 90°.

Obtusângulo: possui um dos ângulos com medida maior que 90°.

Retângulo: possui um ângulo com medida de 90°, chamado ângulo reto.

No triângulo retângulo existem importantes relações, uma delas é o **Teorema de Pitágoras**, que diz o seguinte: "A soma dos quadrados dos catetos é igual ao quadrado da hipotenusa".

$$a^2 = b^2 + c^2$$

A condição de existência de um triângulo é: um lado do triângulo seja sempre menor do que a soma dos outros dois lados e seja sempre maior do que a diferença desses dois lados.

6.2 Trigonometria no Triângulo Retângulo

As razões trigonométricas básicas são relações entre as medidas dos lados do triângulo retângulo e seus ângulos. As três funções básicas mais importantes da trigonometria são: seno, cosseno e tangente. O ângulo é indicado pela **letra x**.

Função	Notação	Definição
seno	sen(x)	medida do cateto oposto a x / medida da hipotenusa
cosseno	cos(x)	medida do cateto adjacente a x / medida da hipotenusa
tangente	tan(x)	medida do cateto oposto a x / medida do cateto adjacente a x

Relação fundamental: para todo ângulo x (medido em radianos), vale a importante relação:

$$\cos^2(x) + \text{sen}^2(x) = 1$$

6.3 Trigonometria num Triângulo Qualquer

Os problemas envolvendo trigonometria são resolvidos em sua maioria por meio da comparação com triângulos retângulos. Mas no cotidiano algumas situações envolvem triângulos acutângulos ou triângulos obtusângulos. Nesses casos, necessitamos do auxílio da Lei dos Senos ou dos Cossenos.

Lei dos senos

A Lei dos Senos estabelece relações entre as medidas dos lados com os senos dos ângulos opostos aos lados. Observe:

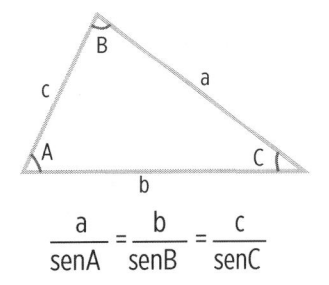

$$\frac{a}{\text{sen}A} = \frac{b}{\text{sen}B} = \frac{c}{\text{sen}C}$$

Lei dos cossenos

Nos casos em que não pode aplicar a Lei dos Senos, existe o recurso da Lei dos Cossenos. Ela permite trabalhar com a medida de dois segmentos e a medida de um ângulo. Dessa forma, se dado um triângulo ABC de lados medindo a, b e c, temos:

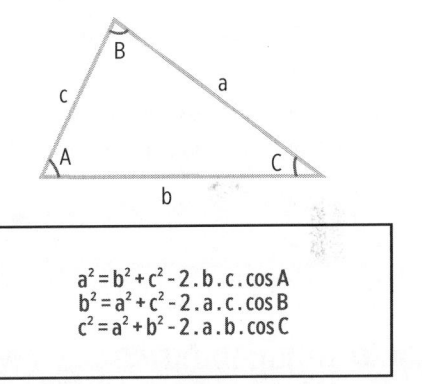

$$a^2 = b^2 + c^2 - 2 \cdot b \cdot c \cdot \cos A$$
$$b^2 = a^2 + c^2 - 2 \cdot a \cdot c \cdot \cos B$$
$$c^2 = a^2 + b^2 - 2 \cdot a \cdot b \cdot \cos C$$

6.4 Medidas dos Ângulos

Medidas em grau

Sabe-se que uma volta completa na circunferência corresponde a 360°; se dividir em 360 arcos, haverá arcos unitários medindo 1° grau. Dessa forma, diz-se que a circunferência é simplesmente um arco de 360° com o ângulo central medindo uma volta completa ou 360°.

Também se pode dividir o arco de 1° grau em 60 arcos de medidas unitárias iguais a 1' (arco de um minuto). Da mesma forma podemos dividir o arco de 1' em 60 arcos de medidas unitárias iguais a 1" (arco de um segundo).

Medidas em radianos

Dada uma circunferência de centro O e raio R, com um arco de comprimento s e α o ângulo central do arco, vamos determinar a medida do arco em radianos de acordo com a figura a seguir:

TRIGONOMETRIA

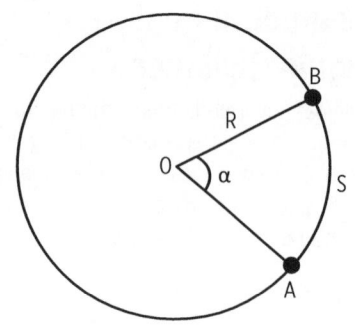

Diz-se que o arco mede um radiano se o comprimento do arco for igual à medida do raio da circunferência. Assim, para saber a medida de um arco em radianos, deve-se calcular quantos raios da circunferência são precisos para se ter o comprimento do arco. Portanto:

$$\alpha = \frac{S}{R}$$

Com base nessa fórmula, podemos expressar outra expressão para determinar o comprimento de um arco de circunferência:

$$s = \alpha \cdot R$$

De acordo com as relações entre as medidas em grau e radiano de arcos, vamos destacar uma regra de três capaz de converter as medidas dos arcos.

360° → 2π radianos (aproximadamente 6,28)
180° → π radiano (aproximadamente 3,14)
90° → π/2 radiano (aproximadamente 1,57)
45° → π/4 radiano (aproximadamente 0,785)

Medida em graus	Medida em radianos
180	π
x	a

6.5 Ciclo Trigonométrico

Considerando um plano cartesiano, representados nele um círculo com centro na origem dos eixos e raios.

Divide-se o ciclo trigonométrico em quatro arcos, obtendo quatro quadrantes.

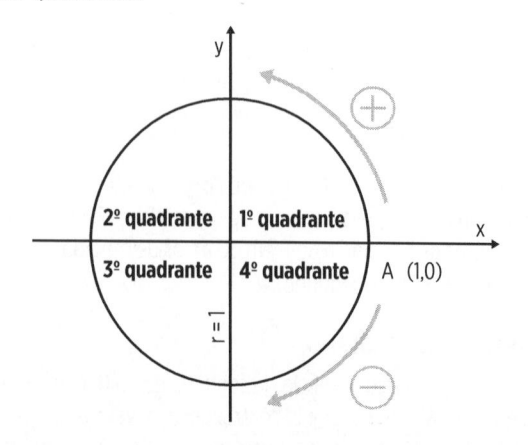

Dessa forma, obtêm-se as relações:

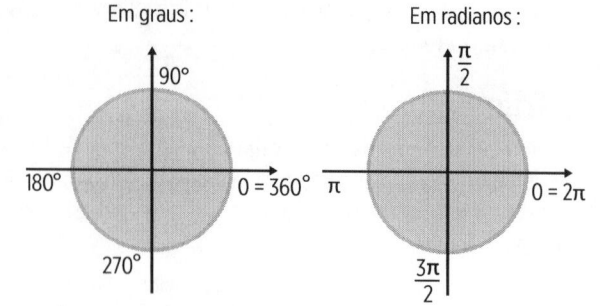

Em graus:

Em radianos:

Razões trigonométricas

As principais razões trigonométricas são:

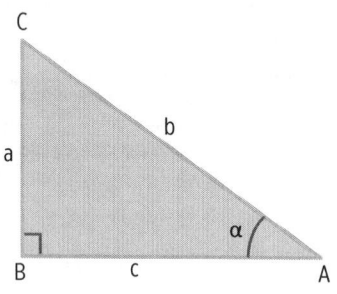

$$\text{sen }\alpha = \frac{\text{comprimento do cateto oposto}}{\text{comprimento da hipotenusa}} = \frac{a}{b}$$

$$\cos \alpha = \frac{\text{comprimento do cateto adjacente}}{\text{comprimento da hipotenusa}} = \frac{c}{b}$$

$$\text{tg }\alpha = \frac{\text{comprimento do cateto oposto}}{\text{comprimento do cateto adjacente}} = \frac{a}{c}$$

Outras razões decorrentes dessas são:

$$\text{tg } x = \frac{\text{sen } x}{\cos x}$$

$$\text{cotg } x = \frac{1}{\text{tg } x} = \frac{\cos x}{\text{sen } x}$$

$$\sec x = \frac{1}{\cos x}$$

$$\text{cossec } x = \frac{1}{\text{sen } x}$$

A partir da relação fundamental, encontram-se ainda as seguintes relações:

$(\text{sen } x)^2 + (\cos x)^2 = 1$ = [relação fundamental da trigonometria]
$1 + (\text{cotg } x)^2 = (\text{cossec } x)^2$
$1 + (\text{tg } x)^2 = (\sec x)^2$

Redução ao 1° quadrante

sen(90° - α) = cos α
cos(90° - α) = sen α
sen(90° + α) = cos α
cos(90° + α) = -sen α
sen(180° - α) = sen α
cos(180° - α) = -cos α
tg(180° - α) = -tg α

sen(180° + α) = -sen α
cos(180° + α) = -cos α
sen(270° - α) = -cos α
cos(270° - α) = -sen α
sen(270° + α) = -cos α
cos(270° + α) = sen α
sen(-α) = -sen α
cos(-α) = cos α
tg(-α) = -tg α

6.6 Funções Trigonométricas

Função seno

Chama-se função seno a função **f(x) = sen x.**

O domínio dessa função é R e a imagem é Im [-1,1]; visto que, na circunferência trigonométrica, o raio é unitário.

Então:

Domínio de $f(x)$ = sen x; D(sen x) = R.

Imagem de $f(x)$ = sen x; Im(sen x) = [-1,1] .

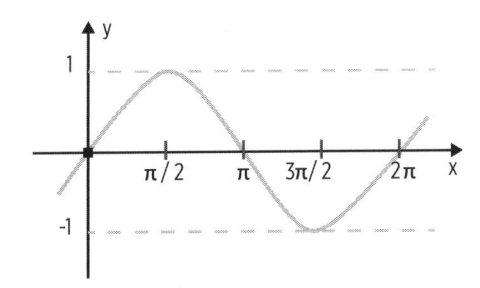

Sinal da função

$f(x)$ = sen x é positiva no 1° e 2° quadrantes (ordenada positiva);

$f(x)$ = sen x é negativa no 3° e 4° quadrantes (ordenada negativa).

Quando $x \in \left[0, \frac{\pi}{2}\right]$, 1° quadrante, o valor de sen x cresce de 0 a 1.

Quando $x \in \left[\frac{\pi}{2}, \pi\right]$, 2° quadrante, o valor de sen x decresce de 1 a 0.

Quando $x \in \left[\pi, \frac{3\pi}{2}\right]$, 3° quadrante, o valor de sen x decresce de 0 a -1.

Quando $x \in \left[\frac{3\pi}{2}, 2\pi\right]$, 4° quadrante, o valor de sen x cresce de -1 a 0.

Função cosseno

Chama-se função cosseno a função **f(x) = cos x.**

O domínio dessa função também é R e a imagem é Im [-1,1]; visto que, na circunferência trigonométrica, o raio é unitário.

Então:

Domínio de $f(x)$ = cos x; D(cos x) = R.

Imagem de $f(x)$ = cos x; Im(cos x) = [-1,1].

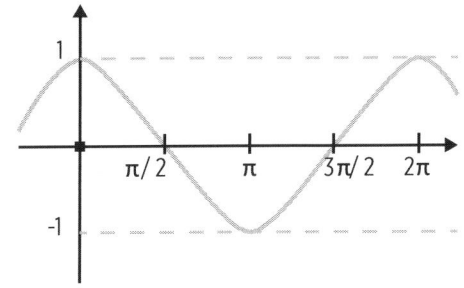

Sinal da função

$f(x)$ = cos x é positiva no 1° e 4° quadrantes (abscissa positiva);

$f(x)$ = cos x é negativa no 2° e 3° quadrantes (abscissa negativa).

Quando $x \in \left[0, \frac{\pi}{2}\right]$, 1° quadrante, o valor do cos x decresce de 1 a 0.

Quando $x \in \left[\frac{\pi}{2}, \pi\right]$, 2° quadrante, o valor do cos x decresce de 0 a -1.

Quando $x \in \left[\pi, \frac{3\pi}{2}\right]$, 3° quadrante, o valor do cos x cresce de -1 a 0.

Quando, $x \in \left[\frac{3\pi}{2}, 2\pi\right]$ 4° quadrante, o valor do cos x cresce de 0 a 1.

Função tangente

Chama-se função tangente a função **f(x) = tg x.**

Então:

Domínio de $f(x)$: o domínio dessa função são todos os números reais, exceto os que zeram o cosseno, pois não existe cos x = 0

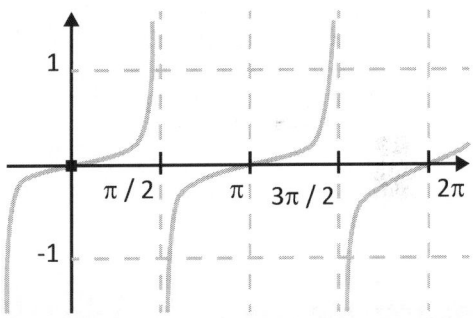

Imagem de $f(x)$ = Im =] -∞, ∞[

Sinal da função

$f(x)$ = tg x é positiva no 1° e 3° quadrantes (produto da ordenada pela abscissa positiva);

$f(x)$ = tg x é negativa no 2° e 4° quadrantes (produto da ordenada pela abscissa negativa).

Outras funções

Função secante

Denomina-se função secante a função:

$f(x) = \dfrac{1}{\cos x}$

Função cossecante

Denomina-se função cossecante a função:

$f(x) = \dfrac{1}{\operatorname{sen} x}$

MATEMÁTICA

TRIGONOMETRIA

Função cotangente

Denomina-se função cossecante a função:

$$f(x) = \frac{1}{\text{tg } x}$$

6.7 Identidades e Operações Trigonométricas

As mais comuns são as seguintes:

sen(a + b) = sen a · cos b + sen b · cos a
sen(a − b) = sen a · cos b − sen b · cos a
cos(a + b) = cos a · cos b − sen a · cos b
cos(a − b) = cos a · cos b + sen a · cos b

$$\text{tg}(a+b) = \frac{\text{tg}a + \text{tg}b}{1 - \text{tg}a \cdot \text{tg}b}$$

$$\text{tg}(a-b) = \frac{\text{tg}a - \text{tg}b}{1 + \text{tg}a \cdot \text{tg}b}$$

sen(2x) = 2 · sen(x) · cos(x)
cos(2x) = cos²(x) − sen²(x)

$$\text{tg}(2x) = \left(\frac{2 \cdot \text{tg}(x)}{1 - \text{tg}^2(x)}\right)$$

$$\text{sen}(x) + \text{sen}(y) = 2 \cdot \text{sen}\left(\frac{x+y}{2}\right) \cdot \cos\left(\frac{x-y}{2}\right)$$

$$\text{sen}(x) - \text{sen}(y) = 2 \cdot \text{sen}\left(\frac{x-y}{2}\right) \cdot \cos\left(\frac{x+y}{2}\right)$$

$$\cos(x) + \cos(y) = 2 \cdot \cos\left(\frac{x+y}{2}\right) \cdot \cos\left(\frac{x-y}{2}\right)$$

$$\cos(x) - \cos(y) = -2 \cdot \text{sen}\left(\frac{x+y}{2}\right) \cdot \text{sen}\left(\frac{x-y}{2}\right)$$

6.8 Bissecção de Arcos ou Arco Metade

Também temos a fórmula do arco metade para senos, cossenos e tangentes:

1. $\sin\left(\frac{a}{2}\right) = \pm\sqrt{\frac{1-\cos(a)}{2}}$

2. $\cos\left(\frac{a}{2}\right) = \pm\sqrt{\frac{1+\cos(a)}{2}}$

3. $\tan\left(\frac{a}{2}\right) = \pm\sqrt{\frac{1-\cos(a)}{1+\cos(a)}}$

Questões

01. (MB) Em um triângulo retângulo, o seno de um de seus ângulos agudos é:
a) O inverso do cosseno desse ângulo.
b) O quadrado do cosseno desse ângulo.
c) A razão entre as medidas dos catetos do triângulo.
d) A razão entre a medida da hipotenusa e a medida do lado adjacente a esse ângulo.
e) A razão entre a medida do lado oposto a esse ângulo e a medida da hipotenusa.

02. (MB) Um triângulo possui as seguintes medidas de seus lados: 3, 12 e 14. Este triângulo possui:
a) Três ângulos obtusos.
b) Três ângulos agudos.
c) Um ângulo obtuso.
d) Um ângulo agudo.
e) Um ângulo reto.

03. Uma pessoa está na margem de um rio, onde existem duas árvores (B e C, na figura). Na outra margem, em frente a B, existe outra árvore, A, vista de C segundo um ângulo de 30°, com relação a B. Se a distância de B a C é 150m, qual é a largura do rio, aproximadamente, sendo √2 = 1,41 e √3 = 1,73?

	30°	45°	60°
sen	1/2	√2/2	√3/2
cos	√3/2	√2/2	1/2
tg	√3/3	1	√3

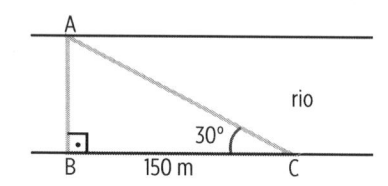

a) 129,75
b) 105,75
c) 100,25
d) 95,50
e) 86,50

04. Considerando tg 25° = 1/2, o valor de tg 20° será:
a) 1/6
b) 1/5
c) 1/4
d) 1/3

05. (FUNIVERSA) Investigações de um crime com arma de fogo indicam que um atirador atingiu diretamente dois pontos, B e C, a partir de um único ponto A. São conhecidas as distâncias: AC = 3m, AB = 2m e BC = 2,65m. A medida do ângulo formado pelas duas direções nas quais o atirador disparou os tiros é mais próxima de:
a) 30°
b) 45°
c) 60°
d) 75°
e) 90°

06. (COPESE) Para que o telhado de uma casa possa ser construído deve-se levar em consideração alguns fatores de dimensionamento, dentre os quais as especificações relacionadas com a largura e o ângulo de elevação do telhado. Conforme exemplo ilustrado na figura a seguir:

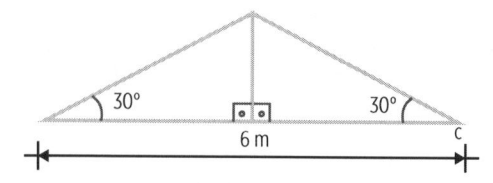

De acordo com as informações anteriormente indicadas no exemplo ilustrado, a medida da elevação do telhado é (considere duas casas decimais após a vírgula e tg 30° = 0,58)

a) 0,90m
d) 3,00m
b) 1,74m
e) 3,48m
c) 1,80m

07. Considerando-se que x é um arco com extremidade no segundo quadrante e que $\operatorname{sen} x = \frac{4}{5}$, então pode-se afirmar que o valor de $5\cos^2 x - 3\operatorname{tg} x$ é:

a) $-\frac{11}{5}$
d) $\frac{45}{15}$
b) $-\frac{29}{15}$
e) $\frac{29}{5}$
c) $\frac{11}{5}$

08. A figura representa parte do gráfico cartesiano da função $f(x)$ igual a:

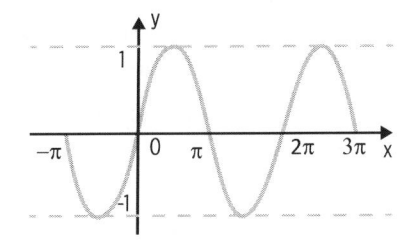

a) sen x
d) tg x
b) cos x
e) tg² x
c) cotg x

09. A expressão $y = \frac{1 - \cos x}{1 + \cos x}$ pode ser escrita como:

a) y = cos sec x - cotg x
d) y = (cos sec x - sen x)²
b) y = sec x - cotg x
e) y = (cos sec x - cotg x)²
c) y = 1

10. (FIP) Se senx = 0,8 e $x \in \left[0; \frac{\pi}{2}\right]$, então, quanto vale sen(2x)?

a) 0,65
d) 0,96
b) 1,6
e) 0,72
c) 0,55

Gabaritos

01	E	06	E
02	C	07	C
03	E	08	E
04	D	09	D
05	C	10	C

MATEMÁTICA

7. GEOMETRIA PLANA

Conceitos importantes:

Ceviana: as cevianas são segmentos de reta que partem do vértice do triângulo para o lado oposto.

Mediana: é o segmento de reta que liga um vértice deste triângulo ao ponto médio do lado oposto a este vértice. As medianas se encontram em um ponto chamado de baricentro.

Altura: altura de um triângulo é um segmento de reta perpendicular a um lado do triângulo ou ao seu prolongamento, traçado pelo vértice oposto. As alturas se encontram em um ponto chamado ortocentro.

Bissetriz: é o lugar geométrico dos pontos que equidistam de duas retas concorrentes e, por consequência, divide um ângulo em dois ângulos congruentes. As bissetrizes se encontram em um ponto chamado incentro.

Mediatrizes: são retas perpendiculares a cada um dos lados de um triângulo. As mediatrizes se encontram em um ponto chamado circuncentro.

7.1 Semelhanças de Figuras

Duas figuras (formas geométricas) são semelhantes quando satisfazem a duas condições: os seus ângulos têm o mesmo tamanho e os lados correspondentes são proporcionais.

Nos triângulos existem alguns casos de semelhanças bem conhecidos;

1º caso: LAL (lado, ângulo, lado): dois lados congruentes e o ângulo entre esses lados também congruentes.

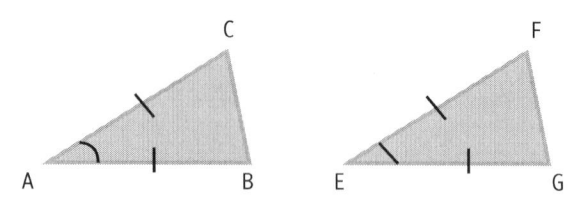

2º caso: LLL (lado, lado, lado): os três lados congruentes.

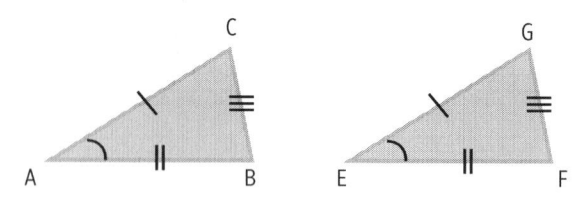

3º caso: ALA (ângulo, lado, ângulo): dois ângulos congruentes e o lado entre esses ângulos também congruente.

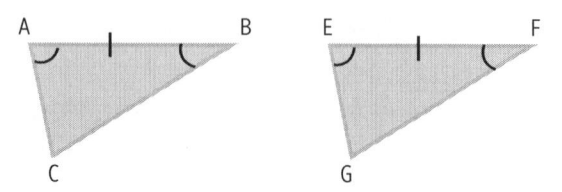

4º caso: LAA_o (lado, ângulo, ângulo oposto): congruência do ângulo adjacente ao lado, e congruência do ângulo oposto ao lado.

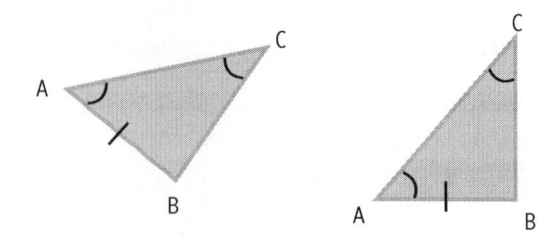

7.2 Relações Métricas nos Triângulos

O triângulo retângulo e suas relações métricas

Denomina-se triângulo retângulo o triângulo que tem um de seus ângulos retos, ou seja, um de seus ângulos mede 90°. O triângulo retângulo é formado por uma hipotenusa e dois catetos, a hipotenusa é o lado maior, o lado aposto ao ângulo de 90°, e os outros dois lados são os catetos.

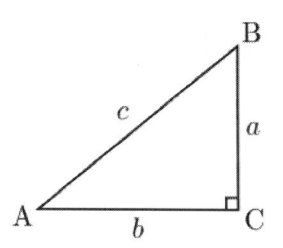

Na figura, podemos observar o triângulo retângulo de vértices A,B e C, e lados a,b e c. Como o ângulo de 90° está no vértice C, então a hipotenusa do triângulo é o lado c, e os catetos são os lados a e b.

Assim, podemos separar um triângulo em dois triângulos semelhantes:

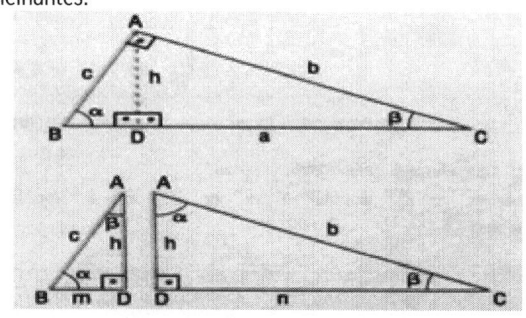

Neste segundo triângulo, podemos observar uma perpendicular à hipotenusa até o vértice A; essa é a altura h do triângulo, separando assim a hipotenusa em dois segmentos, o segmento m e o segmento n, separando esses dois triângulos obtemos dois triângulos retângulos, o triângulo $\triangle ABD$ e $\triangle ADC$. Como os ângulos dos três triângulos são congruentes, então podemos dizer que os triângulos são semelhantes.

Com essa semelhança, ganhamos algumas relações métricas entre os triângulos:

$\frac{c}{a} = \frac{m}{c} \Rightarrow c^2 = am$

$\frac{c}{a} = \frac{h}{b} \Rightarrow cb = ah$

$\frac{b}{a} = \frac{n}{b} \Rightarrow b^2 = an$

$\frac{h}{m} = \frac{n}{h} \Rightarrow h^2 = mn$

Da primeira e da terceira equação, obtemos:

$c^2 + b^2 = am + an = a(m + n)$.

Como vimos na figura que m+n=a, então temos:

$c^2 + b^2 = aa = a^2$,

ou seja, trata-se do Teorema de Pitágoras.

Lei dos cossenos

Para um triângulo qualquer demonstra-se que:

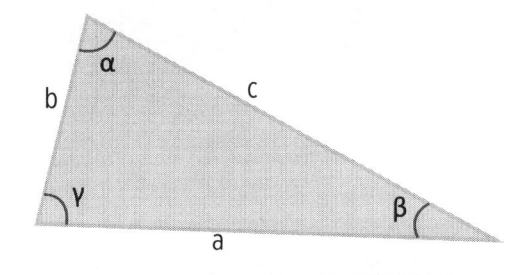

$$a^2 = b^2 + c^2 - 2 \cdot b \cdot c \cdot \cos\alpha$$

Note que o lado "a" do triângulo é oposto ao cosseno do ângulo α.

Lei dos senos

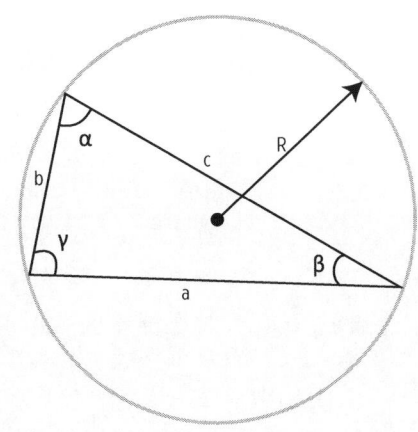

R é o raio da circunferência circunscrita a esse triângulo.

Neste caso, valem as seguintes relações, conforme a lei dos senos:

$$\frac{a}{\text{sen}\alpha} = \frac{b}{\text{sen}\beta} = \frac{c}{\text{sen}\gamma} = 2R$$

7.3 Quadriláteros

Quadrilátero é um polígono de quatro lados. Eles possuem os seguintes elementos:

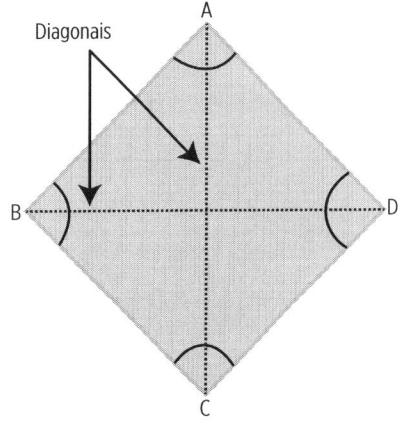

Vértices: A, B, C, e D.

Lados: AB, BC, CD, DA.

Diagonais: AC e BD.

Ângulos internos ou ângulos do quadrilátero ABCD: Â, B̂, Ĉ e D̂.

Todo quadrilátero tem duas diagonais.

O perímetro de um quadrilátero ABCD é a soma das medidas de seus lados, ou seja: AB + BC + CD + DA.

Quadriláteros importantes

Paralelogramo

Paralelogramo é o quadrilátero que tem os lados opostos paralelos.

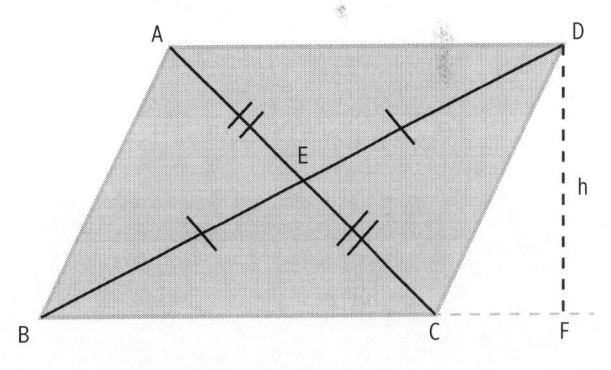

h é a altura do paralelogramo.

Num paralelogramo:

Os lados opostos são congruentes;

Cada diagonal o divide em dois triângulos congruentes;

Os ângulos opostos são congruentes;

As diagonais interceptam-se em seu ponto médio.

Retângulo

Retângulo é o paralelogramo em que os quatro ângulos são congruentes (retos).

MATEMÁTICA

Losango

Losango é o paralelogramo em que os quatro lados são congruentes.

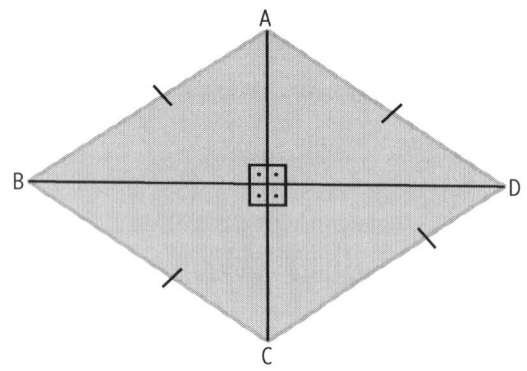

Quadrado

Quadrado é o paralelogramo em que os quatro lados e os quatro ângulos são congruentes.

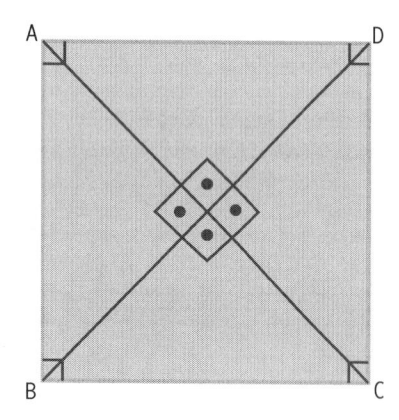

Trapézios

É o quadrilátero que apresenta somente dois lados paralelos chamados bases.

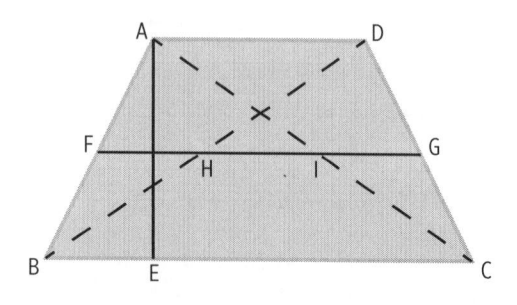

Trapézio retângulo

É aquele que apresenta dois ângulos retos.

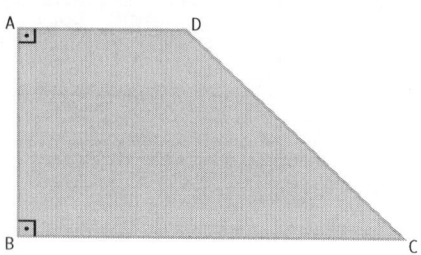

Trapézio isósceles

É aquele em que os lados não paralelos são congruentes.

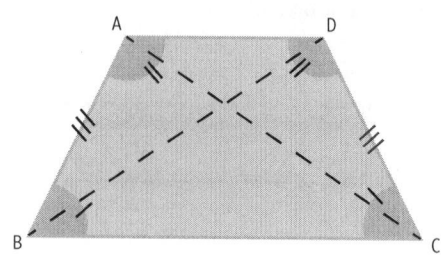

7.4 Polígonos Regulares

Um polígono é regular se todos os seus lados e todos os seus ângulos forem congruentes.

Os nomes dos polígonos dependem do critério que se utiliza para classificá-los. Usando **o número de ângulos** ou o **número de lados**, tem-se a seguinte nomenclatura:

Número de lados (ou ângulos)	Nome do Polígono	
	Em função do número de ângulos	Em função do número de lados
3	triângulo	trilátero
4	quadrângulo	quadrilátero
5	pentágono	pentalátero
6	hexágono	hexalátero
7	heptágono	heptalátero
8	octógono	octolátero
9	eneágono	enealátero
10	decágono	decalátero
11	undecágono	undecalátero
12	dodecágono	dodecalátero
15	pentadecágono	pentadecalátero
20	icoságono	icosalátero

Nos polígonos regulares cada ângulo externo é dado por:

$$e = \frac{360°}{n}$$

A soma dos ângulos internos é dada por:

$$S_i = 180 \cdot (n-2)$$

E cada ângulo interno é dado por:

$$i = \frac{180(n-2)}{n}$$

Diagonais de um polígono

O segmento que liga dois vértices não consecutivos de polígono é chamado de diagonal.

O número de diagonais de um polígono é dado pela fórmula:

$$d = \frac{n \cdot (n-3)}{2}$$

7.5 Círculos e Circunferências

Círculo

É a área interna a uma circunferência.

Circunferência

É o contorno do círculo. Por definição, é o lugar geométrico dos pontos equidistantes ao centro.

A distância entre o centro e o lado é o raio.

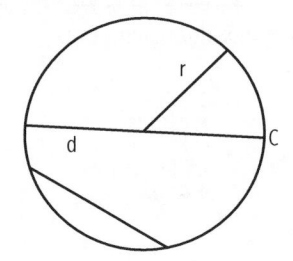

Corda

É o seguimento que liga dois pontos da circunferência.

A maior corda, ou corda maior de uma circunferência, é o diâmetro. Também dizemos que a corda que passa pelo centro é o diâmetro.

Posição relativa entre reta e circunferência

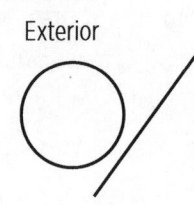

Secante   Tangente   Exterior

Uma reta é:
> **Secante**: distância entre a reta e o centro da circunferência é menor que o raio.
> **Tangente**: a distância entre a reta e o centro da circunferência é igual ao raio.
> **Externa**: a distância entre a reta e o centro da circunferência é maior que o raio.

Posição relativa entre circunferência

As posições relativas entre circunferência são basicamente 5.

Circunferência Secante

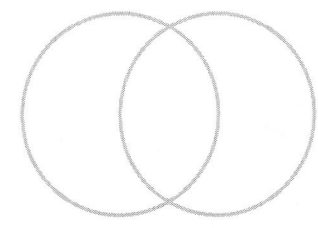

Característica: a distância entre os centros é menor que a soma dos raios das duas, porém, é maior que o raio de cada uma.

Externo

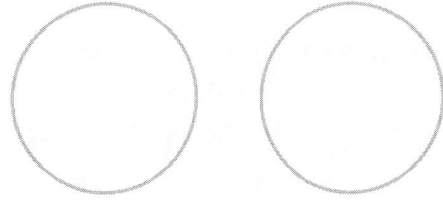

Característica: a distância entre os centros é maior que a soma do raio.

Tangente

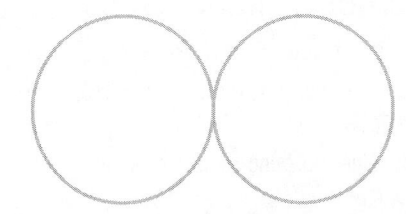

Característica: distância entre centro é igual à soma dos raios.

Interna

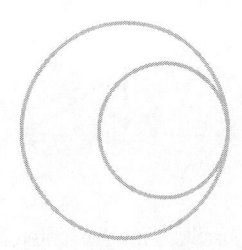

Característica: distância entre os centros mais o raio da menor é igual ao raio da maior.

Interior

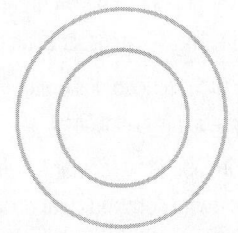

Característica: distância entre os centros menos o raio da menor é menor que o raio da maior.

MATEMÁTICA

GEOMETRIA PLANA

Ângulo central e ângulo inscrito

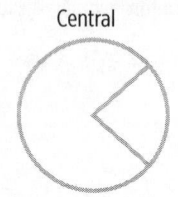

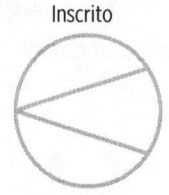

Central   Inscrito

Um ângulo central sempre é o dobro do ângulo inscrito de um mesmo arco.

As áreas de círculos e partes do círculo são:

Área do círculo $= \pi \cdot r^2 = \dfrac{1}{4} \cdot \pi \cdot D^2$

Área do setor círcular $= \pi \cdot r^2 \cdot \dfrac{\alpha}{360°} = \dfrac{1}{2} \cdot \alpha \cdot r^2$

Área da coroa = área do círculo maior − área do círculo menor

ATENÇÃO

Os ângulos podem ser expressos em graus (360° = 1 volta) ou em radianos (2π = 1 volta)

7.6 Polígonos Regulares Inscritos e Circunscritos

As principais relações entre a circunferência e os polígonos são:

> Qualquer polígono regular é inscritível em uma circunferência.
> Qualquer polígono regular e circunscritível a uma circunferência.

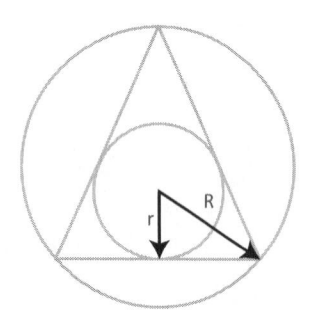

Polígono circunscrito a uma circunferência é o que possui seus lados tangentes à circunferência. Ao mesmo tempo, dizemos que esta circunferência está inscrita no polígono.

Já um polígono é inscrito em uma circunferência se cada vértice do polígono for um ponto da circunferência, e neste caso dizemos que a circunferência é circunscrita ao polígono.

Da inscrição e circunscrição dos polígonos nas circunferências podem-se ter as seguintes relações:

Apótema de um polígono regular é a distância do centro a qualquer lado. Ele é sempre perpendicular ao lado.

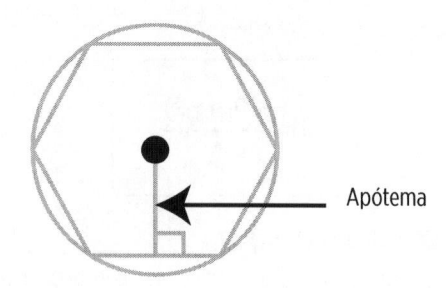

Nos polígonos inscritos:

No quadrado

Cálculo da medida do lado (L):

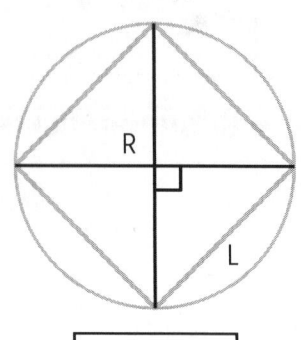

$$L = R\sqrt{2}$$

Cálculo da medida do apótema (a):

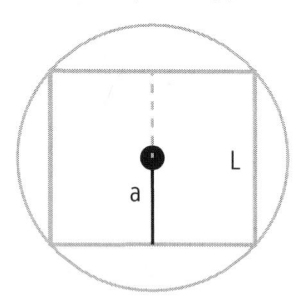

$$a = \dfrac{R\sqrt{2}}{2}$$

No hexágono

Cálculo da medida do lado (L):

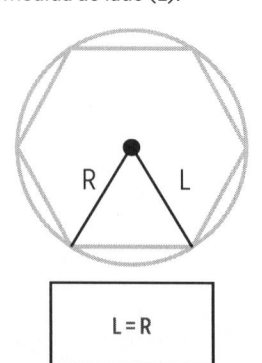

$$L = R$$

Cálculo da medida do apótema (a):

No hexágono

Cálculo da medida do lado (L):

$$L = \frac{2R\sqrt{3}}{3}$$

Cálculo da medida do apótema (a):

$$a = R$$

No triângulo equilátero

Cálculo da medida do lado (L):

$$L = 2R\sqrt{3}$$

Cálculo da medida do apótema (a):

$$a = R$$

7.7 Perímetros e Áreas dos Polígonos e Círculos

Perímetro

Perímetro: É o contorno da figura ou seja, a soma dos lados da figura.

Para calcular o perímetro do círculo utilize: $P = 2\pi \cdot r$

Área

É o espaço interno, ou seja, a extensão que ela ocupa dentro do perímetro.

As principais áreas (S) de polígonos são:

Retângulo

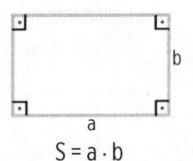

$$S = a \cdot b$$

Quadrado

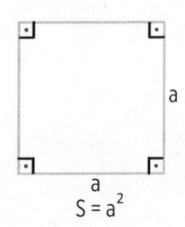

$$S = a^2$$

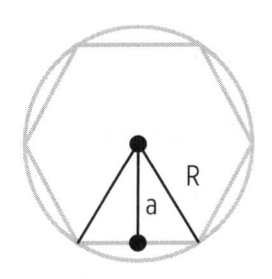

$$a = \frac{R\sqrt{3}}{2}$$

No triângulo equilátero

Cálculo da medida do lado (L):

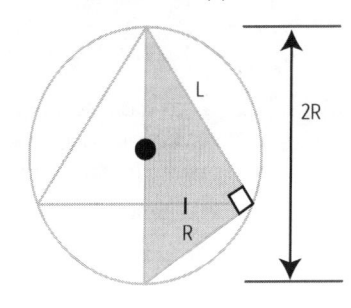

$$L = R\sqrt{3}$$

Cálculo da medida do apótema (a):

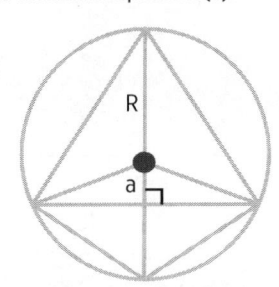

$$a = \frac{R}{2}$$

Nos polígonos circunscritos:

No quadrado

Cálculo da medida do lado (L):

$$L = 2R$$

Cálculo da medida do apótema (a):

$$a = R$$

GEOMETRIA PLANA

Paralelogramo

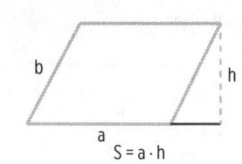

$S = a \cdot h$

losango

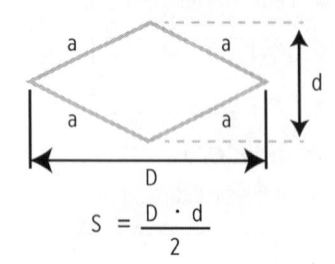

$S = \dfrac{D \cdot d}{2}$

Trapézio

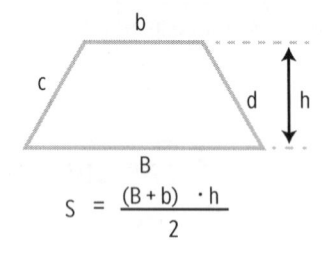

$S = \dfrac{(B + b) \cdot h}{2}$

Triângulo

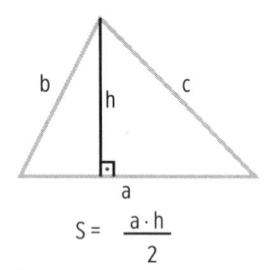

$S = \dfrac{a \cdot h}{2}$

Triângulo equilátero

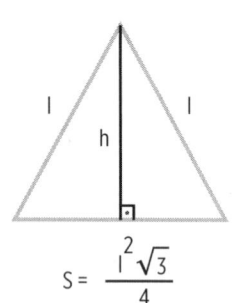

$S = \dfrac{l^2 \sqrt{3}}{4}$

Círculo

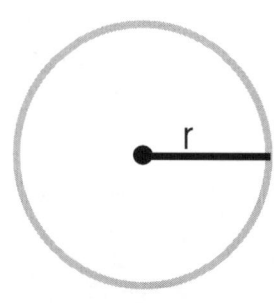

$S = \pi \cdot r^2$

Questões

01. (ESSA) Um terreno de forma triangular tem frentes de 20 metros e 40 metros, em ruas que formam, entre si, um ângulo de 60°. Admitindo-se, a medida do perímetro do terreno, em metros, é:

a) 94
b) 93
c) 92
d) 91
e) 90

02. Um quadrado e um retângulo têm a mesma área. Os lados do retângulo são expressos por números naturais consecutivos, enquanto que o quadrado tem $2\sqrt{5}$ centímetros de lado. Assim, o perímetro, em centímetros, do retângulo é:

a) 12
b) 16
c) 18
d) 20
e) 24

03. (ESSA) As diagonais de um losango medem 48cm e 33cm. Se a medida da diagonal maior diminuir 4cm, então, para que a área permaneça a mesma, deve-se aumentar a medida da diagonal menor de:

a) 3cm
b) 5cm
c) 6cm
d) 8cm
e) 9cm

04. Qual o perímetro do polígono abaixo?

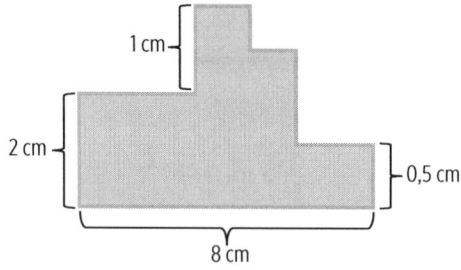

a) 15 cm
b) 18 cm
c) 20 cm
d) 22 cm
e) 23 cm

05. (VUNESP) Na figura, cujas dimensões estão em metros, a linha pontilhada representa uma grade que foi colocada em dois lados de um canteiro. A extensão total dessa grade é:

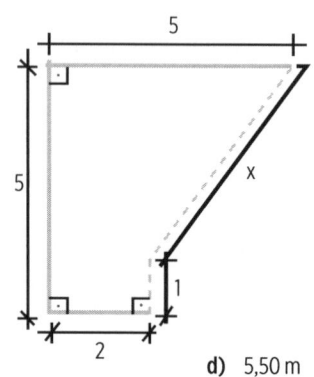

a) 6,00 m
b) 5,80 m
c) 5,75 m
d) 5,50 m
e) 5,00 m

06. (CESGRANRIO) Abaixo, temos a planta de um terreno retangular, de 810 m² de área cercado por um muro. Note que o terreno tem 36 m de comprimento, e que há um único portão de acesso com 2,5 m de largura.

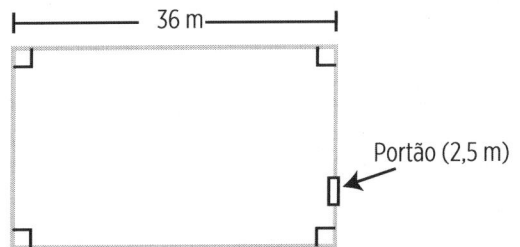

Qual é, em metros, o comprimento do muro que cerca esse terreno?

a) 113,0
b) 113,5
c) 114,5
d) 116,0
e) 117,0

07. (CEPERJ) Observe atentamente o retângulo abaixo, no interior do qual se encontra um polígono ABCD:

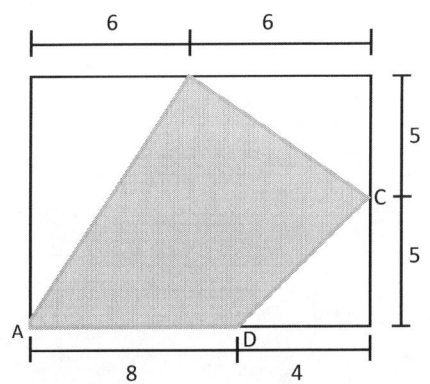

A área hachurada vale:

a) 55
b) 65
c) 90
d) 120
e) 150

08. (FUNCAB) A área de um triângulo isósceles cujos lados iguais medem 4, e dois de seus ângulos medem 45°, corresponde a:

a) 4 u.a.
b) 8 u.a.
c) 12 u.a.
d) 16 u.a.
e) 20 u.a.

09. (FUNIVERSA) A figura ilustra a planta, a vista superior, de um edifício. O quadrado CGHI corresponde ao corpo da edificação. O quadrado ABCD é uma área coberta cujo lado mede 8 m. A parte cinza da figura é um espelho d'água. DEFG é um quadrado tal que $EF^4 - GH^4 = 640\ m^4$.

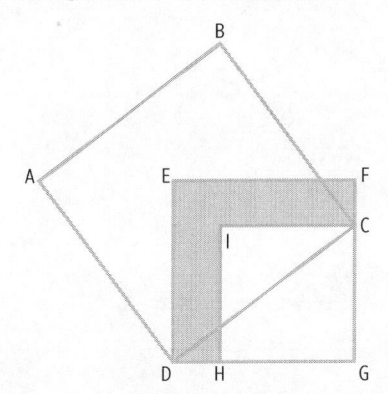

Qual é a medida da superfície do espelho d'água?

a) 80 m²
b) 64 m²
c) 18 m²
d) 10 m²
e) 8 m²

10. (FCC) Ultimamente tem havido muito interesse no aproveitamento da energia solar para suprir outras fontes de energia. Isso fez com que, após uma reforma, parte do teto de um salão de uma empresa fosse substituída por uma superfície retangular totalmente revestida por células solares, todas feitas de um mesmo material. Considere que células solares podem converter a energia solar em energia elétrica e que para cada centímetro quadrado de célula solar que recebe diretamente a luz do sol é gerada 0,01 Watt de potência elétrica;

A superfície revestida pelas células solares tem 3,5 m de largura por 8,4 m de comprimento.

Assim sendo, se a luz do sol incidir diretamente sobre tais células, a potência elétrica que elas serão capazes de gerar em conjunto, em Watts, é:

a) 294.000
b) 38.200
c) 29.400
d) 3.820
e) 2.940

Gabaritos

01	A	06	C
02	C	07	B
03	A	08	B
04	D	09	D
05	A	10	E

MATEMÁTICA

NOÇÕES DE INFORMÁTICA

1. REDES DE COMPUTADORES

Dois computadores conectados entre si já caracterizam uma rede. Contudo, ela normalmente é composta por diversificados dispositivos como: celulares, smartphones, tablets, computadores, servidores, impressoras, roteadores, switches, hubs, modens, etc. Devido à essa grande variedade de dispositivos, o nome genérico HOST é atribuído aos dispositivos conectados na rede.

Todo Host possui um endereço que o identifica na rede, o qual é o endereço IP. Mas também cada peça possui um número único de fábrica que o identifica, o MAC Address.

1.1 Paradigma de comunicação

Paradigma é um padrão a ser seguido e, no caso das redes, é o modelo Cliente/Servidor. Nesse modelo, o usuário é o cliente que envia uma solicitação ao servidor; ao receber a solicitação, o servidor a analisa e, se é de sua competência, provê a informação/dado.

1.2 Dispositivos de rede

Os Dispositivos de Rede são citados até mesmo em provas cujo conteúdo programático não cita a matéria de hardware. E na maioria das vezes em que aparecem questões sobre o assunto, se questiona em relação à finalidade de cada dispositivo na rede, portanto, nesta seção são descritos alguns dos principais dispositivos de rede:

Modem	Modulador/demulador. Responsável por converter o sinal analógico da linha telefônica em um sinal digital para o computador e vice-versa.
Hub	Conecta vários dispositivos em rede, mas não oferece muita segurança, pois envia as informações para todos na rede.
Switch	É um dispositivo que permite interligar vários dispositivos de forma mais inteligente que o Hub, pois no switch os dados são direcionados aos destinos corretos.
Roteador	Um roteador já trabalha no nível de rede; em um mesmo roteador podemos definir várias redes diferentes. Ele também cria uma rota para os dados.
Access Point	Um Ponto de Acesso opera de forma similar a um Switch, só que em redes sem fio.
Backbone	É a estrutura principal dentro de uma rede, na Internet é a espinha dorsal que a suporta, ou seja, as principais ligações internacionais.

1.3 Topologia de rede

Topologia diz respeito à estrutura de organização dos dispositivos em uma rede.

Barramento

Na Topologia de Barramento, todos os dispositivos estão conectados no mesmo canal de comunicação, o que torna o tráfego de dados mais lento e, se o barramento se rompe, pode isolar parte da rede.

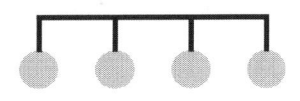

Anel

A estrutura em Anel conecta um dispositivo no outro; para que todos os computadores estejam conectados, é necessário que estejam ligados. Se o anel for simples, ou seja, de única via de dados, um computador desligado já é suficiente para tornar a rede inoperante para algum outro computador; o problema pode ser resolvido em partes, utilizando o anel duplo, trafegando dados em duas direções da rede, porém, se dois pontos forem desconectados, pode-se chegar à situação de duas redes isoladas.

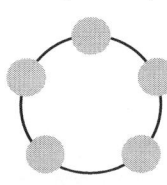

Estrela

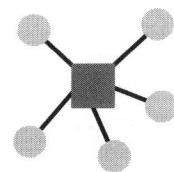

Uma rede organizada em forma de estrela possui um nó centralizador. Esse modelo é um dos mais utilizados, pois um nó pode estar desconectado sem interferir no resto da rede, porém, o centro é o ponto crítico.

Estrela estendida

A Estrela Estendida é utilizada em situações como em uma universidade *multicampi*, em que um nó central é a conexão principal, a partir da qual se conecta com a internet, enquanto que os outros *campi* possuem centrais secundárias como conexão entre seus computadores. A estrutura entre o nó principal e as centrais secundárias é o que chamamos de Backbone dessa rede.

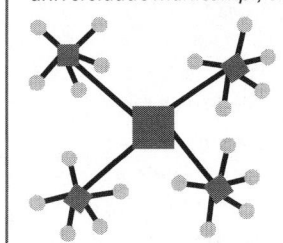

Malha

A conexão em malha é o modelo da internet, em que encontramos vários nós principais, mas também várias ligações entre diversos nós.

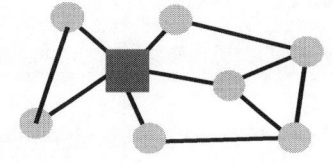

Pilhas de protocolos

Também colocadas pelas bancas examinadoras como modelos, as pilhas de protocolos definem um conjunto de protocolos e em quais camadas de rede devem operar.

Neste tópico temos dois tipos de questões que podem ser associados na prova. Questões que fazem relação com os tipos de redes e questões que tratam da finalidade dos principais protocolos utilizados em uma navegação na Internet.

NOÇÕES DE INFORMÁTICA

As pilhas de protocolos são:

TCP/IP	OSI

O modelo TCP/IP é o **padrão utilizado nas redes**. Mas, em redes privadas, mesmo o TCP/IP sendo padrão, pode ser implantado o modelo OSI.

Como o modelo TCP/IP é o padrão na seção seguinte são destacados os principais protocolos de navegação.

Principais protocolos

Um protocolo é uma regra de comunicação em redes, portanto, a transferência de arquivos, mesmo entre computadores de uma mesma rede, utiliza um protocolo como forma de padronizar o entendimento entre os dois.

HTTP

HTTP (*Hyper Text Transport Protocol*) é o protocolo de transferência de hipertexto. É o mais utilizado pelo usuário em uma navegação pela Internet. Hipertexto consiste em um arquivo no formato HTML (*HyperText Markup Language*) - Linguagem de Marcação de Hipertexto.

HTML é um arquivo que pode ser gerado por qualquer editor de texto, pois, quando é aberto no Bloco de Notas ou Wordpad, ele apresenta apenas informações de texto. No entanto, quando é aberto pelo navegador, este interpreta o código em HTML e monta o conteúdo **Multimídia** na página. Entende-se por conteúdo multimídia: textos, áudio, vídeos e imagens.

HTTPS

HTTPS (*Hyper Text Transport Protocol Secure*), também conhecido como HTTP Seguro, é um protocolo que tem como diferença entre o HTTP apenas a segurança que oferece, pois, assim como o HTTP, serve para visualizar o conteúdo multimídia.

O que se questiona em relação a sua segurança é como ela é feita. O protocolo HTTPS utiliza o processo de **Criptografia** para manter sigilo sobre os dados transferidos entre o usuário e o servidor, para isso, são utilizados os protocolos **TLS** ou **SSL**.

Um detalhe muito importante é o de saber identificar se a navegação está sendo realizada por meio do protocolo HTTP ou pelo protocolo HTTPS. A forma mais confiável é observar a barra de endereços do navegador:

Firefox 10.02

M google.com https://mail.google.com/

IE 9

M https://mail.google.com/mail/html/pt-BR/noactivex.html

Google Chrome

🔒 https://mail.google.com/

Logo no início da barra, observamos a indicação do protocolo HTTPS, que, sempre que estiver em uso, deverá aparecer. Porém, deve-se ter muita atenção, pois, quando é utilizado o HTTP, alguns navegadores atuais têm omitido a informação no começo da barra de endereços.

Outra informação que nos ajuda a verificar se o acesso é por meio de uma conexão segura é o símbolo do cadeado fechado.

FTP

FTP (File Transport Protocol) é o protocolo de transferência de arquivos utilizado quando um usuário realiza download ou upload de um arquivo na rede.

O protocolo FTP tem como diferencial o fato de operar sobre duas portas: uma para tráfego dos dados e outra para autenticação e controle.

1.4 Firewall

O Firewall pode ser Software, Hardware, ou ambos. Ele é o responsável por **monitorar as portas da rede/computador**, permitindo ou negando a passagem dos dados na rede, seja na entrada ou saída.

É o monitor que fica na porta olhando para uma lista na qual contém as regras que um dado tem de cumprir para passar por ela. Essa lista são os protocolos, por exemplo, o Firewall monitorando a porta 80, relativa ao protocolo HTTP, o qual só trabalha com conteúdo multimídia. Então, se um arquivo .EXE tentar passar pela porta 80, ele deve ser barrado; essa é a função do Firewall.

1.5 Tipos de redes

Podemos classificar as redes de acordo com sua finalidade; neste tópico expõe-se a diferença entre as redes: Internet vs Intranet vs Extranet.

Internet

É a rede das redes, também conhecida como rede mundial de computadores.

Muitas provas citam o sinônimo WWW (*World Wide Web*) para internet, ou por vezes apenas Web. Ela é definida como uma rede **pública** a qual todos com computador e servidor de acesso podem conectar-se.

Intranet

É uma rede empresarial, também chamada de rede corporativa. Tem como principal característica ser uma rede **privada**, portanto, possui controle de acesso, o qual é restrito somente a pessoas autorizadas.

Uma Intranet geralmente é constituída com o intuito de compartilhar recursos entre os funcionários de uma empresa, de maneira que pessoas externas não tenham acesso a eles. Os recursos compartilhados podem ser: impressoras, arquivos, sistemas, entre outros.

Extranet

É quando parte de uma Intranet é disponibilizada por meio da Internet.

Também dizemos que extranet é quando duas empresas com suas distintas Intranets possuem um sistema comum que acessam apenas parte de cada uma das Intranets.

VPN

VPN é uma forma de criar uma Intranet entre localizações geograficamente distantes, com um custo mais baixo do que ligar cabos entre os pontos. Para isso, emprega-se o processo de criptografia nos dados antes de enviá-los por meio da Internet e, quando o dado chega na outra sede, passa pelo processo de descriptografia. Dessa maneira, quem está navegando na Internet não tem acesso às informações da empresa, que continuam restritas; esse processo também é chamado de tunelamento.

1.6 Padrões de infraestrutura

São padrões que definem como deve ser organizada e quais critérios precisam ser seguidos para montar uma estrutura de rede de acordo com os padrões estabelecidos pelo Instituto de Engenheiros Eletricistas e Eletrônicos (IEEE).

O padrão Ethernet define as regras para uma infraestrutura cabeada, como tipos de cabos que devem ser utilizados, distância máxima, tipos e quantidade de dispositivos, entre outras. Já o padrão 802.11 define as regras para uma estrutura Wi-Fi, ou seja, para a rede sem fio.

1.7 Correio eletrônico

O serviço de e-mail é outro ponto bastante cobrado nos concursos públicos. Em essência, o que se pede é se o concursando sabe sobre as diferentes formas de se trabalhar com ele.

O e-mail é uma forma de comunicação assíncrona, ou seja, no momento do envio apenas o emissor precisa estar conectado.

Formas de acesso

Podemos ler e escrever e-mail utilizando duas formas diferentes. Na última década, o webmail ganhou mais espaço no mercado e se tornou majoritário no ramo de e-mails, mas muitas empresas utilizam ainda os clientes de e-mail.

Webmail

O webmail é uma interface de acesso para o e-mail via Browser (navegador de Internet), ou seja, uma forma de visualizar o e-mail via uma página de web. Diante disso, é possível destacar que usamos os protocolos HTTP ou HTTPS para visualizar páginas da Internet. Dessa forma, ao acessar sites de e-mail como gmail.com, hotmail.com, yahoo.com.br e outlook.com, fazemos uso desses protocolos, sendo o HTTPS o mais usado atualmente pelos grandes serviços de e-mail, pois confere ao usuário maior segurança no acesso.

Dizemos que o webmail é uma forma de ler e escrever e-mails, dificilmente citado como forma de enviar e receber, uma vez que quem realmente envia é o servidor e não o computador do usuário.

Quando um e-mail é enviado, ele parte diretamente do servidor no qual o remetente possui conta para o servidor do serviço de e-mail do destinatário.

Cliente de e-mail

Um cliente de e-mail é um programa específico para enviar e receber mensagens de e-mail e que é, necessariamente, instalado no computador do usuário.

Exs.:

Microsoft Outlook;

Mozilla Thunderbird;

Outlook Express;

Windows Live Mail.

Os programas clientes de e-mail usam protocolos específicos para envio e recebimento das mensagens de e-mail.

Protocolos utilizados pelos clientes de e-mail

Para o envio, um cliente de e-mail utiliza o protocolo SMTP (*Simple Mail Transport Protocol* – Protocolo de transporte de mensagens simples). Como todo protocolo, o SMTP também opera sobre uma porta específica, que pode ser citada como sendo a porta 25, correspondente ao padrão, mas atualmente ela foi bloqueada para uso dos usuários, vindo a ser substituída pela 587.

Com isso, em questões de Certo e Errado, apenas a 587 é a correta, quando abordado sobre o usuário, pois entre servidores a 25 ainda é utilizada. Já nas questões de múltipla escolha, vale o princípio da menos errada, ou seja, se não tiver a 587, a 25 responde a questão.

Mesmo que a mensagem de e-mail possua arquivos anexos a ela, envia-se por SMTP; assim o protocolo FTP não é utilizado.

Já para o recebimento, o usuário pode optar em utilizar o protocolo POP ou o protocolo IMAP, contudo, deve ser observada a diferença entre os dois, pois essa diferença é ponto para muitas questões.

O protocolo POP tem por característica baixar as mensagens de e-mail para o computador do usuário, mas por padrão, ao baixá-las, elas são apagadas do servidor. Portanto, as mensagens que um usuário está lendo estão, necessariamente, em seu computador.

Por outro lado, se o usuário desejar, ele pode configurar o protocolo de forma que sejam mantidas cópias das mensagens no servidor, no entanto, a que o usuário está lendo, efetivamente, está em seu computador. Sobre essa característica são citadas questões relacionando à configuração a uma espécie de backup das mensagens de e-mail.

Atualmente o protocolo POP encontra-se na versão 3; dessa forma ele pode aparecer nos textos de questão como POP3, não afetando a compreensão da mesma. Uma vez que o usuário necessita conectar na internet apenas para baixar as mensagens, é possível que ele desconecte-se da internet e mesmo assim leia seus e-mails. E, uma vez configurado o SMTP, também é possível redigir as respostas off-line, sendo necessário, no entanto, conectar-se novamente para que as mensagens possam ser enviadas.

Ao invés de utilizar o POP, o usuário pode optar em fazer uso do protocolo IMAP, que é para acesso a mensagens de e-mail, as quais, por sua vez, residem no servidor de e-mails. Portanto, se faz necessário estar conectado à internet para poder ler o e-mail por meio do protocolo IMAP.

NOÇÕES DE INFORMÁTICA

Spam

Spam é uma prática que tem como finalidade divulgar propagandas por e-mail, ou mesmo utilizar-se de e-mails que chamem a atenção do usuário e o incentivem a encaminhar para inúmeros outros contatos, para que, com isso, levantem uma lista de contatos que pode ser vendida na Internet ou mesmo utilizada para encaminhar mais propagandas.

Geralmente um spammer utiliza-se de e-mail com temas como: filantropia, hoax (boatos), lendas urbanas, ou mesmo assuntos polêmicos.

1.8 URL (*Uniform Resource Locator*)

É um endereço que identifica um site, um serviço, ou mesmo um endereço de e-mail. A seguir, temos um exemplo de URL; observe que podemos dividi-la em várias partes.

http://www.site.com.br

↑ Protocolo ↑ Pasta ↑ Domínio

Domínio

É o nome registrado de um site para que possa ser acessado por meio da Internet. Assim como a URL, um domínio também pode ser dividido em três partes.

site.com.br

O .br indica que esse site está registrado no conjunto de domínios do Brasil, que é administrado e regulamentado pelo Registro.Br, componente do Comitê Gestor de Internet no Brasil (CGI).

O Registro.Br define várias normas em relação à criação de um domínio, como por exemplo o tamanho máximo de 26 caracteres, a limitação para apenas letras e números e recentemente a opção de criar domínios com letras acentuadas e o caractere **ç**.

Também compete ao Registro.Br a normatização da segunda parte do domínio, representada na figura pelo **.com**. Essa informação diz respeito ao ramo de atividade a que se destina o domínio, mas não nos garante qual a real finalidade do site. A última parte, por fim, é o próprio nome do site que se deseja registrar.

Protocolo IP

Cada equipamento na rede ganha o nome genérico de Host, o qual deve possuir um endereço para que seja localizado na rede. Esse é o endereço IP.

O protocolo IP é o responsável por trabalhar com essa informação, para tanto, um endereço IP possui versões: IPv4 e IPv6.

Um IP também é um endereço, portanto, pode ser inserido diretamente na barra de endereços de um navegador.

O IPv4 é composto por até quatro grupos de três dígitos que atingem valor máximo de 255 cada grupo, suportando, no máximo, cerca de 4 bilhões (4.294.967.296) de endereços.

200.201.88.30 endereço IP da Universidade Estadual do Oeste do Paraná (Unioeste).

O IPv6 é uma proposta que está gradativamente substituindo o IPv4, justamente pela pouca quantidade de endereço que ele oferece. O IPv6 é organizado em 8 grupos de 4 dígitos hexadecimais, suportando cerca de 3,4 × 1038, aproximadamente 3,6 undecilhões de endereços IP.

0123:4567:89AB:CDEF:1011:1314:5B6C:88CC

Dns (*domain name system*)

O Sistema de Nomes de Domínios é o responsável por traduzir (resolver por meio de consultas aos servidores Raiz da Internet) um domínio para o endereço IP do servidor que hospeda (armazena) o site desejado. Esse processo ocorre em questão de segundos e obedece uma estrutura hierárquica.

1.9 Navegadores

Navegadores são programas que permitem acesso às páginas da Internet, são muitas vezes citados em provas pelo termo em inglês Browser.

Exs.:

Internet Explorer

Mozilla Firefox

Google Chrome

Também são cobrados os conceitos dos tipos de dados de navegação que estão relacionados aos navegadores.

Cache

É um armazenamento temporário. No caso dos navegadores, trata-se de uma pasta onde são armazenados os conteúdos multimídias como imagens, vídeos, áudio e inclusive textos, para que, no segundo momento em que o mesmo conteúdo for acessado, ele possa ser mostrado ao usuário mais rapidamente.

Cookies

São pequenas informações que alguns sites armazenam no computador do usuário. Exemplos de informações armazenadas nos cookies: senhas, obviamente que são armazenadas criptografadas; também são muito utilizados em sites de compras, para armazenar o carrinho de compras.

Dados de formulários

Quando preenchemos um formulário, os navegadores oferecem opção para armazenar os dados digitados em cada campo, assim, quando necessário preencher o mesmo formulário ou ainda outro formulário com campos de mesmo nome, o navegador sugere os dados já usados a fim de autocompletar o preenchimento do campo.

1.10 Conceitos relacionados à internet

Nesta seção são apresentados alguns conceitos, tecnologias e ferramentas relacionadas à Internet que são cobrados nas provas dos concursos.

Motores de busca

Os Motores de Busca são normalmente conhecidos por buscadores. Dentre os principais estão Google, Bing (MSN) e Yahoo!.

É importante observar que, nos navegadores atuais, os motores de busca são integrados, com isso podemos definir qual se deseja utilizar, por exemplo: o Google Chrome e o Mozilla Firefox utilizam como motor de busca padrão o Google, já o Internet Explorer utiliza o Bing. Essa informação é relevante, pois é possível nesses navegadores digitar os termos buscados diretamente na barra de endereços, ao invés de acessar previamente o site do motor de busca.

Busca avançada

Os motores de busca oferecem alguns recursos para otimizar a busca, como operadores lógicos, também conhecidos como operadores booleanos[1]. Dentre eles podemos destacar a negação (-). Ao realizar uma busca na qual se deseja encontrar resultados que sejam relacionados a determinado assunto, porém os termos usados são comuns a outro, podemos utilizar o sinal de menos precedendo o termo do assunto irrelevante, como o exemplo de uma questão que já caiu em prova: realizar a busca por leite e cão, contudo, se for inserido apenas estes termos na busca, muitos resultados serão relacionados a gatos e leite. Para que as páginas que contenham a palavra gato não sejam exibidas na lista de páginas encontradas, basta digitar o sinal de menos (-) antes da palavra gato (sem espaço entre o sinal e a palavra), assim a pesquisa a ser inserida no buscador fica **Cão Leite -Gato**.

Também é possível realizar a busca por uma frase exata, assim, somente serão listados os sites que contenham exatamente a mesma expressão. Para isso, basta digitar a frase desejada entre aspas duplas.

Busca por/em Domínio Específico: para buscar sites que possuam determinado termo em seu nome de domínio, basta inserir o texto site: seguido da palavra desejada, lembrando que não deve haver espaço entre site: e o termo desejado. De forma similar, também pode-se utilizar **inurl: termo** para buscar sites que possuam o termo na URL.

Quando o domínio já é conhecido, é possível realizar a busca por determinado termo apenas nas páginas do domínio. Para tanto, deve-se digitar **site:Dominiodosite termo.**

Calculadora: é possível, ainda, utilizar o Google como uma calculadora, bastando digitar a expressão algébrica que se deseja resolver como 2+2 e, como resultado da "pesquisa", é apresentado o resultado da operação.

Operador: quando não se sabe exatamente qual é a palavra para completar uma expressão, pode-se completar a lacuna com um asterisco, assim o motor de busca irá entender que naquele espaço pode ser qualquer palavra.

Busca por tipo de arquivo: podemos refinar as buscas a resultados que consistam apenas em determinado formato de arquivo. Para tanto, podemos utilizar o operador filetype: assim, para buscar determinado tema, mas que seja em PDF, por exemplo, pode-se digitar **filetype: pdf tema.**

Tipos de busca

Os principais motores de busca permitem realizar as buscas de forma orientada a conteúdos gerais da web, como refinar a busca para exibir apenas imagens, vídeos ou mapas relacionados aos termos digitados.

[1] Em referência à lógica de Boole, ou seja, a lógica que você estuda para o concurso.

Chat

Um chat é normalmente citado como um bate-papo em tempo real; é a forma de comunicação em que ambos os interlocutores estão conectados (on-line) simultaneamente. Muitos chats operam com salas de bate-papo. Um chat pode ser em um site específico como o chat do UOL. Conversas pelo MSN ou Facebook podem ser consideradas como chat, desde que ambos interlocutores estejam conectados.

Fórum

Também conhecidos como Listas de Discussão, os fóruns funcionam como debates sobre determinados assuntos. Em um fórum não é necessário que os envolvidos estejam conectados para receberem os comentários, pois estes ficam disponíveis para acesso futuro pelo usuário ou mesmo por pessoas que não estejam cadastradas no fórum, contudo, existem muitos fóruns fechados, nos quais só se entra por convite ou mediante aquisição. A maioria deles vincula o e-mail dos envolvidos a uma discussão, alertando-os assim, caso um novo comentário seja acrescentado.

Moodle

O Moodle é uma ferramenta fortemente utilizada pelo setor público, e também privado, para dar suporte ao Ensino a Distância (EAD).

Questões

01. (CESPE) Existem diversos dispositivos que protegem tanto o acesso a um computador quanto a toda uma rede. Caso um usuário pretenda impedir que o tráfego com origem na Internet faça conexão com seu computador pessoal, a tecnologia adequada a ser utilizada nessa situação será o:
    a) multicast.
    b) Instant Messager.
    c) miniDim.
    d) firewall.
    e) IPv6.

02. (CESGRANRIO) O objetivo do firewall é:
    a) possibilitar a conexão com a internet.
    b) configurar uma rede privada.
    c) visualizar diversos tipos de arquivos.
    d) permitir a edição de imagens.
    e) realizar a segurança de redes privadas.

03. (CESPE) Considerando o acesso a uma intranet por meio de uma estação Windows 7 para navegação e uso de correio eletrônico do tipo webmail, julgue os itens que seguem.
    Na utilização de uma interface webmail para envio e recebimento de correio eletrônico, é boa prática de segurança por parte do usuário verificar o certificado digital para conexão https do webmail em questão.
    Certo ( )   Errado ( )

04. (CESPE) Por meio do software Microsoft Outlook pode-se acessar o serviço de correio eletrônico, mediante o uso de certificado digital, para abrir a caixa postal do usuário de um servidor remoto.
    Certo ( )   Errado ( )

NOÇÕES DE INFORMÁTICA

REDES DE COMPUTADORES

05. (FCC) É oferecida a um usuário de correio eletrônico a opção de acessar as suas mensagens por meio de um servidor POP3 ou um servidor IMAP. Ele deve configurar o seu programa leitor de correio para usar o servidor:
   a) POP3, se precisar buscar mensagens de acordo com um critério de busca.
   b) IMAP, caso esse programa suporte apenas o post office protocol.
   c) POP3, se quiser acessar suas mensagens em vários servidores sem risco de perder ou duplicar mensagens.
   d) POP3, se precisar criar e manter pastas de mensagens no servidor.
   e) IMAP, se precisar criar e manter pastas de mensagens no servidor.

A respeito de navegadores de Internet e aplicativos de correio eletrônico, julgue o próximo item.

06. (CESPE) O programa Thunderbird não permite o envio de arquivos anexados às mensagens de e-mail.
Certo ( )   Errado ( )

07. (CESPE) Com relação a conceitos, tecnologias e serviços associados à Internet, assinale a opção correta:
   a) O Mozilla Firefox é um navegador web que permite o acesso a conteúdo disponibilizado em páginas e sítios da Internet.
   b) O Microsoft Office Access é um tipo de firewall que impede que redes de computadores que façam parte da Internet sejam invadidas.
   c) Serviços de webmail consistem no uso compartilhado de software de grupo de discussão instalado em computador pertencente a uma rede local (LAN) para uso exclusivo, e em segurança, dos computadores pertencentes a essa LAN.
   d) Na conexão denominada banda larga, para que usuários residenciais tenham acesso a recursos da Internet, exige-se o uso de cabos ópticos entre as residências dos usuários e seus provedores de internet.
   e) O protocolo TCP/IP é utilizado na Internet para operações de transferência de arquivos quando se deseja garantir segurança sem o uso de software antivírus.

08. (FCC) A disponibilização de arquivos para a Intranet ou Internet é possível por meio de servidores especiais que implementam protocolos desenvolvidos para essa finalidade. Tais servidores possibilitam tanto o download (recebimento) quanto o upload (envio) de arquivos, que podem ser efetuados de forma anônima ou controlados por senha, que determinam, por exemplo, quais os diretórios o usuário pode acessar. Esses servidores, nomeados de forma homônima ao protocolo utilizado, são chamados de servidores:
   a) DNS
   b) TCP/IP
   c) FTP
   d) Web Service
   e) Proxy

Julgue os itens subsequentes, a respeito de segurança para acesso à Internet e a intranets.

09. (CESPE) No acesso a uma página na Internet com o protocolo HTTP, esse protocolo protege o endereço IP de origem e de destino na comunicação, garantindo ao usuário privacidade no acesso.
Certo ( )   Errado ( )

10. (CESPE) Quando se usa o protocolo HTTPS para acessar página em uma intranet, o certificado apresentado é, normalmente, do tipo autoassinado com prazo de expiração ilimitado.
Certo ( )   Errado ( )

Gabaritos

01	D	06	ERRADO
02	E	07	A
03	CERTO	08	C
04	CERTO	09	ERRADO
05	E	10	ERRADO

2. WORD 2016

2.1 Tela de Abertura

Assim como o MS Office 2013, o MS Office 2016 exibe uma tela de abertura ao iniciar algum programa da suíte, em vez de iniciar diretamente com um documento em branco. Vejamos a figura a seguir.

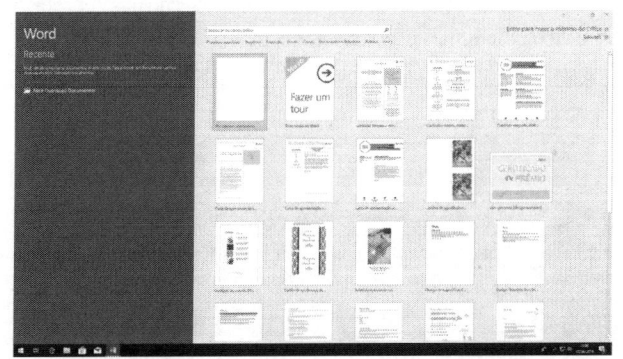

Nessa janela, o usuário tem acesso à lista dos documentos abertos recentemente no programa, bem como pode criar um novo documento: ou um documento em branco, ou a partir de um modelo a ser baixado da Internet.

Os modelos disponíveis são atualizados, em sua maioria, pelos próprios usuários. Para facilitar a localização de um modelo que seja mais adequado à necessidade do usuário, há opção para pesquisa, assim como sugestões de categorias.

2.2 Janela do Programa

A figura abaixo ilustra a janela do Microsoft Word 2016 com um documento em branco em edição.

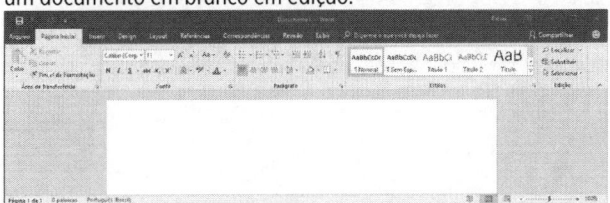

Janela Word 2016, aba Página Inicial.

A janela do Word 2016 apresenta pequenas mudanças nas opções da janela de edição em comparação com a versão anterior:

> **Cor das guias inativas**: agora a cor segue o padrão de cores escolhido. Existem 3 temas que podem ser usados: Colorido; Cinza-Escuro e Branco. Na figura acima é ilustrado o padrão (Colorido), a seguir os demais.

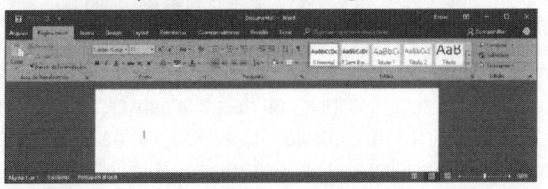

Janela do Word 2016, tema Cinza Escuro.

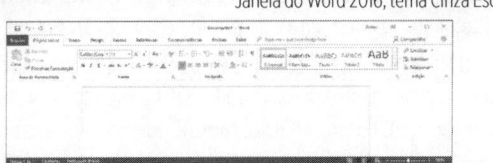

Janela Word 2016, tema Branco.

> **Diga-me o que você deseja fazer**: note que ao lado da guia Exibir existe um espaço para digitar, que não existia no 2016. Ele serve para acessar as ferramentas e opções; sua finalidade é facilitar a localização de ferramentas que o usuário não lembra em que aba estão. Conforme o usuário digita, vão sendo sugeridas opções relacionadas aos caracteres inseridos.

> **Opção Entrar**: foi movida para a barra de títulos; antes ficava onde aparece a carinha feliz (smile). Esse smile é o feedback ou também chamado de comentários, porém para a Microsoft, serve para o usuário contar sobre sua experiência em usar o MF Office 2016.

> **Guias**: no 2013 os títulos eram todos em caixa alta (maiúsculas) e a guia Layout era Layout de Página.

Assim como no 2013, o usuário pode logar com sua conta da Microsoft (Hotmail ou Outlook). Uma vez logado, o nome do usuário é imediatamente associado às propriedades do documento como seu autor. Observe a parte mais à direita da barra de títulos da janela ilustrada na primeira figura deste tópico. Ao efetuar o login, o nome do usuário é representado no lugar da expressão "Entrar".

Observe e faça as anotações das partes da janela indicadas na figura acompanhando a aula.

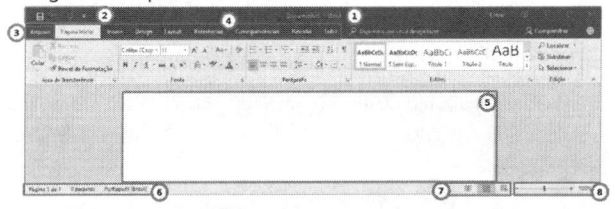

Janela do Word 2016, itens enumerados.

01. **Barra de título**: nesta barra são apresentadas as informações sobre o nome do documento em edição e seu formato, bem como o nome do programa que no caso da figura indica Microsoft Word. Também se observa na figura que não há a indicação do formato do arquivo. Isso significa que o documento em questão ainda não foi salvo em disco.

02. **Barra de Ferramentas de Acesso Rápido**: apresenta as opções mais frequentemente usadas, principalmente por meio das teclas de atalho. Por padrão mostra as opções Salvar, Desfazer e a opção que se alterna entre Repetir e Refazer. A opção ( ) Repetir repete a última ação executada; corresponde a utilizar a tecla de atalho: F4, como também CTRL + R quando esta opção está exibida na barra. Já a opção Refazer ( ) é como um desfazer para a ação Desfazer.

03. **Menu Arquivo**: a versão 2016 utiliza a mesma forma do menu Arquivo que a versão 2013, ou seja, mantém a interface Backstage view que exibe as opções do menu Arquivo, de modo que ocupem toda a tela da janela do programa.

04. **Faixa de Opções**: é possível aumentar a área útil da tela, fazendo com que as opções só sejam exibidas quando clicado na opção na Faixa de opções; basta utilizar o clique duplo do mouse sobre uma das Guias. O Word 2013 acrescentou ainda duas opções (botões) para poder alterar entre os modos de exibição das guias, um ao lado esquerdo do botão Minimizar,

...orme ilustra a figura a seguir, e outro logo acima da barra de rolagem vertical (dentro da faixa de opções). Este último é uma seta para cima, que lembra o sinal gráfico ^ (acento circunflexo). Essas características se mantêm no 2016.

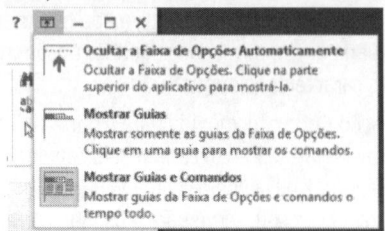

Modos de Exibição da Faixa de Opções em destaque.

05. **Página do Documento** em edição.
06. **Barra de Status**: nela são apresentadas algumas informações como número da página atual e total, total de palavras selecionadas e no documento inteiro.
07. **Modos de Exibição**: apenas três dos modos de exibição que o Word oferece estão dispostos nesse espaço para acesso rápido.
08. **Zoom**: o zoom também pode ser alterado utilizando-se a combinação da roda do mouse (scroll), enquanto se mantém pressionada a tecla CTRL.

Barra de ferramentas de acesso rápido

A figura abaixo destaca a Barra de Ferramentas de acesso Rápido, na qual se encontram por padrão os botões Salvar, Desfazer e Repetir/Refazer.

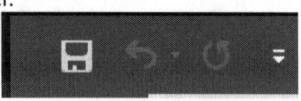

Barra de Ferramentas de Acesso Rápido.

O botão Desfazer permite voltar uma ou mais ações realizadas no programa, cuja tecla de atalho é a famosa combinação CTRL + Z. Note que há uma seta à sua direita, é possível desfazer um conjunto de ações de uma única vez.

O botão Repetir repete a última ação realizada, como aplicar negrito a um texto, ou mudar a cor de uma fonte. A combinação de teclas de atalho para esta opção é CTRL + R no Word 2013.

O Botão Refazer somente é exibido quando o Desfazer é acionado, permitindo retroceder uma ação desfeita. As teclas de atalho são as mesmas do botão Repetir, até porque aparece no lugar dele.

2.3 Menu Arquivo

O menu Arquivo do Office 2016 utiliza a interface BackStage, que ocupa toda a tela do programa e oferece vários recursos integrados.

Por padrão, ao abrir o menu Arquivo, ele apresenta selecionada a opção Informações, a qual oferece dois conjuntos de opções: ferramentas de geração de documento e as propriedades do documento em edição.

Opção informações

A Figura 9 apresenta a opção Informações do menu Arquivo do Office 2016 e suas opções.

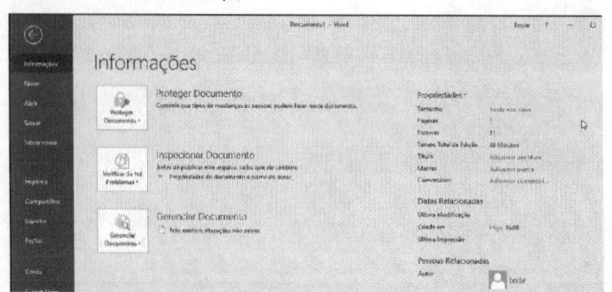

Menu Arquivo.

Na janela de informações, temos acesso a um dos conjuntos de opções mais importantes (em termos de concurso) do menu Arquivo. Também se deve observar o painel de propriedades à direita da janela.

Opção proteger documento

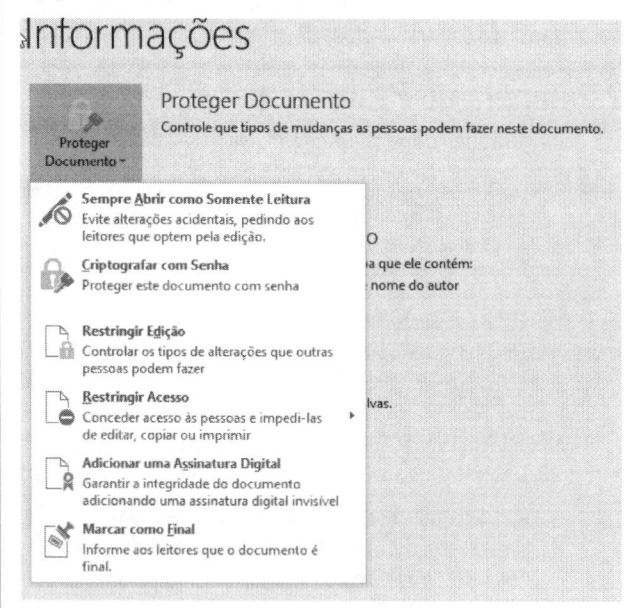

Opção Proteger Documento, a partir do menu Arquivo.

Marcar Como Final: a opção serve para salvar o arquivo como Somente leitura, assim ajuda a evitar que sejam feitas alterações no arquivo, ou seja, desabilita ou desativa a inserção de texto, a edição e as marcas de controle. Além disso, define o "Status" do documento como Final. Contudo, o comando Marcar como Final não é um recurso de segurança, pois basta que o usuário remova o Status Marcar como Final para que possa editar novamente o arquivo.

O Recurso Marcar como Final só tem efeito se o documento for aberto pela mesma versão do Ms Office; se for aberto por versões anteriores, como no 2003, abrirá normalmente, permitindo ao usuário alterar o arquivo.

Criptografar com Senha: por meio desta opção, é possível definir uma senha para que o documento possa ser acessado. Contudo, vale ressaltar que a criptografia realizada pela opção Criptografar com Senha não tem relação com Certificação Digital.

> **Restringir Edição**: por intermédio da opção Restringir Edição, é possível escolher dentre três opções de ação:
> **Restrições de Formatação**: pela qual é possível limitar as opções de formatação, permitindo apenas que seja escolhido dentre um conjunto de estilos selecionados no momento da ativação do recurso.
> **Restrições de edição**: esta opção está relacionada às ferramentas de controle de edição, como controle de alterações e comentários, até mesmo preenchimento de formulários. Com ela o usuário pode limitar que opções outro usuário que acessar o documento pode realizar. Ainda é possível determinar apenas partes do documento para que possam ser editadas, protegendo assim o resto das alterações.
> **Aplicar proteção**: depois de configuradas as opções de um ou ambos os itens acima, a opção Sim, Aplicar Proteção fica habilitada. Com isso, será aberta uma janela para determinar uma senha ou para que seja utilizado um ID (e-mail) de usuários.
> **Restringir Permissão por Pessoas**: esta opção permite limitar o acesso ao documento utilizando como critério contas do Windows Live ID ou uma conta do Microsoft Windows.
> **Adicionar uma Assinatura Digital**: por meio desta opção, é possível assinar digitalmente o documento em edição, a fim de garantir a Integridade e a Autenticidade dele, por consequência também o Não Repúdio. Contudo, é necessário possuir Certificado Digital para realizar este procedimento.

Opção verificando problemas

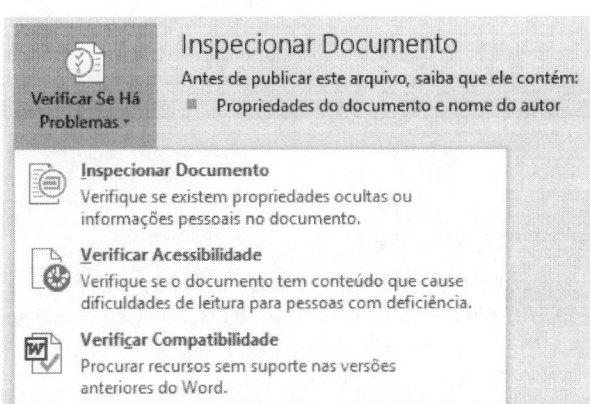

Opção Verificando Se Há Problemas.

> **Inspecionar Documento**: esta opção também pode ser citada como Inspetor do documento, que possibilita diversas opções, com a finalidade de buscar no documento por dados pessoais, informações ocultas, marcas, comentários, estruturas de controle, dentre outras, para que possam ser facilmente removidas, com o auxílio desta opção.

> **Verificar Acessibilidade**: permite verificar se a estrutura do elemento possui recursos ou formatações que dificultem a leitura por pessoas com deficiência, por exemplo, documentos que serão lidos por leitores de telas, utilizados por pessoas com baixa visão ou ausência dela.
> **Verificar Compatibilidade**: esta opção permite verificar se o documento possui estruturas que não existem nas versões anteriores do Word. Assim, quando o documento for salvo em .DOC, não apresentará problemas de compatibilidade.

Opção novo

Já a opção Novo abre no próprio menu Arquivo as opções de criação de um novo documento, conforme figura a seguir.

Note que, além de criar um simples documento em branco, podemos criar um arquivo com base em um modelo da Internet.

Opção Novo, menu Arquivo.

Opção imprimir

O Word 2016 apresenta diretamente no menu Arquivo → Imprimir as propriedades da Impressão, que também podem ser acessadas por meio da combinação de teclas CTRL+P. Com isso, uma etapa é reduzida no procedimento para impressão, o que torna a ação mais simples e direta. Nesta mesma opção, é ilustrada a pré-visualização do documento a ser impresso.

Vale observar que desde o Word 2013 a opção Configurar Página também é encontrada no menu Arquivo, exatamente na opção imprimir. A figura a seguir representa estas observações.

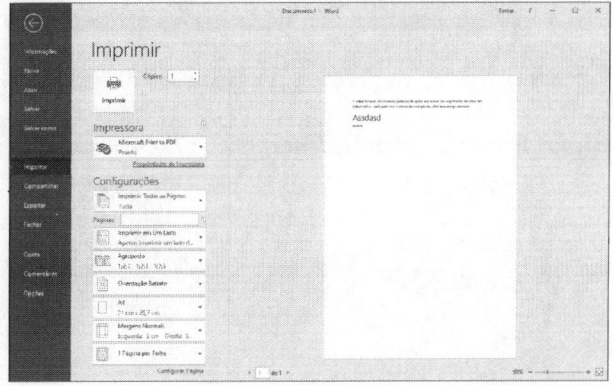

Opção Imprimir.

Outro fato importante é a pré-visualização, que também é ilustrada junto à opção imprimir.

WORD 2016

Opção salvar e enviar

Opção Salvar Como.

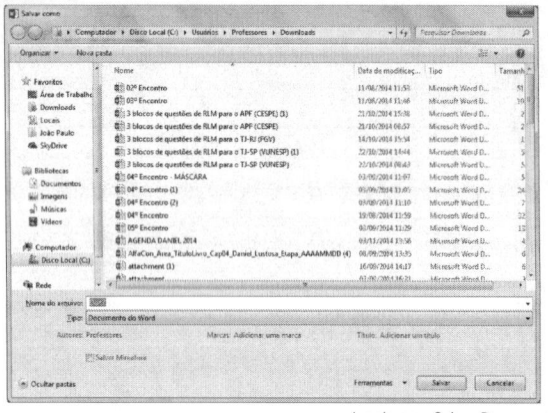

Janela para Salvar Documento.

Devemos dar ênfase no que diz respeito à integração com o Microsoft OneDrive. Uma vez logado na contra do MS Office, consequentemente o usuário estará logado com sua conta do OneDrive, assim possibilitando salvar o arquivo diretamente em sua conta na Nuvem.

2.4 Aba Página Inicial

Na Aba Página Inicial do Word 2013, encontramos as opções divididas nos blocos: Área de Transferência; Fonte; Parágrafo; Estilo; Edição, conforme ilustra a figura a seguir.

Bloco área de transferência

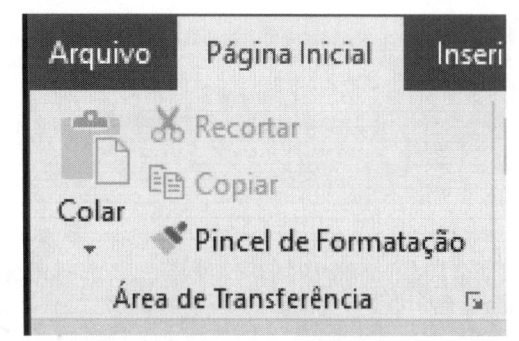

A Área de Transferência é uma área temporária, onde são colocadas as estruturas (textos, imagens etc.) que são copiadas de algum lugar, seja um documento, página da Internet, ou mesmo do Sistema Operacional, para que possam ser coladas.

A Área de Transferência do Word possui 24 posições, conforme figura a seguir, de forma que armazena não apenas a última informação copiada, mas sim as 24 últimas. Com isso, é possível colar trechos copiados ou recortados em momentos anteriores. Vale lembrar que a área de transferência fica em memória RAM, portanto quando o computador é desligado, ela é esvaziada.

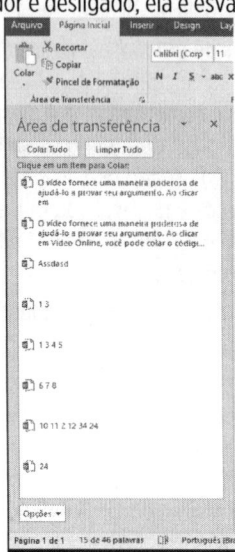

Opção colar

No bloco Transferência, encontra-se a opção Colar. Deve-se atentar ao detalhe do botão que, quando sobreposto pelo mouse, apresenta uma divisão, como ilustrado na sequência, ou seja, executa duas ações diferentes: ao clicar na parte superior, é colado o dado que foi colocado por último na área de transferência de forma equivalente a utilizar as teclas de atalho CTRL + V; já ao clicar na parte inferior, o Word exibe uma lista de opções de colagem, bem como dá acesso à opção Colar Especial.

Pincel de formatação

O Pincel de Formatação, ilustrado a seguir, permite realizar a cópia de formatação de um trecho de texto previamente selecionado e aplicar em outro trecho de texto a ser selecionado *a posteriori*, clique no botão Pincel.

Bloco fonte

Neste bloco, são encontradas as ferramentas mais usadas durante a edição de um documento, as opções relacionadas à formatação de Fonte. A figura a seguir ilustra as opções existentes neste bloco, que analisaremos na sequência.

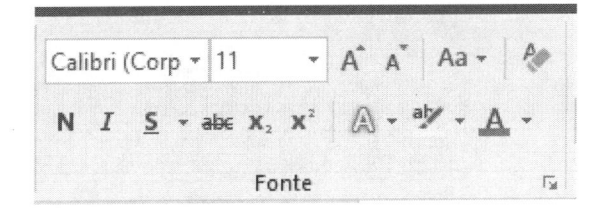

Tipo/nome da fonte

Esta opção permite alterar a grafia da fonte, ou seja, o seu traço. Ao alterar o tipo da fonte, ela pode sofrer alteração no seu tamanho, no entanto mantendo o mesmo valor numérico de tamanho de fonte. A figura a seguir destaca o campo; por padrão, no estilo normal do Word 2013, a fonte predefinida é a Calibri.

Tamanho da fonte

A opção de tamanho de fonte oferece um campo, ilustrado na sequência, para definir o tamanho das letras de um texto selecionado. É possível também selecionar o tamanho pela alça.

Aumentar e diminuir fonte

Também é possível controlar o tamanho das fontes pelos botões Aumentar Fonte, à esquerda da figura a seguir, e Diminuir Fonte, à direita da figura a seguir, que alteram o tamanho da fonte de um texto previamente selecionado, de acordo com os valores da lista disponibilizada na alça Tamanho da Fonte. Também se podem acionar estas opções por meio das teclas de atalho CTRL + SHIFT + > para aumentar o tamanho da fonte como CTRL + SHIFT + < para diminuir o tamanho da fonte.

Maiúsculas e minúsculas

A opção, ilustrada acima, permite alterar o trecho selecionado entre letras maiúsculas e minúsculas, de acordo com as opções ilustradas a seguir.

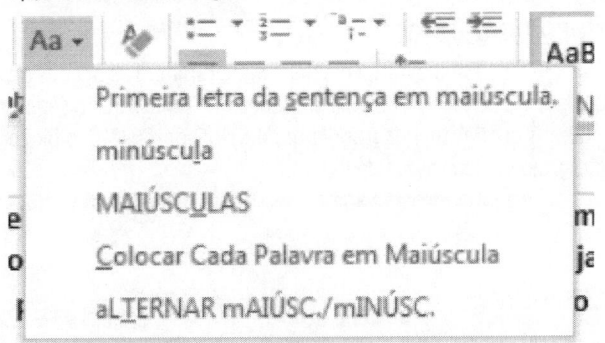

Limpar Formatação

A opção acima é útil quando se deseja limpar a formatação de um texto de forma rápida e prática, como um texto extraído da Internet, que possui fontes grandes, fundo e letras coloridas. Basta que o usuário selecione o trecho no qual deseja limpar a formatação e, em seguida, clique no botão.

Estilos de Fonte

Cuidado para não confundir o efeito de texto com o estilo de fonte, ou ainda com os estilos de formatação. As opções de efeito de fonte são a opção de **Negrito**, *Itálico* e Sublinhado, conforme ilustrado na figura a seguir. As teclas de atalho para estas funções são, respectivamente, CTRL + N, CTRL + I, CTRL + S.

Observe que o sublinhado no Word 2013 apresenta uma seta para baixo, indicando mais opções de formatação do traço do sublinhado, permitindo escolher entre o traço simples (padrão) e outros como: duplo, espesso, pontilhado, tracejado, traço/ponto, traço/ponto/ponto, dentre outros. A figura a seguir ilustra o resultado de se acionar a alça do sublinhado. Também é possível se alterar a cor do traço do sublinhado.

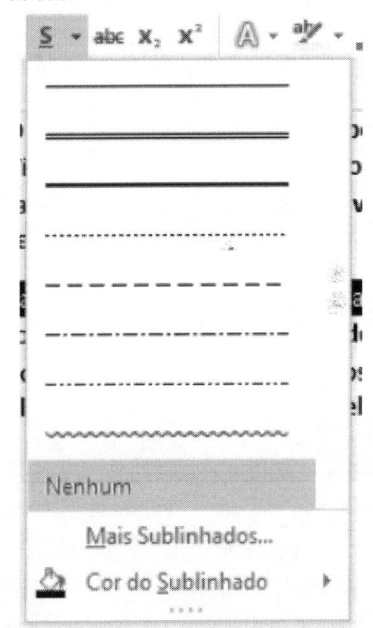

Tachado

A propriedade Tachado é comumente utilizada em textos de lei e resoluções, sobre itens que foram revogados e que, contudo, permanecem no corpo da lei. Para acionar esta opção, basta selecionar o texto desejado e clicar no botão Tachado, ilustrado a seguir.

O efeito proporcionado por esta opção é o de um traço à meia altura da linha, sobrepondo às palavras, como o exemplo. ~~Também é possível utilizar o tachado duplo por meio da janela Propriedades de Fonte, como exemplo.~~

NOÇÕES DE INFORMÁTICA

Subscrito e Sobrescrito

Por vezes, desejamos escrever um texto com estruturas diferenciadas, ou mesmo indicar numerais de forma reduzida, como primeiros = 1os. Para colocar as letras "os" com fonte reduzida na parte superior da linha, basta clicar no botão Sobrescrito, que o cursor de texto será posicionado no topo, digitar o texto desejado, e clicar novamente no Sobrescrito. O botão Sobrescrito fica à direita do botão Subscrito, conforme figura a seguir, que permite escrever um texto com fonte reduzida na parte inferior da linha, como utilizado em algumas equações químicas, por exemplo: texto normal texto subscrito.

$$x_2 \quad x^2$$

Efeitos de Texto

O Office 2007 inovou nos recursos de efeitos de texto. Essas propriedades e ferramentas foram mantidas e melhoradas no Office 2013; para o 2016 não houve mudanças na ferramenta. Os efeitos de texto permitem formatar os caracteres de texto de maneira mais chamativa visualmente, a fim empregar destaque a um texto, como exemplo.

Para utilizar este recurso, basta selecionar o texto desejado e clicar no botão Efeitos de Texto no bloco Fonte, indicado por um A com efeito de brilho azul ao redor, ilustrado no canto superior esquerdo da figura a seguir.

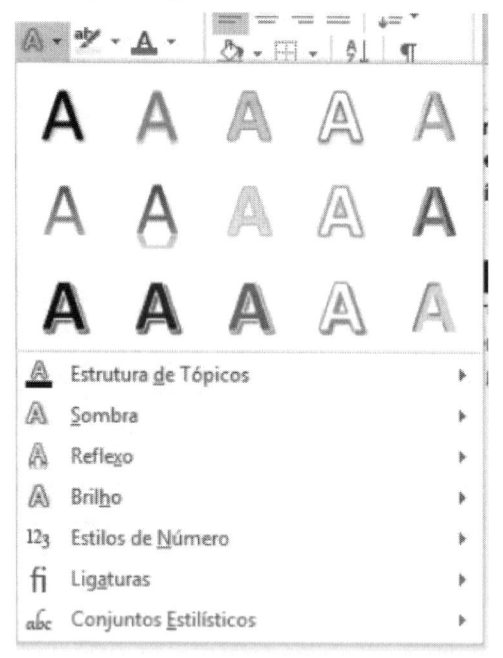

Este recurso ainda permite trabalhar as características de formatação de maneira separada, como a sombra, o reflexo e o brilho do caractere dado à cor escolhida.

Realce

A ferramenta Realce é uma opção que aplica um resultado similar ao obtido por uma caneta marca-texto. Inclusive, o conjunto de cores disponibilizado é bem limitado; apenas algumas cores estão disponíveis, como ilustra a figura a seguir.

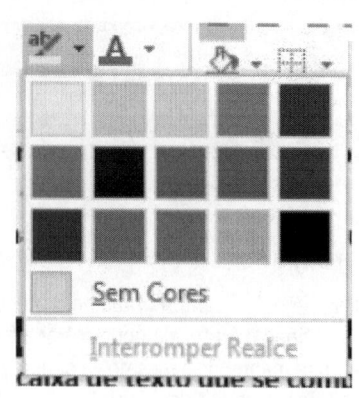

Cor da Fonte

Já quando falamos nas cores que podem ser aplicadas ao caractere (fonte), por exemplo, estas abrangem um conjunto maior, também citado nas provas como Paleta de Cores do MS Office.

O botão que corresponde a esta opção é a letra A com uma barra abaixo, que indica a última cor utilizada, como ilustrado no canto superior esquerdo da figura a seguir.

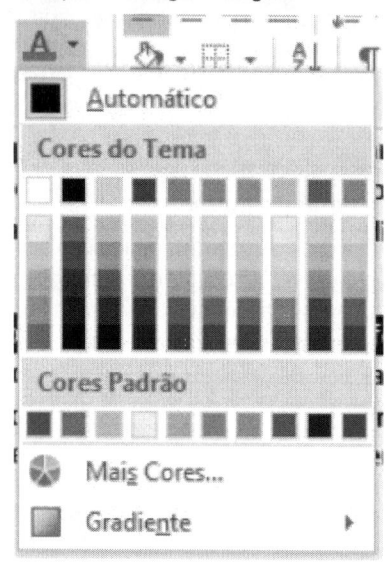

Observe que o botão Cor da Fonte apresenta uma ligeira divisão da seta à sua direita. Isso deve ser levado em conta na resolução das questões, pois se apenas o A for indicado como clicado, significa que será aplicada diretamente sobre o texto selecionado a última cor utilizada; enquanto que se for indicada a seta para baixo também, significa que foi clicado sobre ela, assim a alça exibe mais opções de cores e gradientes.

Bloco parágrafo

Na aba Página Inicial encontram-se também as opções de formatação de parágrafo mais utilizadas, como ilustrado a seguir. Algumas opções menos frequentemente usadas estão no bloco Parágrafo da aba Layout de Página.

Marcadores

A opção Marcadores permite acrescentar símbolos, caracteres ou mesmo imagens, como uma foto do usuário, como itens de marcação de tópicos para cada parágrafo.

A figura a seguir ilustra o botão Marcadores, que como pode ser observado apresenta uma sutil divisão. Desse modo, se a figura apresentada nas questões de prova for igual à figura a seguir, significa que o clique foi dado na seta à direita do botão, o que remete a mais opções, como escolher o símbolo que se deseja utilizar. Mas caso seja apresentado sem a seta, o resultado é a inserção do último marcador utilizado.

Numeração

Cuidado com a diferença entre os marcadores e a numeração. A finalidade de ambos é similar, porém a Numeração segue uma sequência que pode ser numérica, utilizando-se números romanos maiúsculos ou minúsculos, letras maiúsculas ou minúsculas ou ainda números arábicos. A figura a seguir ilustra o botão Numeração que, de forma equivalente ao botão Marcadores, apresenta seta à direita apontando para baixo.

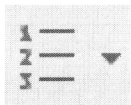

Lista de Vários Níveis

Permite gerenciar e atribuir marcadores diferentes para níveis diferentes, mas de forma a manter a relação entre eles como de título, subtítulo e tópico. A figura a seguir ilustra o botão Lista de Vários Níveis.

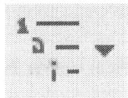

Quando clicado na seta à direita, um menu Dropdown é aberto, como ilustrado a seguir.

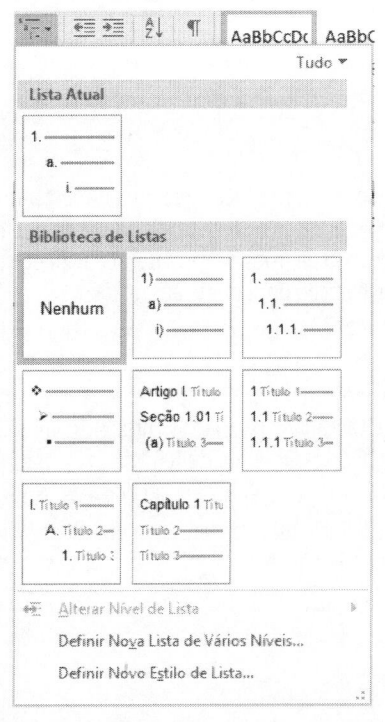

Além dos formatos de listas sugeridos pelo Word, é possível que o usuário crie a sua própria configuração de lista. Esta configuração pode ser criada para ser utilizada apenas no documento em edição, como também pode ser atribuída ao programa de forma que fique disponível para a criação e edição de outros documentos.

Diminuir e Aumentar Recuo

As opções de Diminuir e Aumentar o Recuo estão relacionadas ao recuo esquerdo do parágrafo selecionado. Ao aumentar o recuo, com o botão da direita na figura a seguir, é aumentado inclusive o recuo da primeira linha na mesma proporção. O espaço acrescido é o mesmo de uma tabulação, ou seja, o mesmo de quando pressionada a tecla TAB (1,25 cm por padrão).

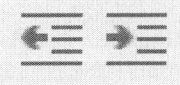

Classificar

Esta opção pode parecer estanha ao pensá-la no grupo de opções do bloco Parágrafo. Contudo, com isso, demonstra-se que é possível ordenar os textos de parágrafos, e não apenas dados em tabelas.

Uma vez clicado no botão classificar ilustrado acima, é aberta uma janela ilustrada a seguir, pela qual é possível parametrizar as regras de classificação, que pode ser por colunas em caso de tabelas. Os tipos de dados que podem ser selecionados, de maneira que o programa possa classificá-los em ordem crescente ou decrescente, são: Texto, Número e Data.

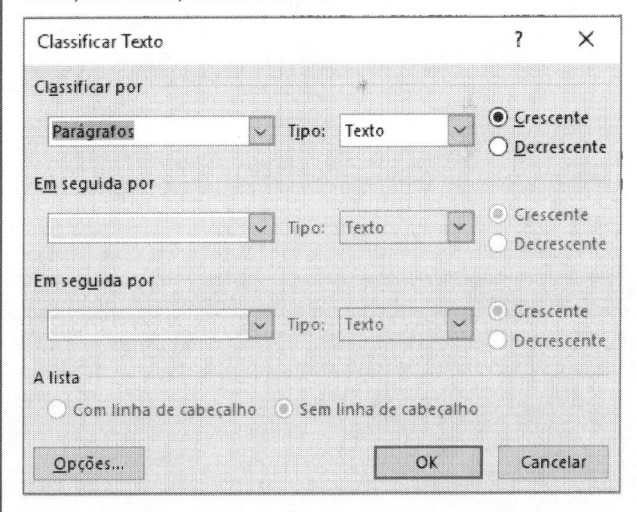

Mostrar Tudo

A opção Mostrar Tudo, ilustrada a seguir, é responsável por exibir os caracteres não imprimíveis, que auxiliam na edição de um documento ao exibir marcas de edição, espaços e marcações de parágrafos. Esta opção é muito importante para que se possa definir onde inicia e onde termina um parágrafo no texto.

NOÇÕES DE INFORMÁTICA

O trecho a seguir ilustra o que é apresentado quando tal opção é selecionada.

Exemplo de texto para a vídeo aula do professor João Paulo de Informática com o botão Mostrar Tudo habilitado.¶

Segundo parágrafo...¶

————————Quebra de página————————¶

Muitas pessoas entram em pânico quando, sem querer, ativam esta opção e cometem o equívoco de utilizar o Desfazer com a esperança de remover tais símbolos e acabam perdendo informações ou formatações executadas. No entanto, para remover tais marcas, basta desabilitar a opção, clicando-se novamente no botão. Alinhamentos de Parágrafo

Muito cuidado com as opções de alinhamento, pois existe também o alinhamento de Tabulação, que oferece opções diferentes das do alinhamento de parágrafo, porém com fins similares.

A figura anterior ilustra os quatro únicos alinhamentos de parágrafo: Esquerdo, Centralizado, Direito e Justificado. Também é possível acionar tais opções por meio das respectivas teclas de atalho: CTRL+Q, CTRL+E, CTRL+G, CTRL+J.

Espaçamento entre Linhas

A opção Espaçamento entre Linhas, disponível no bloco Parágrafo, apresenta alguns valores que não são ilustrados diretamente na janela Propriedades de Parágrafo, como 1,15. Contudo é possível chegar a ela de maneira manual, como selecionar a opção Múltiplos e, em seguida, digitar o valor 1,15.

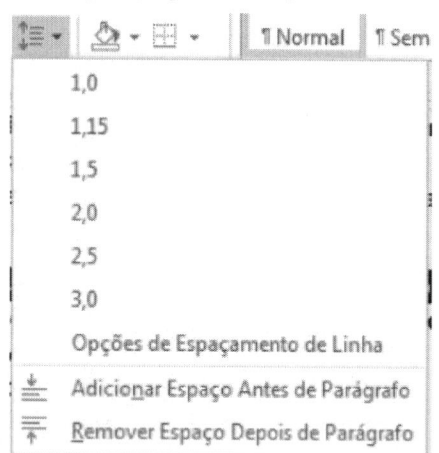

A figura anterior ilustra o botão Espaçamento entre Linhas aberto. Ele é apresentado no canto superior esquerdo da figura. Convém perceber que, por meio dele, é possível também alterar o espaçamento antes e depois do parágrafo.

Sombreamento

A opção Sombreamento permite atribuir uma cor ao plano de fundo de um parágrafo.

Exemplo: mesmo o parágrafo sendo menor que a linha, toda ela - espaço de margem a margem - é preenchida com a cor selecionada.

A figura a seguir ilustra o botão Sombreamento - balde de tinta - selecionado pela alça, assim ilustrando a paleta de cores do Word para que seja determinada a cor desejada.

Bordas

Também é possível se atribuir uma borda a um parágrafo, como também à página do documento. A opção Bordas, apresentada a seguir, pode ser utilizada tanto para aplicar uma borda a um parágrafo como a uma tabela, caso esteja selecionada.

Bloco estilos

Os estilos de formatação são uma importante ferramenta que auxiliam e otimizam o processo de edição de documentos que devam obedecer a padrões de formatação, além de serem necessários para a inserção de sumário automático.

O Office 2007 inovou muitos estilos, como também melhorou alguns, estes foram mantidos no Office 2013. O estilo padrão apresentado é o estilo Normal, que define, por exemplo, a fonte como Calibri, tamanho 11, espaçamento entre linhas múltiplo de 1,15 e espaço após o parágrafo de 10 pt.

A figura a seguir ilustra o bloco Estilo com vários dos estilos de formatação. Para sumário, devem-se utilizar os estilos de título.

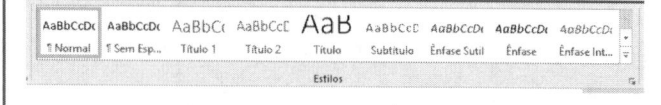

Bloco edição

O bloco Edição é o bloco no qual foram disponibilizadas as opções que estavam no menu Editar do Office 2003, e ficaram perdidas, pode-se assim dizer. A figura a seguir ilustra o bloco com suas opções.

Localizar

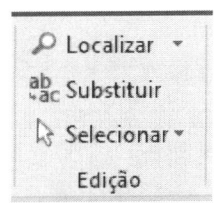

A opção Localizar oferece três opções quando se clica na seta: Localizar, Localização Avançada... e Ir Para....

Clicar direto no botão Localizar é o mesmo que clicar na opção que ele oferece como Localizar. O Word abre um painel à esquerda da janela do programa, ilustrada na sequência. O mesmo painel pode ser acionado por opção encontrada na aba Exibir.

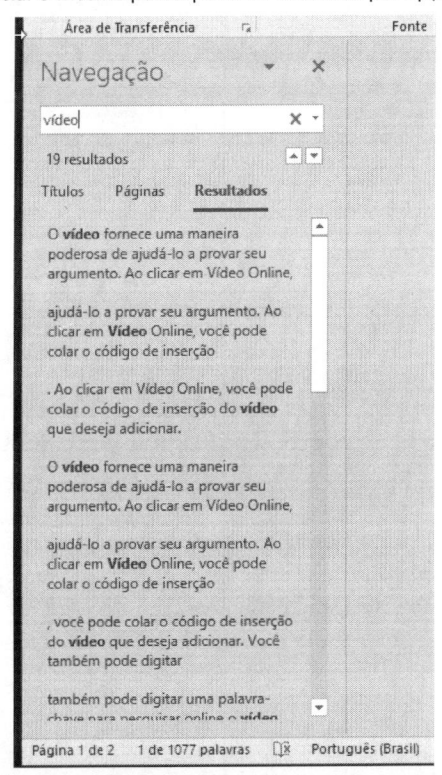

Por meio deste painel, é possível realizar uma busca rápida de forma incremental, ou seja, à medida que o usuário insere o texto no campo de busca, o Word vai filtrando no texto as ocorrências.

As opções Localização Avançada..., Ir Para... e Substituir, ao serem acionadas, abrem a mesma janela, porém com as respectivas abas selecionadas. Vale lembrar que a combinação de teclas de atalho CTRL + U no Word abre a opção Substituir.

2.5 Aba Inserir

A aba Inserir é alvo de várias questões capciosas, então é preciso ter muita atenção com relação às suas opções. A figura a seguir ilustra as opções da Guia.

Bloco páginas

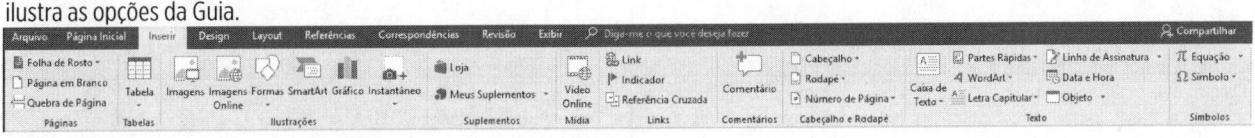

No Bloco Páginas, ilustrado a seguir, é onde se encontra uma das Quebras possíveis de se inserir em um documento, e justamente a que pode ser alvo de questões que visem confundir o candidato, pois na Aba Inserir é encontrada apenas a opção Quebra de Página; as demais ficam na aba Layout de Página.

NOÇÕES DE INFORMÁTICA

WORD 2016

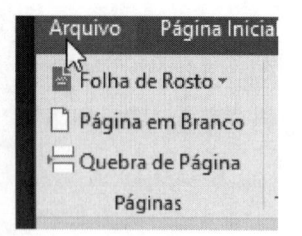

Bloco Páginas, Aba Inserir (à direita com forma reduzida).

A opção Folha de Rosto é uma opção para inserir uma página no documento em edição com mais recursos gráficos com o intuito de dar uma ênfase ao documento.

A opção Página em Branco permite inserir uma página em branco no documento a partir da posição do cursor de texto.

Bloco tabelas

No bloco Tabelas é disponibilizada apenas a opção Tabela, ilustrada a seguir, por meio da qual podemos tanto inserir uma Tabela no documento em edição como uma Planilha.

Opção Tabela

Ao clicar na opção Tabela, é aberto o menu Dropdown, ilustrado a seguir, no qual se pode observar a opção Planilha, que permite inserir uma planilha no documento. Mas, cuidado: a estrutura de planilhas é diferente de uma tabela.

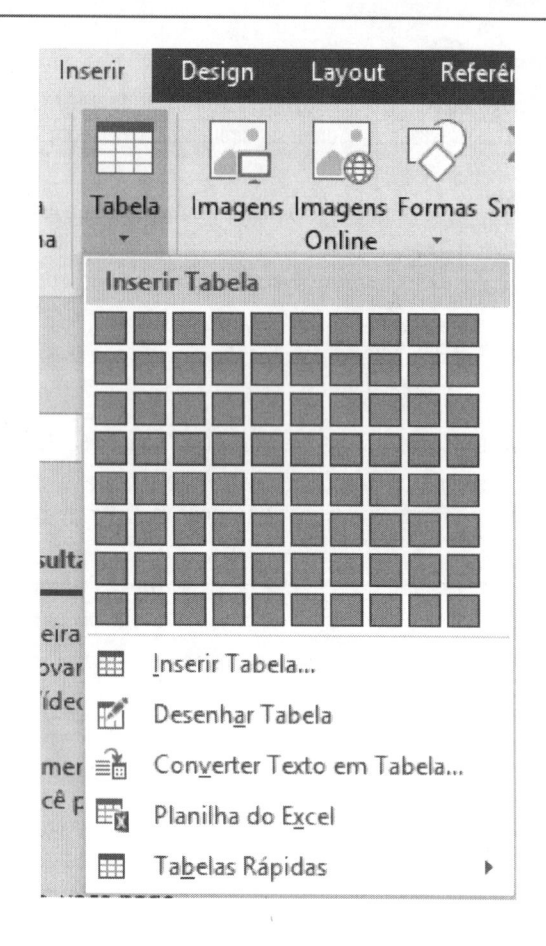

Bloco ilustrações

A figura abaixo ilustra o bloco Ilustrações. Esta figura, como as demais deste material, foi obtida por meio da ferramenta Instantâneo.

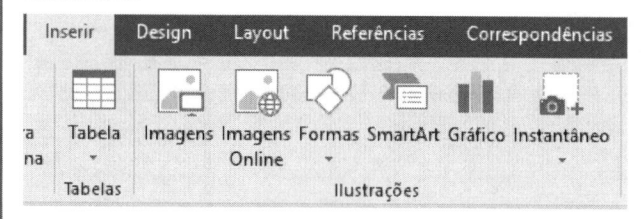

Outra funcionalidade apresentada no MS Office 2013 e mantida no 2016 é a possibilidade de incorporar recursos de aplicativos disponíveis na Windows Store, como também a opção Vídeo Online.

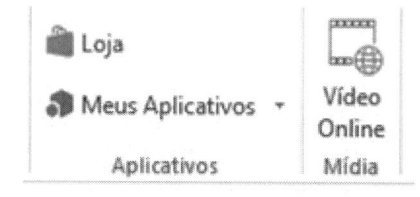

Mas devemos tomar cuidado com a opção Comentário, que, além de existir na aba Revisão, também é apresentada na aba Inserir.

Bloco links

No bloco Links, são disponibilizadas três opções: Hiperlink, Indicador e Referência Cruzada. A opção Hiperlink tem como tecla de atalho a combinação CTRL+K.

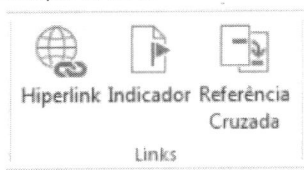

Hiperlink

A respeito da opção Hiperlink, é importante ressaltar que é possível linkar um site da Internet como arquivos da Internet, bem como arquivos do computador do usuário.

Indicador

A opção Indicador serve para criar um link para um ponto do documento em edição. Assim, é possível criar um link por meio da opção Hiperlink para este ponto.

Referência Cruzada

Esta opção permite criar referências para citações, como figuras, tabelas, quadros, entre outros.

Bloco cabeçalho e rodapé

A estrutura de cabeçalho e rodapé é utilizada principalmente quando se deseja inserir uma informação em várias páginas de um documento, como numeração de páginas ou uma figura. Mas, cuidado: em um mesmo documento é possível utilizar cabeçalhos e rodapés diferentes, pois essas estruturas são as mesmas para todas as páginas da mesma seção.

Bloco texto

No bloco Texto devemos destacar a opção WordArt e Linha de Assinatura.

A opção WordArt, desde o Office 2010, mudou sua forma de formatação e estrutura; ela gera agora resultado similar ao obtido pela opção Efeitos de Texto da Aba Página Inicial.

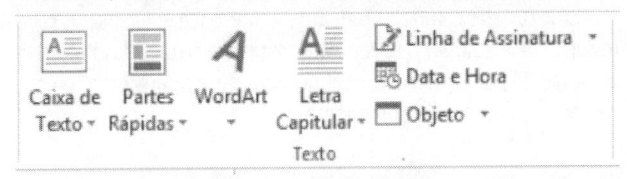

Já a opção Linha de Assinatura permite inserir uma assinatura digital no documento em edição. Contudo, para isso, é necessário possuir um Certificado Digital. Esta opção também pode ser utilizada para inserir as linhas normalmente usadas para posterior assinatura manual.

Observe a diferença sutil entre o botão Caixa de Texto e o botão Letra Capitular.

Bloco símbolos

O bloco Símbolos oferece as opções Equação e Símbolo, conforme figura a seguir. A opção Equação auxilia a escrever, em um documento de texto, funções complexas. Entretanto, ela não resolve as equações, apenas desenha; por exemplo, inserir um somatório.

Já a opção Símbolo permite que sejam inseridos símbolos, como caracteres especiais, em meio ao texto.

2.6 Aba Design

A Aba Design surge no Word 2013 como uma forma de liberar espaço para as opções que, no 2010, estavam na guia Layout da Página.

Além de possibilitar a escolha do tema de cores e estilo de formatação que será utilizado no documento, o bloco Plano de Fundo da Página merece ser destacado dentre as opções da guia, pois são comuns as questões capciosas a respeito de suas opções.

Quanto a este tema, a opção que mais tem gerado confusão em provas é a Marca d'Água, pois para "inserir" uma marca d'água, a opção específica encontra-se na guia Design, diferentemente do que a ideia de ação produz.

2.7 Aba Layout

A aba Layout é muito importante durante a edição de um documento, pois concentra as ferramentas de formatação de páginas.

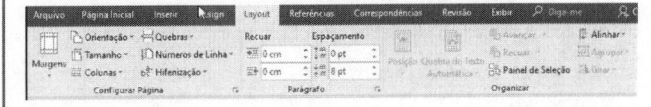

Na Aba Layout são disponibilizados os blocos: Configurar Página; Parágrafo e Organizar, conforme ilustrado na figura a seguir.

Muito cuidado com as provas que podem apresentar o termo Leiaute, o qual não está errado.

NOÇÕES DE INFORMÁTICA

WORD 2016

Bloco configurar página

O bloco Configurar Página é um dos principais blocos da Aba Layout de Página. Por meio dele, podemos alterar as configurações de: Margens; Orientação; Tamanho; Colunas; Quebras; Números de Linhas e Hifenização. A figura a seguir ilustra estas opções.

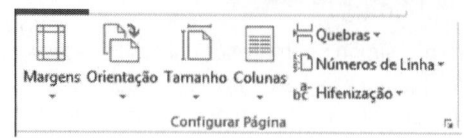

Vale ressaltar que as configurações de página podem ser diferentes em um mesmo documento, pois a configuração é aplicada à seção. Assim, é possível em um mesmo documento trabalhar com páginas na orientação retrato e paisagem intercaladas.

Quebras

As quebras permitem empurrar para a próxima estrutura os dados, como também criar divisões dentro de um documento para que se possam utilizar formatações de página distintas no mesmo arquivo.

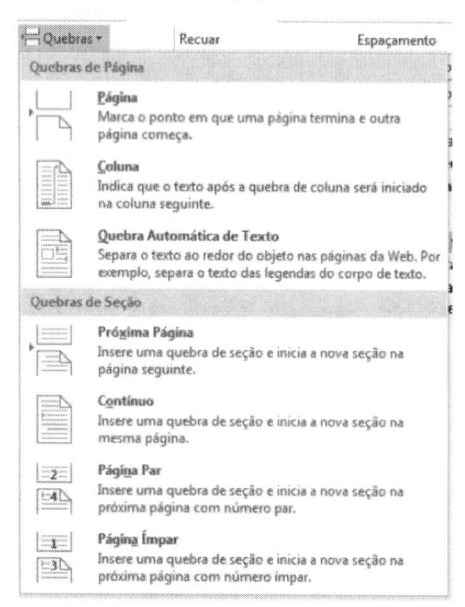

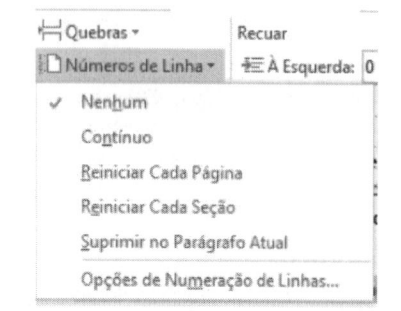

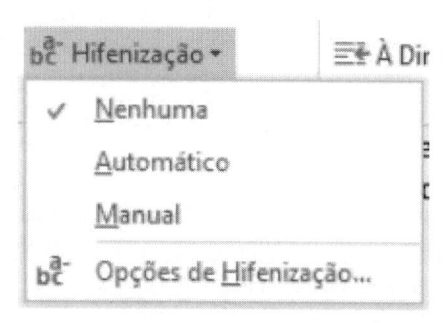

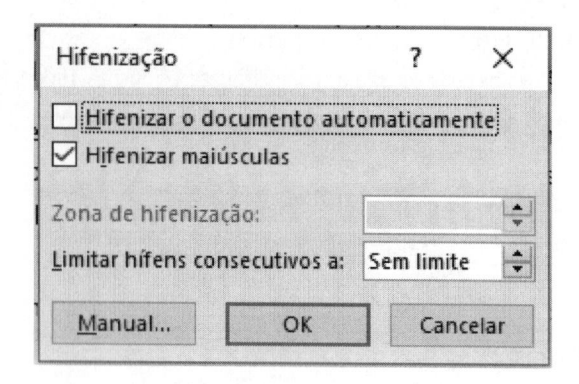

2.8 Aba Referências

A guia Referências dispõe os blocos: Sumário; Notas de Rodapé; Citações e Bibliografia; Legendas; Índice e Índice de Autoridades, conforme ilustrado a seguir.

Bloco sumário

Por meio do Bloco Sumário, pode-se ter acesso à opção Sumário para a inserção do Sumário Automático no documento em edição. Lembrando que o sumário depende da utilização dos estilos de formatação de título ao longo do documento para poder listar tais títulos e as referidas páginas em que aparecem.

Se novos títulos forem adicionados no documento após a inserção do sumário, o sumário deverá ser atualizado por inteiro; caso apenas sejam mudadas as páginas em que os títulos estavam, pode-se atualizar o sumário por meio da opção Atualizar Apenas Números de Páginas.

Bloco notas de rodapé

Por meio do bloco Notas de Rodapé, é possível inserir tanto notas de rodapé como notas de fim. A diferença é que as notas de rodapé são exibidas no rodapé das páginas em que são citadas, já as notas de fim podem ser configuradas para aparecerem no fim da seção ou no fim do documento.

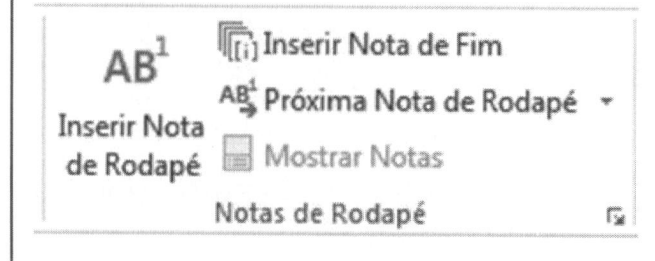

Bloco citações e bibliografia

O Word oferece opções de criar um cadastro de fontes bibliográficas para uso facilitado. Assim, quando desejar citar alguma referência, basta utilizar a opção Inserir Citação, disponível no Bloco Citações e Bibliografia, ilustrado a seguir.

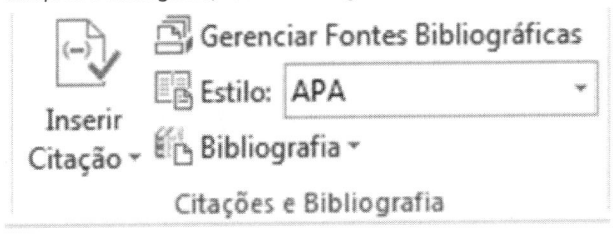

Bloco legendas

O bloco Legenda permite inserir legendas acima ou abaixo das figuras, tabelas, quadros e outras estruturas inseridas no documento em edição, de maneira que, quando necessário, é possível inserir um índice automático que indique cada figura e a página em que é citada.

Bloco índice

O Bloco Índice oferece a opção Marcar Entrada e Inserir Índice, que funciona de forma similar ao sumário, mas com a finalidade de criar um índice remissivo.

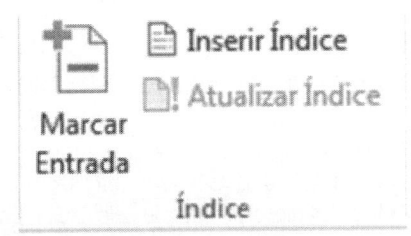

Bloco índice de autoridades

Os Índices de Autoridades são novidade no Word 2013. Por meio destas opções, podem-se criar listas de leis, artigos, resoluções, dentre outras estruturas da legislação que sejam citadas em meio ao documento.

2.9 Aba Correspondências

A aba Correspondências é bastante utilizada por escritórios, pois é nela que encontramos as opções de trabalhar com Mala Direta para a geração de envelopes e etiquetas, de forma facilitada e dinâmica. Mas, atenção: é comum se questionar sobre como montar a lista de "contatos" para se trabalhar com a mala direta; para isso, é possível criar a lista utilizando o Excel ou o Access.

2.10 Aba Revisão

A aba Revisão oferece opções de correção e controle do conteúdo do documento, por meio dos blocos: Revisão de Texto; Idioma; Comentários; Controle; Alterações; Comparar e Proteger, conforme ilustrado a seguir.

Bloco revisão de texto

Neste Bloco é que se encontra a ferramenta Ortografia e Gramática, que pode ser acionada por meio da tecla de atalho F7. Há também a ferramenta Pesquisar. Mas, cuidado: esta ferramenta serve para pesquisar na Internet, e não no documento em edição.

Outra opção interessante é o Dicionário de Sinônimos, que se torna muito útil quando é preciso encontrar uma palavra diferente para se referenciar a algo de forma a fugir de ter de repetir algum termo.

A ferramenta Contar Palavras, ao ser acionada, abre a janela ilustrada a seguir, na qual é informada a quantidade de palavras em várias situações. O que conta mais para a prova é saber que, se um trecho do texto foi selecionado previamente à seleção da opção, os dados apresentados serão apenas referentes à seleção; porém, se nada estiver selecionado, os dados serão referentes ao documento inteiro.

Contar palavras	
Estatísticas:	
Páginas	2
Palavras	1.077
Caracteres (sem espaços)	5.235
Caracteres (com espaços)	6.291
Parágrafos	21
Linhas	82

☑ Incluir caixas de texto, notas de rodapé e notas de fim

NOÇÕES DE INFORMÁTICA

WORD 2016

Bloco idioma

Uma novidade também no Word 2013 é a opção Traduzir, disponível no bloco Idioma, que permite traduzir um texto selecionado utilizando a ferramenta de tradução online da Microsoft. Obviamente observa-se a necessidade de estar conectado à Internet.

Muitas vezes, precisamos digitar trecho ou textos inteiros em outro idioma e ficamos em dúvida se as palavras estão corretas, pois aparecem sublinhadas em vermelho indicando erro. Porém, o MS Word é mais inteligente, uma vez que busca detectar o idioma automaticamente, de forma a se autoajustar. Contudo, às vezes precisamos definir manualmente o idioma de algumas palavras, para isso podemos utilizar a opção Idioma do Bloco Idioma.

Bloco comentários

É possível inserir comentários no documento em edição, principalmente com a finalidade de explicar alguma alteração realizada.

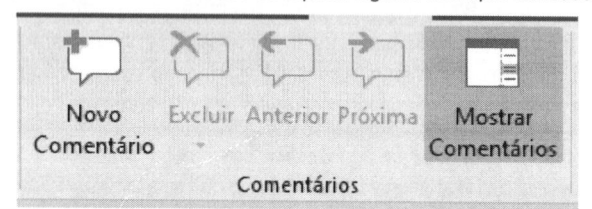

Cuidado: embora a aba Inserir apresente a opção Comentários, as demais ferramentas e opções relacionadas aos comentários e à correção de texto se encontram na aba Revisão.

Bloco controle

O bloco Controle é uma excelente ferramenta para a correção de documentos, de forma que o escritor, ao terminar sua parte, ativa a opção Controlar Alterações e salva o documento, e envia-o para um corretor, que simplesmente apaga trechos do texto, insere novas estruturas, porém estas ações apenas são marcadas no documento, como ilustrado na sequência, de forma que o corretor, ao terminar, salva novamente o documento e o envia ao escritor para que aceite ou não as alterações realizadas.

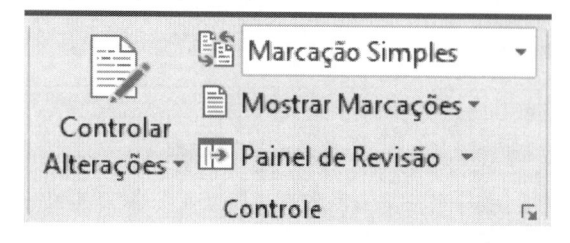

Bloco alterações

Ao receber o documento com as sugestões de alteração, o escritor apenas tem o trabalho de aceitar ou rejeitar as sugestões realizadas.

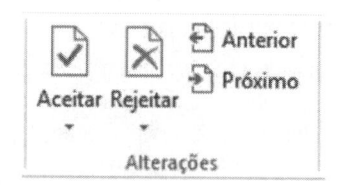

Bloco comparar

O bloco Comparar oferece a opção Comparar pela qual é possível escolher dentre as opções: Comparar... ou Combinar...

A opção Comparar... permite comparar versões diferentes de um mesmo documento, a fim de destacar as diferenças. Já a opção Combinar... serve para combinar as diferentes sugestões de alteração que várias pessoas fizeram com base no mesmo documento.

Bloco proteger

A opção Restringir Edição, disponível no Bloco Proteger, é a mesma apresentada no menu Arquivo.

2.11 Aba Exibir

Note que no Word 2013 o nome da aba era Exibição; na versão 2016 ficou mais sucinta. As opções encontradas nesta Guia estão relacionadas a itens que se remetem à forma de apresentação da janela, do zoom, entre outas visões. A figura a seguir ilustra a aba que é composta pelos blocos: Modos de Exibição de Documento; Mostrar; Zoom; Janela e Macros.

Bloco modos de exibição

Trata-se de um dos principais blocos da aba Exibição, em relação à cobrança nas provas, pois neste bloco são disponibilizados os cinco modos de exibição da janela do Word: Layout de Impressão; Leitura em Tela Inteira; Layout da Web; Estrutura de Tópicos e Rascunho, conforme ilustra a figura a seguir.

O modo Layout de impressão é o padrão. Quando ele esta ativado, é possível se visualizar os limites das páginas, e as réguas são exibidas tanto da horizontal como da vertical.

O modo Leitura em Tela Inteira oferece uma visualização na qual o tamanho da fonte é aumentado, bem como os espaçamentos, proporcionando assim uma melhor visualização do texto.

No Layout da Web não há a divisão em páginas, e apenas aparece a régua da horizontal.

A Estrutura de Tópicos exibe o texto com um marcador para cada parágrafo, como ilustrado a seguir.

O modo Rascunho é o mais simples, as figuras são omitidas, e apenas o texto é exibido.

Bloco mostrar

Por meio deste bloco é possível se exibir ou ocultar algumas estruturas do Word, como: a Régua, as Linhas de Grade e o Painel de Navegação, conforme a figura a seguir.

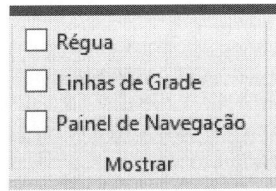

A opção Régua, por padrão, é habilitada; mas, ao desativá-la, apenas são ocultadas as réguas da janela.

Já a opção Linhas de Grade exibe o reticulado, a fim de auxiliar na edição do documento como ilustrado a seguir.

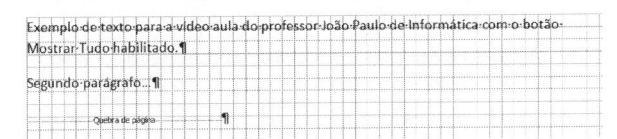

A opção Painel de Navegação habilita a exibição ao lado esquerdo da janela do Word, um painel no qual são exibidos os títulos do documento, como ilustrado a seguir. Ao se clicar em um título, o cursor de texto é disposto na posição do título clicado, também é possível se reorganizar o documento clicando e mantendo clicado, arrastar o arquivo para o local desejado.

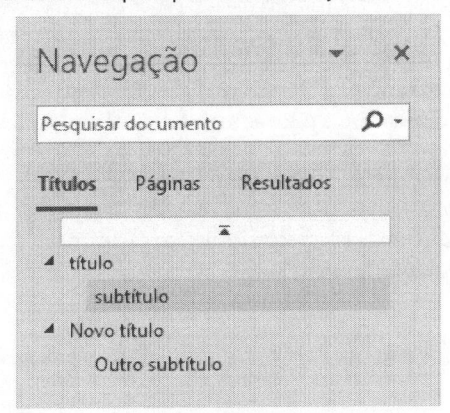

Bloco zoom

Por meio deste bloco, ilustrado a seguir, é possível se alternar entre os diversos níveis de zoom do documento.

Bloco janela

As opções deste bloco estão associadas à visualização da janela do programa.

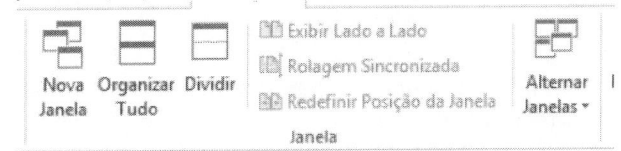

A opção mais usual é a opção Dividir, que permite dividir a tela em duas, de forma a possibilitar a visualização de duas partes distantes de um mesmo documento simultaneamente, como ver a primeira e a última página de um documento com várias páginas.

Questões

01. Com referência aos ícones da interface de edição do MS Word disponíveis na guia Página Inicial, assinale a opção que apresenta, na respectiva ordem, os ícones que devem ser acionados para se realizarem as seguintes ações: aumentar em um ponto o tamanho da fonte; ativar estrutura de tópicos; alinhar texto à direita; alterar o espaçamento entre linhas de texto.

a) $A^{\uparrow}$; ≣▾ ; ≡ ; $\updownarrow\equiv$ ▾

b) 10 ; ⇥≣ ; ≡ ; $\updownarrow\equiv$ ▾

c) 10 ; ⇥≣ ; ≣▾ ; x_2 x^2

d) $\overset{A}{Z}\downarrow$; ≣▾ ; x_2 x^2 ; ≡

e) Aa ▾ ; ≡ ; ⇥≣ ; 10

02. No Word 2013, ao se clicar, com o botão esquerdo do mouse, a seta no botão <u>S</u> ▾ , localizado na guia Página Inicial, grupo Fonte, serão mostradas opções para sublinhar um texto, tais como sublinhado duplo e sublinhado tracejado.

Certo ( )   Errado ( )

Julgue o próximo item, relativo aos aplicativos para edição de textos, planilhas e apresentações do ambiente Microsoft Office 2013.

03. Uma forma de realçar uma palavra, em um documento no Word 2013, é adicionar um sombreamento a ela; no entanto, esse recurso não está disponível para aplicação a um parágrafo selecionado.

Certo ( )   Errado ( )

Julgue o próximo item, relativo aos aplicativos para edição de textos, planilhas e apresentações do ambiente Microsoft Office 2013.

04. No canto esquerdo superior da janela inicial do Excel 2013, consta a informação acerca do último arquivo acessado bem como do local onde ele está armazenado.

Certo ( )   Errado ( )

Com relação ao sistema operacional Windows e ao ambiente Microsoft Office, julgue o item que se segue.

05. No MS Office, o uso da ferramenta Pincel de Formatação permite copiar a formatação de um parágrafo do documento em edição e aplicá-la a outro parágrafo.

Certo ( )   Errado ( )

Com relação ao sistema operacional Windows e ao ambiente Microsoft Office, julgue o item que se segue.

06. No MS Word, a atribuição de estilos a títulos de seções do documento em edição permite a geração automática e padronizada de numeração e formatação.

Certo ( )   Errado ( )

Julgue o próximo item, relativo ao sistema operacional Windows 8 e à edição de textos no ambiente Microsoft Office 2013.

07. No Word 2013, entre as opções de colagem disponibilizadas no botão Colar, localizado na guia Página Inicial, encontra-se a opção Mesclar Formatação.

Certo ( )   Errado ( )

Julgue o próximo item, relativo ao sistema operacional Windows 8 e à edição de textos no ambiente Microsoft Office 2013.

08. No Word 2013, é possível definir uma fonte padrão para ser utilizada somente no documento em edição.

Certo ( )   Errado ( )

Com relação ao sistema operacional Linux, ao editor de texto Microsoft Office Word 2013 e ao programa de navegação Microsoft Internet Explorer 11, julgue o próximo item.

09. Para a rápida inserção de uma tabela em documento do Word 2013, é suficiente clicar com o botão direito do mouse sobre a área na qual a tabela será inserida; na lista disponibilizada, escolher a opção Inserir e, em seguida, clicar em Tabela.

Certo ( )   Errado ( )

Com relação ao sistema operacional Linux, ao editor de texto Microsoft Office Word 2013 e ao programa de navegação Microsoft Internet Explorer 11, julgue o próximo item.

10. No leiaute de um mesmo documento do Word 2013, as páginas podem ter orientações diferentes.

Certo ( )   Errado ( )

Acerca da inserção de seções em planilhas e textos criados no Microsoft Office, julgue.

11. Em um documento Word, as seções podem ser utilizadas para que, em uma mesma página, parte do texto esteja em uma coluna e outra parte, em duas colunas.

Certo ( )   Errado ( )

Acerca da inserção de seções em planilhas e textos criados no Microsoft Office, julgue.

12. No Word, as seções são utilizadas como meio padrão para se inserir rodapé e cabeçalho no documento.

Certo ( )   Errado ( )

Acerca da inserção de seções em planilhas e textos criados no Microsoft Office, julgue.

13. No Excel, as seções são utilizadas para separar figuras de um texto que estejam em quadros.

Certo ( )   Errado ( )

Acerca da inserção de seções em planilhas e textos criados no Microsoft Office, julgue.

14. A inserção de índices analíticos no Word não implica a inserção de seções entre as páginas, em todo o documento.

Certo ( )   Errado ( )

Acerca da inserção de seções em planilhas e textos criados no Microsoft Office, julgue.

15. No Excel, as seções são utilizadas para separar gráficos e valores em uma mesma planilha.

Certo ( )   Errado ( )

Acerca do pacote Microsoft Office, julgue o item a seguir.

16. No Word, para que as orientações das páginas do documento se alternem entre retrato e paisagem, é necessário haver quebras de seções entre cada mudança de orientação.

Certo ( )   Errado ( )

17. Assinale a opção que apresenta corretamente os passos que devem ser executados no BrOffice Writer para que os parágrafos de um texto selecionado sejam formatados com avanço de 2 cm na primeira linha e espaçamento 12 entre eles:

a) Acessar o menu Editar, selecionar a opção Texto e inserir os valores desejados no campo Recuos e Espaçamento.

b) Acessar o menu Formatar, selecionar a opção Parágrafo e inserir os valores desejados no campo Recuos e Espaçamento.

c) Acessar o menu Formatar, selecionar a opção Texto e inserir os valores desejados no campo Espaçamento.

d) Acessar o menu Editar, selecionar a opção Recuos e inserir os valores desejados no campo Recuos e Espaçamento.

e) Pressionar, no início da primeira linha, a tecla Tab e, em seguida, a tecla Enter duas vezes após o primeiro parágrafo do texto selecionado. Assim, o Writer repetirá essa ação para os demais parágrafos selecionados.

Acerca de aplicativos para edição de textos e planilhas e do Windows 10, julgue o próximo item.

18. Situação hipotética: Elisa recebeu a tarefa de redigir uma minuta de texto a ser enviada para sua chefia superior, com a condição de que todos os servidores do setor pudessem colaborar com a redação da minuta, ficando Elisa encarregada de consolidar o documento final. Após digitar a primeira versão do documento, Elisa compartilhou o respectivo arquivo, a partir de sua estação de trabalho. Todos realizaram a edição do texto no mesmo arquivo por meio do LibreOffice Writer com a função Gravar Alterações ativada.
Assertiva: Nessa situação, quando da revisão final do texto, Elisa terá acesso a diversas informações, como: tipo de alteração, data e hora da alteração e autor da alteração.

Certo ( )   Errado ( )

Com relação à informática, julgue o item que se segue.

19. Para se editar o cabeçalho de um documento no Writer, deve-se clicar o topo da página para abrir o espaço para edição. Por limitações técnicas desse editor de textos, não é possível colar textos ou imagens nesse espaço.

Certo ( )   Errado ( )

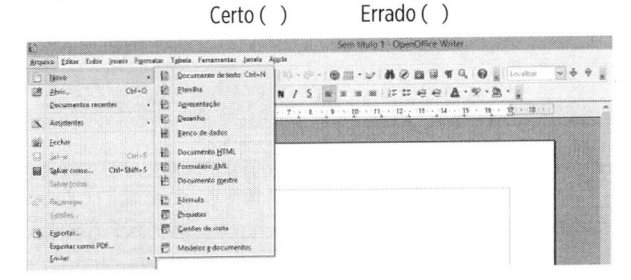

20. Tendo como referência a figura apresentada, julgue os próximos itens acerca do BrOffice Writer:
   a) É possível salvar um arquivo em formato PDF por meio da opção **Salvar como...**.
   b) Selecionando-se, sequencialmente, o menu **Arquivo**, a opção **Novo** e a sub opção **Planilha** pode-se criar uma planilha, que será aberta dentro do Writer.
   c) Clicando-se uma vez o botão  , é possível inserir, em arquivos editados no Writer, links para outros arquivos ou páginas da Internet.
   d) Textos que forem digitados no campo representado pelo ícone **Localizar** serão buscados na Internet mediante o sítio de buscas Google.
   e) É possível alterar a cor da fonte utilizada em um documento ao se selecionar o texto e, em seguida, clicar o botão  .

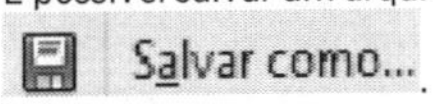

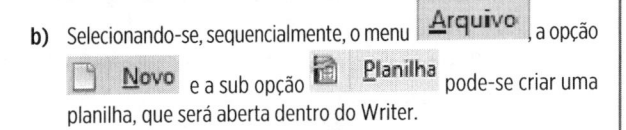

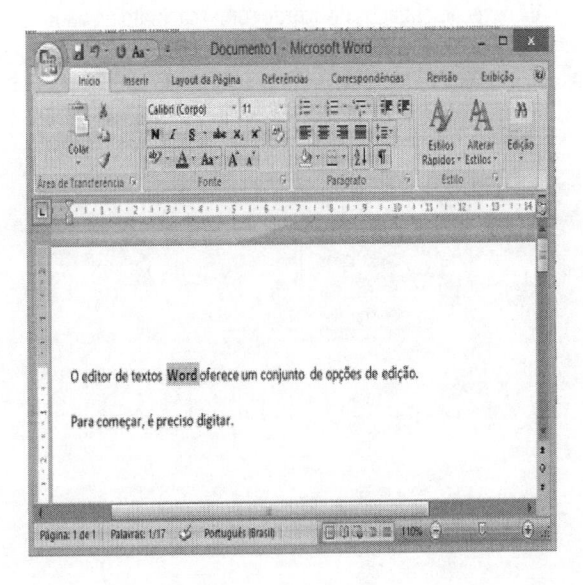

Gabaritos

01	A	11	CERTO
02	CERTO	12	ERRADO
03	ERRADO	13	ERRADO
04	CERTO	14	CERTO
05	CERTO	15	ERRADO
06	CERTO	16	CERTO
07	CERTO	17	B
08	CERTO	18	CERTO
09	ERRADO	19	ERRADO
10	CERTO	20	C

NOÇÕES DE INFORMÁTICA

3. EXCEL 2016

3.1 Janela Inicial

Assim como no Word e no PowerPoint 2016, o Excel inicia, por padrão, com a tela que exibe os documentos recentes e modelos, disponíveis online, como sugestões para iniciar um novo documento.

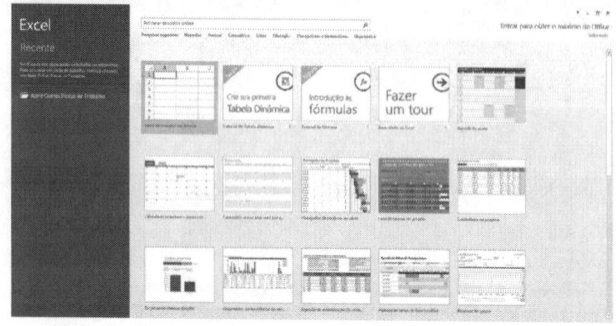

3.2 Formatos de Arquivos

Um arquivo do Excel é uma Pasta de Trabalho, composta por uma ou mais Planilhas.

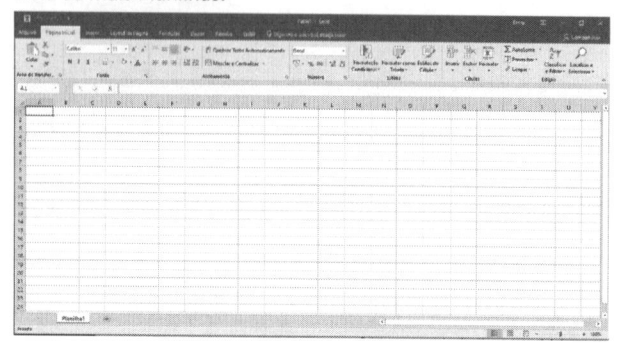

Note que, na versão 2016, o nome padrão das planilhas não é mais Plan1, e sim Planilha1, similar ao BrOffice/LibreOffice Calc.

Formato	Excel 2003	Excel 2007 e 2010	Excel 2013 e 2016	Calc
Pasta de trabalho	XLS	XLSX	XLSX	ODS
Modelo	XLT	XLTX	XLTX	OTS
Demais formatos	csv e CML	XLS, ODS, csv e XML	XLS, ODS, csv e XML	XLSX, XLS, csv e XML
PDF	Não trabalha com	SALVA em PDF	Exporta em PDF	Exporta em PDF

Nota: cada pasta de Trabalho agora opera em uma janela diferente. Assim, torna-se possível utilizar recursos como o AERO SNAP para exibir duas janelas do Excel lado a lado na tela.

Em uma tabela, o comportamento é diferente do comportamento de uma planilha. Em uma planilha, as células possuem endereços que podem ser referenciados em fórmulas e funções.

Ainda comparando tabela com planilha, ao inserir uma tabela são desejadas as células já com suas bordas em evidência, e a quantia de linhas e colunas pode ser inserida na tabela indefinidamente, ao contrário das planilhas que ao criar uma planilha ela exibe apenas suas linhas de grade e não suas bordas, tanto que se visualizarmos a impressão irá aparecer uma página em branco.

	Nº de Linhas	Nº Colunas
Excel 2003	65.536	256
Excel 2007 → 2016	$1.048.576 = 2^{20}$	$16.384 = 2^{14}$
Calc	1.048.576	$1.024 = 2^{10}$

Contudo, as planilhas já são criadas com um número específico de linhas e colunas. Este número é fixo, ou seja, não podemos criar novas linhas ou colunas muito menos excluí-las. Neste ponto você deve estar se perguntando: mas o Excel tem uma opção para inserir linhas e colunas. É... infelizmente você acabou de descobrir que o programa está lhe enganando.

3.3 Novidades

Uma das maiores novidades (pelo menos para efeito de provas em concursos) do Excel 2016 são os novos gráficos disponíveis.

Note, na figura a seguir, que os minigráficos continuam a existir no 2016, e ainda são apresentados separadamente dos gráficos tradicionais, por conta da forma que são representados. Os minigráficos são limitados ao tamanho de uma célula, enquanto os gráficos tradicionais podem ser incorporados como figuras ou como uma guia de planilha.

No Excel 2016, recomenda-se selecionar os dados antes de inserir um gráfico, pois o programa busca apresentar primeiramente os gráficos recomendados de acordo com o conjunto de dados selecionados. Por exemplo, se apenas uma linha, ou apenas uma coluna for selecionada o mais indicado será um gráfico de Pizza, ou sua variação Rosca. A figura a seguir representa os gráficos disponíveis no programa.

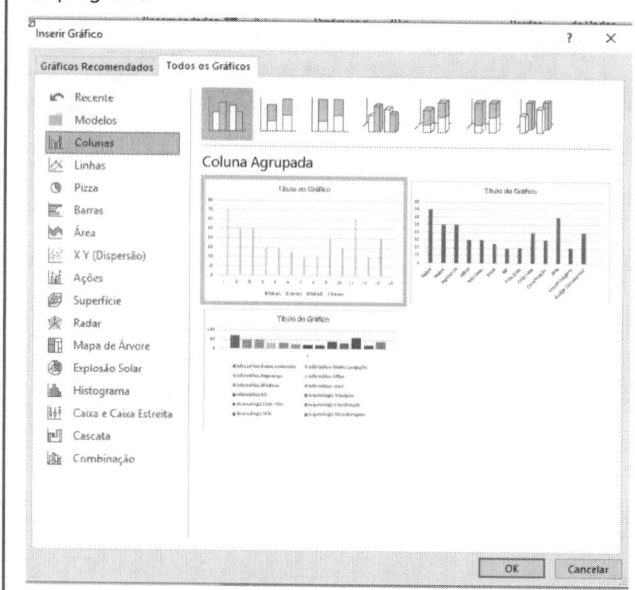

Dos gráficos disponíveis são novos, ou seja, não existiam na versão anterior, os seguintes:

> Mapa de Árvore;
> Explosão Solar;
> Histograma;
> Caixa e Caixa Estreita (boxplot);
> Cascata;
> Funil.

Os demais gráficos já existiam na versão anterior:

> Coluna (Agrupada ou empilhadas – 2D e 3D);
> Barra (Agrupada ou empilhadas – 2D e 3D);
> Linha;
> Pizza;
> Rosca (é uma variação de pizza);
> Área;
> X Y (também chamado de Dispersão);
> Bolhas (variação de dispersão);
> Ações;
> Superfície;
> Combinação (inserido no Excel 2013);
> Radar.

A seguir consta um exemplo do gráfico de explosão solar. Veja que é possível, e necessário, usar mais que duas colunas, ou linhas. Este gráfico permite analisar dados categorizados e sua participação (%) dentro de cada categoria.

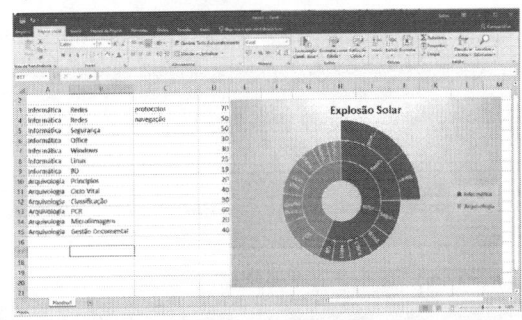

Outro gráfico, excepcional, adicionado que auxilia e muito a área de estatística é o gráfico boxplot (Caixa) que apresenta várias informações estatísticas, como máximos e mínimos, média entre outras informações.

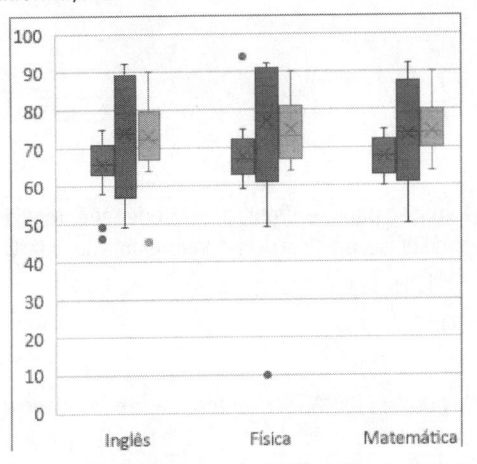

Um gráfico caixa e caixa estreita mostra a distribuição dos dados em quartis, realçando a média e as exceções. As caixas podem ter linhas estendendo-se verticalmente chamadas de "caixa estreita". Essas linhas indicam variabilidade fora do quartis superiores e inferiores e qualquer ponto fora dessas linhas ou caixas estreitas é considerado uma exceção (Microsoft).

Os gráficos de caixa estreita são frequentemente usados na análise estatística. Por exemplo, você poderia usar um gráfico de caixa estreita para comparar os resultados de avaliações médicas ou as pontuações de teste de professores (Microsoft).

3.4 Operadores

Células de absorção

Uma das principais funcionalidades de um editor de planilhas é permitir a realização de cálculos matemáticos e operar com diversas funções lógicas não somente com números, mas também com textos. Contudo, é necessário informar ao programa quando temos a intenção de realizarmos alguma destas operações. Para isso, devemos utilizar um indicador antes das fórmulas e funções.

Dentre os símbolos utilizados para iniciar uma Fórmula ou Função o mais conhecido e cobrado é o sinal de igualdade "=", porém ele não é o único que pode ser utilizado Na tabela a seguir estão descritos os demais sinais que podem ser utilizados.

Fórmulas	Exemplo	Funções	Exemplo
=	=5+5	=	=SOMA(A1:A5)
+	+5+5	+	+SOMA(A1:A5)
-	-5+5	-	-SOMA(A1:A5)
		@	@SOMA(A1:A5)

A observação sobre estes sinais está relacionada à origem do Excel. Nas primeiras versões do programa era utilizado o símbolo "@" (arroba) para indicar ao programa o início de uma função, enquanto para fórmulas se utilizava o "=". Como forma de padronizar, a Microsoft alterou o programa para que as funções também aceitassem o sinal de igualdade como indicar de início. Portanto o @ só funciona associado a funções no Excel.

Você deve estar se perguntando neste momento qual a diferença entre Fórmula e Função. Entenda por fórmula aquelas operações que envolvem os operadores matemáticos, as sentenças aritméticas, ou mesmo operações que envolvem mais de uma função.

Não podemos dizer que uma fórmula pode iniciar pelo sinal "@" pelo fato de que existe situação em que ele não funciona, como por exemplo, se for inserido em uma célula o seguinte "@5+5" Excel apresentará erro; mas se o que for inserido, por exemplo, "@B3+C3" o Excel também apresentará erro. Porém após fechar a caixa da mensagem de erro ele traz o trecho "@B3" selecionado. Assim quando o usuário clicar em alguma célula o trecho selecionado será substituído pelo sinal "=" seguido do endereço da célula selecionada.

Contudo, algumas bancas como CESPE e FCC consideraram em provas anteriores que o sinal "@" pode ser utilizado tanto para indicar o início de Fórmulas como também Funções. E, na prova o que considerar? Considere a forma correta, pois se a banca considerar o diferente utilize o exemplo dado, da situação que ocorre o erro, para anular a questão.

NOÇÕES DE INFORMÁTICA

EXCEL 2016

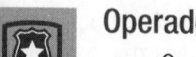

Operadores aritméticos

Quando trabalhamos com expressões aritméticas ou fórmulas, utilizamos constantemente os operadores, e, por este fato, muitas bancas colocam cobram questões a respeito. Os principais operadores são ilustrados na tabela a seguir.

Operador	Ação	Exemplo	Resultado
+	Soma	=5+5	10
-	Subtração	=5-5	0
*	Multiplicação	=5*5	25
/	Divisão	=5/5	1
%	Percentagem	=200*10%	20
^	Potenciação	=2^3	8

Quando uma célula estiver selecionada no Excel e se pressionar a tecla "/", o menu Arquivo será selecionado no Excel 2003 e, a partir do 2007, irá exibir as letras de cada guia da faixa de opções, ou seja, no Excel a barra faz o mesmo que a tecla Alt. Para iniciar o conteúdo de uma célula com a barra, deve-se posicionar o cursor de texto dentro da célula.

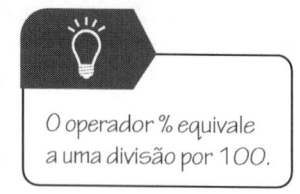

> O operador % equivale a uma divisão por 100.

Operador de texto

O operador de texto é o & que realiza a operação de concatenação, ou seja, junta os dados das células indicadas na célula em que foi inserida a fórmula.

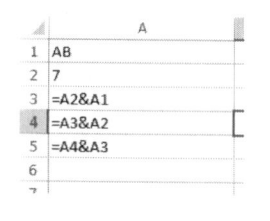

	A
1	AB
2	7
3	=A2&A1
4	=A3&A2
5	=A4&A3
6	

	A
1	AB
2	7
3	7AB
4	7AB7
5	7AB77AB
6	

Outros exemplos:

	A	B	C	D
1	10	40	=A1&B1	=C1+1
2	AB	CD	=B2&A2	
3	=A1&A2	=B2&B1		

Resultados:

	A	B	C	D
1	10	40	1040	1041
2	AB	CD	CDAB	
3	10AB	CD40		

3.5 Operadores de referência

Em conjunto com o uso de funções, necessitamos utilizar um indicador para especificar os valores que devem ser considerados em uma função. A presença desses indicadores é tão importante, que houve questões nas quais o erro era justamente o uso incorreto desses sinais. A tabela a seguir mostra o sinal e como o devemos ler em uma expressão.

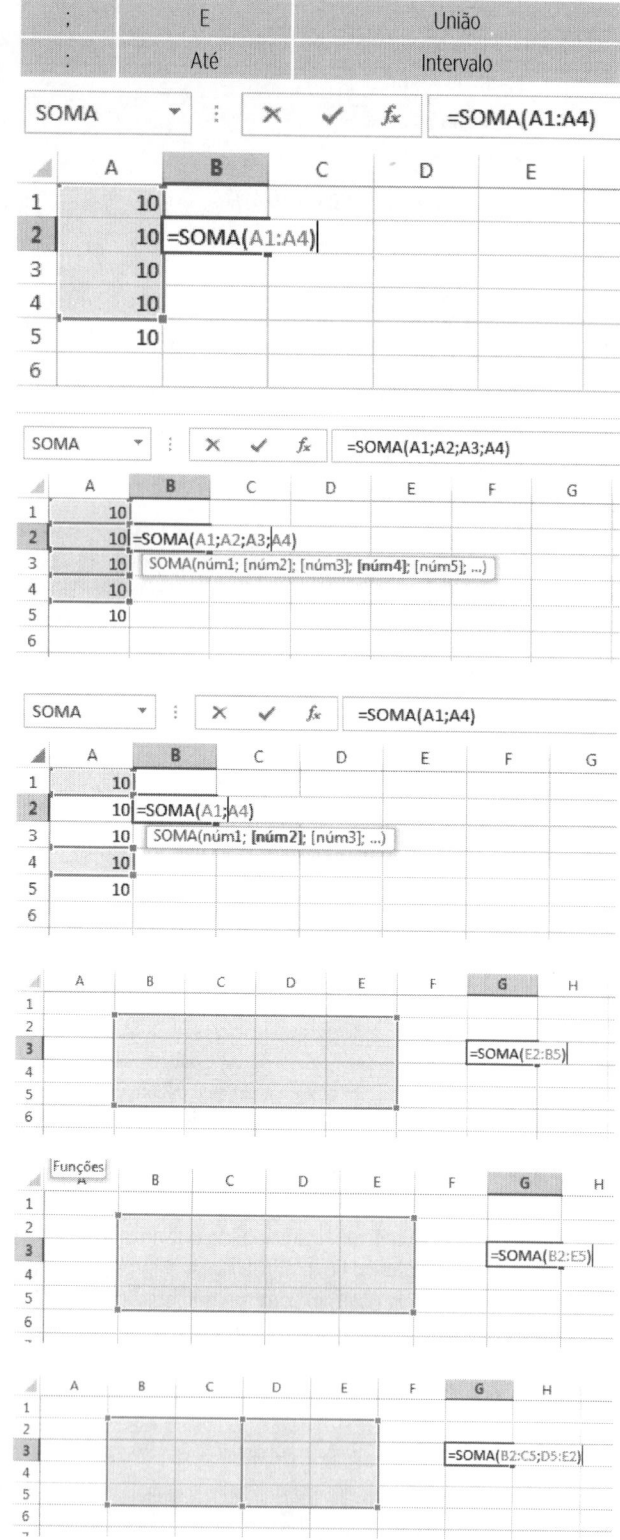

:	E	União
:	Até	Intervalo

SOMA =SOMA(A1:A4)

	A	B	C	D	E
1	10				
2	10	=SOMA(A1:A4)			
3	10				
4	10				
5	10				
6					

SOMA =SOMA(A1;A2;A3;A4)

	A	B	C	D	E	F	G
1	10						
2	10	=SOMA(A1;A2;A3;A4)					
3	10	SOMA(núm1; [núm2]; [núm3]; [núm4]; [núm5]; ...)					
4	10						
5	10						
6							

SOMA =SOMA(A1;A4)

	A	B	C	D	E	F	G
1	10						
2	10	=SOMA(A1;A4)					
3	10	SOMA(núm1; [núm2]; [núm3]; ...)					
4	10						
5	10						
6							

=SOMA(E2:B5)

=SOMA(B2:E5)

=SOMA(B2:C5;D5:E2)

O sinal de ponto e vírgula ainda pode ser entendido como operador de união, e o sinal dois-pontos define um intervalo.

Ex.: dadas as funções

=SOMA(A3:A6)

=SOMA(A3;A6)

Na primeira função será apresentado o resultado da soma dos valores das células A3, A4, A5 e A6, enquanto que na segunda será apenas calculada a soma dos valores das células A3 e A6.

Operador de comparação

Operador	Símb.	Exemplo de uso	Resultado
Menor que	<	=7<10	VERDADEIRO
Maior que	>	=7>10	FALSO
Igual à	=	=7=10	FALSO
Maior ou igual à	>=	=7>=10	FALSO
Menor ou igual à	<=	=7<=10	VERDADEIRO
Diferente de	<>	=7<>10	VERDADEIRO

3.6 Funções

O Excel oferece diversas funções para a realização de operações e cálculos. Para auxiliar o usuário a encontrar a função necessária, o programa as separa em grupos, separadas em uma biblioteca de funções. O recurso citado pode ser encontrado na aba Fórmulas, como ilustra a figura a seguir.

Categorias

> Financeira;
> Lógica;
> Texto;
> Data e Hora;
> Pesquisa e Referência;
> Matemática e Trigonométrica;
> Mais funções:
>> » Estatística;
>> » Engenharia;
>> » Cubo;
>> » Informações;
>> » Compatibilidade
>> » Web.

Também é possível inserir uma função por meio do botão Inserir Função presente nesta mesma aba, como pelo mesmo botão representado na aba barra de fórmulas ilustrada a seguir.

Dentre as tantas funções existentes no programa, vamos destacar as principais, ou seja, as que têm maior probabilidade de serem cobradas nas provas.

Soma

A função Soma apresenta o resultado da soma dos valores contidos nas células indicadas no espaço de parâmetros da mesma.

Logo, tomando o recorte da planilha abaixo, e seus dados, ao inserir a função =SOMA(A1:A5), obtemos como resposta o valor 20.

	A	B	C
1	7	3	
2	3	7	
3		7	
4	7	3	
5	3	5	
6			
7			

Média

O cálculo da média é a obtenção do resultado da soma de um conjunto de valores e dividir essa soma pelo total de elementos desse conjunto.

A sintaxe da função é

=MÉDIA(<parâmetros>)

Em que: os <parâmetros> são o conjunto de endereços das células que serão consideradas. Dada a figura anterior, consideremos a função: =MÉDIA(A1:A5). O resultado dessa função será 20, pois a função Média ignora células vazias.

	A	B	C
1	7	3	
2	3	7	
3		7	
4	7	3	
5	3	5	
6			
7			

Mediana

A mediana calcula o elemento central de um conjunto de dados. Mas, cuidado: devemos lembrar que esta é uma função estatística que considera os valores ordenados. Assim, ao aplicar a função:

=med(b1:b5)

Obteremos como resposta o valor 5, pois se encontra no centro do conjunto de dados. Já no caso de aplicar a função:

=med(a1:a5)

A resposta será também 5, porque quando o conjunto de dados possui uma quantidade par de elementos, a mediana corresponde à média dos dois elementos centrais do conjunto.

Mod

A função MOD calcula o resto de uma divisão inteira. Dessa forma, ao aplicar a função:

=MOD(A1;A2) teremos como resposta 1, uma vez que o número 7 dividido por 3 resulta em 2 e sobra 1.

NOÇÕES DE INFORMÁTICA

Potência

Esta função calcula um valor elevado a outro. Sua sintaxe é a seguinte:

=POTÊNCIA(<número>;<potência>)

Como exemplo, temos:

=POTÊNCIA(2;3)

que resulta em 8.

Ainda, podemos comparar com o uso do operador de potenciação:

=2^3

Máximo

A função Máximo retorna o valor mais alto do conjunto de dados especificados, ao aplicar a função para o conjunto de dados inicial.

=MÁXIMO(B1:B5)

A resposta será 7.

Maior

A função maior possui dois campos em sua sintaxe.

=MAIOR(<intervalo>;<Número de Ordem>)

Ao aplicar

=MAIOR(B1:B5;3)

Podemos entender como a busca pelo terceiro maior número de B1 até B5.

Mínimo

Esta função resulta no valor mais baixo de um conjunto de dados. Logo ao aplicar:

=MÍNIMO(B1:B5)

a resposta obtida será 3.

Menor

Assim como a função Maior a função menor possui dois campos obrigatórios, seja o exemplo:

=MENOR(B1:B5;4)

Em que se lê: quarto menor número de B1 até B5, que resulta em 7.

Agora

Outro grupo de funções é o das funções de data, no caso específico a função Agora é um exemplo.

Esta função não recebe parâmetros, apenas é escrita:

=AGORA( )

Seu resultado é a expressão da data e da hora atual, ou seja, do momento em que foi inserida. Cuidado: por padrão, o resultado desta função não se atualiza automaticamente. No entanto, ao inserir uma outra função ou cálculo em outra célula e teclar Enter, os dados da função Agora serão atualizados.

Hoje

A função Hoje retorna apenas a Data atual. Para usá-la, basta inserir =HOJE( ) e a data será impressa na célula.

Dias

A função DIAS retorna a diferença entre duas datas.

=DIAS(<data_Final> ; <data_Inicial>)

Cont.Núm

Esta função realiza a contagem de células cujo conteúdo é um valor numérico. Sua sintaxe apresenta-se da seguinte forma:

=CONT.NÚM(A1:A5)

Para o conjunto de dados inicial, a resposta será 4, pois uma célula está vazia.

Cont.Se

Enquanto a função Cont.Núm contabiliza a quantidade de células de conteúdo numérico, a função Cont.Se conta a quantidade de células que possuem conteúdo que atendam a um critério fornecido como parâmetro.

=CONT.SE(<intervalo>;<Critério>)

Assim, se aplicarmos:

=CONT.SE(B1:B5; "=7")

A resposta obtida será 2, pois existem apenas duas células com conteúdo igual a 7. Observe atentamente a necessidade do uso das aspas duplas.

Somase

Por meio da função SomaSe, podemos realizar a soma apenas das células que interessam.

Sua sintaxe é apresentada de seguinte forma:

=SOMASE(<intervalo a ser comparado> ; <critério> ; <intervalo a ser somado>)

Para isso, utilizaremos o conjunto de dados a seguir:

	A	B	C	D
1	7	3	A	
2	3	7	A	
3		3	B	
4	7	7	C	
5	3	5	A	
6		5	C	
7				

Ao utilizar a função:

=SOMASE(C1:C6; "=A"; B1:B6)

A resposta será 15, pois corresponde à soma das células presentes na coluna B, que estão na mesma linha das células da coluna C, que tem como conteúdo o texto comparado "A".

Se

A função SE também é conhecida como condicional. Esta função é utilizada para a tomada de decisões, pois permite analisar os dados e realizar uma ação de acordo com o que for encontrado.

A sintaxe da função possui por padrão três campos:

=SE(<teste lógico> ; <ação caso teste verdadeiro> ; <ação caso teste falso>)

Assim, dado o exemplo:

=SE(7>5;"verdade";"falso")

A resposta será verdade, pois é o texto expresso na ação, caso a condição seja verdadeira. Como 7 é maior do 5, isso se confirma.

=SE(7<5; "verdade"; "falso")

Como 7 não é menor do que 5, a condição é falsa; o que leva ao resultado Falso.

E

A função E retorna o resultado do tipo lógico, sendo verdadeiro somente quando todas as expressões sejam verdadeiras. A seguir consta a sintaxe desta função:

=E(expressão1; Expressão2; Expressão n)

Ou

A função OU retorna o resultado do tipo lógico, sendo falso somente quando todas as expressões sejam falsas. A seguir consta a sintaxe desta função:

=OU(expressão1; Expressão2; Expressão n)

Não

A função Não é a negação. Ela aceita apenas um parâmetro e inverte o resultado deste. Assim, se o valor da expressão resulta em verdadeiro, a resposta gerada por ela é falso e vice-versa. A seguir consta a sintaxe desta função:

=Não(Expressão)

Ou exclusivo

A função XOR retorna o resultado lógico verdadeiro apenas quando o número de proposições verdadeiras for ímpar.

=XOR(Expressão1 ; Expressão2; Expressão n)

Maiúsculas

No Excel, ao contrário do Word, para formatar um texto para letras maiúsculas não existe uma ferramenta, mas apenas a função Maiúsculas . A seguir consta a sintaxe desta função:

=MAIÚSCULA("texto")

O resultado será TEXTO.

Minúsculas

Assim como para formatar como maiúsculas, também é possível utilizar a função Minúsculas. A seguir consta a sintaxe desta função:

=MINÚSCULA("TexTo")

O resultado será texto.

3.7 Seleção de células

Durante a edição de uma planilha, podemos usar um comando do teclado para navegar entre as células. Dentre uma das ações mais comuns está o uso da tecla ENTER que, em uma planilha, seleciona a célula abaixo da célula em edição, enquanto que em uma tabela do Word é inserido um novo parágrafo na nova linha dentro da mesma célula.

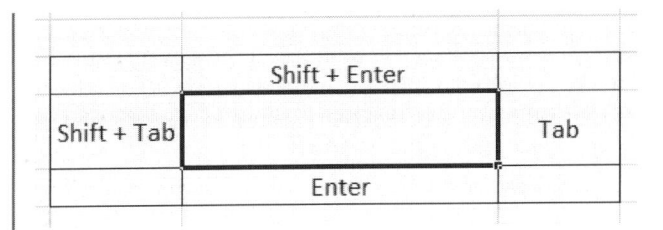

	Shift + Enter	
Shift + Tab		Tab
	Enter	

Já a tecla Tab produz o mesmo resultado tanto em uma Planilha como em uma tabela no Word. Ao teclar TAB, a célula à direita da célula em uso será selecionada.

O uso da tecla HOME tanto no Word como no Excel posiciona o cursor na primeira posição da linha atual. No caso das planilhas, a primeira posição trata-se da primeira célula.

Ao utilizar a combinação CTRL + HOME, a primeira célula é selecionada, ou seja, a célula A1.

A combinação CTRL + END seleciona a última posição do documento; esta, por sua vez, é a célula do encontro da última coluna com a última linha com conteúdo.

De modo geral, também podemos realizar a seleção de um conjunto de células.

3.8 Alça de preenchimento

A alça de preenchimento é um dos recursos que mais possui possibilidades de uso e, por consequência, respostas diferentes.

Antes de entendê-la vamos ver quem é ela. Veja a figura a seguir.

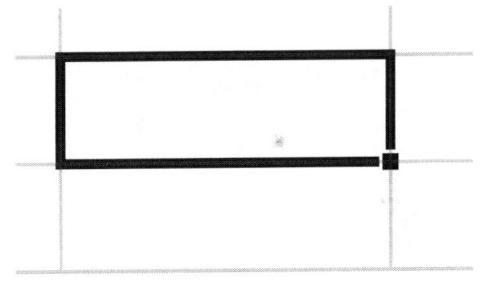

Observe que, quando uma ou mais células estão selecionadas, sempre no canto inferior direito é ilustrado um quadrado um pouco mais destacado; essa é a alça de preenchimento.

Ela possui esse nome porque é utilizada para facilitar o preenchimento de dados que obedeçam a uma regra ou padrão.

Quando uma única célula está selecionada e o seu conteúdo é um valor numérico, ao clicar sobre a alça de preenchimento e arrastar, seja na horizontal ou vertical, em qualquer sentido, exceto diagonal, no Excel o valor presente na célula é copiado para as demais sobre as quais foi arrastada a alça. A figura a seguir ilustra tal comportamento.

			5	
			5	
5	5		5	
			5	5
			5	
			5	

Já em uma situação em que existem duas células adjacentes selecionadas contendo valores numéricos diferentes entre si, ao se arrastar pela alça de preenchimento as células serão preenchidas com uma PA, cuja razão é a diferença entre os dois valores selecionados. A figura a seguir ilustra esse comportamento. Podemos observar que o valor que irá ser exibido na célula B6 será o número 30. Com isso observamos que a célula B4 receberá o valor 20, enquanto que B5 receberá 25, conforme vemos na figura da direita.

Mas devemos nos lembrar da exceção do Excel, em que se forem duas células selecionadas uma abaixo da outra, ao arrastar na horizontal as células são preenchidas com o mesmo valor; caso sejam duas células uma ao lado da outra as selecionadas, ao arrastar na vertical também apenas será copiado o valor das células selecionadas. Veja a figura a seguir ilustrando esse comportamento.

Quando o conteúdo de uma única célula selecionada for um texto, esse será copiado para as demais células. Mas se o conteúdo, mesmo sendo um texto, fizer parte de uma série conhecida pelo programa, as células serão preenchidas com o próximo valor da série. Por exemplo, se Janeiro for o conteúdo inserido na célula, então ao arrastar pela alça de preenchimento para a direita ou para baixo, a célula adjacente será preenchida com Fevereiro. Por outro lado, se for arrastado para cima ou para a esquerda, a célula adjacente será preenchida com Dezembro. O mesmo vale para as sequências Jan, Seg e Segunda-feira. Atenção: A, B, C não são conhecidos como série nos programas, mas o usuário pode criá-las.

Já na situação em que haja duas células que contenham textos diferentes selecionadas, ao arrastar será preenchido com o padrão encontrado. Veja o exemplo abaixo.

3.9 Endereçamento de células

Para endereçar uma célula, podemos utilizar 3 modos diferentes: Relativo, Misto e Absoluto.

Os modos de endereçamento não mudam em nada o valor ou qual célula está sendo utilizada, apenas influenciam a ação de copiar a célula com um endereço para outra célula.

Relativo	Misto		Absoluto
Coluna Linha	$Coluna Linha	Coluna $Linha	$Coluna$Linha
CL	$CL	C$L	CL
A2	$A2	A$2	$A$2

Endereçamento relativo

Fórmulas

Deslocamento	
Origem	Destino
L=	
C=	

Resultados

Endereçamento misto

Deslocamento	
Origem	Destino
L=	
C=	

Fórmulas

ARRED	▼	× ✓ fx	=$A1+B$1	
	A	B	C	D
1	10	20	=$A1+B$1	
2	30	50		
3				
4				

Resultados

C1	▼	fx	=$A1+B$1	
	A	B	C	D
1	10	20	30	
2	30	50		
3				
4				

Endereçamento absoluto

Fórmulas

ARRED	▼	× ✓ fx	=$A$1	
	A	B	C	D
1	10	20	30	
2	30	50		
3	=$A$1			
4				

Resultados

A3	▼	fx	=$A$1	
	A	B	C	D
1	10	20	30	
2	30	50		
3	10			
4				

Questões

Julgue o próximo item, relativo aos aplicativos para edição de textos, planilhas e apresentações do ambiente Microsoft Office 2013.

01. Em uma planilha do Excel 2013, ao se tentar inserir a fórmula =a3*(b3-c3), ocorrerá erro de digitação, pois as fórmulas devem ser digitadas com letras maiúsculas.

    Certo ( )   Errado ( )

Julgue o próximo item, relativo aos aplicativos para edição de textos, planilhas e apresentações do ambiente Microsoft Office 2013.

02. No canto esquerdo superior da janela inicial do Excel 2013, consta a informação acerca do último arquivo acessado bem como do local onde ele está armazenado.

    Certo ( )   Errado ( )

Julgue o próximo item, relativos ao sistema operacional Windows 8, ao Microsoft Office Excel 2013 e ao programa de navegação Microsoft Internet Explorer 11.

03. No Excel 2013, o ponto e vírgula (;) presente na fórmula =SOMA(-F10;F20) indica que todos os valores compreendidos entre as células F10 e F20 devem ser somados.

    Certo ( )   Errado ( )

Com relação ao sistema operacional Windows e ao ambiente Microsoft Office, julgue o item que se segue.

04. No MS Excel, as referências relativas são fixas e identificadas pelo símbolo $.

    Certo ( )   Errado ( )

Figura 3A6AAA

	A	B	C
1	responsável	projeto	valor (R$)
2	João	projeto A	100.000
3	Manuel	projeto B	150.000
4	Ana	projeto C	300.000
5	Pedro	projeto D	250.000
6	Patrícia	projeto E	200.000
7	Cristina	projeto F	100.000

05. A figura 3A6AAA representa parte da janela de um arquivo no Excel, em que há uma tabela com o filtro ativo na primeira linha.

Considerando a figura 3A6AAA, caso na célula A1 seja ativado o filtro Classificar de A a Z, as informações constantes da coluna A entram em ordem alfabética:

a) ficando os números das linhas da coluna C em ordem decrescente da linha 2 para a linha 7.

b) ficando as linhas da coluna C em ordem crescente da linha 2 para a linha 7.

c) da linha 7 para a linha 2, ficando inalteradas as linhas das colunas B e C.

d) da linha 2 para a linha 7, ficando inalteradas as linhas das colunas B e C.

e) da linha 2 para a linha 7, passando todas as linhas das colunas B e C a acompanhar a nova ordenação.

Figura 3A6AAA

	A	B	C
1	responsável	projeto	valor (R$)
2	João	projeto A	100.000
3	Manuel	projeto B	150.000
4	Ana	projeto C	300.000
5	Pedro	projeto D	250.000
6	Patrícia	projeto E	200.000
7	Cristina	projeto F	100.000

EXCEL 2016

06. A figura 3A6AAA representa parte da janela de um arquivo no Excel, em que há uma tabela com o filtro ativo na primeira linha.

Para configurar a coluna C da figura 3A6AAA como moeda e com visualização de R$ antes de cada número, deve-se:

a) selecionar toda a coluna e, em opções do Excel, habilitar o cálculo iterativo.

b) selecionar toda a coluna e formatar células como moeda, com opção de visualizar R$.

c) selecionar toda a coluna e, em opções do Excel, personalizar a correção ortográfica para inserir R$.

d) digitar $ antes de cada número.

e) selecionar toda a coluna e, em opções do Excel, selecionar em fórmulas o cálculo automático.

Utilizando o Excel 2010, um analista desenvolveu e compartilhou com os demais servidores de sua seção de trabalho uma planilha eletrônica que pode ser editada por todos os servidores e que, ainda, permite a identificação do usuário responsável por realizar a última modificação. Para compartilhar suas atualizações individuais na planilha, o analista tem de selecionar a opção correspondente em Compartilhar Pasta de Trabalho, do menu Revisão, do Excel 2010.

Com relação a essa situação hipotética, julgue.

07. Caso dois servidores editem a mesma célula, será possível resolver conflitos de edição.

Certo ( )   Errado ( )

Utilizando o Excel 2010, um analista desenvolveu e compartilhou com os demais servidores de sua seção de trabalho uma planilha eletrônica que pode ser editada por todos os servidores e que, ainda, permite a identificação do usuário responsável por realizar a última modificação. Para compartilhar suas atualizações individuais na planilha, o analista tem de selecionar a opção correspondente em Compartilhar Pasta de Trabalho, do menu Revisão, do Excel 2010.

Com relação a essa situação hipotética, julgue.

08. Dois ou mais servidores não poderão editar o mesmo arquivo simultaneamente.

Certo ( )   Errado ( )

Utilizando o Excel 2010, um analista desenvolveu e compartilhou com os demais servidores de sua seção de trabalho uma planilha eletrônica que pode ser editada por todos os servidores e que, ainda, permite a identificação do usuário responsável por realizar a última modificação. Para compartilhar suas atualizações individuais na planilha, o analista tem de selecionar a opção correspondente em Compartilhar Pasta de Trabalho, do menu Revisão, do Excel 2010.

Com relação a essa situação hipotética, julgue.

09. Se um servidor acessar a planilha para edição, este procedimento não causará o bloqueio do arquivo, de modo que outro servidor não poderá abri-lo, ainda que seja somente para consulta.

Certo ( )   Errado ( )

Utilizando o Excel 2010, um analista desenvolveu e compartilhou com os demais servidores de sua seção de trabalho uma planilha eletrônica que pode ser editada por todos os servidores e que, ainda, permite a identificação do usuário responsável por realizar a última modificação. Para compartilhar suas atualizações individuais na planilha, o analista tem de selecionar a opção correspondente em Compartilhar Pasta de Trabalho, do menu Revisão, do Excel 2010.

Com relação a essa situação hipotética, julgue.

10. O Word é o único programa do Microsoft Office que permite que mais de um usuário edite, simultaneamente, arquivos de texto.

Certo ( )   Errado ( )

Utilizando o Excel 2010, um analista desenvolveu e compartilhou com os demais servidores de sua seção de trabalho uma planilha eletrônica que pode ser editada por todos os servidores e que, ainda, permite a identificação do usuário responsável por realizar a última modificação.

Para compartilhar suas atualizações individuais na planilha, o analista tem de selecionar a opção correspondente em Compartilhar Pasta de Trabalho, do menu Revisão, do Excel 2010.

Com relação a essa situação hipotética, Julgue.

11. A planilha poderá ser editada por mais de um servidor simultaneamente.

Certo ( )   Errado ( )

Acerca de aplicativos para edição de textos e planilhas e do Windows 10, julgue o próximo item.

12. Situação hipotética: Fábio, servidor do INSS, recebeu a listagem dos cinco últimos rendimentos de um pensionista e, para que fosse calculada a média desses rendimentos, ele inseriu os dados no LibreOffice Calc, conforme planilha mostrada abaixo.

	A
1	R$ 1.896,21
2	R$ 2.345,78
3	R$ 2.145,09
4	R$ 2.777,32
5	R$ 5.945,97
6	
7	

Assertiva: Nessa situação, por meio da fórmula =MED(A1:A5;5), inserida na célula A6, Fábio poderá determinar corretamente a média desejada.

Certo ( )   Errado ( )

Gabaritos

01	ERRADO
02	CERTO
03	ERRADO
04	ERRADO
05	E
06	B
07	CERTO
08	ERRADO
09	CERTO
10	ERRADO
11	ERRADO
12	ERRADO

4. POWERPOINT 2016

O PowerPoint é o editor de Apresentações de Slides da Microsoft.

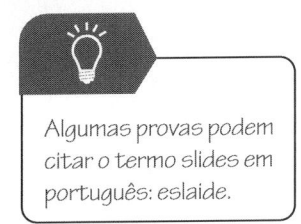

> Algumas provas podem citar o termo slides em português: eslaide.

4.1 Tela de Abertura

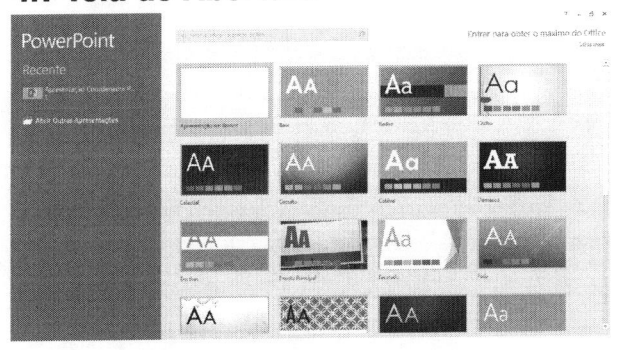

4.2 Tela de Edição

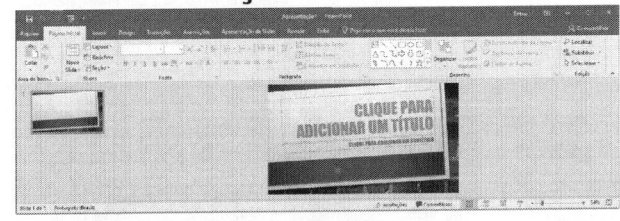

4.3 Formato de arquivo

O PowerPoint possui dois formatos principais: um relacionado à edição dos slides (PPTX), e outro que abre diretamente no modo de exibição (PPSX).

4.4 Aba Página Inicial

Ao comparar a Página Inicial do Word com o PowerPoint, é possível notar algumas diferenças, como o bloco Slides e o Bloco Desenho, como também algumas diferentes opções nos Blocos Fonte e Parágrafo. A figura a seguir ilustra esta aba.

Bloco slides

Este é um dos blocos mais utilizados. Atente à opção Novo Slide na figura a seguir, ela apresenta uma seta para baixo, o que significa que um menu Dropdown será aberto, conforme ilustra a figura da sequência, permitindo que seja selecionado o layout do slide a ser inserido.

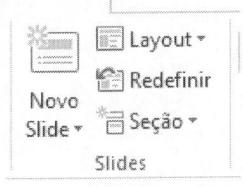

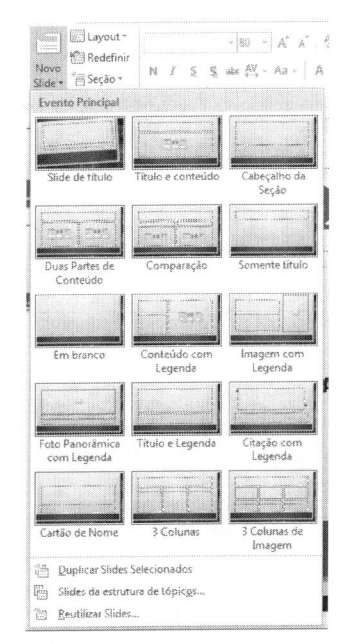

Contudo, é possível mudar o Layout (organização) de um slide mesmo após sua inserção, bastando para tanto selecionar o slide desejado e alterar seu layout pela opção Layout.

Já a opção Redefinir possibilita reestabelecer às configurações padrões de posicionamento, tamanho e formatação dos espaços reservados de um slide.

Bloco fonte

O bloco Fonte apresenta as opções: sombra de texto e espaçamento entre caracteres que não aparecem no Word, como ilustra a figura a seguir.

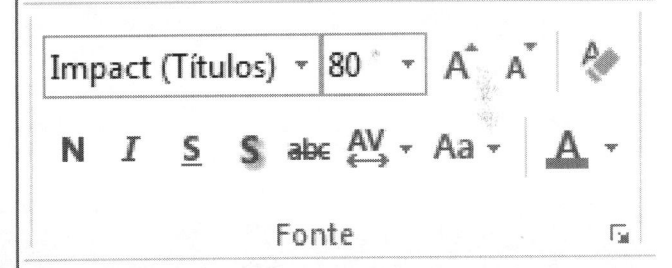

A opção Sombra indicada pela letra S mais espessa, conforme ilustrado a seguir, permite aplicar um efeito de sombra que confere um destaque ao texto, dando a impressão de volume.

No PowerPoint também é possível alterar o espaço entre os caracteres de texto, a fim de distribuir melhor um texto em um slide. Para isso, basta selecionar o texto e a opção desejada junto à alça da opção Espaçamento Entre Caracteres, ilustrada a seguir.

POWERPOINT 2016

Bloco parágrafo

Neste bloco há novas funcionalidades, como: colunas, Direção do Texto, Alinhar Texto e Converter em SmartArt, como pode ser visualizado na figura a seguir.

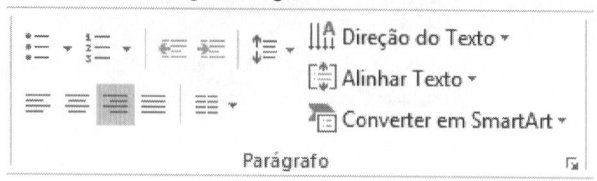

A opção Colunas permite formatar uma caixa de texto selecionada para que exiba seu texto em diversas colunas. Para isso, pode-se utilizar a opção ilustrada a seguir.

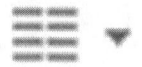

A opção Direção do Texto permite alterar a forma como um texto é exibido no PowerPoint, a fim de causar um efeito mais chamativo. A opção Direção do Texto é ilustrada a seguir.

As opções encontradas ao clicar na opção Direção do Texto são: Horizontal; Girar em 90º; Girar em 270º e Empilhado, conforme ilustrado na sequência.

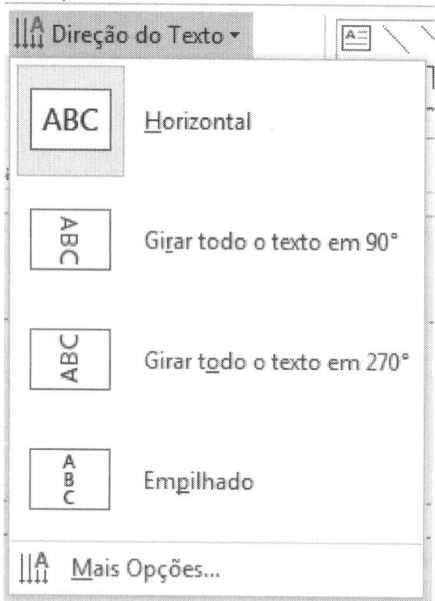

Também é possível alinhar o texto verticalmente na caixa de texto. Para isso, pode-se utilizar a opção Alinhar Texto, representada pela figura que se segue.

As opções são: Em Cima, no Meio e Embaixo.

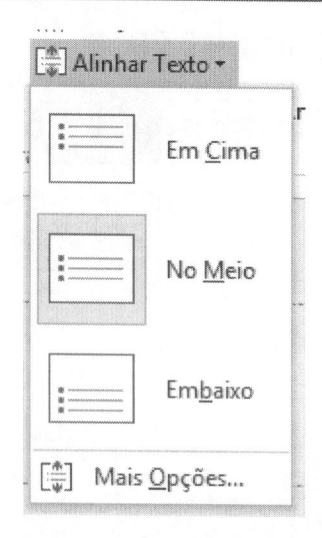

O recurso SmartArt também existe no Word, contudo no PowerPoint é possível converter uma estrutura de um texto, em parágrafo ou tópicos, em um esquema do SmartArt.

Algumas das opções possíveis são ilustradas na figura a seguir.

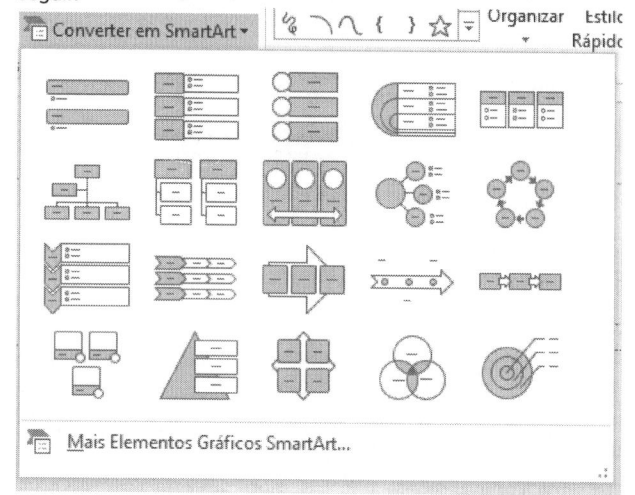

Bloco desenho

O bloco Desenho é o substituto da barra de ferramentas de desenho encontrada no Microsoft Office 2003. Nele encontramos as mesmas opções e algumas a mais. A figura a seguir ilustra o bloco.

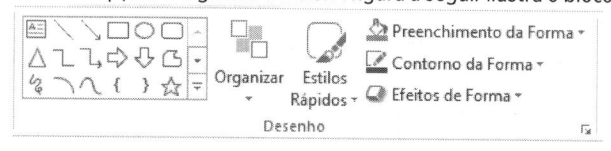

Formas

A opção Formas permite inserir um desenho no documento em edição que pode ser dimensionado e preenchido.

Algumas das opções de formas são ilustradas na figura a seguir.

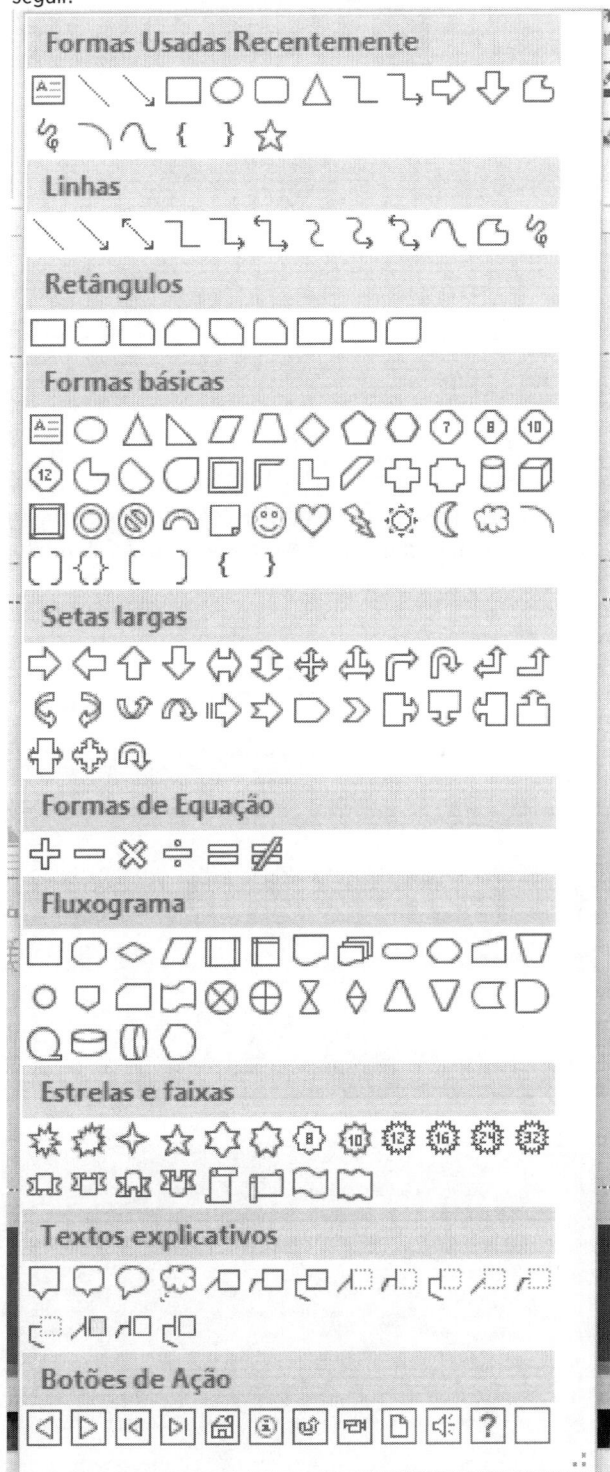

Organizar

A opção Organizar oferece recursos de posicionamento dos objetos em relação a outros, como ordená-los um à frente do outro, ou seja, controlar a sobreposição dos itens. Como também podemos agrupar os itens para movimentá-los e dimensioná-los de maneira uniforme.

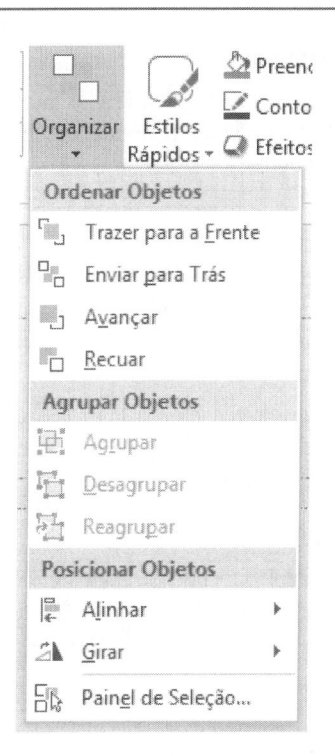

Efeitos

Os efeitos são recursos do Office 2007 que permitem atribuir mais vida às estruturas, como a possibilidade de formatar uma imagem de modo que ela pareça um botão utilizando o efeito Bisel.

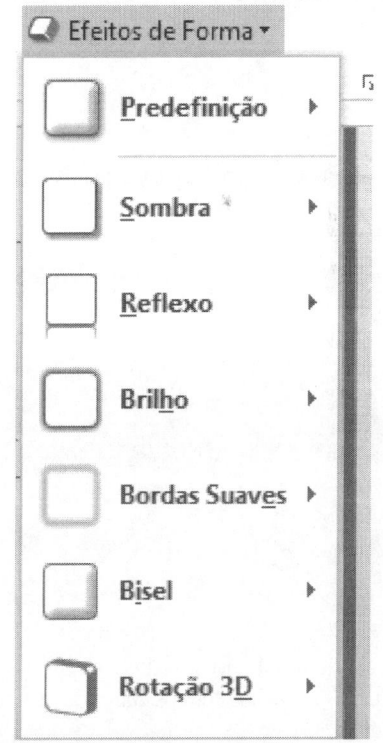

Bloco edição

NOÇÕES DE INFORMÁTICA

4.5 Aba Inserir

Na aba Inserir são disponibilizadas inúmeras opções de estruturas que podem ser inseridas na apresentação em edição, conforme ilustrado a seguir.

A maioria das opções também é encontrada no Word, todavia, as opções Novo Slide, Álbum de Fotografias, Ação, número do Slide, Vídeo e Áudio são específicas do editor de apresentação de slides.

Vale também destacar que a estrutura de cabeçalho e rodapé de um slide é diferente daquela do editor de texto. Observe que o botão apresenta a característica das duas funções em um.

Álbum de fotografias

Pode-se enfatizar a opção Álbum de Fotografias, opção que permite criar rapidamente, por meio da seleção de uma pasta contendo as imagens um álbum de fotos, colocando apenas uma foto por slide ou mais.

Smartart

O recurso SmartArt permite criar esquemas organizacionais; tal recurso passou a existir a partir da versão 2007 do Ms Office

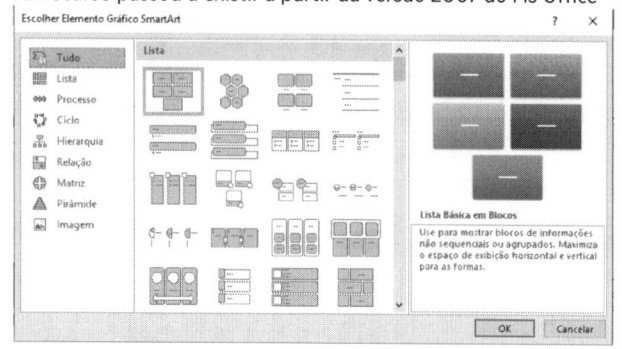

Gráficos

Com relação aos gráficos, apenas lembre-se de que eles necessitam de uma planilha com os dados que serão representados no gráfico.

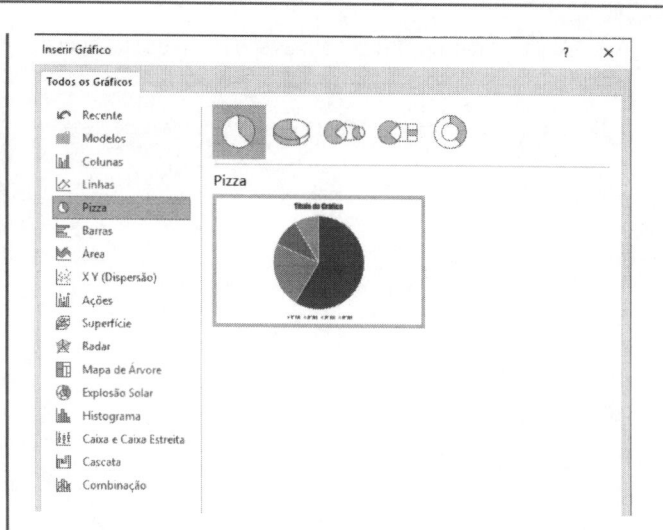

Ação

Por meio do botão Ação, podemos criar interações em meio à apresentação de slides, como navegar de modo aleatório entre os slides.

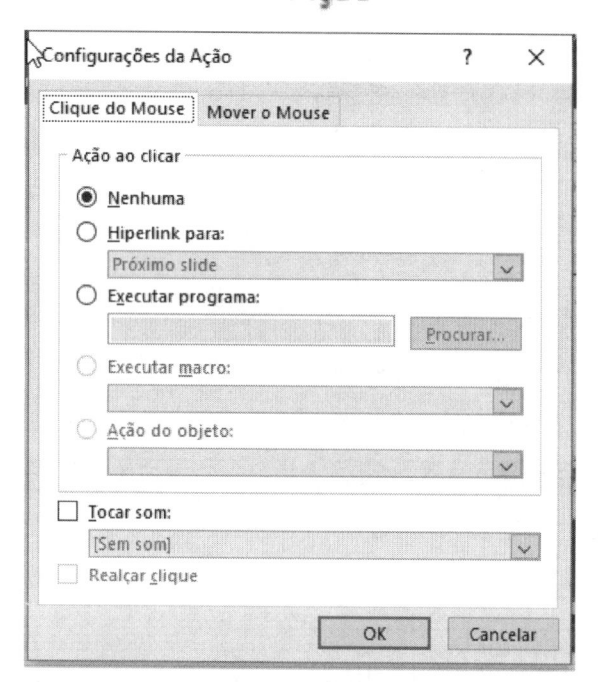

Cabeçalho e rodapé

Cuidado com a estrutura de cabeçalho e rodapé, pois no Word ela opera de modo diferente do que no PowerPoint. Nos slides também podemos trabalhar com rodapé, mas não cabeçalhos, apesar de a ferramenta possuir este nome. Na verdade, é porque o cabeçalho pode ser inserido no formato das anotações e folhetos, como mostra a segunda figura que ilustra a aba **Anotações e Folhetos**.

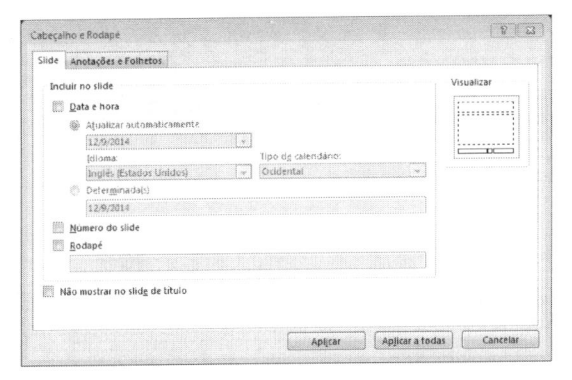

Observe ainda que existem espaços específicos para cada campo: o canto esquerdo inferior é reservado para a Data e Hora, enquanto que o rodapé ocupa o espaço ao centro e o número de slide à direita.

Contudo, este posicionamento pode variar de acordo com o Design usado na apresentação, ou seja, de acordo com a formatação do Slides Mestre.

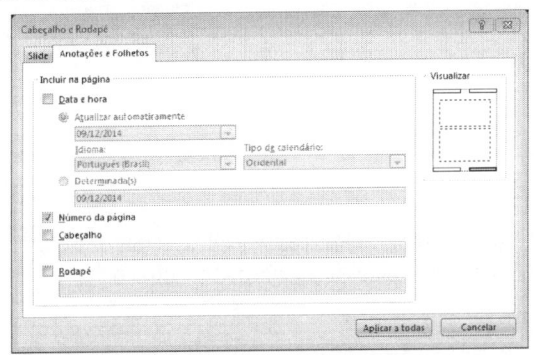

Já nos folhetos e anotações, o cabeçalho ocupa o canto superior esquerdo, enquanto que o rodapé usa o campo inferior esquerdo. Na posição superior direita, podemos exibir a data e a hora, enquanto que no canto inferior direto, temos o espaço para o número da página.

Bloco mídia

Aqui, notamos que é possível inserir em uma apresentação de slides um filme. como também um arquivo de áudio.

Uma outra novidade da versão 2016 é a opção Gravação de Tela, que permite gravar a tela inteira ou apenas uma área selecionada. Incluindo ou não o ponteiro do mouse e som, normalmente alguma narração.

4.6 Aba Design

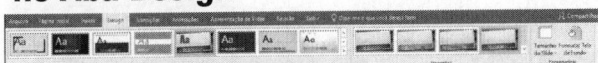

Por meio desta aba, é possível mudar a configuração de um slide, colocando-o com orientação diferente do padrão, paisagem, ou mesmo mudar suas dimensões, bem como alterar o conjunto de cores de fundo e fontes por meio dos temas.

4.7 Aba Transações

Na Aba Transições, encontram-se as opções referentes à troca dos slides durante a apresentação. No Office 2016, não há novas transições se comparado à versão anterior. Contudo, a renderização passou por melhorias para que os efeitos possuam uma melhor qualidade visual. Também é possível configurar tempos para cada slide e para o efeito de transição, por meio das opções disponibilizadas no bloco Intervalo.

Efeitos de transição

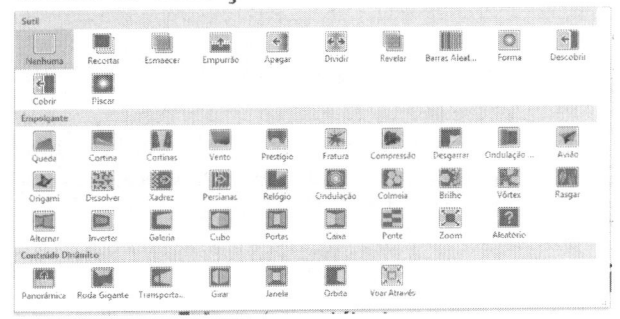

4.8 Aba Animações

Já na aba animações são encontradas opções que podem ser aplicadas a elementos em um slide, como figuras e textos. Da mesma maneira que é possível configurar o tempo de uma troca de slides, é possível configurar a duração de uma animação.

Efeitos de animações

Os efeitos de animação são organizados em 4 grupos: Entrada, Ênfase, Saída e Caminhos de Animação, sendo os 3 primeiros os principais.

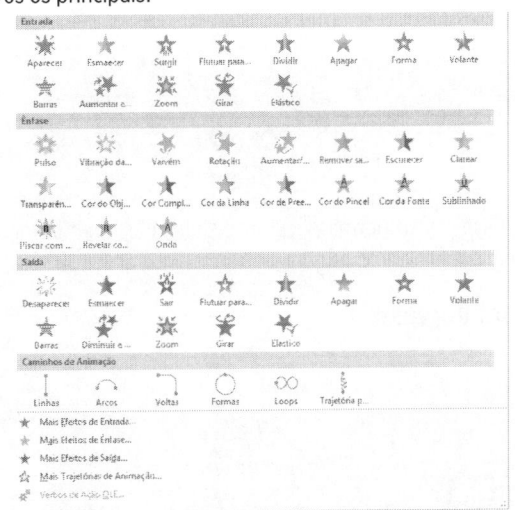

É possível utilizar mais de um efeito por objeto, porém é necessário usar a opção Adicionar Animação caso já tenha aplicado alguma ao elemento, pois se for apenas selecionada outra animação, ela irá substituir o efeito selecionado anteriormente.

NOÇÕES DE INFORMÁTICA

4.9 Aba Apresentação de Slides

Na Aba apresentação podemos configurar a apresentação como um todo.

A opção do começo exibe a apresentação de slides a partir do primeiro Slide. A tecla de atalho correspondente é a tecla F5, já a opção do Slide atual exibe a apresentação a partir do slide selecionado, a tecla de atalho para esta opção é SHIFT + F5.

O PowerPoint 2016 é integrado com recursos Online, como a opção Apresentar Online, que possibilita disponibilizar uma apresentação de slides para que possa ser visualizada via Internet enquanto é exibida. Para tanto, é necessário utilizar uma Windows Live ID.

Outra opção Interessante é a opção Modo de Exibição de apresentador, que permite a um monitor e um projetor, ou mesmo dois monitores conectados ao computador, exibir a apresentação em um (normalmente no projetor) e no outro monitor uma tela de acompanhamento que exibe as anotações de cada slide, a sua miniatura e o tempo decorrido do início da apresentação.

Bloco configurar apresentação

Configurar Apresentação de Slides

A configuração de uma apresentação permite definir se a apresentação será exibida em tela inteira ou na forma de janela, bem como a forma de avanço dos slides e quais serão os slides.

Ocultar Slide

Essa opção permite ocultar o slide selecionado; tal slide também não é exibido na apresentação.

Testar Intervalos

Esse recurso é muito utilizado para animações com textos com transição automática. Uma vez acionada essa função, a apresentação de slides é iniciada e, a cada vez que um slide é avançado, o tempo é gravado a fim de que esse tempo seja usado na exibição dos slides.

Modo apresentador

Outra opção Interessante é a opção modo de exibição de apresentador, que permite a um monitor e um projetor, ou mesmo dois monitores conectados ao computador, exibir a apresentação em um (normalmente no projetor) e no outro monitor uma tela de acompanhamento que exibe as anotações de cada slide, a sua miniatura e o tempo decorrido do início da apresentação.

4.10 Aba Revisão

A aba Revisão do PowerPoint apresenta as mesmas opções que o Word. Portanto, a probabilidade é que, seja cobrada alguma função em questões sobre o editor de texto, por conta da sua relevância.

4.11 Aba Exibir

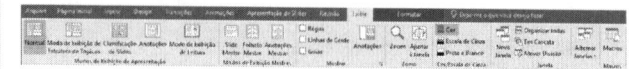

No PowerPoint, temos os seguintes modos de exibição que podem ser selecionados mediante a Aba Exibição.

Normal

O modo normal é o modo padrão de edição. Neste modo, a finalidade é a edição dos slides. Na lateral esquerda são exibidas as miniaturas dos slides em edição. É importante notar que há uma linha bem sutil abaixo do slide principal (em edição) que se encontra com a linha que separa as miniaturas. Essa linha pode ser movida para cima, a fim de exibir o espaço das anotações do slide. Também é possível clicar na opção Anotações que está na barra de status.

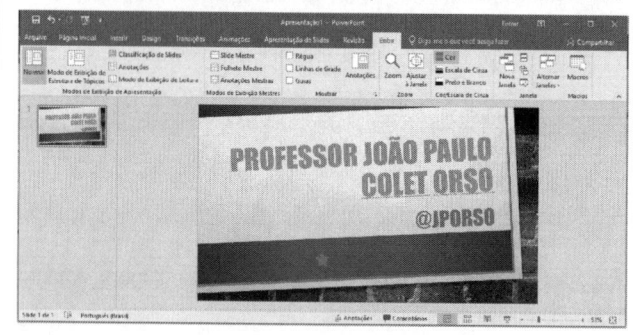

Estrutura de tópicos

A principal característica desse modo é não apresentar características visuais, como imagens ou plano de fundo. Observe que esse modo altera apenas a visualização do painel à esquerda. Nele são indicados os slides e cada parágrafo é apresentado como um tópico.

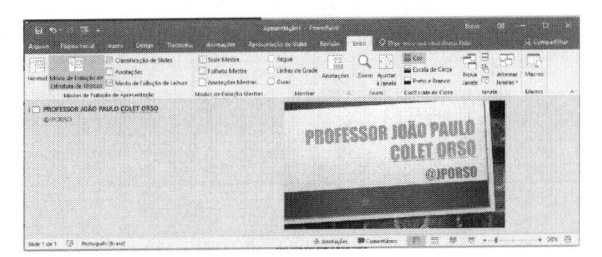

Classificação de slides

Este modo de visualização é útil para reordenar os slides da apresentação, visualizando-os em miniatura.

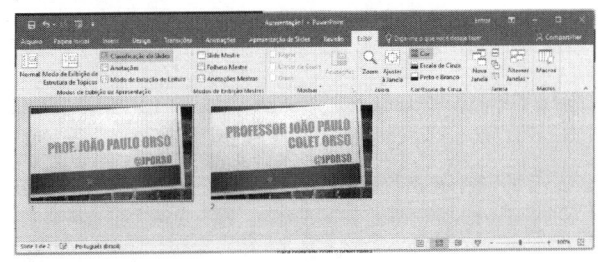

Anotações

Esta opção permite que sejam inseridas anotações que podem ser impressas, porém que não aparecem no momento da apresentação de slides.

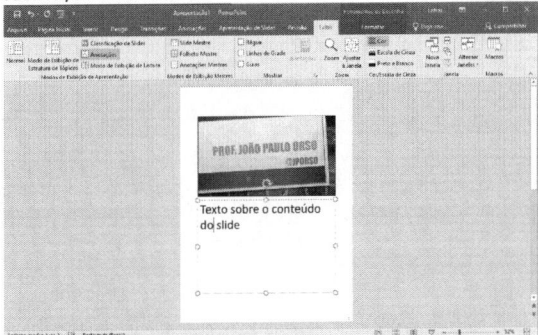

4.12 Slide Mestre

Por meio do **Slide Mestre** é possível alterar os espaços reservados para os slides, os cabeçalhos e os rodapés.

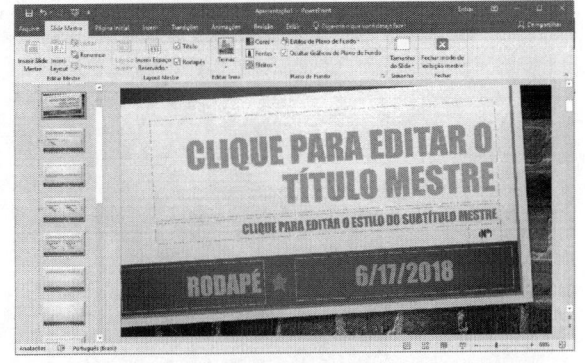

Mediante o **Folheto Mestre**, é possível alterar cabeçalhos e rodapés.

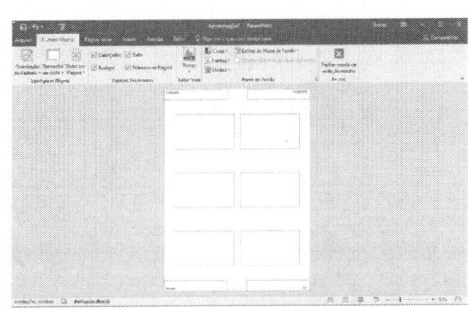

Já nas **Anotações Mestras podemos alterar os espaços reservados para os slides, as anotações, os cabeçalhos e** os rodapés.

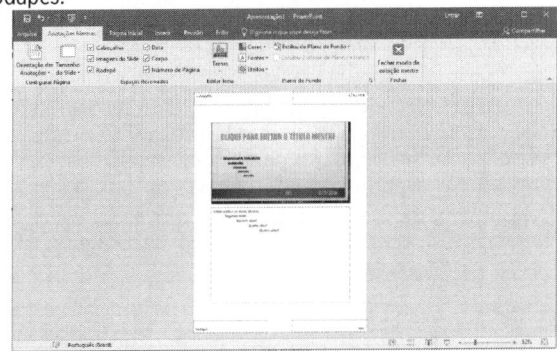

Questões

Julgue o próximo item, relativo aos aplicativos para edição de textos, planilhas e apresentações do ambiente Microsoft Office 2013.

01. Uma apresentação criada no PowerPoint 2013 não poderá ser salva em uma versão anterior a esta, visto que a versão de 2013 contém elementos mais complexos que as anteriores.

Certo ( )   Errado ( )

Com relação ao sistema operacional Windows e ao ambiente Microsoft Office, julgue o item a seguir.

02. No PowerPoint 2010, ao selecionar a opção Salvar e Enviar no menu Arquivo e, em seguida, a opção Criar vídeo, o usuário poderá converter uma apresentação de eslaides em vídeo para publicação na web ou em outras mídias e ajustar, se necessário, o tamanho do arquivo multimídia e a qualidade do vídeo.

Certo ( )   Errado ( )

Acerca do pacote Microsoft Office, julgue o item a seguir.

03. Arquivos do PowerPoint salvos no formato de apresentação de eslaides (PPS/PPSX) são, automaticamente, abertos no modo de exibição e, nessa condição, não podem ser editados.

Certo ( )   Errado ( )

Com relação à informática, julgue o item que se segue.

04. Em um texto ou imagem contido em eslaide que esteja em edição no programa Libre Office Impress, é possível, por meio da opção Hyperlink, criar um link que permita o acesso a uma página web.

Certo ( )   Errado ( )

Com relação ao PowerPoint, programa utilizado para produzir apresentações de eslaides, julgue o item que se segue.

05. É possível imprimir um arquivo salvo em formato PPT agrupando-se, no máximo, três eslaides por página.

Certo ( )   Errado ( )

06. Com relação ao PowerPoint, programa utilizado para produzir apresentações de eslaides, julgue o item que se segue. A partir de um conjunto de estilos e temas, é possível escolher o formato dos eslaides de uma apresentação.

Certo ( )   Errado ( )

07. Com relação ao PowerPoint, programa utilizado para produzir apresentações de eslaides, julgue o item que se segue. O PowerPoint oferece muitos recursos para a elaboração de uma apresentação de eslaides, sendo possível, utilizando-se esse programa, criar uma apresentação de eslaides personalizada.

Certo ( )   Errado ( )

08. Com relação ao PowerPoint, programa utilizado para produzir apresentações de eslaides, julgue o item que se segue. Para se criar uma apresentação, cada eslaide deve ser salvo como um arquivo separado e, posteriormente, devem-se agrupar os eslaides salvos, por meio de um arquivo em formato de vídeo.

Certo ( )   Errado ( )

09. Com relação ao PowerPoint, programa utilizado para produzir apresentações de eslaides, julgue o item que se segue. Não é permitido incluir outros arquivos do Microsoft Office em uma apresentação, exceto os salvos em formatos de imagens GIF ou JPEG.

Certo ( )   Errado ( )

10. Com relação ao Microsoft PowerPoint, julgue o item que se segue. A inclusão de autoformas permite que o usuário crie apenas novos desenhos para serem inseridos na apresentação de maneira customizada.

Certo ( )   Errado ( )

11. Com relação ao Microsoft PowerPoint, julgue o item que se segue. Ao inserir um novo eslaide em uma apresentação já existente, o usuário poderá selecionar o tema.

Certo ( )   Errado ( )

12. Com relação ao Microsoft PowerPoint, julgue o item que se segue. Ao se criar uma nova apresentação, o leiaute dos eslaides poderá ser previamente escolhido sendo possível alterá-lo depois de salvo.

Certo ( )   Errado ( )

13. Com relação ao Microsoft PowerPoint, julgue o item que se segue. A ferramenta Pincel é utilizada para pintar o conteúdo de uma caixa de texto ou de imagem.

Certo ( )   Errado ( )

14. Com relação ao Microsoft PowerPoint, julgue o item que se segue. A área de transferência é utilizada para armazenar conteúdos que foram apagados dos eslaides para uso posterior, se necessário.

Certo ( )   Errado ( )

15. Com relação às ferramentas e às funcionalidades do ambiente Windows, julgue o item que se segue.
No Microsoft Power Point, para se utilizar um dos temas de modelos de leiaute de eslaides, é necessário seguir a formatação adotada pelo estilo selecionado, não sendo possível, por exemplo, alterar o tipo de fonte e de cores, ou inserir outros efeitos.

Certo ( )   Errado ( )

Gabaritos

01	ERRADO	09	ERRADO
02	CERTO	10	ERRADO
03	CERTO	11	CERTO
04	CERTO	12	CERTO
05	ERRADO	13	ERRADO
06	CERTO	14	ERRADO
07	CERTO	15	ERRADO
08	ERRADO	-	-

HISTÓRIA E GEOGRAFIA DO MARANHÃO

1. HISTÓRIA DO MARANHÃO

1.1 Principais Marcos de São Luís

Fundação de São Luís formada pelos franceses no início do século XVII para se tornar o núcleo da França Equinocial e mais tarde ocupada pelos holandeses, São Luís tem hoje um dos mais modernos portos do Brasil. São Luís é a capital e a principal cidade do estado do Maranhão. Situa-se na ilha de São Luís, entre as embocaduras dos rios Anil e Bacanga. O clima é tropical chuvoso, com temperatura média anual de 26º C. Os totais pluviométricos chegam a 2.083mm. Liga-se ao continente por duas pontes.

História

Os primeiros habitantes da área onde hoje está São Luís foram os índios tupinambás. A cidade foi fundada em 1612 pelos franceses que ali aportaram, sob o comando de Daniel de La Touche, o senhor de La Ravardière, com três navios e pouco mais de 500 homens. Em 1615 a ilha foi conquistada pelos portugueses e, a partir de 1641, esteve sob domínio holandês durante três anos. Nascida com a função de defesa e ponto de partida para a ocupação do interior, São Luís teve crescimento lento. O mais importante surto de desenvolvimento começou com a fundação da Companhia Geral do Comércio do Grão-Pará e do Maranhão, em 1755, que introduziu a cultura do algodão, visando a indústria têxtil da Inglaterra. A capital maranhense, lembrada hoje pelo enorme casario de arquitetura portuguesa, no início abrigava apenas ocas de madeira e palha e uma paisagem quase intocada. Aqui ficava a aldeia de Upaon-Açu, onde os índios tupinambás - entre 200 e 600, segundo cronistas franceses - viviam da agricultura de subsistência (pequenas plantações de mandioca e batata doce) e das ofertas da natureza, caçando, pescando, coletando frutas. Nos arredores da atual cidade de São Luís, habitava a etnia indígena dos potiguaras.

Século XIV – 1539 – Expedição de João de Barros, primeiro donatário do Maranhão, parte de Lisboa rumo à capitania doada pelo rei Dom João III ao célebre gramático, humanista e feitor da Casa das Índias. Composta de grande frota, sob o comando de Aires da Cunha, que se associou a Fernão d'Álvares de Andrade e ao autor das Décadas. Ayres da Cunha e sua frota naufragaram nas proximidades da Ilha do Maranhão, desastre que levou o grande humanista português João de Barros a escrever este conhecido lamento sobre o insucesso desse primeiro esforço de colonização: "morto me deixou e sem proveito algum".

> 1554 – Expedição de Luís de Melo da Silva tenta novamente chegar ao Maranhão, porém também naufraga.

> 1570 – Luís de Melo da Silva, que fora à Índia na esperança de obter recursos com os quais colonizar o Maranhão, morre em sua volta a Portugal.

> 1594 – Naufrágio do capitão francês Jacques Riffault nas proximidades da Ilha do Maranhão.

Século XVII – 1612 (19 de março) – Expedição sob o comando de Daniel de La Touche, Senhor de La Ravardière, parte do porto de Cancalle, formada pelas naus Régente, comandada por Francois de Razilly, Charlote comandada pelo barão de Sancy e Saint'Anne por Claude de Razilly.

> 1612 (26 de julho) – Chegada da expedição de La Ravardière ao Maranhão.
> 1612 (8 de setembro) – Solenidade de Fundação de São Luís.
> 1614 (26 de outubro) – Portugueses desembarcam em Guaxenduba.
> 1614 (19 de novembro) – Batalha de Guaxenduba. Apesar de numericamente inferiores, as forças portuguesas vencem os franceses.
> 1615 (4 de novembro) – Assinatura do Auto de Posse da Fortaleza no Quartel de São Francisco, também chamado Forte do Sardinha. Assinam o documento, lavrado por Luís Muniz, escrivão da Fazenda, pela ordem em que nele figuram: Alexandre de Moura, Paio Coelho de Carvalho, Diogo de Campos Moreno, Hieronimo Fragoso d'Albuquerque, João Cavalcanti d'Albuquerque, Francisco de Frias de Mesquita, Padre Manuel Gomes, da Companhia de Jesus, Padre Diogo Nunes, da Companhia de Jesus, Frei Cosmo d'Anunciação de Nossa Senhora do Carmo, Álvaro Neto, André Leitão d'Abreu, Armandus Carmelia, Henrique Afonso Pereira, Frei Ornatus, Manuel Figueira de Mendonça, Gaspar Dias, Gaspar d'Andrade Bezerra, Pero Mousinho e Manuel da Cunha d'Andrade.
> 1618 – Primeira saída dos jesuítas.
> 1619 – Chegada de casais da Ilha de Açores e do interior de Portugal (continente) para povoar São Luís, vindos na expedição de Jorge de Lemos Betancor, cuja nau capitânia era comandada por Simão Estácio da Silveira.
>> Fundação da Câmara Municipal de São Luís, que teve o capitão Simão Estácio da Silveira por seu primeiro presidente.
>> A 6 de maio, a 9 e a 10 de dezembro são expedidas ao rei Dom Filipe III (II de Portugal), cartas de Jorge de Lemos Bentacor, do capitão-mor Diogo da Costa Machado e dos camaristas de São Luís, respectivamente, enviando as primeiras notícias sobre a nova conquista do Maranhão e pedindo providências em socorro de suas muitas necessidades.
> 1621 – Criação do Estado do Maranhão, compreendendo as capitanias régias do Ceará, Maranhão e Grão-Pará.
>> Fundação da primeira Matriz, Igreja de Nossa Senhora da Vitória.
> 1622 – Retorno dos jesuítas com o padre Luís Figueira.
> 1624 – Edição em Lisboa, na oficina de Geraldo da Vinha, do livro Relação sumária das cousas do Maranhão, "dirigida aos pobres deste Reino de Portugal", de Simão Estácio da Silveira, obra calorosamente encomiástica, na qual o autor escreveu esta frase já tornada célebre: "Eu me resolvo, que esta é a melhor terra do mundo, donde os naturais são muito fortes, e vivem muitos anos, e consta-nos que, do que correram os portugueses, o melhor é o Brasil, e o Maranhão é Brasil melhor, e mais perto de Portugal, que todos os outros portos daquele estado, em derrota muito fácil à navegação donde se há de ir em vinte dias ordinariamente".

Em agosto chega a São Luís Frei Cristovão de Lisboa, na condição de qualificador do Santo Ofício. Foi ele o fundador da Custódia do Maranhão, vinculada à Recoleção de Santo Antônio de Lisboa, e suposto autor da História dos animais e árvores do Maranhão, obra muito valiosa, na qual haveria a participação de autor francês, e que somente foi pela primeira vez publicada em Portugal no ano e 1967.

> 1626 – Chega a São Luís o primeiro governador e capitão-general do estado de Maranhão, Francisco Coelho de Carvalho.

> 1641 – (25 de novembro) – Invasão holandesa, composta de dezoito naus e dois mil homens comandados pelo almirante João Cornelles Lichthart, que mediante artifícios e engodos domina a fraca resistência do velho governador Bento Maciel Parente, levado preso pelos invasores.

> 1644 – Expulsão dos holandeses, um dos episódios de maior importância nas lutas nativistas do Maranhão, sob o comando de Antônio Muniz Barreiros, secundado por Antônio Teixeira de Melo. Dessa invasão resta, para a memória de feitos tão valorosos, o monumento do Outeiro da Cruz.

1.2 Sobre a História

A História do Maranhão é bastante articulada com os grandes acontecimentos históricos nacionais desde a colônia. A região norte, por exemplo, passou a ser mais ocupada e a coroa portuguesa passou a construir fortalezas depois da invasão dos franceses e a tentativa de fundação da França equinocial por Daniel de la Touche, que fundou o forte São Luís em 1612. Após os franceses serem expulsos pelas tropas portuguesas lideradas por Jerônimo de Albuquerque, na batalha de Guaxeduba, Portugal tomou posse do forte São Luís, estimulou a imigração de açoreanos (moradores da colônia portuguesa na ilha dos açores), fundou o forte do presépio em Belém do Pará e outros fortes amazônicos. Essa dica já pode inclusive matar uma questão, pois um assunto clássico é a fundação de São Luís e a referida batalha. Os temas cobrados são específicos, e também outro assunto muito importante é a batalha do Jenipapo. É que o Maranhão não aderiu de imediato à independência do Brasil e frotas portuguesas enfrentaram a nascente marinha brasileira. Nós perdemos a batalha, mas o major português nos teve a frota destruída e saqueada, e por fim nos dias seguintes os brasileiros consolidaram a independência. Veja que tema fabuloso para ser cobrado na prova. Conhecer esses episódios mais específicos é o grande diferencial para você mandar bem e garantir a disciplina.

1. A fundação de São Luís e a batalha de Guaxenduba.

2. O Maranhão no contexto da independência e a batalha do Jenipapo.

3. A Revolta de Beckman e a Balaiada.

4. Aspectos gerais do estado na República entre a década de 30 e 60, caracterizada pela hegemonia do grupo vitorianista, ou seja, de Vitorino de Brito Freire, que liderou a oligarquia política estadual, até perder a hegemonia com a entrada de José Sarney no governo estadual.

Com a assinatura do Tratado de Tordesilhas entre os portugueses e espanhóis por volta de 1494, a região onde hoje se encontra o estado do Maranhão ainda não fazia parte do território brasileiro.

Entretanto, em 1534, o rei de Portugal D. João III dividiu o Brasil-colônia em Capitanias Hereditárias a fim de fazer um cerco no país e impedir a invasão de estrangeiros. Nessa divisão, o território do Maranhão foi fragmentado, mas logo seria invadido pelos franceses por ter uma localização estratégica na região Nordeste do país.

Com a assinatura do Tratado de Tordesilhas entre os portugueses e espanhóis por volta de 1494, a região onde hoje se encontra o estado do Maranhão ainda não fazia parte do território brasileiro.

Entretanto, em 1534, o rei de Portugal D. João III dividiu o Brasil-colônia em Capitanias Hereditárias a fim de fazer um cerco no país e impedir a invasão de estrangeiros. Nessa divisão, o território do Maranhão foi fragmentado, mas logo seria invadido pelos franceses por ter uma localização estratégica na região Nordeste do país.

No ano de 1621, a Coroa portuguesa nomeou as divisões territoriais de Maranhão e Grão-Pará, para defender a costa marítima do país e estabelecer contato com a metrópole, que estava centralizada na cidade de Salvador.

Ainda no século XVII, as Invasões Holandesas no Nordeste também viriam a influenciar no desenvolvimento econômico do Maranhão. Esses estrangeiros queriam expandir a indústria açucareira com a procura de terrenos férteis para a produção de cana-de-açúcar.

Um novo movimento de expulsão por parte dos colonizadores portugueses se iniciou em 1642, o capitão Antônio Teixeira de Melo organizou uma expedição para enfrentar os holandeses, mas só conseguiu a vitória efetiva dois anos depois.

Com a nomeação do Marquês de Pombal como Primeiro-Ministro português, o estado maranhense foi subdividido em quatro capitanias: Maranhão, Piauí, São José do Rio Negro e Grão-Pará.

Pombal fundou a Companhia de Comércio do Grão-Pará e Maranhão e estimulou a migração de outros povoados nordestinos para a região com o cultivo de arroz e algodão. Essas novas mercadorias aceleraram o desenvolvimento do estado, que chegou a abrigar diversos casarões antigos que fazem parte do Centro Histórico de São Luís.

Entretanto, com o fim do sistema escravocrata em 1888, o estado passou por um difícil período econômico e só veio se recuperar no início do século seguinte, por volta de 1910, com a industrialização do material têxtil.

Não existem evidências de que os espanhóis tenham chegado à costa norte do Brasil antes dos portugueses, como demonstrado no artigo Falsos Descobrimentos do Brasil.

As primeiras tentativas dos portugueses de colonizar o atual território do Maranhão ocorreram com a criação das Capitanias Hereditárias. Os primeiros colonos da Capitania do Maranhão chegaram em 1535. Eram cerca de 900 pessoas e fundaram o povoado de Nazaré, mas os ataques dos índios resultou na morte da maioria

HISTÓRIA E GEOGRAFIA DO MARANHÃO

HISTÓRIA DO MARANHÃO

dos colonos. Em 1538, os cerca de 200 sobreviventes retornaram a Portugal. Outras tentativas ocorreram no século 16, mas sem sucesso.

No final do século 16, os franceses já exploravam o litoral norte brasileiro. Em 1612, eles ocuparam parte da costa do Maranhão (Isle de Maragnan), fundaram a França Equinocial e a cidadela de São Luís. Os missionários capuchinhos franceses conseguiram o apoio dos tupinambás. Os portugueses e espanhóis tentaram tomar o território durante os anos seguintes.

Em 1614, forças portuguesas, comandadas pelo caboclo Jerônimo de Albuquerque derrotaram os franceses na Batalha de Guaxenduba. Em novembro de 1615, o comandante francês Daniel de la Touche de La Ravardière foi preso, enviado para Lisboa e encarcerado na Torre de Belém.

Após a expulsão dos franceses, os portugueses iniciaram uma rápida colonização do território. Além do pessoal vencedor das batalhas, chegaram cerca de mil colonos dos Açores, em 1619. A Câmara de São Luís foi instalada no final do mesmo ano.

Em 21 de fevereiro de 1620, foi criado, por carta régia, o Estado do Maranhão, com capital em São Luís, separado do Estado do Brasil. Outra carta régia, de 13 de junho de 1621, mudou o nome para Estado do Maranhão e Grão-Pará. Entretanto, o governo do Estado somente foi instalado em 1623, por demora na chegada do governador nomeado. Uma das razões para a separação era a difícil navegação até a Bahia. Além disso, existia a vastidão das capitanias do norte.

Em 1641, São Luís foi invadida pelos holandeses, mas recuperada três anos depois.

O padre Antonio Vieira teve importante papel no Maranhão como missionário entre os índios.

Em 30 de agosto de 1677, foi criada a Diocese de São Luís do Maranhão, como sufragânea do Patriarcado de Lisboa. Em 5 de junho de 1827, após a Independência do Brasil, tornou-se sufragânea da Arquidiocese de São Salvador da Bahia. Em 1º de maio de 1906, subordinou-se à Arquidiocese de Belém do Pará. Tornou-se a Arquidiocese de São Luís do Maranhão, em dois de dezembro de 1921.

Em 1751, a capital do Estado foi transferida para Belém e o nome do Estado passou a ser Estado do Grão-Pará e Maranhão, invertendo a ordem dos nomes e envolvendo as duas capitanias do Grão-Pará e do Maranhão.

Em 1772, foi criado o Estado do Maranhão e Piauí, separado do Grão-Pará. Entretanto, a separação só se efetivou com a provisão de 9 de julho de 1774.

Em 1755, o Marquês de Pombal criou a Companhia Geral do Comércio do Grão-Pará e Maranhão, promovendo o desenvolvimento da região e intensificando o comércio de escravos africanos. Essa empresa entrou em processo de liquidação, em 1778, mas funcionou até 1784.

Em 10 de outubro 1811, a carta régia de D. João separou a Capitania do Piauí da administração do Maranhão.

Em Sete de Setembro de 1822, o Príncipe D. Pedro rompeu com Portugal. O governo de algumas províncias aderiram ao Príncipe, outros permaneceram leais a Portugal. A Bahia já estava em guerra desde junho, Pernambuco lutava pela independência desde 1817. O Maranhão foi dominado pelas forças brasileiras em 1823.

A expansão da colonização não se deteve na conquista do Ceará. Prosseguindo pelos territórios mais ao norte alcançou a área do Maranhão, ponto estratégico devido à proximidade com a foz do Rio Amazonas - porta atlântica de acesso às minas peruanas e motivo de grandes preocupações para a administração filipina.

Felipe II (1556 - 1598) incentivou o avanço dos portugueses em direção àquela área, pois assim afastava-os do Rio da Prata, o outro acesso às minas peruanas.

As preocupações do monarca procediam, já que a importância do local despertara a atenção da França.

Em 1612, aguçados pelo sucesso da atividade açucareira, comerciantes e nobres franceses se associaram em um empreendimento comercial. Contando com o incentivo do rei, tentaram organizar uma colônia no Brasil, a França Equinocial, em um vasto território ainda não ocupado pelos portugueses - o atual estado do Maranhão.

A expedição francesa, comandada por Daniel de La Touche, fundou o Forte de São Luís, em homenagem ao rei da França, e que deu origem à cidade de São Luís, hoje capital do Maranhão.

Ante à ameaça de perderem parte da sua Colônia, portugueses e espanhóis se uniram para enfrentar os invasores. Após inúmeros combates os franceses renderam-se, desistindo do Maranhão (1615). Entretanto, conseguiram uma indenização que compensava as perdas que entendiam ter tido.

Ciente das dificuldades para a ocupação do Grão-Pará, como a inexistência de caminhos regulares e seguros, a política filipina assumiu como finalidade principal, tanto por meio de ações guerreiras quanto por meio do povoamento, garantir o monopólio ibérico na área. Assim, no Natal de 1615 acontecia uma investida em direção à foz do chamado "Rio das Amazonas", liderada por Francisco Caldeira Castelo Branco, que participara da luta contra os franceses no Maranhão. No início de 1616, cumprindo ordens do governador geral, os colonizadores construíram um forte de madeira, que chamaram de Presépio, origem da atual cidade de Belém. O local, estratégico, permitia controlar qualquer investida estrangeira. Auxiliados pelos índios Tupinambás, construíram uma igreja e algumas habitações, estabelecendo um núcleo inicial de povoamento, o de Nossa Senhora de Belém.

Em meados de 1617 começaram a chegar homens e equipamentos, tanto da capitania de Pernambuco, como do Reino, para garantir o fortalecimento daquele núcleo urbano. Entre eles, frades franciscanos incumbidos da catequese dos nativos. Entretanto, esse processo de ocupação ocorria em meio a questões que envolviam choques entre os colonizadores e os colonos e a presença de estrangeiros comerciando com tribos da área. Ingleses e holandeses chegaram a construir fortes em pontos ribeirinhos do Amazonas, gerando conflitos que exigiram, além de providências do Reino, a mobilização da população local. Isso incluía os índios aldeados coordenados pelos franciscanos.

São Luís como patrimônio cultural

A área de casarões históricos de São Luís ocupa 250 hectares e envolve três mil e quinhentas construções. A beleza e a importância histórica deste acervo arquitetônico foram reconhecidas em 1997, durante o primeiro mandato da governadora Roseana, pela Organização das Nações Unidas para a Educação e Cultura (UNESCO), que concedeu à cidade o título de Patrimônio Cultural da Humanidade.

Para concessão do título, também foi levada em conta a preservação dos prédios antigos e a revitalização dos bairros que formam o Centro Histórico (especialmente a Praia Grande, obra iniciada na década de 70 e retomada a partir de 1987, com o Projeto Reviver, no governo do presidente José Sarney).

Chamada por um viajante francês de Pequena vila dos palácios de porcelana, São Luís tem o maior conjunto arquitetônico de origem portuguesa da América Latina. O casario colonial do Centro Histórico da capital e de algumas cidades do interior, como Viana, Guimarães e Alcântara é herança de um tempo de riqueza, quando o Maranhão era um grande exportador de algodão e cana-de-açúcar.

Colonizadores portugueses e seus descendentes reproduziam nos solares e casarões o estilo arquitetônico colonial europeu. Utilizaram ainda o revestimento em azulejos nas fachadas, para amenizar o calor e evitar a umidade. Uma idéia funcional que também agregou charme e beleza, e se tornou marca característica das construções coloniais maranhenses.

Além das fachadas, os azulejos também eram utilizados em painéis dentro de casas e igrejas. A arquitetura da época se caracteriza ainda pelo uso de pedras de cantaria trazidas de Portugal, sacadas com balcões em ferro e mirantes.

1.3 São Luís, a Atenas Brasileira

O Maranhão é um espaço de transição interessante entre o Norte e o Nordeste, que resulta numa cultura mista e ao mesmo tempo singular. Traz a marca das colonizações holandesa, francesa e portuguesa, e a resistência de povos indígenas e quilombolas. A capital, São Luís, tem muitos apelidos, dentre os quais Atenas Brasileira, Jamaica Brasileira, França Equinocial e Cidade dos Azulejos.

São Luís é a capital do Maranhão, também é conhecida como "Cidade dos Azulejos" e "Ilha do Amor". O município está localizado na ilha Upaon-Açu, e é uma cidade litorânea. É um grande ponto turístico e de conexão até outras atrações do estado, como os lençóis maranhenses. Sua história é complexa, pois três diferentes nações europeias marcaram o passado da cidade. O nome é uma homenagem ao antigo rei da França Luís XIII, mas passou a se referir ao rei Luís IX, que também era conhecido como "São Luís Rei da França".

A região que era ocupada inicialmente por indígenas nativos foi colonizada por portugueses. Em 1612, o francês Daniel de La Touche chegou à região para fundar uma colônia francesa nos trópicos. Aliados aos índios conseguiram vencer os portugueses que queriam retomar a região. Apenas em 1615 os lusitanos conseguiram expulsar os franceses da região. No ano de 1641, holandeses que também já haviam invadido outras cidades nordestinas como Salvador, Recife e Olinda, chegaram na região amedrontando os cidadãos da cidade. A ocupação durou 3 anos e em 1644 os holandeses foram expulsos do local. A cidade expandiu-se principalmente pela produção de cana-de-açúcar, cacau, tabaco e algodão, a industria têxtil também aumentou a economia local.

O município tem uma área com cerca de 828 km², e é composta, em sua maior parte, por planícies, alagados, dunas e praias estendida. A região é basicamente uma planície litorânea, principalmente por ser localizado em uma ilha. Estima-se que há mais ou menos 1,06 milhões de habitantes na cidade, com uma densidade demográfica de 1128 hab/km² em média. O clima é normalmente quente e úmido, com períodos de secas.

A capital maranhense tem um grande destaque para a industria dos mais diversos tipos, além das grandes empresas localizadas na cidade, sua localização estratégica entre as regiões Norte e Nordeste do Brasil é um atrativo a mais para a instalação industrial. O turismo também é uma grande fonte de dinheiro para a cidade, principalmente por seu centro histórico e as praias. As atividades de prestação de serviço e comercio também tem participação importante na economia.

A cultura da cidade é muito forte, uma das manifestações mais marcantes é o bumba-meu-boi, que mistura tradições africanas com indígenas. Além disso, a arquitetura de época portuguesa também é uma grande manifestação do passado histórico da cidade, e por conta disso foi tombada como patrimônio cultural da humanidade. Aluísio de Azevedo, Graça Aranha e Gonçalves Dias são alguns dos autores que nasceram na cidade, e por conta dos romances e poemas que foram produzidos nela, ficou conhecida como "Atenas brasileira". Mas a Grécia não é o único país que a capital maranhense representa, por conta da grande repercussão que o ritmo do reggae teve, São Luís também chamada de "Jamaica brasileira" ou de "Capital Brasileira do Reggae". Em 2012 foi eleita como a Capital Americana da Cultura.

O turismo na cidade de São Luís do Maranhão pode ser feito com vários focos. As praias da cidade são uma grande atração para alguns turistas que querem curtir um bom clima perto do mar, a Praia de Ponta D'Areia é um exemplo. Outro tipo de Turismo é o histórico e cultural, o centro histórico da cidade é rico em museus, teatro, galerias e catedrais, além de atrair pela arquitetura. A Catedral de São Luís do Maranhão, Palácio de La Ravardière e Teatro Artur Azevedo são exemplos de pontos turísticos da cidade.

1.4 Pontos Turísticos do Maranhão

Lençóis maranhenses

O Pólo Parque dos Lençóis, situado no litoral oriental do Maranhão, envolve os municípios de Humberto de Campos, Primeira Cruz, Santo Amaro e Barreirinhas. Seu maior atrativo é o Parque Nacional dos Lençóis Maranhenses, belo e intrigante fenômeno da natureza, que tem Barreirinhas como principal portão de entrada.

O Parque Nacional dos Lençóis é um Paraíso ecológico com 155 mil hectares de dunas, rios, lagoas e manguezais. Raro fenômeno geológico, foi formado ao longo de milhares de anos através da ação da natureza. Suas paisagens são deslumbrantes: imensidões de areias que fazem o lugar assemelhar-se a um deserto. Mas com características bem diferenciadas. Na verdade chove na região, que é banhada por rios. E são as chuvas, aliás, que garantem aos Lençóis algumas das suas paisagens mais belas. As águas pluviais

HISTÓRIA DO MARANHÃO

formam lagoas que se espalham em praticamente toda a área do parque formando uma paisagem inigualável. Algumas delas, como a Lagoa Azul e Lagoa Bonita já são famosas pela beleza e condições de banho. Os povoados de Caburé, Atins e Mandacaru são pontos de visita obrigatórios.

Possibilidades

Parque Nacional dos Lençóis Maranhenses 155 mil hectares de pura natureza e muitas surpresas para o viajante, num roteiro que inclui visuais sedutores e por de sol inesquecível, flora e fauna abundantes. Grandes vastidões de dunas, lagoas, banhos de mar esperam pelo turista nesse verdadeiro santuário da natureza.

Praias – Ponta do Mangue, Moitas, Vassouras, Morro do Boi, e Barra do Tatu são algumas das belas praias que esperam pelo turista em Barreirinhas. Chega-se de barco a todas elas, partindo-se da sede do município.

Mandacaru – Vila de pescadores onde a maior atração é um farol de 54 metros de altura, de onde se tem um belo visual do parque.

Caburé – – Um delicioso refúgio onde o visitante pode tomar banho de mar e tirar o sal do corpo em água doce. Boa opção de pernoite. Existem chalés e boa comida.

Em determinada época do ano, em função das chuvas intensas que se estendem de janeiro a julho, se formam, em meio as suas montanhas de areia branca, inúmeras lagoas de água doce e cristalina, em tons de azul e verde, parada obrigatória de quem caminha ali. A cada duna que se sobe, paisagens deslumbrantes e incomuns se revelam em ao deserto, seja pelas diferentes geometrias das areias moldadas pelos ventos, ou pela luminosidade e tons de cores contrastantes a cada período do dia, a cada estação.

O Parque está acessível por duas cidades: Barreirinhas, a leste, e Santo Amaro do Maranhão, a oeste. Em ambas, as agências receptivas vendem passeios que levam às maiores e mais próximas lagoas.

Delta do Parnaíba

O Delta do Parnaíba é considerado uma das mais belas paisagens do mundo. Está localizado entre os estados do Maranhão e Piauí tendo em Parnaíba sua porta de entrada. É um raro fenômeno da natureza que ocorre também no Rio Nilo, na África, e em Me Kong, no Vietnã. Sua configuração se assemelha a uma mão aberta, em que os dedos representam: Barra de Tutoia, Barra do Caju, Barra do Igaraçu, Barra das Canárias e Barra da Melancieira, que se ramificam, formando um grandioso santuário ecológico.

O Delta do Parnaíba ou Delta das Américas corresponde à foz do rio Parnaíba e está situado entre os estados brasileiros do Maranhão e do Piauí. O rio Parnaíba percorre 1450 km ate desembocar no Oceando Atlantico. O rio abre-se em cinco braços, envolvendo 73 ilhas fluviais, e sua paisagem exuberante, cheia de dunas, mangues e ilhas fluviais, garante o cenário paradisíaco dessa região do Maranhão e Piauí. O Delta do Parnaiba comeca na cidade de Parnaiba, onde se encontra a primeira e maior ilha do Arquipelago: a Ilha Grande de Santa Isabel. A Ilha das Canárias, segunda maior ilha do Delta do Parnaíba, está no município de Araioses.

O Delta na parte maranhense

Em geografia denomina-se Delta a foz de um rio que se subdivide em vários braços, formando um triângulo como a letra grega que dá nome ao fenômeno.

No Brasil, um dos Deltas mais famosos é o do Rio Parnaíba, o mais importante do Piauí, que marca a divisa com o estado do Maranhão. Ao desaguar no mar formam-se 73 ilhas em cinco baías. É um dos principais atrativos turísticos do pequeno, mas não menos encantador, litoral do Piauí e compõe junto com Lençóis Maranhenses e Jericoacoara a chamada Rota das Emoções.

Em geografia denomina-se Delta a foz de um rio que se subdivide em vários braços, formando um triângulo como a letra grega que dá nome ao fenômeno.

No Brasil, um dos Deltas mais famosos é o do Rio Parnaíba, o mais importante do Piauí, que marca a divisa com o estado do Maranhão. Ao desaguar no mar formam-se 73 ilhas em cinco baías. É um dos principais atrativos turísticos do pequeno, mas não menos encantador, litoral do Piauí e compõe junto com Lençóis Maranhenses e Jericoacoara a chamada Rota das Emoções.

Mangue Secando

Quando as variações de maré inundam uma duna, aos poucos a vegetação vai tomando conta e transformando-a. E essa luta garante que a paisagem continue sendo formada por dunas e mangues. O guia que nos acompanhou, Senhor Paulo, é também pescador na região desde criança quando acompanhava o pai, contou que presenciou várias dessas mudanças. As correntes e variações de maré também mudam o limite e o formato das ilhas.

Em algumas ilhas também formam-se lagoas com a água das chuvas entre as dunas, uma vez que nessa região de divisa dos dois estados, estão os chamados Pequenos Lençóis, o "outro lado" dos Lençóis Maranhenses.

Barreirinhas

Às margens do Rio Preguiças está Barreirinhas, a principal base para se conhecer o Parque Nacional dos Lençóis Maranhenses. A partir dessa cidade, fazem-se os passeios mais famosos e obrigatórios: o da Lagoa Azul e o da Lagoa Bonita.

De mais fácil acesso a partir de São Luís, Barreirinhas oferece uma boa infraestrutura turística e dispõe de serviços de hospedagem diversificados como hotéis, pousadas e eco resort.

Chega-se a Barreirinhas, principal portão de entrada dos Lençóis Maranhenses, por via terrestre, a partir de São Luís, tomando a BR 135 até Bacabeira. Em seguida, a BR 402 até Rosário e a MA 110. Pegar a MA 226 e, em seguida, a MA 225, até chegar na cidade. A viagem é feita em 3 horas de carro. Ônibus partem diariamente do terminal de São Luís.

Os passeios ao parque devem sempre ser feitos com guias locais. O acesso ao Parque é feito apenas com veículos 4X4, oferecidos pelas agências da cidade, que deixam os visitantes na entrada do mesmo. A partir daí, seguindo a pé, pois não é permitida a entrada de veículos na área protegida.

Os passeios exigem bom preparo físico, e geralmente são feitos no período da tarde, quando o sol já está mais baixo.

Recomendamos usar sempre protetor solar, roupas de banho e roupas leves, e se hidratar constantemente.

Chapada das mesas

O Parque Nacional da Chapada das Mesas protege 160.046 hectares de Cerrado nos municípios de Carolina, Riachão, Estreito e Imperatriz, no centro-sul do Maranhão.

Criado em 2005, o Parque Nacional da Chapada das Mesas é um dos mais novos parques nacionais do Brasil. Florestas de buritizais, sertões, relevo de chapadas vermelhas, compõem um estonteante conjunto de curiosas formações rochosas, cânions, cavernas e cachoeiras. São inúmeras as surpresas e aventuras que uma visita a esse parque pode revelar.

Seu nome veio por conta de seus platôs, que lembram realmente o formato de mesas de pedra. Isso se deu devido aos paredões de rocha de arenito formados há milhões de anos.

Este santuário ecológico de 160 mil hectares traz incontáveis espetáculos naturais, exemplares únicos do Cerrado brasileiro. Mas, sem dúvida, as cachoeiras e suas piscinas naturais de água cristalina com temperaturas amenas, em meio aos imensos paredões rochosos, são as grandes responsáveis pelo encanto que envolve o Parque.

As cachoeiras de São Romão, em Carolina e a Cachoeira da Prata, onde se pode praticar rappel e canionismo são as que mais se destacam por sua grandeza, mas outras atrações como o trekking até o Morro das Figuras, com inscrições rupestres e as trilhas ecológicas como a que leva até o Morro do Chapéu não deixam nada a desejar no quesito aventura.

O entorno do Parque oferece diversos atrativos imperdíveis. São trilhas que levam a incríveis cachoeiras e mirantes, praias e passeios fluviais e muita aventura. Os cenários são deslumbrantes, ótimos para fotos de natureza, caminhada e observação de aves raras, já que a vegetação do Cerrado atrai muitas aves da região, formando um verdadeiro berçário de aves.

Pedra Caída

A 35 Km de Carolina fica o santuário ecológico de Pedra Caída, um complexo que possui uma variedade de quedas d'água, sendo que a principal delas despenca de uma altura de 46 metros. O local oferece possibilidades de praticar diversos esportes radicais desde os mais leves aos mais pesados, como passeios em veículos traçados, caminhadas, rappel e tirolesa, lembrando que a de Pedra Caída é uma das mais altas e longas do país, atingindo 1.400 metros de comprimento e cerca de 300 metros de altura.

No sudoeste do Maranhão, a cidade de Riachão é sinônimo de aventura. Cheia de cachoeiras, rios, trilhas e canions, a região oferece oportunidade para todo mundo se exercitar e entrar num harmonioso e emocionante contato com a natureza. As opções são diversas. Desde uma simples caminhada, passando por tirolesa e rapel. Mas a aventura maior mesmo é descobrir esse paraíso.

Reserva Natural Cachoeira do Rio Cocal

Uma propriedade privada cortada pelo Rio Cocais, onde se formam 4 cachoeiras: o Poço Azul, a de Santa Bárbara, a dos Namorados e a de Santa Paula. O Poço Azul é uma piscina natural de água cristalina e azulada que surpreende pela beleza. A poucos minutos de caminhada, fica outra preciosidade: a cachoeira de Santa Bárbara, uma queda de cerca de 75 metros de altura. Na reserva, além das cachoeiras, há trilhas que acompanham o leito do Rio Cocais, em meio ao Cerrado Maranhense.

A região que agora está abrigada dentro do Parque Nacional é extremamente rica em espécies de animais e de plantas, sem falar no alto potencial turístico em decorrência das belezas naturais da Chapada das Mesas. Os planos do Governo Federal incluíam a criação de novas áreas protegidas no Maranhão, formando um "mosaico" com parques e reservas estaduais e federais e terras indígenas. A criação do parque era debatida e avaliada desde 2004, mas ganhou força em 2005, com a realização de estudos de campo que comprovaram o valor ecológico, social, econômico e cultural da região.

Atins

A cidade fica às margens do Rio Preguiças e, ao mesmo tempo, é banhada pelo Oceano Atlântico. Tudo isso é bem coladinho à entrada do Parque dos Lençóis, o que faz da localização do lugar um privilégio para o turista. Afinal, de lá, é possível acessar, a pé, a principal atração turística da região.

São apenas 22 quilômetros de distância da famosa Barreirinhas. No entanto, apesar da proximidade, o trajeto leva cerca de uma a duas horas de viagem, a depender do tipo de transporte escolhido e da época do ano— mas sem preocupação.

Apesar de pequena, a vila oferece uma infinidade de atividades e atrações que podem ser exploradas, de acordo com seus níveis de adrenalina e espírito de aventura. Quer conferir algumas delas? Veja a lista a seguir!

O canto de Atins fica localizado a uma hora e meia de Atins, a pé. Lá, é possível apreciar a natureza exuberante com suas dunas e lagoas, além da comida caseira de alguns restaurantes locais. A forma mais fácil de chegar é pela praia, mas também há trilhas, nas quais se recomenda o acompanhamento de guias.

À lagoa verde, dá para chegar a pé, desde que haja disposição e bom preparo físico. Afinal são três horas e meia de caminhada. Porém, você pode contratar passeios com 4×4 para chegar lá, se preferir.

A lagoa tropical é menos explorada que a anterior, seu trajeto leva cerca de uma hora e meia a pé, e, já pelo caminho, você conhece outros pequenos lagos — bons para se refrescar.

Para quem é apaixonado por trilhas e trekkings, a travessia até Santo Amaro pode ser uma excelente opção. São, ao todo, três dias de caminhada, e o ideal é ser acompanhado de um guia credenciado.

Parque dos Lençóis Maranhenses

Prática de esportes de aventura — além das trilhas, é possível alugar stand-up ou fazer kitesurf, por exemplo, e explorar os lugares de uma forma diferente.

A revoada dos guarás é espetáculo único, que permite observar os guarás — pássaros típicos da região, que têm uma penugem vermelha e se recolhem ao entardecer.

Quando se diz que o vilarejo de Atins está em movimento constante, não é uma metáfora. Trata-se de um pequeno território

HISTÓRIA E GEOGRAFIA DO MARANHÃO

HISTÓRIA DO MARANHÃO

de faixa de areia "firme", entre um dos igarapés do rio Preguiça e o oceano Atlântico. O permanente vento forte e os ciclos da maré são os fenômenos que desenham a conformação das dunas e dos bancos de areia. Por conta da atividade natural da região, Atins virou, há apenas cinco anos, o local preferido dos praticantes de kitesurf.

Após uma das invasões da água do mar, o lado esquerdo da foz do rio Preguiça, que era um lugar engrouvinhado de mangue, vegetação e areia, se transformou numa praia perfeita para passeio. Ao mesmo tempo, a formação de uma espécie de istmo a cerca de mil metros mar adentro criou uma barreira natural que mantém as ondas afastadas e promove uma extensa faixa de águas calmas para os kitesurfistas, como uma piscina natural.

É nesse ambiente, com sol constante, que turistas se encorajam a vestir o equipamento e fazer uma aula inaugural de kitesurf.

1.5 São Luís – Centro Histórico

Tombado pelo Iphan, em 1974, o centro histórico de São Luís - localizado na ilha de São Luís do Maranhão, na Baía de São Marcos - é um exemplo excepcional de adaptação às condições climáticas da América do Sul equatorial, e tem conservado o tecido urbano harmoniosamente integrado ao ambiente que o cerca. O conjunto delimitado pelo perímetro do tombamento federal, com cerca de mil edificações, possui imóveis de grande valor histórico e arquitetônico, a maioria civil, construídos do período colonial e imperial com características peculiares nas soluções arquitetônicas de tipologia, revestimento de fachadas e distribuição interna.

Foi reconhecido como Patrimônio Cultural Mundial pela Unesco, em 1997, por aportar o testemunho de uma tradição cultural rica e diversificada, além de constituir um excepcional exemplo de cidade colonial portuguesa, com traçado preservado e conjunto arquitetônico representativo. Por se tratar de uma cidade histórica viva, pela sua própria natureza de capital, São Luís se expandiu, preservando a malha urbana do século XVII e seu conjunto arquitetônico original. Em toda a cidade são cerca de quatro mil imóveis tombados: solares, sobrados, casas térreas e edificações com até quatro pavimentos.

São conjuntos homogêneos remanescentes dos séculos XVIII e XIX, quando o Estado do Maranhão teve participação decisiva na produção econômica do Brasil, como um dos grandes exportadores de arroz, algodão e matérias-primas regionais. Nessa época, São Luís foi considerada a quarta cidade mais próspera do Brasil, depois de Salvador, Recife e Rio de Janeiro. Os mais representativos exemplares da arquitetura de São Luís datam, sobretudo, da segunda metade do século XIX - sobrados de fachadas revestidas em azulejos portugueses que estão entre os aspectos mais peculiares da expressão civil maranhense.

Por meio do estilo tradicional português, criou-se uma arquitetura única, pela generosidade dos materiais construtivos utilizados e soluções ambientais adotadas. A arquitetura histórica da cidade prima pela adequação ao clima, com o aproveitamento máximo da sombra e da ventilação marítima. O centro mantém o seu tecido urbano preservado com todos os elementos que o caracterizam e lhe conferem singularidade. Destacam-se o uso do azulejo, entre outros aspectos, e as dimensões que transmitem sua importância no processo de ocupação territorial da região.

Ladeiras, casarões, azulejos, fachadas, beirais, portais... Andar pelo Centro Histórico de São Luís é como estar dentro da história. Ou melhor, é estar dentro da história. Cada pedaço do lugar remete a um dos 407 anos de São Luís, da ilha quatrocentona, cidade dos azulejos, cidade Patrimônio Mundial da Humanidade (título concedido pela Organização das Nações Unidas para a Educação, Ciência e a Cultura em 6 de dezembro de 1997, em Nápoles, na Itália).

O Centro Histórico foi tombado pelo Iphan em 1974. Um exemplo excepcional de adaptação às condições climáticas da América do Sul equatorial e que tem conservado o tecido urbano harmoniosamente integrado ao ambiente que o cerca. O conjunto delimitado pelo perímetro do tombamento federal, com cerca de mil edificações, possui imóveis de grande valor histórico e arquitetônico, a maioria civil, construídos do período colonial e imperial com características peculiares nas soluções arquitetônicas de tipologia, revestimento de fachadas e distribuição interna.

Há 22 anos, foi reconhecido como Patrimônio Cultural Mundial pela Unesco. Por se tratar de uma cidade histórica viva, pela sua própria natureza de capital, São Luís se expandiu, preservando a malha urbana do século XVII e seu conjunto arquitetônico original. Em toda a cidade, são cerca de quatro mil imóveis tombados: solares, sobrados, casas térreas e edificações com até quatro pavimentos, que, remanescentes dos séculos XVIII e XIX, possuem proteção estadual e federal.

O arquiteto urbanista Ronald de Almeida Silva descreve o Centro Histórico de São Luís como um estojo de joias, um escrínio que guarda muito mais do que solenes casarões, sobrados altaneiros, becos e escadarias, simpáticas praças e singelas casinhas de porta e janela.

"O que diferencia esse Centro Histórico de uma maquete gigante e inerte são as pessoas que nele residem ou trabalham. Pessoas com seus alaridos de conversas, cantoriais e festejos; o som de seus veículos e seus buliçosos movimentos de ir e vir, escrever, poetar, dormir, comer, brincar, passear, trabalhar, amar e procriar nesse ambiente que tem aura de quatro séculos", pontua o arquiteto.

Com o crescimento da cidade, Ronald de Almeida afirma que o Centro Histórico resistiu bem ao aumento populacional. "Ainda podemos restaurar e recuperar a quase totalidade dos imóveis arruinados. A cidade cresceu vertiginosamente e chegou ao atual 1 milhão de habitantes e, desses, cerca de 20 mil a 30 mil residem no Centro Histórico. Esse tsunami demográfico e as crises de gestão urbana e sequelas econômicas provocaram muitas perdas definitivas: imóveis que se arruinaram ou foram demolidos e dos quais somente resta hoje o chão vazio, como a Capela do Convento das Mercês e o Palácio dos Holandeses, onde hoje está o Hotel Central".

2. DIVISÃO POLÍTICA DO MARANHÃO

A divisão do estado em mesorregiões e microrregiões do Maranhão, Região Nordeste do país. O estado do Maranhão foi divido geograficamente pelo IBGE em cinco mesorregiões, que por sua vez abrangiam 21 microrregiões, segundo o quadro vigente entre 1989 e 2017.

Em 2017, o IBGE extinguiu as mesorregiões e microrregiões, criando um novo quadro regional brasileiro, com novas divisões geográficas denominadas, respectivamente, regiões geográficas intermediárias e imediatas.

2.1 Mesorregiões:
> Mesorregião do Norte Maranhense.
> Mesorregião do Oeste Maranhense.
> Mesorregião do Centro Maranhense.
> Mesorregião do Leste Maranhense.
> Mesorregião do Sul Maranhense.

O Maranhão está dividido em 21 Microrregiões:

1) Aglomeração Urbana de São Luís:
População: 1.013.431 habitantes
Cidades: 4
Área Total: 1.453,10 km²
Dens. Demográfica: 697,43 hab/km²

2) Região de Alto Mearim e Grajaú
População: 240.248 habitantes
Cidades: 11
Área Total: 37.972,60 km²
Dens. Demográfica: 6,33 hab/km²

3) Região da Baixada Maranhense
População: 474.929 habitantes
Cidades: 21
Área Total: 17.955,80 km²
Dens. Demográfica: 26,45 hab/km²

4) Região do Baixo Parnaiba Maranhense
População: 108.436 habitantes
Cidades: 6
Área Total: 7.091,70 km²
Dens. Demográfica: 15,29 hab/km²

5) Região de Caxias
População: 347.164 habitantes
Cidades: 6
Área Total: 15.672,30 km²
Dens. Demográfica: 22,15 hab/km²

6) Região da Chapada das Mangabeiras
População: 62.376 habitantes
Cidades: 8
Área Total: 17.511,00 km²
Dens. Demográfica: 3,56 hab/km²

7) Região da Chapada do Alto Itapecuru
População: 187.972 habitantes
Cidades: 13
Área Total: 23.281,40 km²
Dens. Demográfica: 8,07 hab/km²

8) Região de Chapadinha
População: 186.155 habitantes
Cidades: 9
Área Total: 10.657,30 km²
Dens. Demográfica: 17,47 hab/km²

9) Região de Codó
População: 226.733 habitantes
Cidades: 6
Área Total: 9.485,40 km²
Dens. Demográfica: 23,90 hab/km²

10) Região de Coelho Neto
População: 75.072 habitantes
Cidades: 4
Área Total: 3.609,90 km²
Dens. Demográfica: 20,80 hab/km²

11) Região de gerais de Balsas
População: 96.236 habitantes
Cidades: 5
Área Total: 36.078,60 km²
Dens. Demográfica: 2,67 hab/km²

12) Região de Gurupi
População: 177.401 habitantes
Cidades: 14
Área Total: 23.903,70 km²
Dens. Demográfica: 7,42 hab/km²

13) Região de Imperatriz
População: 491.405 habitantes
Cidades: 16
Área Total: 27.157,30 km²
Dens. Demográfica: 18,09 hab/km²

14) Região de Itapecuru Mirim
População: 158.081 habitantes
Cidades: 8
Área Total: 7.024,80 km²
Dens. Demográfica: 22,50 hab/km²

15) Região de Lençóis Maranhenses
População: 127.992 habitantes
Cidades: 6
Área Total: 10.314,60 km²
Dens. Demográfica: 12,41 hab/km²

16) Região de Litoral Ocidental Maranhense
População: 161.938 habitantes
Cidades: 13
Área Total: 9.198,40 km²
Dens. Demográfica: 17,61 hab/km²

17) Região de Médio Mearim
População: 388.944 habitantes
Cidades: 20
Área Total: 10.936,40 km²
Dens. Demográfica: 35,56 hab/km²

18) Região de Pindaré
População: 506.845 habitantes
Cidades: 22
Área Total: 36.188,30 km²
Dens. Demográfica: 14,01 hab/km²

19) Região de Porto Franco
População: 89.829 habitantes
Cidades: 6
Área Total: 14.310,20 km²
Dens. Demográfica: 6,28 hab/km²

20) Região de Presidente Dutra
População: 176.659 habitantes
Cidades: 11
Área Total: 7.302,90 km²
Dens. Demográfica: 24,19 hab/km²

21) Região de Rosário
População: 120.503 habitantes
Cidades: 8
Área Total: 6.259,90 km²
Dens. Demográfica: 19,25 hab/km²

IBGE 2010.

DIVISÃO POLÍTICA DO MARANHÃO

ESTADO DO MARANHÃO - MESORREGIÕES

2.2 Clima e Vegetação

As Características de Localização

Localizado no que os especialistas chamam de "Nordeste Amazônico", por estar situada bem entre a região norte, com toda a riqueza da Floresta Amazônica, com as belezas que a região e o clima da região nordeste apresentam e que são conhecidas de todos em todo o Brasil, a vegetação do estado do Maranhão é rica por estar localizada bem no leste da Amazônia e na ponta mais distante do norte do nordeste, que era anteriormente conhecido como "meio-norte".

Analisando sobre diversos pontos de vista, o Maranhão politicamente está no nordeste, do ponto de vista geográfico está encravado bem no meio do Norte e do Nordeste, e muito provavelmente por conta dessa mistura toda, a cultura do povo maranhense é influenciada por indígenas, brancos e fortemente predominado pela cultura negra, que criou um povo com identidade bastante diferenciada do restante de seus vizinhos, em uma miscigenação que formou um dos mais belos conjuntos folclóricos e culturais de todo o Brasil.

O cenário verde do Maranhão está na junção das regiões Norte e Nordeste, e também aproveita uma parte do planalto central do Brasil, possibilitando a criação de um cenário único, formado pela riqueza cultural do povo maranhense e pela beleza natural da variada paisagem natural do Maranhão, que é composta de parte da Floresta Amazônica, as florestas chamadas de Pré-Amazônicas, e de diversos tipos de vegetações características como cerrados, serras, vales, chapadas, campos e manguezais que traduzem a riqueza da vegetação brasileira.

Outra grande atração natural do Maranhão é a sua vasta diversidade de águas, com muitas cavernas, gruas, rios, baías, golfos, lagos ilhas, açudes e praias de mar e de rio que constituem uma riqueza ímpar dentro do território brasileiro.

O Maranhão é o segundo maior estado da Região Nordeste em extensão territorial, que divididos em 217 municípios possui uma área de 1.554.300 km².

O Estado está localizado na sub-região nordestina Meio-Norte, que tem características de transição, pois está entre a Região Amazônica e a área do Sertão Nordestino. Por conta dessa característica, no território maranhense tem em seu interior uma rica diversidade animal e vegetal.

A Vegetação do Maranhão é composta por diferentes tipos de ambientes que são derivados de sua transicionalidade. No interior do Estado encontramos vários tipos de vegetações encontradas nos principais biomas do Estado: A Floresta Amazônica, o Cerrado, a Caatinga e a Mata dos cocais.

A Floresta Amazônica

A Floresta Amazônica que ocupa as regiões Oeste e Noroeste Maranhense, tem a característica de ter uma vegetação ombrófila densa – que é constituída por árvores de grande porte em grande quantidade, quase sempre de mesmo tamanho. O tamanho e a concentração de árvores justifica-se pelo clima úmido da região que possibilita a densidade arbórea do bioma. Suas principais espécies vegetais são os buritizais, açaí e palmeiras.

Esse bioma maranhense se destaca por abrigar muitos indígenas, onde vivem aproximadamente 160 tribos, que mantém uma relação de preservação com a Floresta. Entretanto, essa relação de preservação não ocorre em totalidade. Segundo dados do RADAM Brasil, cerca de 75% da vegetação amazônica presente no Estado já foi desmatada, por conta das queimadas que são realizadas para fins agropecuários, extração de carvão, atividades mineradoras e plantações de eucalipto.

O Cerrado

Outro bioma constituinte da vegetação do Maranhão é o Cerrado, que predomina em 60% do território maranhense, especializando-se nas regiões Sul e Leste do Estado.

Sua vegetação tem um elevado grau de endemismo, ou seja, composta por espécies vegetais nativas e próprias do bioma, e seu ambiente varia entre matas mais secas e ralas (Cerradão), árvores baixas, inclinadas e tortuosas (Cerrado típico) e vegetações caducifólias – que perdem as folhas no período de estiagem.

Apesar de ser o maior bioma do Estado maranhense, o Cerrado sofre com o desmatamento e a devastação devido ao crescimento do agronegócio a partir do MA-TO-PI-BA, que utiliza o ambiente cerradeiro como fronteira agrícola para a produção de soja. Estima-se que 50% da vegetação do bioma já foi desmatada para dar origem as plantações dessa commoditie.

Mata dos cocais

Florestas úmidas da Amazônia e o clima semiárido do sertão.

Sua vegetação é marcada pela presença de árvores de grande porte como o babaçu, buriti, açaí, carnaúba, entre outras que são importantes no desenvolvimento da região, a partir do extrativismo vegetal, que são fundamentais para a sobrevivência da população local.

Muitas famílias sobrevivem da extração do coco do babaçu, da carnaúba, entre outras espécies, e vendem para a fabricação de produtos como a cera, a glicerina, o óleo de babaçu e diversos tipos de shampoo. As mulheres que trabalham nesse tipo de extrativismo vegetal são conhecidas como quebradeiras. Apesar desse reconhecimento, essas mulheres diariamente lutam contra o crescimento dos latifúndios e a repressão de grandes fazendeiros e donos de grandes cultivos agropecuários para garantirem seu trabalho e sustento.

Caatinga

A Caatinga presente no extremo leste do território maranhense na fronteira com o Piauí, apresenta diversas peculiaridades em relação à sua vegetação. Suas espécies vegetais, por conta do clima semiárido e dos longos períodos de estiagem, tem mecanismos de sobrevivência por causa da pouca disponibilidade hídrica.

Sua vegetação é marcada pela presença de árvores baixas, cactos, e troncos tortuosos que apresentam espinhos em sua estrutura. Suas principais espécies vegetais são: o juazeiro, mandacaru e o ipê-roxo.

Entretanto, assim como no Maranhão e em toda a região Nordeste, a vegetação é considerada um hotspot – bioma com risco de extinção – muito por conta da extração de lenha nativa, que vem ocasionando a derrubada de muitas árvores e o desmatamento para a criação de pastagens e para a prática da agricultura.

Os climas do Maranhão

Ao longo de sua extensão territorial, o Estado do Maranhão possui três tipos climáticos:

> Clima Equatorial: Presente na região Oeste e Noroeste do Estado.
> Clima Tropical úmido: Característico de grande parte da extensão territorial do Estado.
> Clima Tropical subúmido: Predomina na região sudeste do Maranhão.

O Clima Equatorial presente nas partes Oeste e Noroeste do Estado caracteriza-se por ser um clima quente e muito úmido, devida à influência da Floresta Amazônica, que resulta na intensa evapotranspiração nessas regiões.

Por conta da evapotranspiração, esse clima é marcado por ter um alto índice pluviométrico, com médias de chuvas estimadas em 2500 mm e uma umidade relativa do ar de 80%. A temperatura média varia entre 25 e 29 °C.

O Clima Tropical Úmido engloba a maioria do Estado, e se configura por ter duas estações bem definidas: a chuvosa que vai de Janeiro até Junho, e a seca que vai de Junho a Dezembro. O índice pluviométrico em média por ano é de 1500 mm. A média térmica desse tipo climático varia entre 22 e 26 °C.

Nesse clima maranhense, há duas variações climáticas bastante significativas. A primeira presente no litoral sofre a influência da maritimidade, conforme já destacado no texto, que gera uma baixa amplitude térmica e uma maior quantidade de chuvas. Já no interior do Estado, a continentalidade é o fator climático mais influente, o que traz uma alta amplitude térmica e um menor índice pluviométrico.

O clima Tropical Seco e Úmido é o clima com menor índice pluviométrico do Estado, com média anual de 1200 mm. Também tem duas estações definidas, em que o período chuvoso ocorre entre os meses de Março e Outubro, e o período de estiagem de Novembro a Fevereiro. Pela sua posição geográfica - Leste e Sudeste Maranhense – seu clima é mais seco por conta da proximidade da região semiárida nordestina.

As mudanças climáticas no Maranhão

Segundo estudos do Ministério do Meio Ambiente, os 217 municípios maranhenses poderão ficar até 2070 mais quentes e secos. O estudo atesta que até esse ano a temperatura média do Estado poderá aumentar até 5 °C e ter uma diminuição de 32% em seu regime de chuvas.

Se a previsão for concretizada, a mudança climática pode trazer inúmeras consequências como a seca dos rios e o aumento no período de estiagem. Esses problemas podem trazer inúmeros prejuízos econômicos como a recessão em atividades como pesca, pecuária, agricultura, extração de madeira e babaçu.

Os fatores climáticos dos climas maranhenses

O Maranhão, ao longo de sua extensão territorial, possui três tipos de clima. Essa diversidade climática presente no Estado deve-se a alguns fatores climáticos:

As massas de ar: No Maranhão, a predominância de climas quentes e úmidos se devem às influências das massas de ar Equatorial Atlântica (mEa) e a Equatorial Continental (mEc).

A maritimidade: No litoral maranhense, há a influência da Maritimidade em regiões costeiras no Estado, ocasionando em uma baixa amplitude térmica nas cidades litorâneas.

A continentalidade: No interior do Maranhão a alta amplitude térmica é justificada pela influência da continentalidade, já que no período noturno o calor durante o dia é perdido muito rápido para a atmosfera, ocasionando em uma queda na temperatura.

Latitude: Por estar situada bem próxima a Linha do Equador, o Maranhão que está situada em uma região de baixa latitude, ou seja, está em uma área que recebe iluminação solar com muita intensidade terá altas temperaturas durante todo o ano.

El Niño: O aumento da temperatura somada à redução de chuvas no Estado do Maranhão se constitui como a influência do El Niño, que é derivado do aquecimento das águas do Oceano Pacífico.

ATENÇÃO

- A maior área litorânea: Somando todas as reentrâncias que o litoral maranhense possui, a costa chega a ter mais de 1000 quilômetros de extensão, batendo, de longe, o litoral da Bahia, que é o maior litoral em linha do território nacional.

- A maior quantidade de ilhas: O Maranhão possui a maior quantidade de ilhas formadas em todo o país, pois são formados arquipélagos, tanto das águas fluviais como as da água marítima, e grande parte dessas ilhas está preservada, como por exemplo o arquipélago onde está a capital, São Luís.

- O maior manguezal do Brasil: O Maranhão tem a maior quantidade de manguezais da costa brasileira, formando um dos mares mais cheios de peixes e de biodiversidade do país, que garantem muita exuberância e mangues de até 40 metros de altura.

- O cerrado do Maranhão se tornou a mais nova fronteira agrícola do país, dada a sua preservação e extensão. Figurinhas difíceis da natureza brasileira ainda se encontram em números bastante saudáveis, como o lobo guará, a arara azul e a onça pintada. O sucesso da conservação dessas se deve a divisão em três áreas distintas: o Parque Estadual do Mirador, e os Parques Nacionais da Chapada das Mesas e do Rio Parnaíba.

- Corais: Devido à sua grande riqueza natural embaixo d'água, os manguezais formaram a maior bacia de corais da América do Sul, dada a grande quantidade de material que as correntes marítimas transportam em sua área costeira.

- Amazônia preservada: No Maranhão, se encontra uma das maiores áreas preservadas e ameaçadas da Floresta Amazônica, onde muitas espécies que existem apenas naquela região vivem, como o macaco caiarara, o cuxiú preto e a ararajuba.

2.3 Hidrografia

O Estado do Maranhão possui 12 bacias hidrográficas (Quadro 01). As bacias do Parnaíba, a Leste; do Tocantins, a Sudoeste; Gurupi, a Noroeste, correspondem às bacias hidrográficas de domínio federal, já as bacias de domínio estadual estão representadas

DIVISÃO POLÍTICA DO MARANHÃO

pelos Sistemas hidrográficos estaduais das Ilhas Maranhenses e do Litoral Ocidental, bem como as bacias hidrográficas Mearim, Itapecuru, Munin, Turiaçú, Maracaçumé, Preguiças e Periá.

Na totalidade, essas bacias formam uma área de aproximadamente 202.203,50 km², ou seja, 60,90% da área total do Estado do Maranhão. Quase toda a rede de drenagem maranhense se faz no sentido: Sul – Norte, por meio de numerosos rios independentes que se dirigem para o Atlântico, a exemplo do Gurupi, Turiaçu, Pindaré, Mearim, Itapecuru e Parnaíba. No sudoeste do Estado, uma pequena parte do escoamento se faz em direção a Oeste.

A rede hidrográfica maranhense é, em sua maior parte, pertencente à bacia do Norte e Nordeste. Entre os principais rios do Estado se encontra o Paranaíba, dividido com o Piauí na região fronteiriça entre os dois Estados. Outros rios que banham o território do Maranhão são o Gurupi (zona de fronteira com o Pará), o Tocantins (zona de fronteira do Maranhão com Tocantins), Turiaçu, Itapecuru, Pindaré, Grajaú e Mearim.

Lista de Rios do Maranhão

> Rio Gurupi
> Rio Itapecuru
> Rio Mearim
> Rio Munim
> Rio Parnaíba
> Rio Pindaré
> Rio Tocantins
> Rio Turiaçu

Regiões Hidrográficas	Bácias Hidrográficas	Área (km²)	% Sobre a Área do Estado	População Total	Total de Municipios	Municipios mais Populosos
Dominio Federal						
Parnaíba	Bácia hidrográfica de Parnaíba	66.449,09	20,02	717.723	39	Balsas, Brejo, Coelho Neto, Pastos Bons, Timon, Tutóia.
Araguaia-Tocantins	Bácia hidrográfica de Tocantins	30.665,15	9,24	498.105	23	Imperatriz, Carolina, Estreito, João Lisboa, Porto franco
Atlântico Nordeste Ocidental	Bácia hidrográfica do Gurupi	15.953,91	4,81	178.302	13	Açaílândia, Carutapera, Itinga do Maranhão

Regiões Hidrográficas	Bácias Hidrográficas	Área (km²)	% Sobre a Área do Estado	População Total	Total de Municipios	Municipios mais Populosos
Dominio Estadual						
Atlântico Nordeste Ocidental	Sistema Hidrográfico Litoral Ocidental	10.226,22	3,08	343.130	23	Cururupu, Pinheiro, São Bento
	Sistema Hidrográfico Ilhas Maranhenses	3.604,62	1,09	1.349.541	22	São Luís
	Bácia hidrográfica do Mearim	99.058,68	29,84	1.681.307	83	Bacaral, Barra do Corda, Grajaú, Lago da Pedra, Presidente Dutra, Viana, Zé Doca.
	Bácia hidrográfica do Itapecuru	53.216,84	16,03	1.681.307	57	Caxias, Codó, Colinas, Corotá, Dom Pedro, Itapecuru-Mirim, Timbiras.
	Bácia hidrográfica do Munim	15.918,04	4,79	320.001	27	Chapadina, Mata Roma, São Benedito do Rio Preto, Urbano Santos, Vargem Grande.
	Bácia hidrográfica do Tiriaçu	14.149,87	4,26	179.212	16	Nova Olinda do Maranhão, Santa Helena, Santa Luzia do Puruá, Turiaçu, Tutilândia
	Bácia hidrográfica do Maracaçumé	7.756,79	2,34	122.535	16	Cândido Mendes, Godofredo Viana, Governador Nunes Freire, Maracaçumé, Maranhãozinho.
	Bácia hidrográfica do Preguiças	6.707,79	2,02	96.379	10	Barreirinhas, Paulinho Neves
	Bácia hidrográfica do Periá	5.395,37	1,62	64.049	06	Humberto Campos, Primeira Cruz, Santo Amaro

Fonte: ANA (2006), PNRH (2006), IBGE (2010) E NUGEO/UEMA (2009).

As 12 (doze) regiões hidrográficas do Brasil foram estabelecidas pela Resolução do Conselho Nacional de Recursos Hídricos (CNRH) nº 32 de 25 de Junho de 2003, com a finalidade de melhorar o gerenciamento e planejamento dos recursos hídricos. A Resolução nº 32 indica que o Estado do Maranhão está inserido em 03 (três) regiões hidrográficas.

Bacia Hidrográfica do Itapecuru

A bacia hidrográfica do rio Itapecuru possui uma área de 53.216,84 km², correspondendo a 16,03% da área do Estado. O Itapecuru nasce no Sul do Estado no sistema formado pelas Serras da Croeira, Itapecuru e Alpercatas, em altitude de aproximadamente 530 m, desaguando na baía do Arraial, depois de percorrer cerca de 1.050 km, a Sudeste da Ilha do Maranhão, na forma de 02 braços de rios denominados: Tucha e Mojó.

Os principais afluentes pela margem direita são os rios Correntes, Pirapemas, Itapecuruzinho, e os riachos Seco, do Ouro, Gameleira, Cachimbo e Guariba. Pela margem esquerda destacam-se os rios Alpercatas, Peritoró, Pucumã, Baixão do Vigia, Baixão da Bandeira, Douradinho, Olho Dágua, Codozinho, dos Porcos, e Igarapé Grande, além dos riachos, São Felinha, da Prata e dos Cocos.

Bacia Hidrográfica do Maracaçumé

A bacia hidrográfica do rio Maracaçumé possui área de 7.756,79 km², correspondendo a 2,34% da área do Estado, tendo o rio Maracaçumé como rio principal, nasce na Serra do Tiracambu e deságua no Oceano Atlântico entre os municípios de Godofredo Viana e Cândido Mendes, após percorrer uma extensão de aproximadamente 150 km. Os rios Duas Antas, Coqueiro, Macaxeira, Pacovel e Peixe são seus principais afluentes.

Bacia Hidrográfica do Mearim

A bacia hidrográfica do rio Mearim possui uma área de 99.058,68 km², correspondendo a 29,84% da área total do Estado, sendo a maior entre todas as bacias hidrográficas do Estado.

O rio Mearim, nasce na serra da Menina, entre os municípios de Formosa da Serra Negra, Fortaleza dos Nogueiras e São Pedro dos Crentes, recebendo a denominação de ribeirão Água Boa, seguindo um longo trajeto na direção Sudoeste-Nordeste, até Esperantinópolis, onde após receber as contribuições do rio Flores, direciona-se para o Norte, até desembocar na baia de São Marcos, entre São Luís e Alcântara.

Todo esse percurso ocorre em cerca de 930 km de extensão. O rio Mearim tem como principais afluentes o rio Pindaré e o rio Grajaú. O rio Pindaré deságua no rio Mearim a cerca de 20 km da sua foz. O rio Grajaú flui para o rio Mearim por meio do canal do Rigô encontrando o Mearim na área do Golfão Maranhense.

Bacia Hidrográfica do Munim

A bacia do rio Munin possui uma área de 15.918,04 km², correspondendo a 4,79% da área do Estado. Essa bacia localiza-se na porção extremo-leste do Maranhão. O rio Munin deságua na baía de São José, entre Axixá e Icatu, após percorrer aproximadamente 320 km. Suas nascentes estão situadas nos Tabuleiros da Formação Barreiras, a Nordeste do município de Caxias.

A bacia tem como principais afluentes os rios Iguará, Paulica, riacho Mocambo, riacho Raiz, riacho da Cruz e riacho São Gonçalo pela margem esquerda e, pela margem direita, os rios Preto, riacho Pirangi, Una e riacho da Mata.

Bacia Hidrográfica do Periá

A bacia hidrográfica do rio Periá apresenta uma área total de 5.395,37 km², representando aproximadamente 1,62% da área total do Maranhão. Limitando-se com as bacias hidrográficas do Munin, do rio Preguiças e com o Oceano Atlântico. Essa bacia representa a menor área entre todas as regiões hidrográficas do Estado.

Seus rios principais são: o Rio Periá, com uma extensão de 80 km; o rio Mapari e o rio Anajatuba. Todos esses rios vivem sob constante influência das marés que influenciam também o ritmo de vida da população local. Os rios apresentam foz bastante largas e são orladas por exuberante vegetação de mangue.

Bacia Hidrográfica do Rio Preguiças

A bacia hidrográfica do rio Preguiças possui uma área total de 6.707,91 km², representando 2,02% da área total do Estado. A bacia localiza-se a Nordeste do Estado, sendo formada por três rios: o rio Preguiças, que é o rio principal e tem a maior extensão; o rio Negro e o rio Cangatá. O rio Preguiças, chamado também de rio Grande, nasce no município de Santana do Maranhão, numa altitude de cerca de 120 m e percorre quase 135 km de extensão até chegar à sua foz, no Oceano Atlântico no município de Barreirinhas.

Bacia Hidrográfica do Turiaçu

A bacia hidrográfica do rio Turiaçú possui uma área de 14.149,87 km², representando cerca de 4,26% da área do Estado. Suas nascentes estão localizadas nas vertentes da Serra do Tiracambu, a partir desse ponto e percorre 720 km de extensão em direção à baía de Turiaçu, entre os municípios de Turiaçú e Bacuri. Durante esse percurso, o rio Turiaçu recebe a contribuição dos rios Paraná e Caxias pela margem esquerda e, inúmeros igarapés pela margem direita.

2.4 Dados Gerais do Maranhão

População estimada [2019]	7.075.181 pessoas
População no último censo [2010]	6.574.789 pessoas
Densidade demográfica [2010]	19,81 hab/km²
Índice de Desenvolvimento Humano (IDH) [2010]	0,639

O Maranhão possui extensão territorial de 331.935,507 km², divididos em 217 municípios, conforme dados do Censo Demográfico de 2010, realizado pelo Instituto Brasileiro de Geografia e Estatística (IBGE), totaliza 6.574.789 habitantes.

A capital do estado é a cidade de São Luís, outras cidades importantes são: Imperatriz, Caxias, Timon, São José de Ribamar, Codó, Açailândia, Bacabal, Paço do Lumiar, Barra do Corda.

A sudoeste e a sul, o estado faz divisa com o Tocantins, enquanto a leste com o Piauí, a oeste com o Pará e ao norte com o oceano Atlântico. O território está dividido em 217 municípios, e estes, em cinco mesorregiões e 22 microrregiões.

A capital, São Luís, a única cidade do país fundada por franceses, é o principal centro urbano e econômico do Maranhão.

Os principais rios são: das Balsas, Gurupi, Itapecuru, Mearim, Parnaíba, Pindaré, Tocantins, Turiaçu.

DIVISÃO POLÍTICA DO MARANHÃO

O nome que deu origem ao estado faz referência ao Rio Marañón do Peru, que na linguagem tupi significa "mar", "corrente". O Maranhão, cuja sigla é MA, é um estado brasileiro que faz parte da região nordeste e está localizado na área de transição entre o nordeste e a Amazônia.

A bandeira do maranhão foi oficialmente adotada em 29 de dezembro de 1889. Ela é formada pelas cores vermelho, preto e branco, que representam a mistura de raças que formou o povo maranhense.

O quadrado azul no canto superior esquer significa o céu, e a estrela ao centro dele representa o estado enquanto unidade federativa integrante do território brasileiro.

A economia do Maranhão é bastante diversificada, há atividades de destaque na agropecuária, indústria e mineração. A principal região econômica é o centro-norte. Nesse local estão os rios Mearim, Pindaré e Itapecuru, o que o torna mais propício para tanto para as práticas agropecuárias, quanto paras as práticas extrativistas.

Nos séculos XVIII e XIX o algodão foi o produto de maior destaque da região do vale do Itapecuru, sendo o principal responsável pelo desenvolvimento da economia do estado naquele período.

Com o declínio da atividade, no século XX emergiram outros produtos economicamente importantes, sendo que o maior destaque foi o arroz, além dele milho, mandioca, feijão e coco de babaçu se consolidaram na agricultura maranhense.

Essas atividades, ainda hoje, estão presentes por todo o território do estado, porém em menores escalas. O babaçu tornou-se o principal produto vegetal, principalmente pelos diversos usos do óleo e dos resíduos de sua produção.

Nas atividades extrativistas o Maranhão se sobressai na extração de sal marinho e garimpo de ouro e diamantes. Em 1980 foi inaugurado o Distrito Industrial de São Luís, que opera com a bauxita das margens do rio Trombetas, no Pará. Outro ponto importante é a produção de celulose.

A base da cozinha maranhense são os frutos do mar. Além disso, uma características interessante, é que dificilmente os pratos são encontrados em locais fora do estado. Então, para provar o melhor que a culinária maranhense tem a oferecer, é necessário visitar o estado.

Algumas das comidas típicas do Maranhão são arroz de cuxá, carne de sol, peixada maranhense, arroz Maria Isabel, caranguejo, caldeirada maranhense, juçara, arroz do mar, beiju e ostras.

2.5 Alcântara e sua Relevância no Contexto Internacional

Após três décadas de polêmicas e incertezas, o Centro de Lançamento de Alcântara, no Maranhão, ainda divide opiniões. Apesar da importância estratégica dos projetos espaciais na região, as populações locais sofrem até hoje os efeitos negativos de sua realocação.

A reportagem é de Henrique Kugler e publicada pelo sítio Ciência Hoje, 24-07-2012.

Em terras maranhenses, poucos assuntos incitam discussões tão acirradas quanto à implantação do Centro de Lançamento de Alcântara (CLA). "Se, por um lado, ele simboliza nossa 'janela para o espaço', por outro, ele se tornou um nefasto violador de nossos direitos fundamentais", atacou o advogado Danilo Serejo Lopes, quilombola integrante do Movimento dos Atingidos pela Base Espacial (Mabe).

Quem ouve a afirmação assim, de passagem, pode pensar que é exagero. Mas não é – o próprio presidente da Agência Espacial Brasileira (AEB), o matemático e também maranhense José Raimundo Coelho, concordou com parte das críticas colocadas pelos militantes do Mabe durante a 64ª Reunião Anual da Sociedade Brasileira para o Progresso da Ciência, em São Luís (MA). "Estive em Alcântara recentemente e vi com meus próprios olhos: a situação lá ainda carece de muitos cuidados", admitiu o presidente da AEB.

Aos fatos: no início da década de 1980, no âmbito do programa espacial brasileiro, o poder público apropriou-se de aproximadamente 52 mil hectares de terras alcantarenses. Cerca de 300 famílias foram realocadas nas chamadas 'vilas agrárias'. Mas a um detalhe não foi dada a requerida atenção – aquelas comunidades eram de pescadores, de culturas ligadas às águas, e foram enviadas para terras interioranas que pouco tinham a ver com suas raízes e modos de vida.

"Além disso, o Estado nos deu terras em regime individual, mas nunca soubemos o que é isso; nossas áreas sempre foram de uso comum", contextualizou Lopes, lembrando que, em sua maioria, eram terras inférteis. "Não garantiam nossa subsistência e hoje colhemos os frutos dessa política impensada".

Somava-se ao drama o que o advogado do Mabe chamou de "paranoia dos militares". "Obcecados pelos conceitos de segurança e soberania territorial, eles muitas vezes não permitiam que os quilombolas utilizassem os rios e igarapés para suas atividades de pesca", explicou Lopes, complementando mais adiante: "Afinal, pescadores e ribeirinhos poderiam ser potenciais espiões, ou infiltrados de células comunistas".

Tal sucessão de episódios foi a gênese de um trauma social que é, ainda hoje, uma das questões mais candentes do Maranhão.

Importância estratégica

O interesse do Brasil na continuidade dos projetos espaciais em Alcântara se justifica por razões técnicas. O município fica em uma latitude privilegiada (2ºS), praticamente sobre a linha do Equador. Muitos satélites de interesse comercial descrevem órbitas equatoriais e, por isso, a proximidade entre a base de lançamento e a linha do Equador representa notável vantagem em termos de economia energética e viabilidade operacional.

Outro quesito que faz de Alcântara um município cobiçado para a atividade espacial é a segurança. A proximidade do mar garante que, em caso de acidente, os objetos lançados aos céus caiam nas águas, o que minimiza os riscos para populações que habitam o continente. As obras dos sítios de lançamento seguem a todo vapor – ou nem tanto, a depender dos flutuantes recursos destinados ao programa espacial brasileiro. "Quem acompanha a questão deve saber que, a cada ano, novas incertezas, em termos de financiamento, se colocam no caminho da continuidade dos nossos projetos espaciais", lembrou Coelho.

"Mas esperamos que até 2014 consigamos preparar as instalações do CLA para um novo lançamento", adianta o presidente da AEB. Segundo ele, o Brasil vislumbra um futuro promissor no que se refere ao mercado aeroespacial – uma vez que Alcântara é opção sedutora para a demanda mundial por lançamentos de foguetes e satélites, por exemplo.

Fronteiras do atraso

Coelho enfatizou a importância de se exigir, em Alcântara, centros de ensino e pesquisa de ponta. "Não quero que as próximas gerações de quilombolas sejam de meros soldados a serviço dos sítios de lançamento; desejo, sim, que sejam os cientistas e pesquisadores capazes de levar em frente nossa exploração espacial e colocar um ponto final nessa história de segregação que se arrasta pelas últimas décadas".

Lopes, advogando em nome do Mabe, concordou. "Não somos contra o CLA, não somos contra o programa espacial brasileiro", afirmou. "Entendemos sua importância estratégica e queremos, de fato, que nossos filhos tenham a chance de se inserir como partes pensantes desses projetos. Mas não podemos permitir que continuem nos privando do direito constitucional de vivermos em nossas terras".

No fim das contas, entre consentimentos e desavenças, a base de Alcântara não deixa de ser um retrato típico da contradição generalizada que é o Brasil. Afinal, trata-se de um centro de tecnologia de ponta circundado por terras onde o século 21 mal chegou; um ambiente de prosperidade científica regada à tecnologia aeroespacial de fronteira nas barbas do litoral do Maranhão – o estado mais pobre do país segundo o último censo do IBGE.

2.6 A Ilha de São Luís

Em 1951, como presente pelos seus 349 anos de fundação, São Luís recebeu a denominação de "Ilha Rebelde", pela brava resistência oferecida, à época, aos detentores do poder. Essa resistência ganhou visibilidade na greve política contra a posse do governador Eugênio Barros, que, segundo os oposicionistas, vencera a eleição de outubro de 1950, realizada sob os auspícios da fraude eleitoral e com o beneplácito da Justiça.

Contra isso se levantou povo de São Luís por meio de um fabuloso movimento popular que durou mais de seis meses e com presença nas ruas, dia e noite. Transformada em trincheira de luta contra o vitorinismo, a cidade, pelo voto, massacrava os candidatos governistas, impondo-lhes derrotas memoráveis. Se os governistas tinham o domínio político no interior do Estado, na capital, a situação se invertia. Aqui, só os candidatos oposicionistas tinham vez.

Mas esse quadro político teve um prazo de validade relativamente curto. Em menos de vinte anos, como se um processo de anestesia coletiva desabasse sobre São Luís, o eleitorado mudou, acomodou-se e perdeu aquela valentia que lhe era peculiar.

De repente, a Ilha Rebelde fica sem a sua identidade política e comporta-se igual a qualquer povoado do interior maranhense. O povo esquece os idos de 1950, quando nas vias públicas, com o sacrifício até da vida, insurgiu-se contra a investidura de um governante que considerava sem legitimidade para assumir o poder.

O fim da Ilha Rebelde

Para quem acompanha a vida política do Maranhão, São Luís começa perder a sua alma de rebeldia política. Na década de 1970, com a chegada dos militares no comando do país e com a decretação do Ato Institucional nº 2, mandava extinguir todos os partidos políticos existentes no Brasil e apenas dois partidos seriam criados: de um lado, o partido governista, Aliança Renovadora Nacional (ARENA) e, de outro, o Movimento Democrático Brasileiro (MDB).

No Maranhão, a mudança das regras partidárias complica a situação dos políticos. Mas, em função da prática do fisiologismo, a grande maioria da militância política aninha-se na ARENA. Para o MDB, migraram os dotados de formação ideológica ou os refugiados.

Por conta dessa corrida em massa para o partido governista, o quadro político conturba-se pela dificuldade de convivência no mesmo grupo de lideranças que se enfrentavam em lados opostos. Como poderia um partido ter vida e se estruturar organicamente com figuras que defendiam causas diferentes e não se toleravam física e politicamente? Não foi fácil colocar no mesmo compartimento partidário José Sarney, Clodomir Millet, Vitorino Freire e Newton Bello, que vinham de renhidos embates eleitorais, quase sempre travados sob os eflúvios do ódio e do rancor.

Mas o caldo estava derramado e do governo militar a ordem era uma só: quem quisesse ser governo, devia esquecer as incompatibilidades pessoais e políticas. Em cumprimento a essa orientação e depois de muita lavagem de roupa suja, sarneístas, vitorinistas e newtistas depuseram momentaneamente as armas e juntaram-se numa convivência nada pacífica, mas como era questão de sobrevivência, acomodaram-se e pagaram pra ver.

Apenas um político do Maranhão, que desejava ser da Arena, ficou de fora: o então prefeito de São Luís, Epitácio Cafeteira, rompido politicamente com o governador José Sarney. O gestor municipal fez de tudo para ingressar no partido governista, mas não conseguiu. Motivo: Sarney montou uma operação de guerra para defenestrá-lo e conseguiu. Para não ficar sem partido, o prefeito foi parar no MDB, sendo recebido, também, com restrições.

O resultado dessa mixórdia partidária veio a lume nas eleições senatorias de 1966, com a disputa do cargo de senador. A luta não se deu entre os candidatos da ARENA e do MDB, mas entre os arenistas Clodomir Millet que venceu apoiado por Sarney, e Eugênio Barros, derrotado, numa sublegenda, apoiado pelo que sobrou do vitorinismo e do newtismo.

Merece registro a quantidade volumosa de votos nulos e brancos. Só em São Luís, o índice foi de 15 por cento dos votos apurados. Esse resultado mostra indiscutivelmente a apatia e o descontentamento do eleitorado com a nova realidade política e partidária, que resultou na eutanásia da Ilha Rebelde.

Ilha do Amor, Magnética e Bela

Com o fim da Ilha Rebelde, despolitizada pelo regime militar, vislumbra-se um espaço para São Luís conquistar outras qualificações, essas, impregnadas de louvação ao amor e à beleza da cidade. Aproveitam-se dessa lacuna os cantores e compositores maranhenses João Sá ou Claudio Fontana, César Nascimento e Carlinhos Veloz.

HISTÓRIA E GEOGRAFIA DO MARANHÃO

DIVISÃO POLÍTICA DO MARANHÃO

Essa apologia musical a São Luís nasce e vinga entre os anos 1970 e 1990. Claudio Fontana, que morava em São Paulo, saiu na frente com uma declaração de amor a terra em que nasceu e se criou.

Com letra e música de sua autoria, lança a canção intitulada "Ilha do Amor", cujo estribilho caiu na boca do povo de modo impressionante: "Quero voltar, quero voltar para São Luís/Ilha do amor onde eu nasci/ onde em criança eu fui feliz".

Nesse mesmo caminho, veio César Nascimento, com residência em Petrópolis, Rio de Janeiro, que dedica a São Luís uma gostosa melodia, intitulada "Ilha Magnética", de endeusamento à cidade onde o amor e a natureza se misturam em versos como estes: "Ponta D'Areia, Olho D'Água, Araçagi/ Mesmo estando na Raposa/ Eu sempre vou ouvir/ A natureza me falando que o amor nasceu aqui".

Explorando a mesma temática, Carlinhos Veloz, cantor e compositor de Imperatriz, presenteia São Luís com esta canção denominada "Ilha Bela", na qual ressalta a beleza da cidade e o que ela tem de pujante – sua história e seu tropicalismo, que se manifestam nos casarões seculares, no clima e na sensualidade da dança e da música.

Quem ouve a música de Carlinhos se encanta com estes versos: "Quero juçara que é fruta rara, lambuza a cara e lembra você/ E a catuaba pela calçada na madrugada até o amanhecer/ Na lua cheia, Ponta D'Areia, minha sereia dança feliz/ E brilham sobrados, brilham telhados da minha linda São Luís".

Ilha dos Poetas e dos Azulejos

Além de Ilha Rebelde, dos Amores, Magnética e Bela, São Luís também se tornou conhecida nacionalmente por Ilha dos Poetas, dos Azulejos e Regueira.

"Ilha dos Poetas", pela quantidade e qualidade de seus vates. A escritora Stela Leonard criou esta frase lapidar: "Quem deseja ser poeta, basta dormir uma noite em São Luís".

Em uma de suas magníficas crônicas sobre São Luís, o saudoso Jomar Moraes assim se expressou: "Dizem que São Luís é uma cidade de poetas. Bairrismos à parte, a afirmativa procede, tantos são os poetas que tivemos e continuamos tendo. Ou melhor – que temos, já que os poetas não morrem. Encantam-se. Embora fazendo a necessária advertência de que há poetas, é perfeitamente correto assegurar que esta Cidade, entre seus altos e honrosos privilégios, inclui o de possuir muitos e importantes poetas".

Não fica atrás o grande poeta Bandeira Tribuzi. No poema em homenagem a São Luís, transformado em hino da Cidade, reluzem esses versos: "Cercada de águas e sonhos, / de glória, de maresia/ a Ilha é circundada de Poesia".

Ilha Dos Azulejos

Uma preciosa peça, à vista de todos, que se realça pela beleza e singeleza, fez com que São Luís se tornasse conhecida por "Ilha dos Azulejos". De origem portuguesa, o azulejo é encontrado nas paredes das casas residenciais e comerciais do nosso Centro Histórico. Se até pouco tempo era cobiçado como peça de valor estético, hoje é alvo da cobiça dos ladrões que os roubam para vendê-los aos colecionadores e especuladores.

Segundo os historiadores, o azulejo chegou ao Maranhão, no final do século XVIII, pelas mãos dos portugueses, ferramenta de embelezamento estético e fazer de São Luís uma segunda Lisboa. O sucesso do azulejo entre nós deu-se em grande escala, pelo aproveitamento nos revestimentos de igrejas, conventos, casas de saúde, escolas particulares e fachadas residenciais.

A pesquisadora Dora Alcântara acha que os azulejos foram a solução encontrada pelos maranhenses, com vistas à decoração das fachadas residenciais e dos objetos domésticos, que por motivos estéticos, ganharam status social.

Uma preciosa peça, à vista de todos, que se realça pela beleza e singeleza, fez com que São Luís se tornasse conhecida por 'Ilha dos Azulejos'.